Lineamenti di diritto pubblico

IUSTITIAM COLIMUS

S. Baroncelli, A. Morelli, G. Moschella
M. Tiberii, P. Vipiana, P.M. Vipiana

Lineamenti di diritto pubblico

Giappichelli

VIA PO, 21 - TEL. 011-81.53.111 - FAX 011-81.25.100

http://www.giappichelli.it

ISBN/EAN 978-88-921-3934-3

G. Giappichelli Editore

MARCHIO STORICO

Questo libro è stato stampato su carta certificata, riciclabile al 100%

Stampa: Stampatre s.r.l. - Torino

INDICE

CAPITOLO III

ORDINAMENTO INTERNAZIONALE E UNIONE EUROPEA

di *Stefania Baroncelli*

pag.

CAPITOLO VIII

LA MAGISTRATURA

di *Giovanni Moschella*

CAPITOLO IX

LE AUTONOMIE TERRITORIALI

di *Patrizia Vipiana*

pag.

CAPITOLO X

LA CORTE COSTITUZIONALE

di *Alessandro Morelli*

CAPITOLO XI

I PRINCIPI FONDAMENTALI

di *Patrizia Vipiana*

CAPITOLO XII

DIRITTI E DOVERI COSTITUZIONALI

di *Stefania Baroncelli* e *Alessandro Morelli*

CAPITOLO XV

LA DISCIPLINA DELLA RESPONSABILITÀ DELLA P.A.

di *Marco Tiberii*

CAPITOLO XVI

LE AUTORITÀ AMMINISTRATIVE INDIPENDENTI

di *Marco Tiberii*

AUTORI

STEFANIA BARONCELLI, professoressa ordinaria – Istituzioni di Diritto Pubblico – Università degli Studi di Bolzano

ALESSANDRO MORELLI, professore ordinario – Istituzioni di Diritto Pubblico – Università degli Studi di Messina

GIOVANNI MOSCHELLA, professore ordinario – Istituzioni di Diritto Pubblico – Università degli Studi di Messina

MARCO TIBERII, professore ordinario – Diritto Amministrativo – Università degli Studi della Campania Luigi Vanvitelli

PATRIZIA VIPIANA, professoressa ordinaria – Istituzioni di Diritto Pubblico – Università degli Studi di Genova

PIERA MARIA VIPIANA, professoressa ordinaria – Diritto Amministrativo – Università degli Studi di Genova

PREFAZIONE

Il volume *Lineamenti di diritto pubblico* nasce dall'esperienza maturata dagli autori in anni di insegnamento di questa materia presso varie università italiane, durante i quali essi hanno colto la necessità di scrivere un manuale a spiccata valenza didattica che risponda alle richieste degli studenti, ossia un testo che coniughi, nella massima misura possibile, rigore concettuale e semplicità. La sistematica e le modalità di esposizione degli argomenti intendono rispondere, infatti, all'esigenza di rendere quanto più possibile agevole la fruizione dei contenuti anche a studenti del primo anno.

La peculiare vocazione del manuale è, inoltre, quella di rivolgersi a un'ampia platea di potenziali destinatari. Il testo, infatti, si presta a essere utilizzato in tutti i corsi base di diritto pubblico per le lauree triennali in scienze politiche, economia, scienze della formazione, servizi sociali, scienze del turismo. In particolare, presentando una parte approfondita sulle pubbliche amministrazioni e sulle garanzie dei privati nei loro confronti, è un manuale utilizzabile nei corsi di laurea che non hanno nel piano di studi un insegnamento di diritto amministrativo o che lo prevedono come facoltativo. In tal modo s'intende consentire a tutti gli studenti l'acquisizione di questa parte del diritto pubblico, molto utile per il prosieguo degli studi (ad esempio, per quelli di diritto tributario) e ai fini professionali (fornendo conoscenze necessarie ad affrontare concorsi pubblici e colloqui di lavoro).

Ogni nuovo manuale è una sfida: quello che qui si presenta mira soprattutto a essere uno strumento atto a introdurre gli studenti a una materia complessa, ma affascinante, come il diritto pubblico.

Si ringraziano in anticipo tutti coloro (in particolare, colleghi e studenti) che vorranno fornire suggerimenti utili a migliorare un'eventuale prossima edizione.

Gli autori

CAPITOLO I

INTRODUZIONE

Alessandro Morelli

1. *Il diritto come fenomeno sociale*

Il diritto è un fenomeno sociale. Ogni gruppo umano, per quanto piccolo, ha bisogno di regole per sopravvivere. In un primo significato, il termine "diritto" indica proprio un **insieme di regole**; in questo caso, si parla più precisamente di diritto *in senso oggettivo*, secondo un'accezione che consente di cogliere la natura del diritto come fenomeno sociale. Il legame indissolubile tra diritto e società fu espresso efficacemente dagli antichi romani nella celebre massima *ubi societas ibi ius* (dove c'è una società lì c'è il diritto). In una seconda accezione, la parola "diritto" indica una **facoltà** giuridicamente fondata e riconosciuta, che può essere fatta valere nei confronti di altri soggetti e che si traduce nella pretesa a che questi ultimi non attuino determinati comportamenti, non ledano un bene o adempiano qualche prestazione. In questo secondo significato, si parla più tecnicamente di diritto *in senso soggettivo*. Le due nozioni sono strettamente correlate poiché i diritti soggettivi presuppongono l'esistenza di un complesso di regole giuridiche che li riconoscano e che predispongano i mezzi necessari per esercitarli e proteggerli.

Il diritto in senso oggettivo

Il diritto in senso soggettivo

Se si esamina il diritto oggettivo, si riscontra l'esistenza di diversi insiemi di regole e, dunque, di **ordinamenti giuridici**. Com'è stato messo in luce dalla dottrina istituzionalista del diritto (in Italia rappresentata soprattutto da Santi Romano), il diritto non si esaurisce però nelle norme, presupponendo esso anche l'elemento personale (l'esistenza di un grup-

La pluralità degli ordinamenti giuridici

po sociale) e la presenza di una specifica organizzazione, definita da apposite regole. Oltre all'ordinamento giuridico statale esistono, quindi, anche altri ordinamenti, più grandi (come, per esempio quello dell'Unione europea) e più piccoli (come quelli delle Regioni e degli enti locali), che si pongono in rapporti diversi rispetto all'ordinamento dello Stato.

Le regole che, unitamente all'elemento personale e all'organizzazione, compongono gli ordinamenti giuridici hanno i caratteri della giuridicità. I quali tradizionalmente sono identificati nei seguenti:

a) **positività**, consistente nella circostanza per cui la norma giuridica è prodotta dalle autorità legittimate dall'ordinamento giuridico vigente, con le procedure legalmente previste;
b) **coattività** (o **coercibilità**), che si traduce nell'idoneità della norma giuridica a essere portata a forzosa esecuzione per realizzare l'interesse per il quale è stata prevista;
c) **novità**, ossia l'attitudine della norma giuridica a disciplinare situazioni non regolate prima o a modificare una regolazione esistente;
d) **esteriorità**, consistente nella circostanza per cui la norma giuridica, a differenza delle regole di altra natura, che attengono alla sfera privata o intima, disciplina le relazioni sociali;
e) **generalità**, ossia il carattere per cui la norma giuridica regola *categorie* di soggetti o di comportamenti e non fa riferimento a specifici destinatari o situazioni;
f) **astrattezza**, l'attitudine della norma giuridica a porre una disciplina che fa appunto riferimento non a fatti specifici e concreti, ma a *ipotesi astratte*, a *fattispecie*.

2. *Il diritto pubblico e le sue partizioni*

Non è compito specifico della scienza del diritto pubblico studiare l'essenza e la genesi del fenomeno giuridico, questioni affrontate da altre discipline come la filosofia e la teoria generale del diritto.

Il diritto positivo

Oggetto di studio della scienza giuspubblicistica è invece il *diritto positivo*, effettivamente vigente in quanto prodotto nelle forme e nei modi previsti dall'ordinamento giuridico considerato.

Il diritto può essere ricostruito come un fenomeno unitario se si considera che tutte le norme giuridiche, anche se in modo diverso, tendono al medesimo scopo: quello di salvaguardare la pacifica convivenza e, dunque, la stessa sopravvivenza della società. Da questo punto di vista non si riscontrano differenze sostanziali tra previsioni come quelle contenute nell'art. 832 c.c., che definisce il contenuto del diritto di proprietà, disponendo che «*il proprietario ha diritto di godere e disporre delle cose in modo pieno ed esclusivo, entro i limiti e con l'osservanza degli obblighi stabiliti dall'ordinamento giuridico*», e quelle dell'art. 575 c.p., il quale prevede il reato di omicidio, stabilendo che «*chiunque cagiona la morte di un uomo è punito con la reclusione non inferiore ad anni ventuno*». In entrambi i casi, infatti, l'intento perseguito è quello di salvaguardare interessi ritenuti meritevoli di protezione, con gli strumenti del diritto, per la pacifica e ordinata sopravvivenza della collettività (rispettivamente quello alla tutela della proprietà privata e quello alla difesa della vita umana). Benché, in ultimo, lo scopo sia il medesimo, appare diverso, tuttavia, il modo in cui le disposizioni sopra richiamate lo perseguono: nel primo caso, infatti, la norma tutela in via immediata un *interesse individuale* (quello del proprietario a godere in modo pieno ed esclusivo delle sue cose) e solo in via mediata e indiretta l'*interesse pubblico* alla pacifica coesistenza degli individui (che non potrebbe essere soddisfatto in un contesto nel quale la proprietà privata fosse sguarnita di qualunque forma di tutela pubblica); nel secondo caso, invece, l'interesse immediatamente tutelato è proprio quello *pubblico* alla punizione di chi commetta un omicidio.

Il diritto pubblico e il diritto privato

Per quanto, nel complesso, il diritto sia un fenomeno unitario, esso può essere distinto nelle due grandi macroaree del **diritto pubblico** e del **diritto privato**: il primo comprende il *complesso delle norme che tutelano in modo diretto e immediato interessi pubblici*; il secondo l'*insieme delle norme che soddisfano interessi individuali in modo diretto e immediato, concorrendo comunque anch'esse, seppure in via indiretta, alla tutela di interessi pubblici.*

Le partizioni del diritto pubblico

Benché tale distinzione non possa essere accolta oggi in termini assoluti, essendo diversi i settori nei quali confluiscono norme che perseguono interessi pubblici in modo diretto e indiretto (si pensi soltanto agli ambiti del diritto dell'economia, del diritto del lavoro, del diritto agrario o del diritto della navigazione), essa mantiene ancora una certa utilità, cogliendo una differenza riscontrabile nella conformazione delle norme giuridiche e offrendo un criterio attualmente impiegato nell'articolazione degli studi giuridici: se, dunque, il diritto privato comprende il complesso delle norme inerenti al rapporto tra privati, appartengono all'area del diritto pubblico il diritto costituzionale, il diritto amministrativo, il diritto penale, il diritto processuale (civile e penale), il diritto internazionale, il diritto ecclesiastico ecc.

3. *Indicazioni di metodo*

Le premesse dalle quali si è partiti consentono di trarre alcune conclusioni sul metodo di studio del diritto pubblico.

I legami tra i diversi ambiti del diritto pubblico

Una prima indicazione deriva dalla constatazione del carattere unitario del fenomeno giuridico, del quale si è detto poc'anzi. Esiste una fitta trama di relazioni tra i diversi ambiti di studio del diritto (e di quello pubblico in particolare). Così, solo per fare qualche esempio, la trattazione delle fonti del diritto, ossia degli atti e dei fatti che producono diritto in conformità all'ordinamento giuridico vigente, rinvia inevitabilmente all'approfondimento della forma di governo, cioè al rapporto tra gli organi costituzionali (con particolare riguardo a quelli che svolgono l'attività di indirizzo politico), considerato che tali organi sono i produttori di diverse (e certamente delle più importanti in un ordinamento giuridico come quello italiano) delle principali fonti normative vigenti (leggi, atti aventi forza di legge, ecc.). Lo studio delle fonti e delle forme di governo si lega, poi, a sua volta, all'indagine sui caratteri della forma di Stato, intendendosi con tale espressione il rapporto tra governanti e governati, poiché, com'è evidente, il concreto modo di atteggiarsi dei rapporti tra gli organi costituzionali e le dinamiche di produzione del diritto incide sulla stessa fisionomia dell'ordinamento democratico. E ancora tali argomenti sono strettamente correlati al sistema delle garanzie costituzionali, costruito allo scopo di salvaguardare la forma di Stato e i diritti fondamentali riconosciuti e garantiti dalla Costituzione. Gli esempi potrebbero continuare a lungo, ma la conclusione è evidente: occorre tenere conto delle tante correlazioni che legano i vari ambiti di studio della materia. E proprio per facilitare tale compito, nei capitoli dedicati ai diversi temi sono stati inseriti numerosi rinvii volti a sottolineare i suddetti legami.

Il diritto come scienza sociale pratica

Una seconda indicazione è quella di tenere conto del fatto che il diritto, com'è stato detto, è una *scienza sociale pratica* (S. Pugliatti), consistendo in un insieme di strumenti funzionali alla risoluzione di problemi concreti. Nello studio del diritto occorre, quindi, sempre chiedersi a quale specifico problema pratico il principio o l'istituto giuridico che si sta studiando intendano dare risposta. Il che implica l'analisi della *ratio* delle norme giuridiche di volta in volta oggetto d'analisi, ossia delle ragioni, dei motivi per i quali le stesse sono state adottate.

L'importanza delle definizioni

Una terza e ultima avvertenza attiene all'importanza delle definizioni in ambito giuridico, alle quali occorre prestare particolare attenzione. Quello giuridico è, infatti, un *linguaggio tecnicizzato*, che accosta a termini ed espressioni del linguaggio comune parole e formule tecniche, spesso frutto di una lunga elaborazione concettuale, il cui uso agevola il confronto tra gli specialisti. Si pensi alle definizioni di "fonte del diritto", "costituzione", "forma di governo", "sovranità" ecc. Alcune di tali definizioni, peraltro, non sono affatto pacifiche e su di esse continuano a confrontarsi gli studiosi.

CAPITOLO II

LO STATO. LE FORME DI STATO E LE FORME DI GOVERNO

Giovanni Moschella

1. *Lo Stato. Definizione*

Lo Stato è *un ordinamento giuridico originario, costituito da un gruppo sociale, disciplinato da un insieme di regole, che esercita il monopolio della forza legittima su un territorio delimitato.*

Stato-istituzione, Stato-apparato, Stato-comunità

Si suole distinguere tradizionalmente tra **Stato-istituzione** (o **Stato-ordinamento**), **Stato-apparato** (o **Stato-persona**) e **Stato-comunità**.

Con l'espressione **Stato-istituzione** si indica l'ordinamento giuridico statale come corpo sociale e politico organizzato, composto da tutti gli altri organismi istituzionali intermedi a esso assoggettati. In tal senso, l'art. 114 della Costituzione prevede che «*la Repubblica è costituita dai Comuni, dalle Province, dalle città metropolitane, dalle regioni e dallo Stato*».

Lo **Stato-apparato** (o **Stato-persona)** è costituito, invece, dall'insieme di organi ed enti, dotati di personalità giuridica, ai quali è demandato il potere di approvare e dare esecuzione alle norme attraverso cui lo Stato stesso esercita la propria supremazia e persegue i propri fini.

Lo **Stato-comunità**, infine, è l'insieme dei cittadini e non cittadini sui quali lo *Stato apparato* esercita il potere di supremazia.

Gli elementi costitutivi dello Stato

Affinché si possa parlare di Stato è necessaria la compresenza di tre elementi essenziali, definiti elementi costitutivi dello Stato: il *popolo*, il *territorio*, la *sovranità*.

1.1. *Il popolo*

Il popolo come insieme dei cittadini

Il popolo costituisce l'elemento personale dello Stato istituzione ed è rappresentato dall'insieme di soggetti legati allo Stato dal **rapporto** privilegiato di **cittadinanza**, *status* giuridico riconosciuto a coloro che godono dei diritti politici e possono partecipare all'attività politico-sociale dello Stato. In particolare, al compimento della maggiore età ai cittadini viene riconosciuto **l'elettorato attivo**, vale a dire l'esercizio del diritto di voto per l'elezione dei propri rappresentanti e **l'elettorato passivo**, cioè la capacità – al ricorrere di determinati requisiti – di essere eletto. Nello stesso tempo, allo *status* di cittadino si lega l'adempimento di alcuni doveri inderogabili di solidarietà di cui all'art. 2 Cost. (ad es., l'art. 51 Cost. prevede che «*la difesa della Patria è sacro dovere del cittadino*»; l'art. 54 Cost. prevede che «*tutti i cittadini hanno il dovere di essere fedeli alla Repubblica e di osservarne la Costituzione e le leggi*», mentre l'art. 53 Cost. sancisce che «*tutti*» – non, dunque, solo i cittadini – «*sono tenuti a concorrere alle spese pubbliche in ragione della loro capacità contributiva*»). Per quanto riguarda il riconoscimento e la tutela dei diritti inviolabili, la Costituzione, sempre all'art. 2, dispone che la Repubblica riconosce e garantisce tali diritti riferendoli non solo al cittadino, ma all'uomo in quanto tale.

In tale quadro, la Corte costituzionale ha esteso diversi diritti agli stranieri, chiarendo che, sebbene alcune disposizioni costituzionali si riferiscano formalmente ai soli cittadini, non è ragionevole, stante il carattere aperto del testo costituzionale, l'esclusione dei non cittadini dal godimento delle libertà fondamentali, mentre ancora controversa è l'estensione dei doveri inderogabili di solidarietà ai non cittadini.

In piena sintonia con la *ratio* del principio di uguaglianza e nel rispetto della dignità umana, la Corte costituzionale ha sostenuto che «se è vero che l'art. 3 Cost si riferisce espressamente ai soli cittadini, è anche certo che il principio di uguaglianza vale pure per lo straniero quando trattasi di rispettare i diritti fondamentali», sì da riconoscere e garantire la titolarità e il godimento di tali libertà non solo ai cittadini, ma a tutti gli esseri umani (sent. n. 120/1967, ma anche sent. n. 62/1994).

I modi di acquisto della cittadinanza

Negli ordinamenti contemporanei l'attribuzione della cittadinanza avviene secondo due diversi criteri: lo ***jus sanguinis*** e lo ***jus soli***. Nel primo caso, la cittadinanza viene attribuita in ragione dello *status* di cittadino di uno dei genitori; nel secondo caso in base al territorio in cui il soggetto è nato.

Per quanto riguarda l'ordinamento italiano, sebbene negli ultimi anni siano state avanzate proposte di riforma legislativa, continua a prevalere il principio dello ***ius sanguinis***. Infatti, la legge n. 91/1992 che disciplina la materia, prevede che sia «*cittadino italiano per nascita: a) il figlio di padre o di madre cittadini; b) chi è nato nel territorio della Repubblica se entrambi i genitori sono ignoti o apolidi, ovvero se il figlio non segue la cittadinanza dei genitori secondo la legge dello Stato al quale questi appartengono*».

La cittadinanza italiana, oltre che per nascita, può acquisirsi al verificarsi di alcuni presupposti contemplati dall'ordinamento: ad es. attraverso il matrimonio con un cittadino italiano, ovvero su richiesta effettuata dallo straniero che abbia regolare residenza in Italia da un certo numero di anni o abbia svolto servizio alle dipendenze dello Stato per almeno cinque anni. In tali casi la cittadinanza è concessa con decreto del Presidente della Repubblica, previo parere del Consiglio di Stato su proposta del Ministro dell'interno. Il decreto di concessione della cittadinanza non ha effetto se la persona a cui si riferisce non presta, entro sei mesi dalla notifica del decreto medesimo, giuramento di essere fedele alla Repubblica e di osservare la Costituzione e le leggi dello Stato. La legge n. 91/1992 regolamenta anche i casi di rinuncia (ad es. per acquisizione di cittadinanza di altro Stato) e perdita della cittadinanza italiana (nel caso in cui il cittadino italiano svolga funzioni alle dipendenze di uno Stato estero). A tal proposito, va rilevato che, al fine di impedire quanto avvenuto durante il regime fascista, l'art. 22 Cost. stabilisce che «*nessuno può essere privato, per motivi politici, della capacità giuridica, della cittadinanza, del nome*». In ogni caso la cittadinanza italiana può essere riacquisita se:

a) il soggetto presta effettivo servizio militare per lo Stato italiano e dichiara previamente di volerla riacquistare;
b) se, assumendo o avendo assunto un pubblico impiego alle dipendenze dello Stato, dichiara di volerla riacquistare;
c) se dichiara di volerla riacquistare e ha stabilito o stabilisce, entro un anno dalla dichiarazione, la residenza nel territorio della Repubblica;
d) dopo un anno dalla data in cui ha stabilito la residenza nel territorio della Repubblica, salvo espressa rinuncia entro lo stesso termine;
e) se, avendola perduta per non aver ottemperato all'intimazione di abbandonare l'impiego o la carica accettati da uno Stato, da un ente pubblico estero o da un ente internazionale, ovvero il servizio militare per uno Stato estero, dichiara di volerla riacquistare, sempre che ab-

bia stabilito la residenza da almeno due anni nel territorio della Repubblica e provi di aver abbandonato l'impiego o la carica o il servizio militare, assunti o prestati nonostante l'intimazione di abbandonarli rivoltagli dal Governo.

Il riconoscimento, in seguito alla stipula del Trattato di Maastricht del 1992, della cittadinanza europea a tutti i cittadini degli Stati membri dell'Unione fa discendere il riconoscimento di eguali diritti e doveri, del principio di non discriminazione in ragione della nazionalità, della libertà di circolazione e di soggiorno e, con riferimento ai diritti politici, l'attribuzione dell'elettorato attivo e passivo alle elezioni locali e del Parlamento europeo nello Stato membro in cui il cittadino dell'Unione risiede. Si ricordano, ancora, il diritto di presentare petizioni al Parlamento europeo e di ricorrere al Mediatore europeo, nonché – in assenza nel territorio di un Paese terzo di rappresentanza diplomatica dello Stato di cittadinanza – di poter godere della tutela diplomatica e consolare di qualsiasi altro Stato membro.

La nazione

Il concetto di **cittadinanza** viene spesso ricondotto, non sempre appropriatamente, a quello di **nazione**, entità coincidente, anche storicamente, con *un gruppo etnico-sociale accomunato da identità linguistica, religiosa o culturale*, che, tuttavia, non necessariamente costituisce un popolo organizzato in un solo Stato. Così possiamo avere **Stati plurinazionali** al cui interno insistono cittadini appartenenti a più nazioni, come è stato in passato per l'URSS o la Jugoslavia, o attualmente per il Belgio, la Spagna e la Confederazione elvetica.

La popolazione

La **popolazione**, invece, costituisce l'*insieme indifferenziato di soggetti, cittadini, stranieri e apolidi, che in un determinato momento storico si trovano stabilmente e, quindi, risiedono all'interno del territorio dello Stato.*

Residenza, dimora, domicilio

Se nel linguaggio corrente i termini **residenza, dimora** e **domicilio** sono spesso utilizzati in maniera casuale, sotto il profilo giuridico occorre operare le opportune distinzioni dalle quali scaturiscono diverse conseguenze.

Per **residenza** si intende il luogo nel quale la persona ha la dimora abituale e per **dimora** il luogo nel quale un soggetto abita (art. 43 cod. civ.). Si afferma infatti che una persona fissa la propria residenza e la propria dimora ed elegge un domicilio. Per fissare una residenza o per eleggere un domicilio occorre compiere delle dichiarazioni in grado di produrre effetti giuridici, mentre per quanto riguarda la dimora è sufficiente una condotta idonea. Fissare la propria residenza nel luogo nel quale si vive abitualmente è obbligatorio per legge (legge n. 1228/1954).

Il **domicilio** di una persona è il luogo nel quale questa ha stabilito la sede principale dei suoi affari e interessi, che può anche non coincidere con quello di residenza (art. 43 cod. civ.).

A tale proposito è importante evidenziare che, come si vedrà meglio più avanti (v. Cap. XII), l'art 14 della Costituzione italiana, nel Titolo I, dedicato a «*I rapporti civili*», prevede anzitutto l'inviolabilità del domicilio ed estende alla libertà di domicilio le stesse garanzie previste per la libertà personale di cui all'art. 13 Cost. facendovi espressamente rinvio. Nella nozione accolta dalla Costituzione, oltre al luogo in cui la persona stabilisce la sede principale dei suoi affari e interessi, per **domicilio** si intende qualunque altro luogo in cui la persona possa tutelare la propria sfera privata, spazialmente limitata, al riparo dalle altrui invasioni, sia essa l'abitazione abituale o anche una dimora temporanea, come ad esempio una camera d'albergo, la cabina di una nave o una tenda. Il concetto di domicilio si estende anche alla sede di un'impresa, un'associazione o un partito politico.

1.2. *Il territorio*

Altro elemento costitutivo e necessario dello Stato è rappresentato dal **territorio**, elemento richiamato nella Costituzione dall'art. 5 che sancisce *l'unità e l'indivisibilità della Repubblica*; dall'art. 10, a norma del quale «*lo straniero, al quale sia impedito nel suo paese l'effettivo esercizio delle libertà democratiche garantite dalla Costituzione italiana, ha diritto d'asilo nel territorio della Repubblica secondo le condizioni stabilite dalla legge*»; dall'art. 11 che afferma che «*l'Italia ripudia la guerra come strumento di offesa alla libertà degli altri popoli e come mezzo di risoluzione delle controversie internazionali*»; dall'art. 16 che riconosce a ogni cittadino il diritto a «*circolare e soggiornare liberamente in qualsiasi parte del territorio nazionale*»; dall'art. 52 che pone in capo al *cittadino il sacro dovere di difesa della Patria.* In aggiunta, l'art. 241 cod. pen. sanziona l'attentato all'integrità territoriale dello Stato; tale disposizione concorre a configurare un diritto dello Stato alla tutela e alla salvaguardia della propria integrità territoriale.

Gli elementi del territorio

In ragione della normativa internazionale e delle disposizioni dell'ordinamento interno la nozione di territorio comprende:

a) la *terraferma*, che costituisce quella parte di territorio delimitata dal mare o da altri confini naturali (fiumi o catene montuose) idonei a delimitare due Stati o artificiali, nel caso in cui la separazione sia artificialmente definita;
b) le *acque interne* (fiumi, laghi, mari interni) comprese nei confini dello Stato;

c) lo *spazio aereo sovrastante*;
d) il *sottosuolo*;
e) il *mare territoriale*, la cui estensione nell'ordinamento italiano è fissata dall'art. 2 del Codice della navigazione in 12 miglia marine e la *piattaforma continentale*, limitatamente all'esplorazione e all'utilizzazione delle risorse naturali e purché sia assicurata la libertà delle acque;
f) gli *aeromobili e le navi militari*, le navi e gli aeromobili civili allorché si trovino in spazi non soggetti alla sovranità di altri Stati;
g) le *sedi delle rappresentanze diplomatiche all'estero* e i luoghi dove i diplomatici risiedono, anche temporaneamente;
h) eventuali colonie, possedimenti o altre pertinenze.

L'immunità territoriale

In alcuni casi, al fine di contemperare interessi di altri Stati, l'ordinamento può prevedere che porzioni del territorio vengano escluse dal potere sovrano dello Stato. In questi casi si parla di c.d. **immunità territoriale**, condizione nella quale si trovano le sedi delle rappresentanze diplomatiche all'estero e i luoghi dove i diplomatici risiedono, anche temporaneamente.

L'extra territorialità

L'**extraterritorialità**, invece, consiste nell'istituto in base al quale le navi e gli aeromobili militari stranieri, pur presenti nel territorio di uno Stato, sono assoggettati alle leggi dello Stato di appartenenza.

All'istituto della extraterritorialità fa da contraltare quello di **ultraterritorialità**, che consente all'ordinamento statale di estendersi oltre i confini dello Stato, come nel caso delle navi o degli aeromobili che si trovano fuori dalle acque territoriali o dallo spazio aereo dello Stato italiano, ma considerati dal Codice della navigazione "territorio italiano".

1.3. *La sovranità*

Nel definire la nozione di Stato si è fatto riferimento a un ordinamento che dispone del monopolio della forza legittima nell'ambito di un determinato territorio. Il concetto giuridico con cui si sintetizza tale definizione si identifica con un altro elemento costitutivo dello Stato: la **sovranità**.

Profilo interno ed esterno

Sotto **il profilo interno**, la sovranità si qualifica come una *summa potestas imperii*, cioè un potere di supremazia all'interno del territorio dello Stato che non riconosce alcuna autorità a esso superiore (*superiorem non recognoscens*); mentre, *sotto il profilo esterno*, essa si contraddistingue per i caratteri dell'**indipendenza** e dell'**originarietà**, in quanto la sovranità non deriva da altra autorità esterna, trovando fondamento e legittimazione nella Costituzione, né tantomeno è soggetta, se non per atto di autolimitazione (come previsto, ad es., dall'art. 11 Cost.), ad altri ordinamenti. Si rinvengono, inoltre, come caratteri essenziali, l'**esclusività**, dovendosi essa imputare a un unico soggetto (popolo, nazione o Stato che sia) e la **giuridicità**, vale a dire la sua sottoposizione, come tutti i poteri, alla supremazia della Costituzione. L'attribuzione della **sovranità alla nazione**, entità astratta distinta dall'insieme degli individui che la compongono, si raccorda con l'istituzione di un organo legittimato ad agire in loro vece, il Parlamento, ed è a tale concezione politico-filosofica, prima ancora che tecnico-giuridica, che si deve l'affermazione del principio rappresentativo e il primato del Parlamento. Tale elaborazione va, tuttavia, collegata alla teoria della separazione dei poteri elaborata da C.L. de Secondat de Montesquieu e a quella della rappresentanza nazionale, legata al divieto di mandato imperativo, che contribuisce a privare le assemblee legislative di ogni effettiva indipendenza, affermando un sistema per il quale il deputato, privo di un vero potere discrezionale, è chiamato a "volere" per la Nazione. Il parlamentare non rappresenta, infatti, il collegio elettorale, o più in generale, gli elettori, bensì la nazione, entità indivisibile e fonte originaria del potere rappresentativo. L'accoglimento di siffatto schema interpretativo contribuisce a identificare o ad assimilare la Nazione allo Stato fino a trasformare il parlamentare in rappresentante «*della volontà nazionale indipendente da quella dei cittadini che è quella della nazione intesa come corpo unificato*» (R. Carrè de Malberg).

L'affermazione del principio di sovranità popolare

La teoria della rappresentanza nazionale e l'idea stessa di nazione hanno costituito nello Stato liberale gli strumenti concettuali che, garantendo il carattere unitario della volontà sovrana, hanno legittimato l'egemonia della borghesia e la composizione oligarchica della struttura statale e del potere. L'estensione del suffragio elettorale e l'avvento dei grandi partiti di massa, verificatisi a partire dall'ultimo scorcio del XIX secolo in *magna pars* degli Stati europei, hanno dato luogo a quello che M.S. Giannini ha definito il processo di trasformazione dello "Stato monoclasse" in "Stato pluriclasse". Sul piano costituzionale si afferma il **principio di sovranità popolare** e la rappresentanza politica perde il suo carattere unitario, fondato sui principi di sovranità nazionale e di rappresentanza generale, per riproporsi come rappresentanza di interessi contrapposti, difficilmente riconducibili a unità.

1.4. *La crisi della sovranità dello Stato*

Globalizzazione, integrazione sovranazionale e processi di decentralizzazione

La validità della nozione di sovranità dello Stato, così come tradizionalmente è stata intesa sia nel pensiero costituzionale dello Stato liberale dell'Ottocento che in quello degli ordinamenti democratici contemporanei, fondata sul principio per cui lo Stato stesso sarebbe *superiorem non recognoscens*, è oggi messa in discussione dai processi di globalizzazione e di internazionalizzazione dell'economia e di integrazione europea. La crisi della territorialità del diritto scaturita dal processo di globalizzazione economica e di integrazione politica ha ridotto, infatti, l'autorità degli ordinamenti costituzionali dei singoli Stati, i quali tendono a cedere progressivamente poteri sovrani e appaiono sempre meno legittimati a controllare i complessi processi di trasformazione istituzionale. La crisi dello Stato nazionale e della sua sovranità conduce a una crisi dello stesso principio della sovranità popolare, che determina un *deficit* di democraticità sia a livello di Unione europea che all'interno dei singoli Stati. Il ruolo egemone svolto, sia sul piano formale che su quello sostanziale, da istituzioni espressione dei poteri sovranazionali condiziona il potere sovrano dello Stato nella sua duplice articolazione di sovranità popolare (potere riconducibile in via diretta o indiretta al popolo) e di potere decisionale, espressione delle istituzioni della rappresentanza (Parlamento), che si trasforma in indirizzo di governo. Ne discende un obiettivo indebolimento della capacità degli ordinamenti costituzionali democratici di assumere autonomamente, nell'esercizio della propria sovranità, decisioni relative sia alla sfera economico-monetaria che a quella di politica internazionale. Tuttavia, ai fini di una analisi più completa, va detto che la sovranità nazionale viene a essere insidiata non solo dall'alto, vale a dire dagli organismi sovranazionali, ma anche dal basso, cioè dagli enti locali territoriali che, nel quadro del processo di redistribuzione di poteri all'interno dello Stato, tendono sempre più ad assumere lo *status* di "livelli autonomi di governo" a cui viene garantito il potere di soddisfare interessi primari dei cittadini.

2. *Forme di Stato*

2.1. *Le forme di Stato*

Definizione

In via generale, con il termine forma di Stato si intende «*il rapporto tra chi detiene il potere e coloro che ne rimangono assoggettati, e quindi il vario modo di realizzarsi della correlazione tra autorità e libertà*» (C. Mortati). La forma di Stato può ricondursi, tuttavia, anche al rapporto che, in un determinato momento storico, viene a realizzarsi tra gli elementi costitutivi dello Stato, in particolare tra la *sovranità* e gli altri due elementi, il *popolo* e il *territorio*. In altri termini, la forma di Stato si configura in ragione del modo con cui il potere sovrano si rapporta con i cittadini (*governati*) o si articola e si distribuisce nel territorio.

Pur tenendo conto della difficoltà di procedere a una sistematizzazione delle forme di Stato in una fase di profonde trasformazioni quale quella che stiamo vivendo, e nella consapevolezza che ogni tentativo di classificazione rischia di risultare generico, appare comunque utile, sul piano metodologico, utilizzare una classificazione che tenga conto, da un lato, del processo di evoluzione storica dello Stato, dall'altro, come già accennato, del rapporto che si instaura tra la sovranità, il popolo e il territorio.

Sotto il profilo storico possiamo procedere a distinguere tra *Stato patrimoniale*, *Stato assoluto*, *Stato liberale*, *Stato socialista*, *Stato autoritario* e *Stato democratico*.

Lo **Stato patrimoniale** è il modello di organizzazione che caratterizza il periodo feudale e che si connota per una commistione tra elementi di tipo privatistico e rapporti di diritto pubblico: il sovrano, infatti, deteneva una sorta di diritto di proprietà nei confronti del popolo e del territorio, con relativo diritto di alienazione. Non sussisteva alcuna garanzia giuridica dei diritti, la cui tutela veniva demandata ai patti stipulati tra il sovrano e i feudatari, nell'ambito del rapporto di vassallaggio. Le norme erano in buona parte di tipo consuetudinario e si fondavano, prevalentemente, su un rapporto di soggezione (*pactum subjectonis*) che si instaurava tra il sovrano e i feudatari e tra questi e i sudditi. Lo Stato patrimoniale

La decadenza del sistema feudale segnò anche il superamento dello Stato patrimoniale e l'affermazione di un modello di organizzazione istituzionale ispirato alla tendenziale concentrazione del potere sovrano in capo a un solo soggetto, il monarca. L'affermazione dello **Stato assoluto** ha riguardato le monarchie europee che hanno regnato fino alla Rivoluzione francese del 1789. La nascita di tale modello, che si fa coincidere con la formazione dello Stato moderno, produsse non soltanto una concentrazione totale dei poteri pubblici nelle mani del sovrano, realizzata anche attraverso la costituzione di un apparato burocratico-amministrativo, giurisdizione inclusa, del tutto dipendente dal monarca, ma soprattutto un sistema di legittimazione del potere *per investitura divina*, che affranca la Corona dal principio di legalità (primazia della legge), rendendo il sovrano *legibus solutus*, cioè svincolato da qualsiasi forma di limitazione nella funzione di governo. Esemplificato dalla locuzione di Luigi XIV «*l'Etat c'est moi*», che identifica il monarca come unico organo di vertice dell'organizzazione politica, lo Stato assoluto si qualifica anche per il fatto che il popolo risulta del tutto privo di effettivi diritti politici, dovendosi quindi parlare di sudditi piuttosto che di cittadini. Lo Stato assoluto

Una evoluzione dello Stato assoluto può rinvenirsi nel c.d. **Stato di polizia**, in cui pur permanendo il carattere assolutistico e la legittimazione per origine divina del potere sovrano, il monarca si pone il fine di per- Lo Stato di polizia seguire il benessere e la felicità dei sudditi, i quali tuttavia rimangono del tutto estranei al governo dello Stato.

Lo Stato liberale

Alcune grandi trasformazioni di carattere economico-sociale e culturale, che si realizzano tra la fine del XVII e la fine del XVIII secolo, segnano la crisi dello Stato assoluto e, anche attraverso alcuni importanti passaggi rivoluzionari quali le Rivoluzioni inglesi del 1648 e del 1689, la Rivoluzione americana del 1776 e, *last but not least*, la Rivoluzione francese del 1789, la transizione a una diversa forma di organizzazione istituzionale: lo **Stato liberale**.

Lo sviluppo del sistema capitalistico determina, infatti, l'ascesa e l'affermazione di una nuova classe sociale, l*a borghesia*, detentrice dei mezzi di produzione. I caratteri fondamentali dello **Stato liberale classico**, che si afferma negli Stati Uniti e in Europa dopo la Restaurazione, possono rinvenirsi:

- nell'*adozione di Carte o Statuti,* dal valore formalmente costituzionale, anche se flessibili, in cui vengono riconosciuti i diritti individuali dei cittadini e il principio di sovranità nazionale (*Stato costituzionale*);
- nella *concezione garantistica*, riconducibile a una funzione attribuita allo Stato di garante dei diritti civili, politici e soprattutto economici dei cittadini (la statuizione «*la proprietà è inviolabile*» dello Statuto albertino);
- nel *principio dello Stato neutrale (o minimo)*, fondato sull'astensione degli apparati pubblici da ogni intervento su rapporti sociali ed economici, il cui equilibrio è rimesso esclusivamente allo svolgimento dei rapporti di forza tra i soggetti economici e sociali; lo Stato deve limitarsi ad assicurare i presupposti della convivenza;
- nella c*oncezione individualistica*, secondo la quale i diritti rientrano esclusivamente nel patrimonio dei cittadini e lo Stato, per garantirne l'effettività, deve evitare ogni intervento che possa comprimere il godimento dei diritti individuali (*libertà negative, libertà dallo Stato*). Naturalmente tale impostazione teorica si ispira a una concezione formalistica, incentrata su una interpretazione dell'uguaglianza intesa come parità innanzi alla legge che non tiene alcun conto delle diverse condizioni economico-sociali, culturali o territoriali esistenti tra i soggetti. Discende, peraltro, da tale concezione individualistica il riconoscimento di qualsiasi forma di organizzazione intermedia o delle formazioni sociali (partiti, sindacati, ecc.) che possano in qualche modo frapporsi tra individuo e Stato;
- nel *principio di separazione dei poteri*, vale a dire nell'adozione di un sistema di organizzazione bilanciato del potere, suddiviso tra diversi organi costituzionali che si controllano tra di loro («*il potere limita il*

potere»; negli Stati Uniti d'America si parla di «*checks and balances*»);
- nel *principio di legalità*, volto a garantire che ogni incisione dei diritti individuali da parte dei poteri pubblici debba avvenire in forza di una legge, sicché l'esercizio dell'attività amministrativa deve avere una base legale, cioè preventivamente essere autorizzata dalla legge;
- nel *principio della rappresentanza politica*, che nello Stato liberale è caratterizzata da alcuni elementi istituzionali strettamente connessi e collegati tra di loro, che trovano l'espressione più significativa nella posizione centrale attribuita al Parlamento, espressione della rappresentanza nazionale, nell'indipendenza del singolo parlamentare dalla base elettorale attraverso l'affermazione del *divieto di mandato imperativo*, e nel suffragio elettorale ristretto, con l'attribuzione del diritto di voto in base al censo. Un modello istituzionale siffatto si caratterizza anche per la funzione di «comitato esecutivo della maggioranza parlamentare», esercitata dal Governo, e per la pressoché assoluta inesistenza di organizzazioni di rappresentanza istituzionalizzata dovuta allo scarso peso rivestito in questa fase storico-istituzionale dai partiti politici. In tale contesto, il Parlamento viene a svolgere, dunque, una funzione di mediazione e di sintesi delle esigenze e delle richieste dei rappresentati, ricomprendendo in tale categoria solo i titolari del diritto di voto.

L'interesse dello Stato viene così a identificarsi con gli interessi certamente compositi e diversi della classe borghese, comunque "equilibrabili" poiché fondati sul presupposto ideologico del "possesso privato del capitale".

Con la crisi dello Stato liberale, determinatasi soprattutto a partire dai primi decenni del XX secolo, si affermano nuove forme di Stato: lo **Stato socialista** e lo **Stato autoritario**. Lo Stato socialista

La prima era presente in passato nell'Unione delle Repubbliche Socialiste Sovietiche (URSS), sciolta si nel 1991, negli Stati dell'Europa dell'Est e in qualche altro Stato, come la Cina, che da tempo però ha adottato una forma di *socialismo di mercato*. Lo Stato socialista si ispira alla dottrina marxista-leninista e si caratterizza per il **riconoscimento del potere ai lavoratori** (sia delle città che delle campagne), per la **limitazione del diritto di proprietà privata** e la **collettivizzazione dei mezzi di produzione** e per la **presenza di un partito unico** o comunque di un partito collocato in una posizione di schiacciante supremazia rispetto agli altri (definiti "partiti satelliti"). In tale forma di Stato, inoltre, le libertà civili e politiche, pur formalmente riconosciute, sono limitate anche in modo incisivo per il raggiungimento degli scopi del socialismo e una piena e incondizionata attuazione del principio di eguaglianza sostanziale.

Lo Stato autoritario

Nello stesso periodo e per tutta la prima metà del '900 (e oltre) si afferma e sviluppa un'altra forma di Stato, che rappresenta una degenerazione dello Stato liberale di diritto: si tratta dello Stato autoritario, i cui caratteri sono l'**esaltazione demagogica della collettività nazionale**, la presenza di un **capo carismatico**, considerato esclusivo interprete della stessa volontà popolare, l'**eliminazione dei procedimenti elettorali** per la selezione dei governanti e la **decisa limitazione dei diritti e delle libertà fondamentali dell'uomo**. Le principali esperienze di autoritarismo nel XX secolo sono state quelle del fascismo in Italia, del nazionalsocialismo in Germania, del franchismo in Spagna e dal salazarismo in Portogallo.

2.2. *Lo Stato democratico dei partiti*

Dallo Stato "monoclasse" allo Stato "pluriclasse"

Il passaggio dallo Stato monoclasse allo Stato pluriclasse è riconducibile ad alcune trasformazioni di ampia portata verificatesi all'inizio del XX secolo che si identificano principalmente nello sviluppo e nel consolidamento dei grandi partiti di massa, nella estensione del suffragio, trasformatosi gradualmente da suffragio per censo a suffragio universale, e nella conseguente adozione, in *magna pars*, da parte delle forme di governo europee, di ordinamenti elettorali ispirati alla proporzionalità della rappresentanza. Sul piano costituzionale, lo Stato democratico trova la sua qualificazione nell'affermazione del principio di sovranità popolare (e del principio di uguaglianza sostanziale), nell'adozione di Costituzioni rigide modificabili solo attraverso procedure di tipo aggravato, nell'istituzione di Corti costituzionali legittimate a garantire la supremazia della Costituzione. Sul piano politico l'impatto determinato dall'ingresso dei grandi partiti di massa nel sistema costituzionale rappresentativo e nel circuito della rappresentanza politica risulta dirompente.

La rappresentanza perde il carattere unitario, conseguito attraverso la teorizzazione della sovranità nazionale e della rappresentanza generale, per riproporsi come rappresentanza di interessi contrapposti, inconciliabili e irriducibili a unità.

Gli stessi parlamentari vedono dissolversi la loro qualità rappresentativa personale che ne aveva "privatizzato" e deresponsabilizzato le funzioni, rendendoli responsabili solo davanti a sé stessi e alla loro coscienza, per trasformarli – anche in ragione di un meccanismo di conversione di voti in seggi fondato sul principio proporzionale, su collegi plurinominali e liste concorrenti – in rappresentanti di partito.

Ancora, è lo stesso ruolo del Parlamento che lo aveva qualificato come *locus* istituzionale di definizione dell'indirizzo politico, che viene a destrutturarsi e neanche tanto gradualmente, trasformandosi l'organo rappresentativo in Camera di formalizzazione ed esposizione di opposti interessi di classe. In tale chiave interpretativa, può ben comprendersi come l'istituto più legato alla tradizionale formula della rappresentanza politica liberale, il *divieto di mandato imperativo*, venga esposto – sul piano concettuale e interpretativo – a profonde critiche. Il libero mandato parlamentare, infatti, originariamente introdotto per tutelare il principio della separazione tra Stato e società (e l'unitaria espressione della volontà dello Stato) dall'influenza degli interessi particolari, risulta ora difficilmente giustificabile, a seguito dell'affermazione di una concezione dello Stato affatto diversa, in cui prevale il principio del pluralismo e quello della *contaminatio* tra Stato e società.

La rappresentanza politica nello Stato democratico dei partiti

La trasformazione dello Stato liberale oligarchico in **Stato democratico dei partiti** pone alla dottrina costituzionalistica il problema, per molti versi ancora irrisolto, della ridefinizione teorica della rappresentanza politica e del mandato.

Tale sforzo ricostruttivo, tuttavia, non segue un percorso facile, soprattutto per la contraddizione insita in *magna pars* delle Costituzioni contemporanee, riconducibile a un duplice previsione: da un lato, la contestuale presenza del principio della rappresentanza nazionale e del divieto di mandato imperativo; dall'altro, l'inadeguatezza della disciplina costituzionale e legislativa della "forma partito" rispetto al ruolo di organi costituzionali sostanziali assunto dai partiti politici nelle diverse forme di governo contemporanee e al tendenziale consolidamento del c.d. mandato di partito.

Lo stesso processo elettorale in un contesto di tendenziale, progressiva, istituzionalizzazione dei partiti politici e di una loro inclusione nell'apparato autoritativo dello Stato, viene identificato, nei contesti in cui vigono sistemi proporzionali-pluripartitici, come strumento per l'attribuzione della forza elettorale a ciascun partito, ovvero, nell'ambito dei sistemi maggioritari bipartitici, come strumento per l'attribuzione di un mandato al partito per la realizzazione di un programma. Quale che sia il meccanismo di trasformazione di voti in seggi prescelto, il sistema partitico introduce nella forma di governo un elemento plebiscitario che, non solo sul piano teorico, determina uno snaturamento del rapporto di rappresentanza, la scissione del tradizionale legame tra elettore ed eletto e la trasposizione della sovranità dal Parlamento al corpo elettorale. In altri termini, la democrazia rappresentativa liberal-parlamentare viene soppiantata dalla *democrazia di massa* fondata sui partiti politici, nel cui ambito continuano tuttavia a permanere taluni istituti propri del sistema rappresentativo, ma che complessivamente ruota intorno ai partiti politici, i quali influenzeranno in modo pervasivo le istituzioni rappresentative controllando e condizionando l'attività parlamentare.

Nel moderno *Stato dei partiti* i deputati non rappresentano affatto la nazione, ma gli interessi di quei cittadini attivi che hanno votato per i partiti di appartenenza, tanto da far sostenere a parte della dottrina che all'interno dello Stato democratico il concetto di libertà, nel quadro della democrazia parlamentare, è stato soggetto a un tale mutamento che la libertà del deputato esiste nella misura in cui lo stesso può agire liberamente nell'ambito del partito. Il partito diviene, pertanto, il *trait d'union* «tra molteplicità della società civile e l'unità dello Stato persona, legando a quest'ultimo il popolo, nel suo concreto essere di comunità complessa, nella quale agiscono individui e gruppi e si agitano interessi, aspirazioni, opinioni differenti spesso divergenti, talora anche in contrasto e collegando, per tale via, la domanda sociale all'apparato autoritativo dello Stato» (G. Leibholz).

La convergenza degli elementi sopra descritti segna ineluttabilmente la crisi dello schema teorico della rappresentanza politica, mettendo in discussione e, per certi versi, smantellando i capisaldi della concezione classica del modello parlamentare-rappresentativo. Si configura così un nuovo modello fondato su un mandato di partito, pur in presenza, nella maggior parte delle Costituzioni contemporanee, di previsioni che considerano tale istituto irrilevante ai fini dell'ordinamento, stabilendo che l'esercizio della funzione parlamentare non può essere subordinato ad alcun vincolo di mandato. Il problema, sotto il profilo costituzionale, è quello di conciliare la previsione del divieto di mandato imperativo con la affermazione del principio della sovranità popolare e del ruolo di organi costituzionali sostanziali svolto dai partiti politici.

La questione, peraltro, risulta ancora più complessa se, oltre al riconoscimento della funzione costituzionale dei partiti, viene preso in considerazione anche il principio della sovranità popolare che – escludendo di per sé la sovranità del Parlamento – rende indispensabile sul piano sostanziale l'adesione delle Camere e dei rappresentanti agli orientamenti politici popolari che, nella forma di governo e nella società contemporanea, dovrebbero essere sintetizzati e rappresentati dalle organizzazioni partitiche. La stessa scelta elettiva – come già rilevato – nello Stato dei partiti è determinata sulla base degli orientamenti e degli impegni assunti dai candidati soprattutto in ragione della loro "appartenenza" a un partito, vale a dire in quanto esponenti di un determinato gruppo politico.

Il rapporto di rappresentanza politica risulta fondarsi così su un duplice vincolo che intercorre tra il partito e il corpo elettorale, da un lato, e tra gli eletti e il partito di appartenenza, dall'altro.

Le Costituzioni rigide dello Stato democratico contemporaneo

Un ulteriore importante elemento che contraddistingue lo Stato democratico contemporaneo è l'introduzione di **Costituzioni rigide** e l'affiancamento al principio di legalità del **principio**, ben più penetrante, **di costituzionalità**, che segna la supremazia della Costituzione nel sistema delle fonti.

Se lo Stato liberale, come rilevato, si qualificava per il *profilo formalistico* del principio di eguaglianza, nello Stato democratico contemporaneo prevale *il principio di eguaglianza in senso sostanziale*, prevedendo la Costituzione un'azione positiva dei pubblici poteri al fine di garantire l'effettività dei diritti sociali, vale a dire di un catalogo di diritti di prestazione (*libertà positive*) che per essere goduti dai cittadini (ma, in alcuni casi, anche dai non cittadini) presuppongono un intervento da parte della Repubblica nelle sue diverse articolazioni (**Stato sociale**). Il riferimento è in particolare all'art. 3 Cost. che, nel primo comma, richiama il principio di stampo liberale dell'uguaglianza formale («*Tutti i cittadini hanno pari dignità sociale e sono eguali davanti alla legge, senza distinzione di sesso, di razza, di lingua, di religione, di opinioni politiche, di condizioni personali e sociali*»), ma che, nel secondo comma, afferma il principio di eguaglianza sostanziale, stabilendo che «*è compito della Repubblica rimuovere gli ostacoli di ordine economico e sociale, che, limitando di fatto la libertà e l'eguaglianza dei cittadini, impediscono il pieno sviluppo della persona umana e l'effettiva partecipazione di tutti i lavoratori all'organizzazione politica, economica e sociale del Paese*» (in tema si rinvia al Cap. XI).

Il principio di eguaglianza sostanziale e lo Stato sociale

2.3. *Stato accentrato e Stato composto*

Si è già detto come il modello di organizzazione dello Stato possa definirsi anche in ragione del modo in cui la sovranità si distribuisce nel territorio, attraverso il rapporto che si sviluppa tra Stato e altri enti territoriali.

In tale quadro, si distingue tra **Stato accentrato** e **Stato composto** (o **complesso**), mentre un riferimento a parte meritano le **Unioni istituzionali di Stati**, categoria all'interno della quale si possono distinguere:

Stato accentrato, Stato composto, Unioni istituzionali di Stati

- la **Confederazione di Stati**, organizzazioni in cui più Stati sovrani stipulano un trattato o un accordo internazionale, senza alcuna cessione di sovranità alla Confederazione da parte dei singoli Stati;
- l'**Unione sovranazionale**, organizzazione in cui più Stati costituiscono un ente giuridico superiore, al quale demandano una parte della propria sovranità, consentendo così, come avviene per l'Unione europea, che le norme e gli atti giuridici emanati dall'ordinamento sovranazionale vincolino gli Stati membri dell'Unione e i loro cittadini.

Nello **Stato accentrato** la sovranità rimane in capo allo Stato centrale che la esercita direttamente o attraverso le sue articolazioni istituzionali nel territorio, come avveniva, ad esempio, nello Stato italiano post-unitario.

Nello **Stato composto**, invece, il potere sovrano è ripartito tra Stato centrale e altri distinti enti territoriali, titolari di proprie funzioni legislative, amministrative, di indirizzo politico e di autogoverno, che vengono svolte attraverso organi rappresentativi eletti dai rispettivi corpi elettorali.

Lo Stato federale

Nell'ambito dello Stato composto un particolare rilievo riveste lo **Stato federale**, la cui caratteristica più significativa è rappresentata da un duplice livello di esercizio del potere sovrano. Per alcune materie che presuppongono un necessario carattere di unitarietà, l'esercizio della sovranità spetta allo **Stato federale** (o **Federazione**). Nelle altre materie, il potere sovrano rimane in capo ai singoli Stati membri della Federazione, come avviene per gli Stati federati negli USA o per i *Länder* nella Repubblica federale di Germania. Sebbene risulti difficile trovare elementi di piena omogeneità tra le diverse esperienze, in genere gli Stati federali presentano alcuni caratteri comuni, che possono così sintetizzarsi:

a) un **ordinamento federale** – a livello centrale – dotato di una **Costituzione scritta** e **rigida**, che si armonizza con le Costituzioni dei singoli Stati, nelle quali sono disciplinate le competenze loro attribuite dalla Costituzione federale;
b) la **suddivisione** tra Stato federale e Stati federati delle tradizionali competenze (**legislative**, **esecutive** e **giurisdizionali**) in cui si articola il potere sovrano, regolamentata dalla Costituzione della federazione;
c) un **sistema parlamentare a bicameralismo imperfetto**, con una Camera espressione della piena rappresentanza politica del popolo dello Stato federale e **una seconda Camera** (es.: *Bundestag* tedesco o Senato statunitense), rappresentativa – a livello centrale – degli **Stati membri federati**, attraverso la quale questi ultimi concorrono alla **determinazione dell'indirizzo politico** e, in via indiretta, al **procedimento di revisione costituzionale**. In alcune esperienze costituzionali gli Stati membri partecipano direttamente alla revisione della Costituzione;
d) la **presenza di una Corte costituzionale**, che ha tra le sue funzioni quella di risolvere i conflitti tra Stato federale e Stati federati.

Lo Stato regionale

L'altro modello istituzionale riconducibile allo Stato composto è lo **Stato regionale** che, rispetto allo Stato federale, presenta i seguenti caratteri:

a) la Costituzione dello Stato garantisce l'esistenza di **enti pubblici territoriali**, cui è riconosciuto, nell'ambito dei limiti fissati dalla Costituzione stessa, un alto livello di autonomia politica (che può concretarsi nella definizione di un autonomo indirizzo politico anche diverso rispetto a quello statale) e il potere di emanare propri Statuti (ma non una propria Costituzione). È il caso delle Regioni in Italia o delle *Comunidades autónomas* in Spagna;

b) il **riconoscimento** a tali enti territoriali di **potestà legislativa** ed **amministrativa**, sulla base di criteri fissati in Costituzione;
c) il concorso, pur limitato, all'esercizio di funzioni statali e di revisione costituzionale;
d) la presenza di una **Corte costituzionale** che ha tra le sue funzioni quella di **risolvere i conflitti tra Stato ed enti regionali**, assicurando comunque la preminenza dell'interesse nazionale unitario;
e) l'assenza di una seconda Camera rappresentativa degli enti territoriali.

Federalismo conflittuale e federalismo cooperativo

Nell'ambito dei modelli di Stato federale si utilizza spesso la distinzione tra **federalismo conflittuale** (anche detto competitivo o duale) e **federalismo cooperativo** (anche detto solidale). Nel primo caso si fa riferimento a un modello, tipico dello Stato liberale, caratterizzato da una netta separazione tra Stato federale e Stati federati, mentre il federalismo cooperativo si articola in un sistema ispirato alla leale collaborazione tra Stato federale e Stati membri, che si concreta, nell'ambito delle diverse materie ripartite secondo il criterio di competenza, in un'azione coordinata e concorrente di interventi.

3. *Le forme di governo*

3.1. *Forma di governo. Definizione*

Definizione

Con l'espressione "**forma di governo**" si intende richiamare la nozione con la quale si qualificano i rapporti che, all'interno dell'ordinamento dello Stato, si vengono a instaurare tra organi costituzionali, soprattutto tra quelli che costituiscono il potere legislativo (Parlamento) e quello esecutivo (Governo). Più in generale, la forma di governo viene individuata come «*il complesso degli strumenti che vengono congegnati per conseguire le finalità statali e, quindi, quegli elementi che riguardano la titolarità e le modalità di esercizio delle funzioni attribuite agli organi costituzionali*» (T.E. Frosini). In tale quadro, come si è avuto modo di osservare all'inizio del presente capitolo, la scelta della forma di governo si riflette inevitabilmente sulla configurazione della stessa forma di Stato, rinvenendosi reciproci condizionamenti soprattutto in relazione a quella che – sul piano costituzionale – rappresenta una questione centrale, vale a dire l'equilibrio del rapporto tra Stato e società, ovvero tra autorità e libertà. A ciò si aggiunga che le forme di governo non risultano cristallizzate, ma si trasformano in ragione di alcuni elementi di carattere non costituzionale, come la strutturazione del sistema politico-partitico, il sistema elettorale (inteso come meccanismo di trasformazione di voti in seggi) e, più in generale, l'effettivo equilibrio che viene a determinarsi tra soggetti politici e istituzionali. Come è stato lucidamente colto da attenta dottrina (L. Elia), l'equilibrio dei rapporti istituzionali e l'effettiva configurazione della forma di governo negli ordinamenti costituzionali contemporanei si conformano al rapporto che si determina tra i soggetti protagonisti della lotta politica, secondo uno schema interpretativo riconducibile al concetto di *Costituzione materiale*. In tale quadro, al fine della strutturazione della forma di governo, oltre all'influenza degli organi costituzionali e dei loro reciproci rapporti, non possono non considerarsi altri fattori, quali il sistema elettorale, il carattere pluripartitico o bipartitico (o bipolare) del sistema politico. In particolare, i partiti politici considerati, sotto il profilo della loro composizione sociale e del loro modello organizzativo, diventano elementi fondamentali nell'analisi delle forme di governo democratiche rappresentative e del funzionamento del sistema costituzionale complessivo.

Nell'ambito delle forme di Stato contemporanee, di tipo liberal-democratico, si individuano quattro tipologie di forme di governo: **presidenziale**, **semipresidenziale**, **parlamentare** e **direttoriale**. Come accennato, tale classificazione tiene conto, prevalentemente, del rapporto tra gli organi costituzionali di direzione politica, Parlamento e Governo, *in primis*, facendo discendere da tale rapporto l'individuazione di taluni criteri di natura giuridica, quali:

a) il *principio della divisione dei poteri*, posto a fondamento dello Stato liberale e finalizzato a impedire, attraverso una limitazione reciproca realizzata attraverso un sistema di *checks and balances*, che vi sia sul piano costituzionale una eccessiva concentrazione che possa tramutarsi in un potere dispotico e tirannico;
b) la *titolarità dell'indirizzo politico*;
c) la sussistenza o meno di un rapporto fiduciario tra Governo e Assemblee legislative.

Sul piano funzionale, e quindi con particolare riferimento alla forma di governo, il principio della divisione dei poteri è stato ricondotto preminentemente al rapporto più o meno rigido esistente fra funzione legislativa e funzione esecutiva.

3.2. *Forma di governo presidenziale*

In tale chiave interpretativa, e nell'ambito della surrichiamata classificazione, la **forma di governo presidenziale**, che sul piano costituzionale ha il suo principale riferimento nel modello degli Stati Uniti d'America (sebbene sia stata riproposta, pur in forma diversa, in altre esperienze contemporanee, soprattutto in Sud America), si contraddistingue per una *separazione rigida* tra i due poteri, per la *preminenza del potere esecutivo* in ordine alla funzione di indirizzo politico e *la mancanza del rapporto fiduciario*. Infatti, **la forma di governo presidenziale (statunitense)** si caratterizza per:

a) l'*elezione popolare* (pur attraverso un sistema solo formalmente di secondo grado) del Presidente (Capo dello Stato);
b) l'*attribuzione al Presidente del ruolo di Capo del Governo*;
c) l'*attribuzione al Presidente del potere di dirigere l'organo di governo e di nominare i segretari membri del suo gabinetto*;
d) la *mancata previsione di un voto di sfiducia* nei confronti del Presidente e del suo Governo;
e) la *durata prestabilita del mandato presidenziale* (4 anni rinnovabile per una volta consecutivamente) e dunque dell'esecutivo.

In tale quadro, il sistema presidenziale, ispirato al principio della separazione dei poteri si fonda – in via generale – su un *rapporto di separazione* tra potere legislativo e potere esecutivo, i quali si configurano come due rette parallele. Tale modello di separazione presenta, tuttavia, alcune eccezioni: il Presidente può essere sottoposto a *procedimento di impeachment* da parte del Congresso (come è avvenuto per ben due volte al Presidente Trump nel quadriennio 2016-2020), e giudicato dalla Corte suprema, procedimento che può concludersi con la destituzione. D'altro canto, il Presidente può condizionare l'attività legislativa apponendo un veto (totale o parziale) sulle leggi approvate dal Congresso e rinviarle alle Camere sia per motivi di legittimità sia di merito politico. La funzione legislativa è attribuita al **Congresso**, composto dalla **Camera dei rappresentanti**, organo politicamente rappresentativo dello Stato federale, e dal **Senato**, organo rappresentativo dei singoli Stati federati, ciascuno dei quali esprime, indipendentemente dalla rispettiva dimensione territoriale o demografica, due senatori. Il Presidente esercita il suo potere soprattutto in politica estera, mentre il suo ruolo, nell'ambito della politica interna, risulta proporzionale al peso politico della sua maggioranza all'interno del Congresso. In particolare, se il Presidente dispone della maggioranza in entrambe le Camere, la sua attività di indirizzo politico potrà trovare piena realizzazione attraverso i provvedimenti legislativi adottati dal Congresso. Di contro, nel caso in cui in almeno una delle due Camere il Presidente non disponga della maggioranza dei seggi (c.d. *fenomeno dell'anatra zoppa*), il potere del Capo dell'esecutivo risulta attenuato, in quanto i provvedimenti legislativi emanati dal Congresso potrebbero essere in contraddizione con l'indirizzo politico del Governo (*Governo diviso*). In ogni caso, l'articolazione federale dello Stato propria dell'assetto costituzionale degli Stati Uniti preclude al Presidente di esercitare un assoluto potere di supremazia nell'ambito della politica interna. Va detto, infine, che – come sempre avviene quando si procede a una classificazione – nell'ambito delle forme presidenziali vengono comprese esperienze costituzionali che, pur prevedendo l'elezione diretta del Capo dello Stato, presentano una connotazione profondamente diversa rispetto a quella statunitense. Ad esempio, in Austria, Irlanda e Islanda, il Presidente è eletto a suffragio popolare diretto e riveste un ruolo meramente formale e rappresentativo, mentre quello di leader della maggioranza e di preminenza nella funzione di indirizzo di governo è demandato al primo ministro.

3.3. *Forma di governo semipresidenziale*

La V Repubblica francese

La **forma di governo semipresidenziale** si identifica in genere con il modello adottato dalla V Repubblica francese del 1958, così come modificata dalla revisione costituzionale del 1962. Il semipresidenzialismo presenta elementi riconducibili sia alla forma presidenziale, come *l'elezione diretta a suffragio universale del Presidente della Repubblica*, sia alla forma parlamentare, *quale la previsione di un primo ministro, capo del Governo*, nominato dal Capo dello Stato, ma che deve godere della fiducia della maggioranza parlamentare, nonché *la previsione di un voto di sfiducia* del Parlamento nei confronti del Governo, che in caso di approvazione obbliga giuridicamente quest'ultimo alle dimissioni. Si tratta, pertanto, di un sistema ibrido che si connota per una configurazione bicefala del potere di governo, ripartito tra il Capo dello Stato, legittimato democraticamente dal voto popolare, e il primo ministro. Sul piano formale, il capo del Governo è l'organo di direzione dell'indirizzo politico, legittimato – al momento della sua costituzione – dal voto parlamentare di fiducia concesso dall'Assemblea legislativa; tuttavia se – come solitamente si verifica (soprattutto dopo la riforma del 2000 che ha parificato a 5 anni il mandato presidenziale e quello parlamentare e ha previsto altresì che le elezioni presidenziali si svolgano prima di quelle legislative) –, la maggioranza politico-parlamentare è espressione della stessa maggioranza presidenziale, il Presidente della Repubblica rafforza il suo ruolo di organo di direzione dell'azione di governo, identificandosi come vero e proprio *leader* della maggioranza politica. Qualora, invece, il Presidente e il capo del Governo siano espressione di diversi, contrapposti schieramenti politici, si registra la c.d. *cohabitation*, vale a dire una ripartizione della funzione di direzione politica tra i due organi. Nel sistema francese tale evenienza si è verificata in più occasioni, due volte durante la Presidenza Mitterand (nel 1986 e nel 1993) e una volta nel corso del mandato del Presidente Chirac (1997). Il Presidente è eletto a suffragio universale diretto in base a un sistema elettorale a doppio turno (*majority system*). Al primo turno viene eletto il candidato che consegue la maggioranza assoluta; qualora nessuno dei candidati raggiunga tale *quorum* si procede, a distanza di due settimane, a un turno di ballottaggio a cui accedono i due candidati più votati al primo turno. Risulterà eletto Presidente il candidato che conseguirà il maggior numero di voti. Come detto, il mandato presidenziale, dopo la riforma costituzionale del 2000, ha durata quinquennale ed è rinnovabile una sola volta. La coabitazione

La Costituzione francese prevede l'attribuzione al Presidente della Repubblica delle seguenti competenze: Il Presidente della Repubblica

a) il *potere di scioglimento anticipato dell'Assemblea nazionale*, che egli può esercitare senza controfirma ministeriale. Si tratta dunque di un potere formalmente e sostanzialmente presidenziale, di cui il Capo dello Stato si assume per intero la responsabilità;
b) la *nomina del primo ministro*, scelta non discrezionale, ma vincolata alla concreta possibilità che la personalità designata goda di una maggioranza parlamentare;
c) la *sottoposizione a referendum* di ogni progetto di legge concernente l'organizzazione dei pubblici poteri.

Ancora il Capo dello Stato *presiede il Consiglio dei ministri* ed *è titolare*, in via esclusiva, *della politica estera*.

Particolarmente rilevanti, per comprendere bene il ruolo centrale attribuito al Presidente della Repubblica francese, le disposizioni di cui all'art. 5 Cost. secondo cui egli «*garantisce il rispetto della Costituzione. Mediante il suo arbitrato assicura il regolare funzionamento dei poteri pubblici e la continuità dello Stato*»; nonché quelle dell'art. 16 Cost., che gli attribuisce speciali poteri, prescrivendo che quando «*le istituzioni della Repubblica, l'indipendenza della nazione, l'integrità del territorio o l'esecuzione degli impegni internazionali sono minacciati in maniera grave ed immediata e il regolare funzionamento dei poteri pubblici costituzionali è interrotto, il Presidente della Repubblica adotta le misure richieste da tali circostanze, udito il parere del Primo Ministro, dei Presidenti delle Assemblee, nonché del Consiglio Costituzionale*».

Il **Governo**, che in virtù del rapporto di fiducia, è responsabile nei con- Il Governo fronti del Parlamento, determina e dirige la politica nazionale, dispone dell'apparato amministrativo e delle forze armate. Nell'ambito dell'organo governo assume una posizione di preminenza la figura del primo ministro, il quale propone la designazione dei ministri che vengono nominati dal Capo dello Stato, dirige la politica generale del Governo, assicura l'esecuzione delle leggi ed è responsabile della politica di difesa dello Stato.

In caso di *cohabitation*, ossia, come si è detto, di un Presidente della Repubblica di un colore e di una maggioranza parlamentare e, dunque, di un Governo di colore diverso, la ripartizione di potere tra i due organi si fonda su una competenza più ampia della politica estera in capo al Presidente e di una riserva di competenza del primo ministro in materia di politica interna.

Il Parlamento

Il **Parlamento** si articola in un sistema a bicameralismo imperfetto. Esso si compone dell'Assemblea nazionale, organo eletto ogni cinque anni a suffragio universale e diretto che vota la fiducia al Governo, e dal Senato, rappresentativo delle istituzioni territoriali, con un mandato di sei anni. Il Parlamento esercita la funzione legislativa e quella di controllo dell'attività di governo.

Concludendo tale breve comparazione con altri modelli riconducibili alla forma di governo semipresidenziale, può sostenersi che in effetti essa risulta "a preminenza del Presidente" esclusivamente nell'esperienza costituzionale della V Repubblica francese, e solo nel caso in cui il Presidente sia espressione della stessa maggioranza politica presente nell'Assemblea Nazionale. Nel caso di coabitazione tra maggioranza presidenziale e maggioranza parlamentare di segno politico diversi, si ritiene più corretto parlare di forma "semiparlamentare", «*in quanto l'attuazione dell'indirizzo politico passa attraverso il rapporto fra il governo e la sua maggioranza parlamentare, ridimensionando così l'influenza e il condizionamento politico e istituzionale del Presidente della Repubblica*» (T.E. Frosini).

3.4. *Forma di governo parlamentare*

La forma di governo parlamentare trova le sue origini in Gran Bretagna, a partire dall'*address* di Burke agli elettori del collegio di Bristol nel 1774 («*Your representative owes you, not his industry only, but his judgement; and he betrays, instead of serving, if he sacrifices it to your opinion*»), che riformula l'essenza della rappresentanza politica e del mandato parlamentare nell'ordinamento costituzionale britannico. Il Parlamento si affranca, sul piano istituzionale, dai vincoli che avevano caratterizzato la rappresentanza medievale, grazie alla posizione di indipendenza assunta dal *member of Parliament* e a una responsabilità di tipo politico valevole non più nei confronti dei *constituents*, ma dell'intera nazione.

La forma di governo parlamentare si caratterizza per:

I caratteri della forma di governo parlamentare

a) il *rapporto di fiducia*, che deve intercorrere fra Governo e Parlamento;
b) il *potere di sfiduciare il Governo*, attribuito al Parlamento attraverso l'approvazione di una mozione di sfiducia parlamentare;
c) la *previsione del principio del divieto di mandato imperativo*, che sancisce la piena indipendenza e irresponsabilità dei singoli parlamentari e della stessa Assemblea rappresentativa;
d) la previsione della figura del Capo dello Stato, organo *super partes* e garante della Costituzione.

L'elemento costitutivo (e qualificante) della forma di governo parlamentare è rappresentato, pertanto, dal rapporto fiduciario, ovvero dalla necessità di una costante collaborazione fra Governo e Parlamento, che, solitamente, si instaura e si formalizza attraverso l'approvazione della mozione di fiducia. Il Governo costituisce dunque emanazione permanente del Parlamento nei cui confronti è politicamente responsabile e, in qualsiasi momento, può scindere tale rapporto attraverso un voto di sfiducia che impone le dimissioni all'esecutivo. Con "rapporto fiduciario" si intende qualsiasi forma di responsabilità del Governo verso il Parlamento, che in genere coincide con l'approvazione della mozione fiducia, ma anche nel caso in cui tale rapporto si esplichi anche attraverso il potere attribuito al potere legislativo di rimuovere il Governo in seguito a un voto di sfiducia. Nelle tendenze più recenti dei sistemi parlamentari, indirizzate verso modelli di "investitura diretta" dell'esecutivo che – attraverso l'elezione – demandano al corpo elettorale la legittimazione del Governo e del suo *leader* (oltre che del programma e della maggioranza parlamentare), è il voto di sfiducia più di quello di fiducia a caratterizzare la forma di governo parlamentare. Si configura, in tal caso, una duplice valenza della relazione fiduciaria, una di tipo politico, che si instaura tra il Governo (e soprattutto tra il candidato *premier* e il suo partito) e il corpo elettorale, l'altra di tipo istituzionale tra Governo e Parlamento. Sia nel primo che nel secondo caso, il rapporto fiduciario ha alla base lo stesso atto di indirizzo politico, il programma di governo.

Al fine di una analisi più sistematica è opportuno avviare la descrizione degli elementi politico-costituzionali della forma di governo parlamentare muovendo dal modello della Gran Bretagna dove storicamente tale modello nasce nel 1783, allorché il primo ministro Lord North si dimise per la prima volta a seguito di una mozione di sfiducia approvata dal Parlamento.

Gli elementi politico-istituzionali che contribuiscono in maniera determinante a caratterizzare e a definire la forma di governo parlamentare britannica sono:

a) il *sistema elettorale plurality system*, che risponde a una logica esclusivamente maggioritaria (in cui, nell'ambito di elezioni a un solo turno, il seggio nel collegio uninominale viene assegnato al candidato che ottiene anche un voto in più, sulla base del principio «*first past the post*»);
b) il *bipartitismo*, che contraddistingue, pur con qualche attenuazione nelle ultime legislature, il sistema politico inglese attraverso la contrapposizione tra laburisti e conservatori.

Si determina, così, un equilibrio istituzionale fondato sulla diretta emanazione del Governo dal partito che detiene in Parlamento la maggioranza assoluta, grazie al sistema di elezione maggioritario. Un ulteriore elemento di stabilità del sistema è dato dalla particolare rigidità della disciplina di partito che si regge sul prestigio e sull'autorevolezza del *Premier*, legittimato dalla investitura popolare, nonché sulla posizione di preminenza dei *leaders* del partito (che in genere sono chiamati a ricoprire anche incarichi ministeriali) e dei capigruppo parlamentari (*whips),* rispetto ai singoli deputati (*back benchers*). Il sistema di governo che ne deriva è quello del c.d. *premierato*, che si caratterizza per l'automatica investitura a primo ministro del *leader* del partito che ha vinto le elezioni. Il *Ppremier* potrà essere sostituto o in seguito a sconfitta a elezioni o quando il partito deciderà di cambiare il proprio *leader*, a conferma dell'intrinseco legame fra *leader* del partito di maggioranza e capo del Governo espressione del partito di maggioranza. Il *premier*, qualora ritenga il momento favorevole per rafforzare la propria maggioranza, può chiedere e ottenere dal monarca lo scioglimento anticipato della Camera dei comuni, che a differenza della Camera dei Lords, organo non elettivo, è il solo organo parlamentare che ha il potere di concedere e togliere la fiducia al Governo.

In particolare, la *Camera dei Comuni* è composta da 650 membri eletti a suffragio universale e diretto ogni 5 anni dai cittadini; la *Camera dei lords*, che storicamente ha rappresentato l'organo di rappresentanza della classe nobiliare e che è composta da un numero variabile di componenti, alcuni dei quali nominati a vita dalla Corona su proposta del Governo, altri per diritto ereditario (in quanto titolari del titolo nobiliare) e altri ancora, infine, in quanto titolari di una carica ecclesiastica (i c.d. *Lords spirituals*). In tale quadro, la Camera dei lord discute le proposte della Camera dei Comuni, ma non dispone del potere di bloccarle, ben potendo quest'ultima deliberare anche in maniera difforme a quanto deliberato dalla Camera dei lord.

Alla luce di tali elementi, la maggioranza parlamentare risulta pressoché indissolubile e il potere politico viene a concentrarsi interamente nelle mani del primo ministro e nell'istituzione Governo, mentre il Parlamento viene relegato a "camera di registrazione" delle decisioni adottate dal partito di maggioranza e dall'organo esecutivo.

Non può essere trascurato, tuttavia, a questo proposito, il ruolo fondamentale che riveste nell'equilibrio costituzionale inglese l'opposizione parlamentare che, pur in un quadro di complessivo indebolimento degli organismi di rappresentanza parlamentare, attesa la profonda compenetrazione tra maggioranza parlamentare e Governo, viene a svolgere una funzione istituzionalizzata di controllo e di critica nei confronti del Ministero in carica, esponendo in Parlamento il proprio programma e le proprie proposte alternative sulle singole questioni (*issues*) e candidandosi, in tal modo, a conquistare la maggioranza alle elezioni politiche successive e a sostituirsi, quindi, al partito maggioritario nella direzione politica e al governo dello Stato.

Lo strumento politico e organizzativo di cui si avvale l'opposizione per svolgere la sua funzione costituzionale è rappresentato dal *Governo ombra* (*Shadow Cabinet*), un istituto con la funzione di critica costante dell'azione della maggioranza e di elaborazione e di esposizione di una coerente e costruttiva alternativa di indirizzo politico, con la quale essa si identifichi. All'interno del modello costituzionale britannico si registra comunque uno scarso livello di autonomia sia dell'esecutivo che del Governo ombra rispetto ai gruppi parlamentari e ai rispettivi partiti, la cui causa va ricercata «*non nel grado di autonomia, ma nella qualità dell'autonomia stessa (e nella natura dei partiti e della competizione tra i partiti)*» (G. Pasquino).

Nella forma di governo parlamentare britannica l'esecutivo dispone di adeguati ed efficaci strumenti politici e istituzionali per richiedere e ottenere dalla maggioranza parlamentare che lo sostiene l'approvazione dei provvedimenti finalizzati alla realizzazione del proprio programma.

In tale scenario politico-istituzionale il partito politico svolge un'indispensabile funzione di supporto all'azione del Governo in carica, ovvero all'azione del "Governo ombra", conferendo una reale autonomia operativa alle istituzioni, attraverso l'affermazione e la piena vigenza del principio della responsabilità del Governo verso il Parlamento, ma soprattutto verso il corpo elettorale.

Modello *Westminster*

Si ricomprende in tale schema organizzativo il cosiddetto "sistema di alternanza" o "modello *Westminster*", che si concretizza nella pari opportunità attribuita a ciascun partito di candidarsi e di accedere al governo dello Stato e alla cui definizione contribuiscono in misura determinante la legge elettorale maggioritaria, il carattere sostanzialmente bipartitico del sistema politico e il modello di funzionamento delle assemblee legislative.

Il cancellierato tedesco

La forma di governo parlamentare della Germania, il c.d. **cancellierato**, consiste in un sistema di organizzazione costituzionale incentrato sul ruolo di primazia politica e istituzionale riconosciuto alla figura del cancelliere (capo del Governo) e fortemente razionalizzato attraverso una serie di meccanismi di controllo costituzionale. Il Parlamento si compone del *Bundestag* (Dieta federale) costituito da deputati eletti a suffragio universale e diretto e del *Bundestat* (Consiglio federale) costituito da parlamentari eletti in modo da rappresentare, in ragione della densità demografica, i singoli Stati di cui la Germania si compone *(Länder).*

Il Cancelliere

Il Cancelliere è eletto dal Bundestag su proposta del Presidente federale. Il Cancelliere propone la nomina e la revoca dei singoli ministri, determina l'indirizzo politico e ne assume la responsabilità. Il *Bundestag* può esprimere la sfiducia al Cancelliere federale solo eleggendo, a maggioranza assoluta dei propri componenti, un suo successore e chiedendo al Presidente federale di revocare il Cancelliere federale (*sfiducia costruttiva*). Il Presidente federale deve accogliere la mozione e nominare la persona eletta. Altro elemento di razionalizzazione del Governo parlamentare tedesco è rappresentato dalla "questione di fiducia", che viene posta dal Cancelliere e deve ottenere l'approvazione della maggioranza assoluta del *Bundestag.* Se la richiesta di fiducia posta dal Cancelliere federale non viene approvata dalla maggioranza dei componenti del *Bundestag*, il Presidente federale, su proposta del Cancelliere federale, può sciogliere il *Bundestag* qualora questo non sia in grado di eleggere un successore entro 21 giorni. Tali meccanismi costituzionali, finalizzati a mantenere la stabilità dell'esecutivo, e a impedire i rischi di crisi governative al buio e di vuoti di potere, sono implementati sul piano politico-istituzionale dalla previsione alle elezioni politiche (ma estesa anche alle elezioni amministrative e dei *Länder*), di una rigida clausola di sbarramento (*Sperrklausel*) che preclude la partecipazione alla distribuzione dei seggi a quei partiti che non conseguano almeno il 5% dei voti. Inoltre, la Costituzione tedesca vieta la formazione di partiti politici che per obiettivi, finalità e comportamenti degli aderenti siano in contrasto con i principi fondamentali dell'ordinamento liberaldemocratico.

La forma di governo parlamentare spagnola

La forma di governo parlamentare spagnola si ispira strutturalmente al cancellierato tedesco sia con riferimento al ruolo e alle competenze del capo del Governo, molto simili a quelle del Cancelliere (il Presidente del Governo nomina e revoca i ministri, pone la questione di fiducia, può richiedere al Re lo scioglimento delle Camere), sia in termini di elezione da parte del *Congresso dei deputati*, sia in merito alla adozione dell'istituto della sfiducia costruttiva. Il Parlamento spagnolo (*Cortes Generales*) è composto dal *Congreso de los Diputados* e dal *Senado.* Il primo esercita con esclusività le funzioni di conferimento e revoca della fiducia al Governo ed esercita la potestà legislativa con un ruolo preminente rispetto al Senato. Quest'ultimo, ai sensi dell'art. 69, comma 1, della Costituzione spagnola, è la Camera di rappresentanza territoriale.

Ai sensi dell'art. 114 Cost., se il Congresso nega la sua fiducia al Governo, questi presenterà le sue dimissioni al Re, procedendosi immediatamente alla designazione del nuovo Presidente del Governo. Se il Congresso approva una mozione di censura, il Governo presenterà le sue dimissioni al Re e il candidato incluso in quella mozione si intenderà investito della fiducia della Camera e il Re lo nominerà Presidente del Governo. Tuttavia, a differenza della Germania, il Capo dello Stato spagnolo è un monarca anche se la Costituzione non prevede la sovranità in capo al Re, in quanto la sovranità nazionale risiede nel popolo spagnolo da cui emanano i poteri dello Stato (art. 2, comma 1, Cost.).

3.5. *La forma di governo direttoriale*

La forma di governo della Svizzera

A conclusione di questa panoramica delle forme di governo nelle esperienze costituzionali contemporanee, va fatto un riferimento a un modello certamente più inconsueto, ma che in ogni caso merita una menzione per la sua peculiarità: la **forma di governo direttoriale**. Tale sistema di organizzazione istituzionale è rinvenibile solo nell'esperienza della Svizzera, che si caratterizza per il suo assetto confederale e la sua articolazione in Cantoni, tra di loro profondamenti diversi sul piano culturale e linguistico. L'*Assemblea federale*, composta dal *Consiglio nazionale* e dal *Consiglio degli Stati*, è titolare del potere legislativo ed esercita il potere supremo nella Confederazione; le due Camere sono dotate delle stesse competenze. Il **Consiglio federale**, suprema autorità direttiva ed esecutiva della Confederazione, è invece l'organo titolare del potere esecutivo ed esercita, in via primaria, la funzione di indirizzo politico, definendo i fini e i mezzi della propria politica di governo e pianificando e coordinando le attività dello Stato. Il Consiglio federale, composto da 7 membri, è eletto dall'Assemblea federale e ha un mandato quadriennale. Particolarmente originale il sistema di rotazione alla guida del Governo: infatti, si prevede che uno dei componenti il Consiglio federale venga eletto dall'Assemblea federale a presiedere, per un anno, la Confederazione e il Consiglio federale stesso. Coerentemente al complesso quadro istituzionale ora descritto, il Consiglio federale non può essere sfiduciato, escludendosi, pertanto, crisi di governo; di contro, l'Assemblea federale non può essere sciolta anticipatamente.

Il Consiglio federale

Altro elemento originale della forma direttoriale svizzera riguarda il frequente ricorso all'istituto referendario, che consente, da un lato, una funzione di controllo del corpo elettorale sull'attività di governo e, dall'altro, la diretta partecipazione popolare in ordine a molte questioni inerenti all'ordinamento e all'organizzazione della società elvetica.

3.6. *La trasformazione della forma di governo nell'ordinamento costituzionale italiano*

Nella concezione del parlamentarismo classico e nei sistemi democratico-rappresentativi contemporanei le elezioni hanno la funzione di legittimare l'indirizzo politico e di garantire il «ricambio pacifico e periodico dell'*élite*» (F. Lanchester). Accanto a tali obiettivi, parte della dottrina ritiene che nei sistemi parlamentari, come quello previsto dalla Costituzione italiana, la funzione delle elezioni è quella di costituire nel Paese e negli organi costituzionali una maggioranza che governi contrapposta a una opposizione che svolga la sua funzione di controllo, facilitando così la possibilità di ricambio della classe di governo e il pieno svolgimento del principio della responsabilità politica e del controllo da parte dei rappresentati sui rappresentanti e sulle strutture dello Stato apparato in generale.

La forma di governo parlamentare italiana, così come si è sviluppata sulla base della "Costituzione reale" in concreto realizzata, si è differenziata sotto molti aspetti dal modello ora delineato e da quello degli altri sistemi democratico-rappresentativi. Infatti, per quasi mezzo secolo, all'interno del sistema politico-costituzionale, non si è concretizzato il modello in cui solitamente si articolano le forme di governo parlamentari, fondate sul principio di alternanza, tant'è che il sistema costituzionale italiano è stato comunemente compreso in una categoria a sé: un modello di "democrazia incompiuta". Le cause di tale "anomalia" vanno ricercate nella mancanza di ricambio della classe di governo e nel protrarsi – per quasi cinquant'anni – dell'egemonia dello stesso partito politico, la DC. (pur se attraverso governi di coalizione), al centro del sistema politico-costituzionale, nonché nella presunta delegittimazione del maggior partito di opposizione, il PCI, a candidarsi e dunque ad accedere al governo del Paese (in base alla c.d. *conventio ad excludendum*). In tale quadro, la delicata funzione di traghettare la forma di governo italiana verso il modello prevalente nelle contemporanee democrazie rappresentative ispirate al principio del ricambio di governo e della alternanza al potere fra partiti (o coalizioni di partiti) alternativi (ma tutti legittimati a governare) è stata demandata non tanto ai processi di trasformazione politica, ma a riforme costituzionali ed elettorali. Il profondo processo di revisione politico-ideologica realizzatosi nel PCI – in seguito alla fine dell'esperienza dei modelli di democrazia socialista in Unione sovietica e nei paesi dell'Europa dell'Est, figurativamente rappresentati dal crollo del muro di Berlino nel 1989 – pone fine al sistema politico che aveva caratterizzato il primo lungo scorcio di esperienza repubblicana, producendo, tuttavia, un grande cambiamento anche sul piano istituzionale e della forma di governo.

Nella fase costituente l'adozione di una legge elettorale fondata sul principio proporzionale fu determinata dalla necessità di assicurare alla pluralità delle correnti politiche e di pensiero presenti nel Paese un'ampia rappresentanza in Parlamento. Può così comprendersi come, malgrado l'approvazione dell'o.d.g. Perassi («*L'assemblea, ritenuto che né il tipo di Governo presidenziale né quello del Governo direttoriale risponderebbero alle condizioni della società italiana, si pronuncia per l'adozione del sistema parlamentare da disciplinarsi, tuttavia, con dispositivi costituzionali idonei a tutelare le esigenze di stabilità dell'azione di governo ed evitare le degenerazioni del parlamentarismo*»), le scelte dei partiti non furono del tutto conseguenti. Le forze politiche si indirizzarono infatti verso un sistema di elezione fortemente ispirato al principio proporzionale nel tentativo di garantire una fedele e completa trasposizione negli organismi elettivi della rappresentanza delle diverse correnti politiche e di pensiero presenti nel Paese. La verità è che in quella fase storica il proporzionalismo più che una tecnica elettorale costituiva oramai un dato storico, un elemento "qualificante" il nuovo sistema democratico che si stava instaurando e che aveva nei partiti politici – quali organi costituzionali sostanziali – il proprio centro di propulsione. Il sistema si adattava e si uniformava dunque al sistema dei partiti e alla "Costituzione reale" da essi realizzata. In relazione alla forma di governo, sia le disposizioni costituzionali che le prassi invalse nell'ambito del sistema politico-istituzionale configurano un modello di "governo debole", in cui il Presidente del Consiglio non dispone di un proprio potere di governo, non può revocare i ministri e la politica generale del Governo è determinata dall'organo collegiale (art. 95 Cost.). Il Consiglio dei ministri e la funzione di indirizzo politico sono espressione del rapporto necessario che deve legare l'esecutivo alle assemblee legislative. A partire dalla seconda metà degli anni '50 si delinea un processo evolutivo della forma di governo che si manifesta, sul piano istituzionale, nella costruzione di nuovi rapporti tra maggioranza e opposizione parlamentare che trovano la loro maggiore espressione nel *locus* istituzionalmente deputato, all'interno delle forme classiche dei regimi democratico-rappresentativi, allo sviluppo della dialettica tra maggioranza e opposizione: il Parlamento. È proprio all'interno delle assemblee parlamentari che si determina, infatti, quello "scambio diretto" di influenza tra opposizione e maggioranza di governo che contribuisce a un forte rilancio della elaborazione autonoma dell'indirizzo politico da parte del Parlamento (attraverso la partecipazione attiva di tutte le forze della sinistra, indipendentemente dalla loro collocazione formale sul piano parlamentare, alle scelte politiche) che culminerà nella complessa e contrastata "stagione delle riforme" (nazionalizzazioni, istituzione del C.S.M. e delle Regioni, statuto dei lavoratori, legge sul divorzio). L'obiettivo è quello di definire un modello di organizzazione parlamentare ispirato al principio della "centralità del Parlamento" che, peraltro, viene agevolato politicamente dalla accentuata disomogeneità ideologica e culturale all'interno del partito di maggioranza relativa (DC) e dalla strategia istituzionale intrapresa in questa fase dal maggior partito di opposizione (PCI). Lo svolgimento di tale schema istituzionale è reso possibile anche dalla ripartizione della funzione di governo delineata dalla Costituzione italiana che, riferendosi a una forma di governo parlamentare, contempla un rapporto di collaborazione (più che di separazione) tra Parlamento e Governo, attraverso l'istituzione del rapporto fiduciario (*ex* art. 94 Cost.). Va peraltro precisato che un certo livello di confusione dei ruoli tra Governo e Parlamento risulta fisiologico in tutti i regimi parlamentari, in quanto si tratta di sistemi fondati sul principio della diretta e permanente emanazione parlamentare del supremo organo esecutivo. Tuttavia, mentre nelle altre forme di governo contemporanee, in particolare in quelle incentrate sul principio dell'alternanza (sistemi bipartitici o bipolari), lo sviluppo del sistema politico ha dato luogo a un rapporto dialettico tra Governo e opposizione parlamentare – con una netta distinzione dei ruoli – che ha costituito un punto di equilibrio per l'intero sistema, in Italia, a causa della particolare configurazione del sistema partitico e per la mancanza di alternanza, tutto ciò non si è verificato.

L'equilibrio del circuito costituzionale è stato pertanto ricercato attraverso un'azione di raccordo e di collaborazione tra Governo e Parlamento sui diversi provvedimenti legislativi da adottare. Tale modello istituzionale di compartecipazione nella funzione di direzione politica trova il suo momento più alto nel periodo 1976-1979, nel quale si realizza, pur se in modo incompiuto, una forma parlamentare consociativa segnata dall'ingresso del PCI nell'area della maggioranza programmatica (rimanendo tuttavia esclusi i rappresentanti di questo partito da dirette responsabilità ministeriali), tappa intermedia di una lunga marcia di avvicinamento al potere del maggior partito di opposizione che avrebbe dovuto concludersi con la sua piena legittimazione come forza di governo, sul modello di un processo di evoluzione costituzionale già sperimentato positivamente nella Repubblica federale tedesca nel triennio 1966-1969 (*Grosse Koalition*).

La fine dell'esperienza dei governi di unità nazionale, provocata anche dal fenomeno terroristico e dall'uccisione del Presidente della D.C. Aldo Moro, accelera il processo di trasformazione del sistema politico italiano. All'inizio degli anni '80, la "spinta propulsiva" svolta dal sistema dei partiti nell'ambito del circuito rappresentativo tende a esaurirsi. Si accentua una tendenza delle forze politiche a configurarsi come *catch all parties* ("partiti pigliatutto") e a porsi come elementi insostituibili ed esclusivi della rappresentanza degli interessi sociali. Le organizzazioni partitiche protagoniste del primo cinquantennio repubblicano vengono così coinvolte da una profonda crisi di legittimazione politica e rappresentativa, aggravatasi all'inizio degli anni '90, dopo la caduta del muro di Berlino, anche dallo svuotamento della contrapposizione ideologica tra DC e PCI e dagli scandali di "tangentopoli", fattore quest'ultimo che contribuisce a trasformarla in crisi di legittimazione anche morale.

Così, il mutamento "epocale" registratosi sul piano internazionale attraverso il già richiamato processo di disgregazione del sistema sovietico conduce a una profonda revisione politico-ideologica del maggior partito di opposizione, che sfocerà nella costituzione di una nuova formazione politica della sinistra. Nello stesso tempo, le stragi mafiose del 1992-1993 e il rilievo assunto dalla questione morale, soprattutto in seguito alle inchieste c.d. di "Mani pulite" che delegittimano profondamente il sistema politico, provocano il dissolvimento dei tradizionali partiti di governo, avviando un processo di ridefinizione del circuito politico-istituzionale e della stessa configurazione della forma di governo. L'adozione, in occasione delle elezioni politiche del 1994, di un sistema elettorale incentrato sulla combinazione tra sistema maggioritario e collegio uninominale, si pone l'obiettivo sistemico, di garantire la governabilità, attraverso la definizione anche tendenziale di schieramenti alternativi caratterizzati da un chiaro indirizzo di governo, attribuendo ai cittadini/elettori un reale potere di decisione e di scelta non limitato esclusivamente al candidato nel collegio, ma esteso al programma di governo e alla maggioranza legittimata a realizzarlo.

Dall'adozione del sistema maggioritario del 1993, si susseguono altre due modifiche della legislazione elettorale: la prima, realizzata nel 2005, introduce un meccanismo proporzionale con premio di maggioranza mentre l'ultima, nel 2018, segna un ritorno ad un meccanismo prevalentemente proporzionale. Pur nel quadro di un progressivo processo di polarizzazione, tali riforme hanno riproposto buona parte degli effetti distorsivi del modello di governo di coalizione tipici di quella che, con termine improprio, è stata definita la "prima repubblica". Come conferma l'alto livello di conflittualità e di disomogeneità politica che ha contraddistinto maggioranze di governo nelle ultime legislature, sia nell'ambito della coalizione di centro-destra che di quella di centro-sinistra, è risultato chiaro che i soli interventi sulla legislazione elettorale non sono riusciti ad assicurare stabilità politica e istituzionale, in ragione dell'alto livello di frammentazione del sistema partitico e dell'accentuato trasformismo parlamentare, e soprattutto a causa del carattere preminentemente elettorale e non politico-programmatico delle coalizioni. Sebbene sul piano istituzionale i governi cerchino di superare tali difficoltà attraverso la decretazione d'urgenza e l'utilizzo della questione di fiducia a cui corrisponde, inevitabilmente, un contestuale svilimento del ruolo del Parlamento, le vicende più recenti della forma di governo nell'ordinamento italiano continuano, dunque, a far registrare una costante instabilità politica dell'esecutivo.

CAPITOLO III
ORDINAMENTO INTERNAZIONALE E UNIONE EUROPEA

Stefania Baroncelli

SEZIONE I
L'ORDINAMENTO INTERNAZIONALE

1. *Ordinamenti internazionali e sovranazionali. Le organizzazioni internazionali*

Alla base del concetto di Stato contemporaneo sta il principio di sovranità. Dal punto di vista interno (c.d. **sovranità interna**), ciò significa che lo Stato può imporre norme giuridiche vincolanti per tutti i soggetti dell'ordinamento. Invece, in un'ottica di relazione con gli altri Stati (c.d. **sovranità esterna**) lo Stato è sovrano se la sua esistenza non deriva da altri ordinamenti e se è in grado di respingere le influenze provenienti da altri soggetti esterni (c.d. *superiorem non recognoscens*). Sul tema v. più ampiamente il Cap. II, par. 1.3.

La sovranità interna

La sovranità esterna

Crisi della sovranità

Alla fine della Seconda guerra mondiale, il concetto di sovranità esterna entrò in crisi: l'applicazione in senso nazionalista del principio di sovranità, inteso come divieto di ingerenza nei confronti delle politiche statali altrui, aveva legittimato lo scatenarsi dei due conflitti mondiali e lo sterminio di milioni di persone. In Italia, il *nazionalismo* aveva costituito una delle componenti fondamentali del *fascismo*, identificandosi con l'esaltazione del concetto di Stato, mentre in Germania era collegato al concetto di razza e aveva facilitato la diffusione dell'*ideologia nazista*. Si affermò, quindi, con forza, la volontà di procedere a una forma di integrazione politica fra gli Stati europei. La possibilità di realizzare questo progetto era favorita dal progresso tecnologico, che rendeva possibile costruire nuove vie e nuovi mezzi di comunicazione nello spazio europeo, e dalla volontà di soddisfare gli interessi nascenti sul piano commerciale ed economico: aprire le frontiere significava aumentare i mercati a disposizione delle esportazioni e garantire, tramite flussi di importazioni, una maggiore offerta interna.

Le organizzazioni internazionali

Dal punto di vista istituzionale, questo sviluppo fu reso possibile dalla creazione delle **organizzazioni internazionali** aventi l'obiettivo di promuovere la pace e il benessere fra le nazioni. Le organizzazioni internazionali si basano su *trattati o accordi internazionali:* tramite questi trattati gli Stati decidono di limitare la propria sovranità, in alcuni specifici settori. Sono, dunque, gli Stati che sono membri delle organizzazioni; non le persone o i cittadini.

Elementi delle organizzazioni internazionali

Gli **elementi** che contraddistinguono le organizzazioni internazionali sono tre. Si tratta di soggetti 1) costituiti dagli Stati (o meglio, dai loro rappresentanti governativi) o da altre organizzazioni internazionali, 2) sulla base di un trattato internazionale, ossia di un accordo scritto regolato in base al diritto internazionale, e 3) aventi un organo che esprime una volontà distinta rispetto a quella degli Stati membri (personalità giuridica).

La conseguenza di aderire a un'organizzazione internazionale non è trascurabile dal punto di vista politico e istituzionale: **la sovranità degli Stati viene ad essere limitata**, proprio perché in alcuni ambiti stabiliti nei trattati istitutivi lo Stato non decide più da solo ma in comune con gli altri, per consenso o tramite voto. La soluzione più semplice consiste nella decisione di cooperare in alcuni settori mettendo in comune alcune politiche, lasciando però la regola dell'**unanimità**. In questo caso per decidere sul piano internazionale occorre il *placet* – il consenso – di tutti gli Stati che fanno parte dell'organizzazione. Si tratta della scelta più semplice perché non comporta una grossa cessione di sovranità, dato che ogni Stato può bloccare una decisione tramite veto. In questo caso l'organizzazione si chiama "**intergovernativa**". Un'altra caratteristica di questo tipo di organizzazioni è che le norme adottate non hanno effetto diretto negli ordinamenti degli Stati membri; ossia, non sono "***self-executing***".

Organizzazioni intergovernative

Unanimità

Norme senza effetto diretto

La situazione cambia se le organizzazioni internazionali decidono *a maggioranza*, perché in tal caso gli Stati possono essere obbligati ad applicare politiche per le quali avevano votato in modo contrario. Queste organizzazioni sono chiamate "**sovranazionali**". Al momento attuale l'unica organizzazione di questo tipo è l'*Unione europea* (UE), anche se altre organizzazioni hanno, in alcuni limitati ambiti, caratteri di tipo sovranazionale. L'Unione europea ha anche altri caratteri che la distinguono dalle prime: il diritto UE generalmente prevale sul diritto interno nel caso di conflitto e può essere invocato non solo dagli Stati ma anche dagli individui; molti atti normativi della UE sono direttamente efficaci negli ordinamenti giuridici degli Stati membri. Inoltre, in alcuni ambiti, gli Stati membri hanno trasferito la loro sovranità alla UE, la quale ha acquisito una competenza esclusiva propria. Su questi aspetti si veda più approfonditamente la sez. II di questo capitolo.

Organizzazioni sovranazionali

Se è vero che le organizzazioni internazionali limitano la sovranità degli Stati, è anche vero che questi ultimi possono sempre decidere di recedere, ossia di non farne più parte. È, infatti, un principio del diritto internazionale pubblico quello secondo il quale gli Stati restano padroni dei Trattati. Essi sono liberi sia di **aderire** sia di **recedere** dalle organizzazioni internazionali. Nella scelta, essi devono considerare che il recesso può avere un costo politico ed economico molto alto, a causa dei rapporti giuridici che sono sorti durante la permanenza nell'organizzazione e che dovranno essere sciolti. Tali conseguenze negative sono tanto maggiori quanto più lunga è la permanenza dello Stato nell'organizzazione. Il caso della *Brexit* è emblematico di questa situazione di difficoltà, come vedremo *infra*, sez. II, par. 2.

Adesione e recesso

2. *Le organizzazioni internazionali di livello mondiale*

Le organizzazioni internazionali possono essere di tipo mondiale o regionale. Quelle **mondiali** sono aperte alla partecipazione di tutti i paesi del mondo mentre quelle **regionali** prevedono la partecipazione dei soli paesi appartenenti a una certa area geografica, che può essere anche molto ampia, come un continente.

Carattere mondiale o regionale

2.1. *Le Nazioni Unite (ONU)*

L'organizzazione intergovernativa più importante a livello mondiale è l'ONU. Fondata il 24 ottobre del 1945 a San Francisco, essa esisteva già al momento dell'adozione della Costituzione italiana. Attualmente è

Organizzazione delle Nazioni Unite

composta da *193 Stati membri*, ossia da quasi tutti gli Stati del mondo, a eccezione dello Stato del Vaticano e dello Stato di Palestina, ammessi entrambi come osservatori permanenti. La **missione** e i **principi di funzionamento** sono orientati dai principi contenuti nella *Carta istitutiva*, che ne elenca all'art. 1 gli obiettivi fondamentali: mantenere la pace e la sicurezza internazionale; sviluppare relazioni amichevoli tra le nazioni basate sul rispetto del principio dell'uguaglianza dei diritti e dell'autodeterminazione dei popoli e prendere altre misure appropriate per rafforzare la pace universale; realizzare la cooperazione internazionale per risolvere i problemi internazionali di carattere economico, sociale, culturale o umanitario, e per promuovere e incoraggiare il rispetto dei diritti umani e delle libertà fondamentali senza distinzione di razza, sesso, lingua o religione.

Carta istitutiva e obiettivi

Tali principi sono stati poi esplicitati e concretizzati nella **Dichiarazione Universale dei Diritti dell'Uomo**. Proclamata nel dicembre del 1948 a Parigi, questo atto contiene standard di protezione comuni per tutti i popoli e tutti gli Stati membri. Essa elenca una serie di *diritti fondamentali,* quali il diritto alla vita e alla libertà personale, a un giudice imparziale, alla libera circolazione, all'emigrazione e al rientro in patria, il diritto di fondare una famiglia, il divieto della schiavitù e della tortura. Sono presenti anche *diritti di tipo collettivo*, come quelli di associazione o di riunione. A ciò si aggiungono *diritti transnazionali*, come il diritto di asilo per coloro che fuggono da persecuzioni politiche, che sono tutelati a meno che la persecuzione non sia originata da fatti non politici o contrari ai principi della Dichiarazione.

Dichiarazione Universale dei Diritti dell'Uomo

La Dichiarazione riconosce che **i diritti e le libertà fondamentali ivi elencati spettano a ogni individuo**, senza che sia possibile distinguere in base alla razza, colore, sesso, lingua, religione, opinione politica o di altro genere, origine nazionale o sociale, proprietà, nascita o altra condizione. Inoltre, i diritti sono riconosciuti indipendentemente dal paese o territorio di cui una persona ha la cittadinanza o appartiene, potendosi trattare di territorio indipendente o soggetto a qualsiasi limitazione di sovranità.

Principio di non discriminazione

La Dichiarazione Universale ha ispirato il contenuto di centinaia di Carte costituzionali in tutto il mondo e dei trattati internazionali che, a livello regionale, prevedono una protezione degli individui contro le azioni degli Stati che violano i diritti fondamentali. La sua forza normativa sta nella promozione dei diritti fondamentali. La Dichiarazione non ha carattere giuridicamente vincolante, ma influenza l'azione dei tribunali e delle assemblee elettive di tutto il mondo che la citano spesso nelle loro decisioni.

Efficacia non vincolante

Nel XXI secolo l'ONU continua a esercitare un'influenza fondamentale, occupandosi delle grandi sfide dell'umanità. Non si tratta solo di evitare conflitti bellici, ma di intervenire per fronteggiare questioni urgenti come il **cambiamento climatico**. I temi più di recente affrontati sono lo sviluppo sostenibile, i diritti umani, il disarmo, il terrorismo, le emergenze sanitarie e umanitarie, la parità di genere e la produzione alimentare. Nell'ambito dello sviluppo economico, l'ONU ha lanciato una strategia che comprende i *17 "Obiettivi di Sviluppo sostenibile"*, chiamando a cooperare tutti i paesi del mondo per promuovere la prosperità e proteggere il pianeta. Questi obiettivi riconoscono che la lotta alla povertà deve andare di pari passo con strategie che costruiscano la **crescita economica** e affrontino una serie di **bisogni sociali**, tra cui l'istruzione, la salute, la protezione sociale e le opportunità di lavoro, affrontando al contempo il cambiamento climatico e la protezione ambientale. Gli Obiettivi delineano anche il quadro per la ricostruzione *post COVID-19*, per renderla un'occasione di rifondazione della società in base a principi più equi per le persone e la salute del pianeta. 17 Obiettivi di Sviluppo sostenibile

Gli ambiti di intervento dell'ONU si sono quindi *ampliati* rispetto all'intento originario di mantenere la pace e la sicurezza fra le nazioni, tanto che è stata costituita e finanziata una serie di agenzie sparse nelle capitali di tutto il mondo, che si occupano di temi specifici. Fra queste spiccano l'**UNICEF**, per la tutela dell'infanzia, la **FAO** per l'alimentazione e l'agricoltura, il **FIDA**, il Fondo internazionale per lo sviluppo agricolo, l'**OMS**, l'organizzazione mondiale della salute, l'**OMPI**, l'organizzazione mondiale per la proprietà intellettuale, l'**UNESCO**, l'organizzazione per l'istruzione, la scienza e la cultura, l'**UPU**, l'Unione postale universale. La **Banca mondiale**, con sede a Washington D.C., svolge funzioni di sviluppo economico per ridurre il tasso di povertà e accrescere il livello di vita nel mondo tramite la concessione di prestiti a tassi ridotti, crediti senza interesse e borse ai paesi in via di sviluppo. In particolare, mira a promuovere l'istruzione e la salute e migliorare le infrastrutture e le comunicazioni. Agenzie ONU / Banca mondiale

Sebbene le Nazioni Unite abbiano saputo aggiornare la propria missione alle esigenze del XXI secolo, la sua struttura organizzativa (c.d. *governance*) risente profondamente del tempo in cui fu costituita, evidenziando una grave situazione di diseguaglianza nell'allocazione interna del potere decisionale. Ciascuno dei 193 Stati membri delle Nazioni Unite è membro dell'**Assemblea Generale**, un organo che si riunisce periodicamente per discutere le linee di indirizzo ed emanare raccomandazioni. L'organo che concentra su di sé il potere esecutivo e decisionale e che decide come organizzare le attività per la sicurezza internazionale è il **Consiglio di Sicurezza**, dove sono rappresentati 15 *Governance* / Assemblea Generale

Stati membri. Solo cinque di questi Stati hanno il diritto di sedere in permanenza nel Consiglio di Sicurezza e di esercitare un veto. Si tratta delle c.d. potenze vincitrici della Seconda guerra mondiale: Stati Uniti, Regno Unito, Cina, Federazione Russa e Francia. Gli altri dieci membri del Consiglio di Sicurezza sono invece eletti, a rotazione, da parte dell'Assemblea Generale ogni due anni. Il riconoscimento del **diritto di veto** si spiega con il timore, espresso dalla Federazione Russa (allora Unione Sovietica), alla fine del conflitto, di essere messa in minoranza nelle decisioni da parte degli Alleati. È evidente come nel XXI secolo questa impostazione sia in parte superata dallo sviluppo della politica mondiale, ma finora è stato impossibile por mano a una riforma della *governance* delle Nazioni Unite, per l'opposizione degli Stati membri, restii a perdere questi privilegi. Purtroppo, non si tratta solo di una questione di principio, poiché è molto difficile, in questa situazione, fare evolvere in modo effettivo gli strumenti di tutela dei diritti umani, a causa di veti incrociati.

Consiglio di Sicurezza

Consiglio economico e sociale

A questi organi si aggiunge il **Consiglio economico e sociale**, composto da 54 membri delle Nazioni Unite eletti dall'Assemblea generale. Ha un ruolo di impulso e di promozione dei valori della Carta dell'ONU, soprattutto nei campi economico, sociale, culturale, educativo, della salute pubblica: adotta *raccomandazioni* per assicurare che la protezione dei diritti dell'uomo sia effettiva, propone il testo di *convenzioni* all'Assemblea generale, alle istituzioni specializzate e agli Stati membri negli ambiti di sua competenza e coordina l'attività delle agenzie specializzate, indirizzando loro raccomandazioni, controllandone l'esito e l'implementazione. L'attività di amministrazione è svolta dal Segretariato al cui vertice siede il **Segretario generale dell'ONU**, che rappresenta l'organizzazione all'esterno.

Segretario generale

Corte internazionale di giustizia

Nel caso insorgano controversie fra Stati, interviene la **Corte internazionale di giustizia dell'Aia** (Paesi Bassi). La Corte, composta da 15 giudici, ha una duplice funzione: 1) risolve, conformemente al diritto internazionale, le controversie giuridiche tra gli Stati che le vengono sottoposte e 2) dà pareri consultivi su questioni giuridiche che le vengono presentate da organi e agenzie specializzate delle Nazioni Unite. *Non si occupa di controversie intentate da singoli, ma solo da Stati*. Si pensi, ad esempio, all'istanza presentata dall'Ucraina contro la Federazione Russa per le azioni compiute in Crimea, ritenute in violazione sia della Convenzione internazionale per la soppressione del finanziamento del terrorismo (9.12.1999) sia della Convenzione internazionale sull'eliminazione di tutte le forme di discriminazione razziale (21.12.1965).

2.2. *La protezione dei diritti umani sul piano internazionale*

Diritti umani e diritto internazionale

In seguito alla Seconda guerra mondiale, anche per l'iniziativa di codificazione delle Nazioni Unite, ha preso forma un movimento teso a sviluppare la **protezione dei diritti umani sul piano internazionale**. Ci si rese, infatti, conto che i parametri giuridici nazionali e internazionali non bastavano per colpire le azioni aberranti compiute durante la guerra contro i civili o i gruppi di persone inermi, sia per l'intervenire della prescrizione che estingueva i reati sia per l'esistenza di giustificazioni (ad esempio, il fatto di obbedire a un comando che proveniva da un superiore) che rendevano difficile irrogare una sanzione e disperdevano le responsabilità. Questi reati rischiavano, quindi, di restare impuniti.

Convenzione contro il genocidio

Nel 1948 fu adottata dall'ONU la **Convenzione per la prevenzione e la punizione dei crimini di genocidio**. Per la prima volta, i **reati di genocidio** furono identificati e così definiti: atti commessi con l'intento di distruggere, in tutto o in parte, un gruppo nazionale, etnico, razziale o religioso, come uccidere, causare danni fisici o mentali, infliggere al gruppo condizioni di vita tali da provocarne la distruzione fisica, imporre misure per impedire le nascite e trasferire con la forza i bambini del gruppo a un altro gruppo. La Convenzione stabilisce per gli Stati membri l'obbligo di adottare misure per prevenire e punire il crimine di genocidio e di individuare gli autori «*siano essi governanti costituzionalmente responsabili, pubblici ufficiali o privati individui*» (art. IV). Questi obblighi sono considerati norme di diritto consuetudinario internazionale e quindi, *vincolanti* per tutti gli Stati, che abbiano o meno ratificato la Convenzione sul genocidio (*infra*, par. 4.2).

Nel 1948, quando fu adottata la Convenzione contro il genocidio, l'Assemblea Generale delle Nazioni Unite riconobbe la necessità di istituire un tribunale penale internazionale permanente con la funzione di giudicare questi crimini atroci che erano stati commessi durante la guerra. Questo tribunale, chiamato **Corte penale internazionale**, entrò in funzione solo nel 2002. Si trova a L'Aia e si occupa di reati internazionali quali il genocidio, i crimini contro l'umanità, i crimini di guerra e i crimini di aggressione. Più di 120 paesi aderiscono alla Corte, in rappresentanza dei vari continenti. Non basta essere membro dell'ONU per essere soggetto alla giurisdizione della Corte penale internazionale; occorre un'adesione specifica. *La Corte non sostituisce i tribunali nazionali*, ma interviene solo quando uno Stato non è in grado o non vuole realmente svolgere le indagini e perseguire i colpevoli.

Corte penale internazionale

Tribunali penali *ad hoc*

Prima dell'istituzione della Corte penale internazionale – che ha carattere permanente – erano attivi i **tribunali penali speciali**, come il *Tribunale di Norimberga*, istituito per processare i reati compiuti dai nazisti, e il *Tribunale di Tokyo*, per indagare i criminali giapponesi. Il Consiglio di Sicurezza ha poi istituito i *Tribunali penali internazionali per i crimini compiuti nella ex Jugoslavia* e *in Ruanda.*

2.3. *Le organizzazioni internazionali nell'ambito economico*

Organizzazioni economiche

Alcune organizzazioni internazionali hanno uno stampo più economico. Oltre alla Banca mondiale, di cui abbiamo già parlato (*supra*, par. 2.1), le più rilevanti sono il **Fondo monetario internazionale** (FMI) e **l'Organizzazione mondiale del commercio** (OMC). Il FMI è un'organizzazione con sede a Washington D.C.; vi aderiscono 190 paesi. Il FMI è stato creato nel 1945. Assicura la stabilità del sistema monetario internazionale, del sistema dei tassi di cambio e dei pagamenti internazionali. Nel 2012 il suo mandato è stato ampliato per includere le questioni macroeconomiche e i problemi relativi al settore finanziario che riguardano la stabilità globale. Inoltre, esso facilita il commercio internazionale, promuove un alto livello occupazionale e una crescita economica sostenibile al fine di ridurre la povertà nel mondo. Il FMI eroga prestiti ai paesi membri che hanno problemi nella bilancia dei pagamenti, per aiutarli a riattivare una crescita economica, stabilizzare le valute e pagare le importazioni. Il FMI opera anche nei confronti degli Stati europei. In seguito alla crisi economico-finanziaria iniziata nel 2008 in Europa, il FMI è stato associato alla c.d. "*Troika europea*", che include anche la Commissione europea e la Banca centrale europea (BCE). La *Troika* è intervenuta con prestiti finanziari a favore di Grecia, Cipro, Irlanda, Portogallo e Spagna, concordando con i governi misure di austerità di vasta portata per tagliare la spesa pubblica, in base a memorandum d'intesa (vedi *infra*, sez. II, par. 13).

Organizzazione mondiale del commercio

Il GATT

Ricordiamo, infine, l'**Organizzazione mondiale del commercio** (OMC). Costituita nel 1995, essa riassume e prosegue le attività fino a quel momento esercitate sulla base del *GATT* (*Accordo Generale sulle Tariffe e il Commercio*). Il passaggio istituzionale fra GATT e OMC si verificò alla fine del c.d. *Uruguay Round*, consistente in una serie di negoziazioni condotte dai 123 Stati membri per modificare il sistema del commercio internazionale e ridurre i dazi per le diverse categorie di merci. Attualmente, l'OMC include 164 membri, in rappresentanza del 98% del commercio mondiale. *L'Italia e i paesi dell'UE sono rappresentati dall'UE stessa, in base alla competenza esclusiva di quest'ultima per il commercio estero.*

Principi del GATT

L'OMC si ispira ad alcuni principi chiave, inseriti nell'accordo GATT (che è ancora in vigore, come accordo internazionale). Innanzitutto, gli

Stati non possono stabilire **condizioni discriminatorie** (c.d. *clausola della nazione più favorita*), ossia non possono discriminare fra i *partners* commerciali. Se decidono di concedere vantaggi a un partner sono poi obbligati a estenderli a tutti. Inoltre, le azioni degli Stati devono essere improntate ai principi di **trasparenza** e **prevedibilità**. L'obiettivo dell'OMC è di incentivare il commercio internazionale riducendo le tariffe e promuovendo una concorrenza leale, considerando il diverso livello di sviluppo economico degli Stati.

Governance dell'OMC

L'organo politico che detta le grandi linee direttive è la **Conferenza ministeriale**, che include i ministri del commercio degli Stati membri e che si riunisce ogni due anni. L'attività puntuale dell'OMC è assicurata dal **Consiglio generale**, costituito da ambasciatori e funzionari inviati dai Governi nazionali. L'OMC è un'organizzazione intergovernativa avente alcuni elementi di tipo sovranazionale: prevede un arbitrato obbligatorio e vincolante per le controversie commerciali tra gli Stati membri e il ricorso a un organo d'appello permanente.

3. *Le organizzazioni di livello regionale e la protezione dei diritti umani. Il Consiglio d'Europa e la Convenzione europea dei diritti dell'uomo*

A livello regionale, esistono numerose organizzazioni con funzioni simili a quelle delle organizzazioni mondiali, generalmente con modalità d'intervento più incisive nei confronti degli Stati. Pensiamo a *Unione europea* (sulla quale vedi *infra*, sez. II), *Unione africana*, *Mercosur*, *Comunità andina*, *CARICOM*, *NAFTA*, *ASEAN*. Alcune organizzazioni si dedicano soprattutto alla protezione dei diritti umani. Le più importanti sono il *Consiglio d'Europa*, la *Corte interamericana dei diritti umani* e la *Corte africana dei diritti*.

Consiglio d'Europa

La creazione del **Consiglio d'Europa** e della **Comunità economica europea** (adesso UE) risponde all'esigenza, manifestatasi con forza alla fine della Seconda guerra mondiale, di creare modalità permanenti di cooperazione fra gli Stati europei e di eliminare alla radice le cause degli antagonismi che avevano condotto alle due guerre mondiali, sopprimendo le cause di povertà e aprendo i confini statali. Questa esigenza fu colta e portata avanti da alcuni uomini di Stato lungimiranti che avevano partecipato alle negoziazioni per la pace: Robert Schuman, Winston Churchill, Konrad Adenauer, Paul-Henri Spaak, Alcide De Gasperi. Il primo risultato ottenuto da questi padri fondatori europei fu proprio la fondazione, nel 1948, del Consiglio d'Europa. Il *5 maggio 1948* i Ministri degli affari esteri a Londra firmarono lo *Statuto del Consiglio d'Europa*. Esso sancisce i principi della *pace* e della *giustizia* fra le nazioni, richiede una *cooperazione internazionale*, promuove la *libertà individuale e politica* e il *rispetto della democrazia*, in vista di un rinnovato progresso sociale ed economico della società europea. La sede fu stabilita a *Strasburgo*, città posta al confine fra Francia e Germania e oggetto di contese storiche fra i due paesi.

Stati membri

Il Consiglio d'Europa include adesso *47 Stati membri*. Questi Stati si trovano nel continente europeo inteso in senso ampio, e includono, a est, Russia, Turchia, Azerbaigian, Georgia e Armenia, a sud, Cipro, Grecia e Malta, a ovest, Islanda, Irlanda e Regno Unito, e a nord Norvegia, Svezia e Finlandia. Tutti i 27 Stati membri dell'UE fanno parte del Consiglio d'Europa. Tuttavia, a oggi, l'UE non è parte della CEDU.

CEDU

Nel 1950, su richiesta dell'Assemblea dei governi e dei parlamentari degli Stati, è firmata a Roma la **Convenzione europea dei diritti dell'uomo** (*CEDU*), concepita per proteggere i *diritti umani, lo stato di diritto e la democrazia* negli Stati membri del Consiglio d'Europa. Per entrare in vigore, la CEDU, come ogni trattato internazionale, deve essere firmata e ratificata in base alle disposizioni nazionali. *L'Italia ha ratificato la CEDU, con voto parlamentare, nel 1955.*

Diritti riconosciuti dalla CEDU

La CEDU costituisce lo strumento principale di tutela dei diritti fondamentali in Europa. Prevede una serie di **diritti e libertà fondamentali** simili a quelli della Dichiarazione Universale dei Diritti dell'Uomo, quali *il diritto alla vita, il divieto della schiavitù e della tortura, la libertà personale, di espressione e di religione, il diritto a un processo equo, il diritto a una vita privata e familiare, il divieto di ogni forma di discriminazione*. Il testo della CEDU è stato modificato e integrato dal 1950 in poi con numerosi **Protocolli aggiuntivi**; anch'essi devono essere firmati e ratificati per entrare in vigore. I Protocolli hanno apportato novità rilevanti, come nel caso del Protocollo n. 6 sull'abolizione della pena di morte, che è stato ratificato da tutti gli Stati aderenti alla CEDU, ad eccezione della Federazione Russa.

Protocolli aggiuntivi

Corte europea dei diritti dell'uomo

Diversamente dalla Dichiarazione universale, la CEDU rende i diritti tutelati vincolanti, poiché nel caso in cui uno Stato aderente alla CEDU violi questi diritti, gli individui possono adire la **Corte europea dei diritti dell'uomo**, una corte permanente con sede a Strasburgo (c.d. *Corte di Strasburgo*). Il sistema è indubbiamente innovativo, poiché prevede che non solo gli Stati, ma anche gli individui e gruppi di individui, indipendentemente dalla loro cittadinanza, possano ricorrere contro uno Stato membro della CEDU, qualora ritengano che un loro diritto riconosciuto dalla Convenzione sia stato violato da un atto statale (sentenza o atto amministrativo). C'è però una condizione per adire la Corte da parte degli individui o gruppi: prima di adire la Corte il ricorrente deve avere presentato la stessa doglianza al giudice nazionale, ivi compresa la più

Esaurimento delle vie interne

alta giurisdizione, rispettando le regole nazionali di procedura, come i termini di decadenza. Ciò significa che il ricorrente deve essersi rivolto prima al giudice italiano, se il ricorso è presentato contro l'Italia, e solo quando avrà esaurito le vie interne potrà rivolgersi alla Corte di Strasburgo. Questo procedimento rende la Corte europea una sorta di quarta camera che verifica la conformità delle sentenze e degli atti amministrativi statali ai principi della CEDU. Le sentenze della Corte europea dei diritti dell'uomo sono *vincolanti* per gli Stati: questi possono essere condannati a eliminare le conseguenze della violazione e a un risarcimento monetario. Inoltre, la sentenza di condanna può servire da stimolo al legislatore nazionale per modificare l'ordinamento interno e renderlo conforme alla CEDU.

L'Italia ha subito numerose condanne da parte della Corte, soprattutto in alcuni settori dove le politiche pubbliche sono più carenti, come nel caso dei trattamenti dei carcerati negli istituti penitenziari e degli immigrati nei centri di detenzione. In generale, le sentenze della Corte hanno condannato l'Italia soprattutto per la lunghezza dei processi. Altri casi riguardano la libertà religiosa e la tutela della proprietà privata. Si pensi che dal 1959 al 2020 l'Italia ha subito ben 2.427 processi per violazione dei diritti umani. Di questi, addirittura 1.202 vertevano sulla lunghezza dei processi penali e civili. È stata condannata in 1.857 casi. Per avere contezza della grandezza di queste cifre basti pensare che il nostro paese è superato solo dalla Federazione Russa (2.884 processi intentati) e dalla Turchia (3.742). Si tratta di numeri assoluti che riflettono il lungo periodo di adesione dell'Italia alla CEDU (dal 1955). I dati recenti mostrano una situazione più positiva. Nel 2020 l'Italia è stata condannata 14 volte, a fronte delle sentenze negative nei confronti dell'Azerbaijan (37), Bulgaria (35), Croazia (21), Federazione Russa (173), Grecia (18), Polonia (18), Repubblica Moldava (28), Romania (64), Turchia (85), Ucraina (82) e Ungheria (28) (sito Consiglio d'Europa, https://www.echr.coe.int/). Sentenze contro l'Italia

Il Consiglio d'Europa promuove la protezione dei diritti umani, i valori democratici e la legalità negli Stati membri stipulando **trattati internazionali** (a oggi 223, inclusi i Protocolli aggiuntivi e le modifiche ai trattati principali). Fra questi, la «*Convenzione sulla prevenzione e la lotta contro la violenza sulle donne e la violenza domestica*» e la «*Carta europea sulle lingue regionali e minoritarie*». Più di recente, il Consiglio d'Europa ha deciso di promuovere campagne per la protezione dei più deboli, come i bambini, le minoranze e i Rom. Il Consiglio d'Europa collabora con gli Stati nella lotta contro la corruzione e il terrorismo e le riforme della giustizia. Trattati e Protocolli

Il Consiglio d'Europa è governato da un'**Assemblea parlamentare**, dove siedono i parlamentari degli Stati membri riuniti all'interno di *Governance* gruppi politici; il numero di parlamentari per ciascun Stato dipende dalla popolazione nazionale. Il potere decisionale è esercitato dal **Comitato ministeriale**, al quale prendono parte i Ministri degli Esteri dei 47 paesi e che si riunisce una volta l'anno. Lo stesso organo si riunisce settimanalmente a livello di rappresentanti permanenti presso il Consiglio d'Europa. L'Assemblea parlamentare designa il **Segretario Generale**, che è responsabile per l'organizzazione strategica del Consiglio d'Europa. Più specifica è la competenza del **Congresso dei Poteri locali e regionali** che ha il compito di rafforzare la democrazia nelle Regioni e negli enti locali in Europa e di vigilare sull'applicazione della «*Carta europea dell'autonomia locale*». Esso serve a facilitare il dialogo politico fra gli enti locali e i governi degli Stati e interagisce con il Comitato ministeriale. Esiste, infine, il **Commissario per i diritti umani**, con il compito di sollecitare gli Stati a trovare soluzioni per migliorare la protezione e l'attuazione dei diritti umani.

3.1. *La UE e la Carta dei diritti fondamentali dell'UE*

Carta europea

La **Carta dei diritti fondamentali dell'UE** è un decalogo di diritti e libertà molto simili a quelli della CEDU; include diritti fondamentali come il diritto alla vita e all'integrità della persona, il principio di eguaglianza davanti alla legge e il diritto alla diversità culturale, religiosa e linguistica, le libertà fondamentali singole e collettive, la cittadinanza europea, la giustizia e i principi di solidarietà. Tuttavia, essendo più recente, include anche i diritti della c.d. "terza generazione", come il diritto a una buona amministrazione, il diritto alla privacy e alla protezione dei dati personali, e il divieto di pratiche eugenetiche.

Valore giuridico della Carta

Adottata dal Consiglio europeo di Nizza del 2000, per anni è restata un documento non vincolante, finché è stata dichiarata obbligatoria dal Trattato di Lisbona. L'art. 6 TUE stabilisce infatti: «*L'Unione riconosce i diritti, le libertà e i principi sanciti nella Carta dei diritti fondamentali dell'UE del 7 dicembre 2000, adottata il 12 dicembre 2007 a Strasburgo, che ha lo stesso valore giuridico dei trattati*». I diritti elencati nella Carta *devono essere applicati dalle istituzioni e organi dell'UE e degli Stati membri solo per l'attuazione del diritto UE*, non per l'attuazione del diritto interno. Vedi *infra*, sez. II, par. 1 e par. 10. Alcune disposizioni della Carta non si applicano alla Polonia.

4. *Il diritto internazionale: principi costituzionali e fonti del diritto*

4.1. *I principi costituzionali*

Separazione degli ordinamenti

Il rapporto fra ordinamento italiano e diritto internazionale si fonda tradizionalmente sul **principio di separazione degli ordinamenti** (c.d. *approccio dualistico*). Ciò significa che non esiste un principio di gerarchia fra le norme internazionali e norme interne, poiché fanno parte di ordinamenti separati e ogni ordinamento si basa su fonti proprie (sul tema v. più ampiamente il Cap. IV).

Diritto internazionale

Il **diritto internazionale** si basa su **consuetudini internazionali** e **accordi o trattati internazionali** (c.d. **diritto pattizio**). Il **diritto interno** si basa su Costituzione, norme primarie e secondarie, per citare le fonti più importanti. Anche i **soggetti** dei due ordinamenti sono diversi. Mentre *il diritto internazionale è un diritto interstatale, il diritto interno ha carattere interindividuale*, ossia contiene norme che si applicano direttamente agli individui.

Atti di recepimento

La separazione degli ordinamenti fa sì che una norma di diritto internazionale, per essere valida nell'ordinamento italiano, debba essere **recepita**, ossia tradotta *in un atto interno*. La forza giuridica che un atto di diritto internazionale esplica nell'ordinamento italiano dipende dall'*atto di recepimento*. Se l'atto internazionale è recepito con una norma primaria, allora anch'esso avrà forza giuridica primaria, se è recepito con legge costituzionale, allora anch'esso avrà forza costituzionale.

Apertura internazionalistica

La separazione fra ordinamenti non significa che il diritto italiano non sia aperto all'influenza delle fonti internazionali. L'importanza di aprire l'ordinamento all'esterno era ben presente all'Assemblea costituente, che ha dotato la Costituzione italiana di un'importante "apertura internazionalistica".

Artt. 10 e 11 Cost.

L'apertura internazionalistica della Costituzione si rinviene negli **artt. 10 e 11 Cost.**, inseriti fra i principi fondamentali. Attraverso questi articoli, il sistema normativo interno si aggiorna e si adegua continuamente sulla base degli accordi presi all'esterno, con le organizzazioni internazionali e gli altri Stati. Il concetto di sovranità esterna non è quindi immutabile, ma si evolve continuamente in base alla decisione dello Stato di delegare il potere decisionale in alcuni settori alle organizzazioni internazionali, alle quali esso stesso partecipa in un rapporto di parità con gli altri Stati membri.

Principio pacifista

L'art. 11 Cost. fu introdotto come esplicita **denuncia della guerra**, intesa come strumento per perseguire il dominio politico ed economico ed annientare il prossimo. Si intendeva, così, proiettare nell'ambito internazionale quei principi di democrazia, libertà, eguaglianza e rispetto dei diritti umani propugnati dalla Costituzione italiana nel contesto interno. L'art. 11 Cost. si apre con una dichiarazione pacifista, dichiarando che «*l'Italia ripudia la guerra come offesa alla libertà degli altri popoli e mezzo di risoluzione delle controversie internazionali*». La clausola non impedisce, tuttavia, all'Italia di reagire con la forza nel caso di aggressione esterna ingiusta.

Limitazioni di sovranità

Rinunciando alla guerra come strumento di offesa, la Costituzione inseriva l'Italia nel contesto delle Nazioni Unite. Difatti, l'art. 11 prosegue e consente «*in condizioni di parità con gli altri Stati, alle limitazioni di sovranità necessarie ad un ordinamento che assicuri la pace la giustizia fra le Nazioni*» e promuove «l*e organizzazioni internazionali rivolte a tale scopo*».

L'Italia e le organizzazioni internazionali

L'art. 11 Cost. legittima l'adesione dell'Italia alle organizzazioni internazionali volte ad assicurare la pace, quali quelle sorte numerose alla fine della Seconda guerra mondiale. Sebbene non sia riferita specificamente all'Europa, l'art. 11 è considerato alla stregua di una «*European clause*» perché è attraverso questa norma che l'Italia ha ceduto parti importanti di sovranità alla UE (*infra*, sez. II, par. 11).

4.2. *Le consuetudini internazionali*

Definizione

Le **consuetudini internazionali** sono quei principi generali del diritto internazionale e quei fatti che si sono formati storicamente, da quando esistono gli Stati, e che sono ritenuti vincolanti giuridicamente dalla comunità internazionale.

Esempi

Abbiamo già visto che la tutela dei diritti umani e l'obbligo di agire contro i crimini di genocidio sono riconosciuti come vincolanti per tutti gli Stati alla stregua di consuetudini internazionali, indipendentemente dal fatto che siano state firmate specifiche convenzioni scritte. Un altro esempio preso dal diritto marittimo: l'obbligo di soccorso in mare. Altri esempi riguardano la determinazione del mare territoriale (calcolato in miglia marine), la determinazione dei confini e le modalità di accreditamento dei rappresentanti consolari e diplomatici di uno Stato estero.

Conversione automatica

L'**art. 10 Cost**. dichiara che «*l'ordinamento giuridico italiano si conforma alle norme del diritto internazionale generalmente riconosciute*» (sul tema v. più ampiamente il Cap. IV). Ciò significa che le consuetudini internazionali sono riconosciute in modo automatico e sono direttamente applicabili dai giudici e dall'amministrazione senza bisogno di recepimento (ossia senza bisogno di una norma italiana). Per questo motivo, l'art. 10 è anche chiamato «***convertitore automatico***» di consuetudini internazionali. Si tratta di una disposizione che, benché non usata spesso, ha un impatto qualitativo forte. È, infatti, in base all'obbligo consuetudinario del soccorso in mare che la Corte di Cassazione, nel 2020, ha riconosciuto la legittimità dell'attività di soccorso in mare di Carola Rackete nei confronti dei profughi nel Mar Mediterraneo.

4.3. *I diritti degli stranieri*

Status dello straniero

L'**art. 10 Cost.** disciplina anche lo ***status*** **giuridico degli stranieri**, stabilendo che «*la condizione giuridica dello straniero è regolata dalla legge in conformità delle norme e dei trattati internazionali*». In tal modo, la Costituzione stabilisce nei confronti degli stranieri una duplice garanzia: a) rinvia alla legge, riconoscendo però b) che la legge deve uniformarsi ai principi del diritto internazionale, sia di origine consuetudinaria sia di origine pattizia (o convenzionale). La legge sia statale sia regionale, quindi, non potrebbe stabilire principi contrari al diritto internazionale, pena la sua illegittimità costituzionale per violazione dell'art. 10 Cost.

I diritti della CEDU

Così, sarebbe illegittimo stabilire con legge dei limiti al godimento dei diritti per gli stranieri contrari alla CEDU. Infatti, i diritti e i divieti ivi elencati (divieto della pena capitale, della tortura, della schiavitù e del lavoro forzato, della detenzione illegittima e arbitraria, della discriminazione nel godimento dei diritti e libertà elencati nella convenzione, ecc.) devono essere garantiti a "tutti", indipendentemente dalla nazionalità. Anche la Corte costituzionale italiana ha affermato più volte il principio di universalità dei diritti e libertà fondamentali; ciò vale anche per il fondamentale principio di eguaglianza, nonostante che l'art. 3 Cost. si rivolga ai soli "cittadini".

Diritto di eguaglianza e stranieri

> La Corte costituzionale afferma che «*se è vero che l'art. 3 si riferisce espressamente ai soli cittadini, è anche certo che il principio di eguaglianza vale pure per lo straniero quando trattasi di rispettare [i] diritti fondamentali*», cioè quei «*diritti inviolabili dell'uomo, garantiti allo straniero anche in conformità dell'ordinamento internazionale*» (Corte cost., sent. n. 104/1969). E, inoltre, «*quando riferito al godimento dei diritti inviolabili dell'uomo, il principio di uguaglianza in generale non tollera discriminazioni tra la posizione di cittadino e di straniero*» (Corte cost., sent. n. 62/1994).

Il riconoscimento dell'universalità dei diritti e delle libertà costituzionali si basa anche sull'**art. 2 Cost.**, che riconosce all'"uomo" (cittadino o straniero) i diritti inviolabili, richiedendo anche l'adempimento dei dove-

Universalità e limitazione dei diritti

ri inderogabili di solidarietà politica, economica e sociale. *I diritti e libertà disciplinati in Costituzione dovrebbero, quindi, essere riconosciuti anche agli stranieri, a eccezione di quelli legati specificamente alla condizione di cittadinanza, come i diritti politici (diritto di voto), o quelli connessi all'ingresso e al soggiorno nel territorio nazionale.* È proprio in attuazione del principio della parificazione (anche se non completa) di cittadini e stranieri nel godimento dei diritti costituzionali che è stato approvato il **Testo Unico che disciplina l'immigrazione e la condizione dello straniero** (d.lgs. n. 286/1998). Questo atto è il punto di riferimento in materia di diritti e doveri degli stranieri non-UE, poiché contiene numerosi principi relativi al godimento dei diritti fondamentali, con particolare riferimento al rapporto di lavoro, assistenza sanitaria, istruzione, alloggio e integrazione sociale e stabilisce i principi normativi in tema di ingresso, soggiorno ed espulsione dal territorio italiano.

Reciprocità dei diritti

La condizione dello straniero è regolata anche dall'art. 16 delle Preleggi al codice civile del 1942, secondo il quale lo straniero (incluse le persone giuridiche) è ammesso a godere dei *diritti civili* attribuiti al cittadino a **condizione di reciprocità** e salve le disposizioni contenute in leggi speciali. Come si concilia questo articolo con l'art. 10 Cost.? Le preleggi sono state adottate nel periodo precedente la Costituzione italiana; perciò, il suo contenuto deve adattarsi ai principi della Costituzione e del diritto internazionale che si sono affermati successivamente. La clausola di reciprocità dei diritti si ritiene, quindi, *inoperante* nel riconoscimento dei diritti fondamentali degli stranieri, poiché in contrasto con i principi costituzionali. Ciò non toglie che essa sia richiamata in qualche caso residuo dallo stesso Testo Unico sull'immigrazione (ad es. in tema di assistenza sanitaria) ma di solito per riconoscere diritti ulteriori agli stranieri rispetto a quelli ricavabili dalla legge.

I cittadini UE

La condizione dello straniero non è uniforme, poiché esistono **varie categorie** sulla base del diritto internazionale. I **cittadini UE**, in virtù dei diritti loro attribuiti dalla **cittadinanza europea**, non fanno parte della categoria degli "stranieri" e sono assimilati ai cittadini italiani. Essi godono di tutti i diritti e libertà riconosciuti ai cittadini italiani, con alcune limitazioni relative al diritto di voto alle elezioni politiche (*infra,* sez. II, par. 4). Il TU n. 286/1998 si applica agli **apolidi** (coloro che sono privi di cittadinanza) e ai **cittadini di Stati non appartenenti all'UE**.

Diritto di asilo

L'art. 10 Cost. riconosce, inoltre, alcuni diritti specifici degli stranieri. Il primo è il ***diritto di asilo***, che deve essere *garantito dalla legge allo «straniero al quale sia impedito nel suo paese l'effettivo esercizio delle libertà democratiche garantite dalla Costituzione italiana»*. La legge sul diritto di asilo non è mai stata approvata, ma l'art. 10 Cost. è disposizione precettiva e attribuisce ai richiedenti asilo un vero e proprio *diritto di* *ingresso nel territorio italiano*, che è più forte rispetto all'interesse legittimo degli stranieri che intendono entrare per motivi meramente economici, che può essere limitato. Tale diritto di ingresso e soggiorno nel territorio italiano permane almeno fino all'esito dell'esame della richiesta di asilo da parte delle autorità. L'impedimento al godimento delle libertà e dei diritti nello Stato estero deve riferirsi alla *situazione effettiva*; perciò, l'asilo può essere richiesto dallo straniero che, nel suo paese (anche se formalmente democratico), non goda in modo concreto delle libertà garantite dalla Costituzione italiana.

Sul piano internazionale ed europeo esistono alcune convenzioni che mirano a garantire la protezione per motivi umanitari e politici. Si tratta della **Convenzione di Ginevra** del 1951 sullo *status* dei rifugiati, ratificata dall'Italia, che attribuisce a coloro che hanno un fondato motivo di essere *perseguitati* per motivi di razza, religione, nazionalità, appartenenza a un gruppo sociale od opinioni politiche di trovare accoglienza in un altro Stato, che ha l'obbligo di non respingere e di non espellere (c.d. *non-refoulement*). Nell'Unione europea vige il **Regolamento di Dublino**, che individua lo Stato membro competente per esaminare la domanda di protezione, e alcune direttive UE che dettano regole sull'*iter* da seguire e standard minimi da osservare nel processare la domanda (direttive 2013/32/UE e 2013/33/UE).

Estradizione dello straniero

Il secondo diritto riconosciuto agli stranieri è il **divieto di estradizione per reati politici**. Tale principio, tuttavia, non si applica nei casi di reati di genocidio (legge cost. n. 1/1967).

4.4. *Il diritto internazionale pattizio*

Trattati internazionali

Quando si parla di diritto internazionale pattizio (o convenzionale) si fa riferimento a: trattati internazionali, convenzioni e accordi. Questi sono simili ai contratti, con la differenza che le parti sono gli Stati o le organizzazioni internazionali. Da questi atti discendono diritti e obblighi giuridici. Questa conseguenza, però, non è immediata poiché per giungere a questo risultato è necessario un atto interno di recepimento, in conseguenza della separazione fra ordinamento interno e internazionale vigente in Italia. In una prima fase, che si gioca sul piano internazionale, i Governi degli Stati appongono la ***firma*** al trattato, impegnandosi sul piano del diritto internazionale.

Firma

Ratifica

Per essere efficaci sul piano interno ed entrare in vigore, i trattati devono essere ratificati. Tramite la **ratifica**, uno Stato esprime la volontà di applicare un trattato nell'ordinamento interno, accettando i diritti e i doveri che esso comporta. Si tratta di una regola comune a tutti gli Stati; tuttavia, ciascuno Stato disciplina questa fase in modo diverso, in base alle norme della sua Costituzione. In Italia la ratifica è effettuata dal Presidente della Repubblica, come rappresentante dello Stato italiano (art. 87 Cost.).

Autorizzazione alla ratifica con legge

Nei casi di trattati più importanti – che in realtà costituiscono la maggioranza – occorre un'**autorizzazione alla ratifica con legge del Parlamento**. I trattati che richiedono l'autorizzazione del Parlamento rientrano grosso modo in tre categorie (art. 80 Cost.): 1) trattati che hanno natura politica o importano variazioni del territorio; 2) trattati che prevedono arbitrati o regolamenti giudiziari, ossia la risoluzione di liti tramite un arbitro terzo; 3) trattati che importano oneri alle finanze o modificazioni di leggi. Il passaggio parlamentare è importante per permettere un vaglio democratico dei rappresentanti del popolo; tuttavia, raramente i parlamentari discutono del contenuto del trattato, con la conseguenza che l'autorizzazione alla ratifica si riduce a un mero passaggio formale. Eppure, il numero di leggi di autorizzazione alla ratifica dei trattati internazionali è molto alto; ad esempio, nel 2019 sono state approvate ben 35 leggi di autorizzazione alla ratifica su un totale di 78 leggi approvate (P. Caretti-U. De Siervo). Avvenuta la ratifica, seguirà la stipulazione del trattato, ossia lo scambio di ratifiche fra gli Stati firmatari.

Ordine di esecuzione

Sul piano interno, sarà necessario anche recepire il trattato nell'ordinamento italiano, tramite apposite **norme di esecuzione** oppure tramite un semplice **ordine di esecuzione**. Con l'ordine di esecuzione il trattato entra a far parte dell'ordinamento italiano a tutti gli effetti. L'ordine di esecuzione, però, contiene una modifica solo formale e astratta, poiché consiste in un articolo del seguente tenore: «*Piena ed intera esecuzione è data alla Convenzione, a decorrere dalla data della sua entrata in vigore, in conformità a quanto disposto dalla Convenzione stessa*». Ciò significa che è possibile che si creino casi di *contrasto* fra trattati internazionali e norme interne irrisolti.

4.5. *Contrasto fra trattati e norme interne*

Le leggi devono rispettare i trattati

Una volta immesse nel nostro ordinamento, le norme pattizie avranno la stessa forza giuridica del rispettivo atto di esecuzione. Se sono state recepite con una legge costituzionale si troveranno al livello costituzionale. Invece, se sono state recepite con legge primaria si troveranno, nella gerarchia delle fonti, allo stesso livello della legge (è questo il caso della stragrande maggioranza delle norme pattizie). In tal caso, *le disposizioni dei trattati dovranno rispettare le norme della Costituzione, ma non potranno essere derogate da norme ordinarie successive*, in ragione del principio stabilito dall'art. 117, comma 1, Cost., secondo il quale le leggi statali e regionali devono rispettare non solo la Costituzione, ma anche i vincoli derivanti dagli obblighi internazionali (e, come vedremo, anche dall'ordinamento comunitario) (*infra*, sez. II, par. 10). Secondo l'art. 117, comma 1, Cost., infatti, «*la potestà legislativa è esercitata dallo Stato e dalle Regioni nel rispetto della Costituzione, nonché dei vincoli derivanti dall'ordinamento comunitario e dagli obblighi internazionali*».

Art. 117, comma 1, Cost.

Ciò significa che le norme pattizie s'inseriscono nella gerarchia delle fonti a un **livello intermedio** fra Costituzione e norme primarie: devono rispettare la Costituzione ma non possono essere derogate da norme di rango legislativo successive al loro recepimento (ossia, le norme pattizie impediscono al Parlamento di adottare leggi in contrasto). Nel caso di **antinomie fra un trattato e una fonte primaria successiva** si applica, dunque, **il criterio gerarchico** per cui la norma primaria è invalida e deve essere annullata dalla Corte costituzionale. Questo criterio è stato enunciato dalla Corte costituzionale in due sentenze molto note (sentt. n. 348/2007 e n. 349/2007) relative alla CEDU, dove è stato riconosciuto il carattere di **norma interposta** sia alla CEDU sia alle sentenze rese dalla Corte europea dei diritti dell'uomo. *In caso di conflitto fra un trattato e una norma interna successiva, la Corte costituzionale quindi dichiarerà l'illegittimità costituzionale della norma interna per violazione dell'art. 117, comma 1, Cost.*

Livello intermedio dei trattati

Competenza della Corte costituzionale

Nella sentenza n. 348/2007 la Corte costituzionale aveva dichiarato l'illegittimità costituzionale della legge n. 359/1992 perché calcolava il valore del suolo edificabile, ai fini della espropriazione per pubblica utilità, come la media tra il valore del bene e il reddito dominicale rivalutato (equivalente nella pratica al 30-50% del valore di mercato del bene, poi soggetto a imposizione fiscale sicché infine equivalente al 20% del valore di mercato). Questo metodo di calcolo era contrario (fra l'altro) alla giurisprudenza della Corte europea dei diritti dell'uomo, che prescrive un "ragionevole legame" con il valore venale del bene.

Sent. n. 348/2007

SEZIONE II

L'UNIONE EUROPEA

1. *Dalle tre Comunità all'Unione europea*

Dichiarazione Schuman-Monnet

L'organizzazione internazionale che più si è sviluppata in Europa negli ultimi settant'anni è l'Unione europea (all'inizio chiamata «Comunità economica europea»). Abbiamo già detto delle radici storiche di questa organizzazione, che è stata creata alla fine della Seconda guerra mondiale per promuovere la pace in Europa. L'iniziativa si sviluppò sulla base della Dichiarazione del Ministro degli esteri francese Robert Schuman che proponeva un'alleanza con la Germania, conscia che «*l'Europa non si farà tutta in una volta*» ma sarà «*costruita attraverso realizzazioni concrete che creano prima una solidarietà di fatto*» (**Dichiarazione Schuman-Monnet**). La Francia proponeva di porre la produzione franco-tedesca di carbone e acciaio sotto l'ala di un'Alta autorità, nel quadro di un'organizzazione comune aperta alla partecipazione degli altri paesi d'Europa. Le regole poste dall'Autorità avrebbero vincolato gli Stati membri, ponendo le basi concrete per una *federazione europea*, necessaria al mantenimento della pace.

Fu così che, nel 1951, fu creata la **Comunità europea del carbone e dell'acciaio** (CECA). Ne facevano parte Francia, Germania, Italia, Belgio, Olanda e Lussemburgo. Prendeva forma l'*Europa dei piccoli passi*, secondo la quale la messa in comune di alcune politiche avrebbe portato, in modo quasi automatico, a una cooperazione in altre materie, in base al c.d. *metodo funzionalista*. Nel 1957, furono create dagli stessi sei paesi la **Comunità economica europea** (CEE) e la **Comunità per l'energia nucleare Euratom**, che prevedeva l'uso dell'energia atomica a soli fini pacifici e standard di sicurezza unici. Videro così luce le **tre Comunità europee** (CECA, Euratom e CEE). CECA CEE ed Euratom

Mentre CECA ed Euratom s'incentravano su un settore specifico, la CEE aveva competenze generali, poiché perseguiva l'integrazione economica in tutti gli ambiti. Il suo scopo principale era la creazione di un **mercato comune europeo**, all'interno del quale garantire e assicurare la *libera circolazione delle merci, dei lavoratori, dei servizi, delle imprese e dei capitali* (c.d. *libertà fondamentali*). Fu così instaurato un *mercato comune* attraverso un periodo transitorio di 12 anni diviso in 3 tappe, poi conclusosi nel 1968, per riavvicinare le politiche economiche con l'obiettivo di garantire un'*espansione equilibrata e stabile e il miglioramento del tenore di vita*. Fu istituita un'unica **cintura doganale esterna** alla quale erano soggette tutte le merci importate da paesi esterni al mercato comune. Si iniziò ad *armonizzare* le legislazioni nazionali tramite l'emanazione di direttive vincolanti per gli Stati membri. Furono istituite alcune **politiche comuni** ritenute prioritarie, come la *politica commerciale comune* (verso l'esterno), *agricola* e dei *trasporti*. Fu inoltre dettata una disciplina per assicurare la **libera concorrenza fra le imprese**, all'interno del mercato comune. Libertà fondamentali Mercato comune Cintura doganale esterna

Fin dall'inizio, la CEE adottò un metodo decisionale sovranazionale, ove le decisioni erano prese *a maggioranza* dai membri del Consiglio dell'UE, in rappresentanza dei Ministri degli Stati membri. L'assemblea parlamentare aveva, invece, un ruolo consultivo. Questo sistema è meglio conosciuto come "**metodo comunitario**" e si applica ancora oggi, salve alcune modifiche, alle decisioni prese nei settori tradizionali delle Comunità. Metodo comunitario

Dal punto di vista istituzionale, le tre Comunità sono organizzazioni internazionali fondate su trattati internazionali: il **Trattato di Parigi** del 1951 (CECA) e il **Trattato di Roma** del 1957 (CEE ed Euratom). *Essi sono stati ratificati dall'Italia con legge ordinaria*. Adesso la CECA non esiste più: il Trattato di Parigi aveva una durata di 50 anni e, in mancanza di proroghe, si è estinto nel 2002; le sue competenze sono state assorbite dalla UE. Dal 1957 si sono susseguiti numerosi trattati internazionali, ciascuno dei quali ha modificato e integrato l'originario trattato di Trattato di Parigi Trattato di Roma

Roma, accrescendo le competenze sovranazionali e valorizzando l'elemento democratico.

Atto unico europeo

Nel 1987 il trattato internazionale noto come **Atto unico europeo** perfeziona il mercato comune (che prende il nome di "**mercato interno**") e attribuisce alla CEE competenze in materia ambientale e di promozione della ricerca. Nel 1992 interviene la svolta con il **Trattato sull'Unione europea** (meglio conosciuto come Trattato di Maastricht), che attribuisce alla Comunità competenze in materia di cittadinanza europea, trasformando la CEE in CE ("Comunità Europea"). Il Trattato, inoltre, crea l'**Unione europea** (UE) che ingloba, pur mantenendole distinte, le tre Comunità. L'UE acquisisce nuove competenze in materia di "Politica estera e di sicurezza comune" (PESC) e di "Giustizia e affari interni" (GAI). Si crea, così, una **struttura a tre pilastri**. Il primo pilastro include il tradizionale metodo comunitario, disciplinato dalle norme dei trattati istitutivi delle Comunità europee, in base al quale le decisioni sono prese, insieme, dal Consiglio dell'UE a maggioranza e dal Parlamento europeo, mentre i governi degli Stati membri sono marginalizzati. Il secondo pilastro si riferisce alla PESC e il terzo alla GAI; qui si applica il criterio intergovernativo che fa leva sui governi degli Stati membri: per prendere una decisione occorre l'unanimità in sede di Consiglio UE mentre sono esclusi dal procedimento il Parlamento europeo e la Commissione. A Maastricht è anche prevista l'istituzione dell'**Unione economica e monetaria** (UEM), in base a un processo di integrazione che culmina nell'adozione dell'euro da parte di un nucleo di paesi che soddisfano alcune condizioni economiche (*infra,* par. 12).

Trattato di Maastricht

Trattato di Amsterdam

Nel 1997 è concluso il **Trattato di Amsterdam**, che aggiunge un nuovo titolo sull'occupazione. Nel 2001 è stipulato il **Trattato di Nizza**. È questo un periodo pieno di iniziative e fervori europeistici, sullo slancio dell'adozione della **Carta dei diritti fondamentali dell'UE** (detta anche *Carta di Nizza*), tanto che viene firmato il **Trattato per una Costituzione europea** grazie al lavoro di una convenzione con base allargata, a cui partecipano i rappresentanti delle istituzioni europee, dei parlamenti e dei governi nazionali. Tuttavia, la Costituzione per l'Europa non entrò in vigore, per l'esito negativo dei referendum tenuti in Francia e Olanda.

Trattato di Nizza

Trattato di Lisbona

Su spinta del Consiglio europeo del giugno 2007, si giunge quindi alla stipulazione del **Trattato di Lisbona**, l'ultimo trattato adottato in sede UE. Esso comprende due trattati internazionali complementari, il **Trattato sull'Unione europea** (TUE) e il **Trattato sul funzionamento dell'UE** (TFUE) (vedi tabella 1). La Comunità europea è abolita definitivamente e le sue competenze sono assorbite dall'UE. Il TUE e il TFUE costituiscono, quindi, le fonti primarie del diritto UE (sul valore giuridico dei Trattati UE, v. *infra*, par. 10; i testi dei trattati sono consultabili sul sito web dell'UE: http://eur-lex.europa.eu/legal-content/IT/TXT/?uri=celex:12012M/TXT).

Tabella 1 – *I Trattati UE in ordine cronologico (data della firma)*

Firma	Trattati	Aspetti rilevanti
1951	Trattato di Parigi	Istituisce CECA
1957	Trattato di Roma	Istituisce CEE ed Euratom. Stabilisce il metodo comunitario
1987	Atto unico europeo	Perfeziona il mercato interno
1992	Trattato di Maastricht o Trattato sull'Unione Europea	Istituisce l'UE, che ingloba le tre Comunità e include competenze per PESC e GAI La CEE acquisisce competenze in materia di cittadinanza europea e si trasforma in CE (Comunità Europea). Prevede l'Unione economica e monetaria
1997	Trattato di Amsterdam	Promuove l'occupazione e prepara per l'allargamento
2001	Trattato di Nizza	Adozione della Carta europea dei diritti fondamentali (ancora non vincolante)
2004	Trattato per una Costituzione per l'Europa	Non entra mai in vigore
2007	Trattato di Lisbona	Si compone di TUE e TFUE. Abolisce la CE. Le sue competenze sono assorbite dall'UE

2. *Stati membri dell'UE: adesione e recesso*

Stati membri UE

Un'evoluzione si è verificata anche per il numero degli Stati contraenti. Ai sei membri fondatori si sono aggiunti **Gran Bretagna, Irlanda** e **Danimarca** (1973), **Grecia** (1981), **Spagna** e **Portogallo** (1986). Nel 1989, in seguito al crollo del muro di Berlino, si determina uno storico cambiamento nell'equilibrio politico europeo, per la riunificazione tedesca e la dissoluzione del blocco comunista. Si apre, dunque, la frontiera verso Est. L'Europa si prepara all'ingresso dei nuovi Stati membri tramite un processo lungo 15 anni. Nel 1992 sono fissati i nuovi criteri per l'adesione all'UE che dovranno essere seguiti dagli Stati (c.d. **criteri di Copenaghen**) che includono parametri politici, economici e

Criteri per aderire all'UE

giuridici: rispetto per la democrazia e lo Stato di diritto, economia di mercato funzionante e capacità di attuare le norme UE (c.d. *acquis communautaire*). Nel 2004 entrano nell'Unione ben dieci nuovi paesi: **Cipro**, **Malta**, **Repubblica Ceca**, **Repubblica slovacca**, **Ungheria**, **Polonia**, **Estonia**, **Lettonia**, **Lituania** e **Slovenia**. Nel 2007 aderiscono **Bulgaria** e **Romania**. Infine, nel 2013 entra la **Croazia**.

Stati candidati

L'espansione dell'UE è stata costante, tanto che altri paesi hanno fatto domanda di ingresso e attendono di entrare (c.d. **Stati candidati**) come il Montenegro, la Macedonia del nord, l'Albania, la Serbia e la Turchia. Altri, come la Bosnia-Erzegovina e il Kosovo sono candidati potenziali. Allo stesso tempo, in alcuni paesi membri sono emerse forti critiche al disegno d'integrazione europea, per l'emersione di partiti populisti o nazionalisti.

Brexit

Queste critiche hanno condotto, nel giugno del 2016, a un referendum consultivo che ha dato esito negativo sulla permanenza del Regno Unito nell'UE, sebbene di poco (51,9% "*leave*" e 49,1% "*remain*"). Si è così innescato un procedimento che è culminato nel ritiro di questo Stato dall'UE (c.d. ***Brexit***). La **procedura di recesso** è stata introdotta dal Trattato di Lisbona ed è ora prevista dall'art. 50 TUE.

L'art. 50 TUE e la procedura di recesso

La procedura si compone di varie fasi: 1) Lo Stato membro decide di recedere dall'Unione in base alle proprie norme costituzionali interne (voto del Parlamento su iniziativa del Governo – questa fase nel Regno Unito è stata molto dibattuta perché sia il Parlamento sia il Governo ritenevano di avere l'ultima parola, sulla base dei risultati del referendum; tuttavia è prevalsa la tesi secondo la quale spetta al Parlamento decidere); 2) notifica al Consiglio europeo della decisione di recedere; 3) stipulazione di un accordo fra UE e Stato membro recedente che stabilisca a) le *modalità del recesso* incluso l'accordo finanziario e b) le *relazioni future* fra lo Stato e l'UE; 4) conclusione dell'accordo da parte del Consiglio UE a maggioranza qualificata e approvazione del Parlamento europeo.

Accordo di recesso

L'**accordo di recesso** fra l'UE e il Regno Unito è stato approvato nell'ottobre del 2019 ed è entrato in vigore l'1.2.2020. Ne è seguito un periodo di transizione, terminato il 31.12.2020, che ha permesso un'uscita regolamentata del Regno Unito, tramite la negoziazione di un nuovo partenariato con l'UE. L'accordo riconosce una posizione particolare all'**Irlanda del Nord**, che resta nel territorio doganale del Regno Unito ma, allo stesso tempo, beneficia dell'accesso al mercato unico. Rimane la continuazione della *Common Travel Area* fra Irlanda e Regno Unito ed è instaurata una cooperazione fra il nord e il sud dell'Irlanda in settori fondamentali, come agricoltura, trasporti, educazione e turismo. Dall'1.2.2020 gli Stati membri dell'UE sono dunque 27.

3. *I valori fondamentali e lo Stato di diritto: accesso all'UE e sanzioni nei confronti degli Stati inadempienti*

Un ordinamento di tipo nuovo

L'UE è un'organizzazione internazionale istituita dagli Stati sulla base di trattati internazionali, alla quale gli Stati attribuiscono competenze e sovranità per conseguire obiettivi comuni (*supra*, sez. I, par. 1 e par. 3). Tuttavia, fin dall'inizio l'UE ha avuto un forte ambizione ideale che la distingueva dalle altre organizzazioni internazionali: costituire un'unione più stretta fra i popoli europei per conseguire una *federazione europea*. Quest'aspirazione ideale è rinvenibile nella Dichiarazione Schuman-Monnet e si ritrova nelle caratteristiche giuridiche e istituzionali dell'Unione. Già nel 1964 la Corte di giustizia UE, nella famosa sentenza *Costa c. Enel*, affermava che «*l'ordinamento comunitario è un ordinamento giuridico di tipo nuovo, distinto sia da quello internazionale sia da quelli degli Stati membri, con i quali peraltro si integra e rispetto ai quali sotto numerosi profili si impone*».

Valori fondamentali

I Trattati costituiscono le varie fasi di questo processo per tappe. Il trattato di Lisbona segna un nuovo passo nel processo di creazione di «*un'unione sempre più stretta tra i popoli d'Europa*» dove le decisioni devono essere prese «*nel modo più trasparente possibile e il più vicino possibile ai cittadini*» (art. 1 TUE). L'Unione si basa su alcuni **valori fondamentali** che occorre rispettare per essere ammessi come membri. Si tratta dei valori della *pace, dignità umana, democrazia, libertà ed eguaglianza, dello stato di diritto e dei diritti umani, inclusi quelli delle minoranze* (art. 2 TUE). Tali valori europei sono già contenuti nelle Costituzioni degli Stati membri ed esprimono i valori chiave di convivenza dei popoli europei: *pluralismo, non discriminazione, tolleranza, giustizia, solidarietà e parità fra donne e uomini* e come tali devono essere rispettati dagli Stati che vogliono accedere all'Unione europea (art. 49 TUE, *criteri di Copenaghen*) (v. *supra*, par. 2).

Per entrare nell'UE, oltre a rispettare i criteri di Copenaghen, occorre un voto all'unanimità degli Stati membri e la stipulazione di un accordo internazionale.

Violazioni dei valori fondamentali

Cosa succede, invece, se uno Stato membro non rispetta questi principi? L'art. 7 TUE prevede **due modalità di sanzione politica** per arginare e depotenziare lo Stato che viola i valori fondamentali.

Meccanismo *ex ante*

La prima modalità, prevista dall'*art. 7, par. 1*, TUE prevede un *meccanismo ex ante*, nel caso in cui esista un *evidente rischio di violazione grave* dei valori di cui all'art. 2 TUE da parte di uno Stato membro. L'iniziativa è decisa dal Consiglio con un'alta maggioranza (4/5 dei suoi membri), previa approvazione del Parlamento europeo. Si tratta di un metodo che permette al Consiglio di intervenire in via preventiva, innescando un dialogo con lo Stato membro, il quale deve essere ascoltato nel procedimento che perviene alla constatazione della violazione dei diritti.

Meccanismo *ex post*

La seconda modalità è prevista dall'*art. 7, par. 2*, TUE e riguarda azioni che possono essere promosse *ex post*, dopo che il fatto è stato commesso. L'iniziativa può essere esercitata dalla Commissione europea o da un terzo degli Stati membri. In seguito a questa iniziativa, il Consiglio europeo può decidere all'unanimità, con l'approvazione del Parlamento europeo, che esiste una *violazione grave e persistente da parte di uno Stato membro* dei valori di cui all'art. 2 TUE. La procedura può concludersi con la *sospensione di alcuni dei diritti* spettanti allo Stato membro, e in particolare del *diritto di voto* all'interno del Consiglio.

Efficacia dei meccanismi

La modalità *ex post* è stata introdotta dal Trattato di Amsterdam nel 1997, ma si è rivelata inefficace a colpire i comportamenti degli Stati contrari ai valori fondamentali, come nel caso dell'Austria che, nel 1998, aveva eletto un governo di estrema destra con simpatie neonaziste. Non trattandosi di violazioni gravi e persistenti, gli Stati membri furono costretti a reagire al di fuori del quadro dell'UE, interrompendo le relazioni diplomatiche con Vienna in modo bilaterale. Per questo motivo è stata aggiunta la modalità *ex ante*. Tuttavia, questi meccanismi presentano diversi inconvenienti applicativi che ne riducono l'efficacia: la procedura richiede maggioranze molto alte o l'unanimità, e l'unica sanzione prevista – la sospensione del voto in seno al Consiglio – non sembra avere un impatto molto forte.

Ungheria e Polonia

Il problema si è posto più di recente nel caso di **Ungheria** e **Polonia**. Questi paesi hanno iniziato a rimodellare le proprie Costituzioni applicando una versione illiberale dello Stato di diritto. Nel 2011 l'Ungheria ha modificato la Costituzione in modo autoritario e nel 2014 la Polonia ha adottato alcune disposizioni che mettono in pericolo l'indipendenza della magistratura. Per questo, la Commissione e il Parlamento europeo hanno proposto al Consiglio di attivare la procedura *ex* art. 7, par. 1, TUE. Nel caso dell'Ungheria, le critiche riguardavano l'indipendenza dei giudici, la libertà di espressione, la corruzione, i diritti delle minoranze e la situazione dei migranti e dei rifugiati, mentre le accuse contro la Polonia vertevano sulla mancanza di indipendenza della magistratura. Tuttavia, il Consiglio non ha ancora preso una decisione. Nel frattempo, la Corte di giustizia europea ha condannato questi due paesi per non avere applicato il diritto UE (l'Ungheria per violazione della libertà accademica e per avere stabilito che i giudici, procuratori e notai devono cessare la propria attività al compimento di 62 anni; la Polonia per l'emanazione di norme pericolosamente invasive dell'indipendenza della magistratura).

4. *Le finalità dell'Unione e la cittadinanza europea*

I valori europei sono resi operativi dalle **finalità perseguite dall'Unione** elencate nell'art. 3 TUE. Tale disposizione riassume gli ambiti in cui è competente l'UE. Innanzitutto, il **mercato interno**, che include la libera circolazione di merci, persone, servizi e capitali: esso si prefigge una crescita sostenibile basata sulla sostenibilità dei prezzi, un'economia sociale di mercato fortemente competitiva e un elevato livello di tutela dell'ambiente. Il mercato unico è perfezionato dall'**unione economica e monetaria**.

Finalità dell'UE

Il Trattato di Maastricht ha attribuito a tutti i cittadini degli Stati membri anche la **cittadinanza europea,** che essi acquistano automaticamente in virtù del possesso della cittadinanza di uno Stato membro. Infatti, la cittadinanza europea «*completa la cittadinanza nazionale e non la sostituisce*» (art. 20 TFUE). A tale cittadinanza sono connessi alcuni diritti, che acquistano una loro rilevanza nel caso dell'esercizio di libera circolazione poiché implicano diritti da far valere nei confronti degli Stati membri di cui non si ha la cittadinanza e delle istituzioni dell'Unione europea. Si tratta dei seguenti: a) **diritto di circolare e soggiornare** liberamente nel territorio degli Stati membri, b) diritto alla **protezione diplomatica e consolare** di qualsiasi paese UE nel territorio di paesi terzi, qualora l'Italia non abbia una propria rappresentanza, c) diritto di **petizione al Parlamento europeo**, d) diritto a rivolgersi al **Mediatore europeo**, e) diritto di **adire la Corte di Giustizia** contro le violazioni dei diritti fondamentali dell'UE. Particolarmente rilevanti sono i diritti da far valere nella sfera politica, che incidono sul concetto di popolo e di sovranità cui si è fatto cenno parlando dello Stato (*supra*, cap. II, par. 1.1). Si tratta f) del diritto all'**elettorato attivo e passivo alle elezioni comunali** nello Stato membro di residenza (a tal fine occorre iscriversi in apposite liste comunali) e, infine, g) del diritto all'**elettorato attivo e passivo alle elezioni del Parlamento europeo** in uno Stato membro di cui non si ha la cittadinanza nazionale. Si tratta di diritti che hanno iniziato a svilupparsi e affermarsi, rafforzando il legame dei cittadini europei con lo Stato di residenza.

La cittadinanza europea

Mentre i cittadini degli Stati membri hanno diritto alla cittadinanza europea, l'Unione, a parte alcuni casi, non si occupa dei **diritti degli stranieri non-UE** – competenza che spetta agli Stati –. In questo ambito l'UE adotta controlli alle frontiere esterne, stabilisce misure appropriate per gestire l'asilo e l'immigrazione ed emana disposizioni per la prevenzione e la lotta contro la criminalità. Infine, l'Unione adotta verso l'esterno una politica nei settori di sua competenza interna, promuovendo i valori europei e inserendosi nel solco dei diritti riconosciuti dalle Nazioni Unite.

5. *Il principio di attribuzione e le competenze dell'UE*

Principio di attribuzione

Una cosa importante da comprendere quando si valuta l'azione dell'UE è che essa non può fare qualsiasi cosa, poiché non è uno Stato sovrano, ma può esercitare solo le competenze che le sono riconosciute dai trattati (c.d. **principio di attribuzione**).

Competenze esclusive

Le competenze si suddividono in due categorie principali: esclusive e concorrenti. Se una **competenza** è **esclusiva** (art. 3 TFUE) possono essere emanati solo atti dell'UE, e gli Stati membri possono intervenire solo se delegati o per attuare i primi. Così è nel caso della *politica monetaria*, attribuita alla Banca centrale europea e della *politica commerciale comune* (per la quale l'UE rappresenta i paesi europei con i paesi terzi e l'OMC). Altre competenze esclusive sono l'*unione doganale*, le *regole di concorrenza per il funzionamento del mercato interno* e la *conservazione delle risorse biologiche del mare nel quadro della politica della pesca.*

Competenze concorrenti

Le **competenze concorrenti** dell'UE (art. 4 TFUE) interessano settori importanti, quali i *trasporti, l'energia, il mercato interno, lo spazio di libertà, sicurezza e giustizia, l'ambiente, l'agricoltura e la pesca, la politica sociale, la coesione economica, sociale e territoriale, la protezione dei consumatori, i problemi comuni di sicurezza in materia di sanità pubblica*. In questi settori gli Stati membri possono emanare atti normativi nella misura in cui l'UE non è intervenuta. Ciò significa che se l'UE ha adottato un atto normativo, gli Stati devono rispettarlo e applicarlo. Nella pratica, nelle materie concorrenti sussistono allo stesso tempo atti UE e disposizioni statali.

Principio di sussidiarietà

Per valorizzare il ruolo degli Stati si applica anche il **principio di sussidiarietà**, secondo il quale «*nei settori non di competenza esclusiva la Comunità interviene solo se e nella misura in cui gli obiettivi dell'azione prevista non possano essere sufficientemente realizzati dagli Stati membri (a livello statale o regionale) e possono essere realizzati meglio a livello comunitario, a motivo della portata o degli effetti dell'azione*» (art. 5 TUE). Perché l'UE possa intervenire occorrono quindi che si realizzino due condizioni: 1) l'azione decisa a livello europeo realizza meglio le finalità perseguite di quella adottata a livello statale; 2) gli Stati membri (incluse le Regioni e gli enti locali) non sono in grado di farlo in misura sufficiente. Si tratta di un principio cardine dell'azione europea, che privilegia l'efficacia dell'intervento: l'Unione dovrebbe intervenire solo se gli Stati membri non riescono a conseguire lo stesso risultato dell'Unione, a causa della portata della misura o degli effetti dell'azione (perché l'azione dell'UE raggiunge l'obiettivo stabilito nei Trattati in modo più efficace). Il Trattato di Lisbona ha attribuito ai **parlamenti nazionali** il potere di analizzare le iniziative legislative europee per controllare se è rispettato il principio di sussidiarietà. Si tratta della procedura di allarme preventivo in base alla quale i parlamenti possono inviare pareri motivati dove illustrano la ragione per cui ritengono che una proposta legislativa non sia conforme al principio di sussidiarietà. I pareri motivati possono obbligare la Commissione a rivedere il contenuto della proposta e, in casi estremi, possono servire come base al Consiglio e al Parlamento per bloccare l'adozione dell'atto (Protocollo n. 2 sull'applicazione dei principi di sussidiarietà e di proporzionalità).

Principio di proporzionalità

Al principio cardine della sussidiarietà si aggiunge anche quello della **proporzionalità**, secondo il quale il contenuto e la forma dell'azione dell'UE devono limitarsi a quanto necessario per il conseguimento degli obiettivi dei Trattati. Quindi, fra un regolamento e una direttiva, si preferisce quest'ultima se è sufficiente a conseguire l'obiettivo stabilito nei Trattati UE. Il principio di sussidiarietà e di proporzionalità servono a limitare nell'*an* e nel *quantum* le iniziative legislative dell'UE.

Coordinamento delle politiche economiche

L'UE non ha competenze in materia fiscale o di politica economica. Sono gli Stati membri che decidono in quest'ambito; tuttavia, essi hanno l'**obbligo di coordinare le loro politiche economiche** nell'ambito dell'UE osservando gli *indirizzi di massima* stabiliti dal Consiglio UE (art. 5 TFUE). Agli Stati che hanno adottato l'euro si applicano disposizioni più specifiche, poiché essi sono obbligati a osservare una serie di parametri che impediscono la crescita incontrollata del debito pubblico e del deficit., per non gravare sul bilancio di altri Stati membri (*infra*, par. 12 e par. 13).

Sostegno all'azione degli Stati

Infine, l'UE svolge «***azioni per sostenere, coordinare o completare l'azione degli Stati membri***» in alcuni campi, come *la tutela della salute umana, l'industria, la cultura, il turismo, l'istruzione (gioventù e sport), la protezione civile e la cooperazione amministrativa*. L'UE può quindi realizzare dei progetti in questi ambiti, indirizzando verso finalità europee le azioni adottate a livello statale.

6. *Le istituzioni*

Le istituzioni

Le istituzioni dell'UE sono: **Parlamento europeo**, **Consiglio europeo**, **Consiglio**, **Commissione europea**, **Corte di Giustizia dell'UE**, **Banca centrale europea**, **Corte dei conti** (art. 13 TUE). Ogni istituzione agisce nei limiti delle competenze e delle procedure stabilite nei Trattati. Le istituzioni attuano una leale collaborazione nei rapporti reciproci.

La forma di governo UE

Per capire la **forma di governo dell'UE** occorre considerare che si tratta di una forma molto evoluta di organizzazione internazionale. Come un'organizzazione internazionale, l'UE ha un organo decisionale che stabilisce le norme vincolanti e che rappresenta i governi degli Stati membri. Si tratta del *Consiglio (o Consiglio UE)*, costituito dai Ministri degli Stati membri. Tale istituzione, nella fase iniziale di esistenza della CEE, esercitava il potere decisionale in modo quasi esclusivo. Nel tempo, è stato affiancato dal *Parlamento europeo*, che inizialmente era solo consultivo ma che ha accresciuto gradualmente la sua importanza, di modo che attualmente il potere legislativo è condiviso da Consiglio e Parlamento. Inoltre, l'UE ha un organo esecutivo che svolge la sua attività in permanenza e assicura la buona gestione amministrativa dell'Unione: la *Commissione europea*, nominata su impulso degli Stati ma da questi indipendente. Si tratta dell'istituzione più innovativa, che deve promuovere l'interesse europeo. Nel tempo, è stata soggetta sempre più all'influsso del potere politico e di controllo del Parlamento europeo, tanto da essere definita adesso come il "Governo" europeo. Infine, esiste una *Corte di giustizia dell'UE*, competente per dirimere i conflitti che possono crearsi nell'applicazione dei Trattati, che prevede una limitata possibilità di accesso anche ai privati. A questa impalcatura iniziale si sono aggiunte nel corso del tempo altre istituzioni, come il *Consiglio europeo*, la *BCE* e la *Corte dei conti*.

7. *Il triangolo Parlamento-Consiglio-Commissione: il metodo comunitario*

7.1. *Il Parlamento europeo*

Elezione diretta

Il Parlamento europeo (art. 14 TEU) è l'unica istituzione UE che, dal 1979, è **eletta ogni cinque anni direttamente dai cittadini dell'Unione**. Esso, infatti, rappresenta gli interessi della popolazione europea, indipendentemente dalla nazionalità. Di conseguenza, alle elezioni europee, in ogni Stato membro votano e possono essere eletti anche residenti con la cittadinanza di un altro Stato membro, in base ai principi della cittadinanza europea. Le elezioni avvengono *su base nazionale* e con *sistemi elettorali distinti*, anche se tutti gli Stati adottano un *sistema proporzionale*.

Elezione in Italia

In Italia, è in vigore la *legge n. 18/1979*, che prevede un **sistema proporzionale di lista** con la possibilità di esprimere una o più preferenze; dal 2009 è prevista una *soglia del 4%* che deve essere raggiunta dalle liste sul piano nazionale (legge n. 10/2009). Inoltre, si prevede che i *candidati dello stesso sesso* non possano superare la metà di quelli inseriti in una lista e che i primi due capilista debbano essere di sesso diverso (legge n. 65/2014). Il territorio nazionale è diviso in *cinque grandi circoscrizioni elettorali*: Italia nord-orientale, Italia nord-occidentale, Italia centrale, Italia meridionale, Italia insulare. Una volta eletti, i parlamentari non si raggruppano in base alla nazionalità, ma in base alla connotazione politica, formando *gruppi transnazionali* che riflettono all'incirca le ideologie dei partiti nazionali: cristiano-democratici, democratico-socialisti, liberali di centro (*Renew Europe*), verdi, conservatori, sinistra unita, ecc.

Membri

Il numero attuale di **membri del Parlamento europeo** (MEP) è di 705; in base all'art. 14 TUE il numero massimo non può essere superiore a 750, più il Presidente. L'Italia ha 76 membri. Il paese con più parlamentari è la Germania, con 96 membri. Il numero dei rappresentanti è garantito in base al *principio di proporzionalità degressiva*. I seggi sono calcolati in base alla popolazione, ma l'applicazione della proporzionalità pura porterebbe ad escludere dal circuito decisionale gli Stati più piccoli, come Lussemburgo, Malta o Cipro. Per questo motivo l'art. 14 TUE stabilisce una soglia minima di 6 seggi e una soglia massima di 96 seggi per Stato membro. Così, i parlamentari tedeschi rappresentano in proporzione più cittadini europei rispetto a un parlamentare lussemburghese; tale distorsione costituisce regola comune negli Stati federali.

Organizzazione interna

Il Parlamento europeo ha **sede** a **Strasburgo**, dove si tengono le plenarie, ma la sua attività prevalente si svolge a **Bruxelles** (gruppi e commissioni). Il Presidente è eletto dai membri del Parlamento europeo. Per consuetudine, alla carica si alternano due rappresentanti dei due maggiori gruppi politici, che restano in carica per due anni e mezzo ciascuno: i socialisti e i popolari. Esistono numerose *commissioni parlamentari*, con competenze ampie (es. "*affari costituzionali*") o più specifiche (es. "*intelligenza artificiale*", "*lotta ai tumori*"), alle quali partecipano i parlamentari. Le commissioni discutono e preparano i disegni di atti normativi, che poi sono approvati in plenaria. Le votazioni avvengono a *maggioranza semplice*, salvo disposizione contraria dei Trattati (art. 231 TFUE).

Poteri

I **poteri** del Parlamento europeo si sono evoluti nel tempo. Previsto nel Trattato di Roma nel 1957 come mera assemblea consultiva e senza poteri decisionali, il Parlamento ha ampliato i suoi poteri normativi grazie all'*incremento delle competenze* che gli sono state attribuite via via dai Trattati. Adesso esercita la **funzione legislativa** insieme al Consiglio UE; per questo motivo il Parlamento europeo e il Consiglio dell'UE sono definiti i "*legislatori*" europei e utilizzano una procedura di "*codecisione*" che si applica alla maggior parte delle competenze dell'Unione (*infra*, par 7.4). Tuttavia, in alcuni specifici ambiti il Parlamento europeo ha una *funzione meramente consultiva*. Il Parlamento approva insieme al Consiglio anche il *bilancio annuale dell'Unione*, in base a una procedura legislativa speciale descritta nell'art. 314 TFUE, secondo la quale le due istituzioni devono trovare un accordo.

Funzione di indirizzo e controllo

Inoltre, il Parlamento europeo esercita una **funzione di indirizzo politico e di controllo** nei confronti soprattutto della Commissione europea: il Parlamento ha un peso fondamentale nel processo di nomina, in primo luogo, del Presidente della Commissione (art. 17, par. 7, TUE) (*infra*, par. 7.3). Successivamente, tutta la Commissione è soggetta collettivamente a un *voto di approvazione del Parlamento europeo,* una specie di voto di fiducia; il Parlamento può anche far *dimettere* la Commissione tramite *mozione di censura.*

7.2. *Il Consiglio, l'ECOFIN e l'Eurogruppo*

Formazioni del Consiglio

Il Consiglio (o Consiglio UE) è composto dai Ministri degli Stati membri, in modo da coprire le varie competenze (art. 16 TUE). Esistono, infatti, tante **formazioni del Consiglio**, in base all'ambito decisionale. Così, il Consiglio "*Affari generali*" è composto dai ministri degli Affari europei di tutti gli Stati membri dell'UE; si occupa di coordinare le varie formazioni del Consiglio e di preparare le riunioni del Consiglio europeo. Il Consiglio "*Affari esteri*" si compone dei Ministri degli Esteri degli Stati membri e si occupa di elaborare l'azione esterna dell'UE; è presieduto dall'Alto rappresentante per gli affari esteri. Ogni formazione del Consiglio si riunisce all'incirca una volta al mese ed è presieduta, a turno, da uno Stato membro per un periodo di sei mesi, in base a un sistema di rotazione.

Consiglio ECOFIN

Un ruolo fondamentale è svolto dal **Consiglio "Economia e Finanza" (ECOFIN)** che riunisce i 27 Ministri dell'economia e delle finanze degli Stati membri. Si occupa principalmente di *politica economica, questioni di fiscalità e regolamentazione dei servizi finanziari*. Inoltre, predispone il *bilancio annuale dell'UE* e si occupa di risolvere le questioni giuridiche e pratiche dell'*euro*. L'ECOFIN è, inoltre, responsabile per gli aspetti finanziari delle trattative intrattenute sul piano internazionale sulle misure contro i cambiamenti climatici e coordina la posizione dell'UE nelle riunioni di livello internazionale, per il G20, il FMI e la Banca mondiale. L'azione dell'ECOFIN ha un impatto formidabile sulle decisioni economiche e di bilancio degli Stati membri. In primo luogo, emana raccomandazioni contenenti "*indirizzi di massima*" per le politiche economiche degli Stati membri e l'UE (art. 121, par. 1 e par. 2, TFUE). In secondo luogo, per assicurare una convergenza più duratura fra i risultati economici degli Stati membri, sorveglia l'evoluzione economica nell'Unione e negli Stati, controllando che si attengano agli "indirizzi di massima" e inviando raccomandazioni specifiche nell'ambito della c.d. «*sorveglianza multilaterale*» (art. 121, par. 3 ss., TFUE). Il Consiglio, inoltre, svolge un ruolo fondamentale nell'ambito della *procedura sui* *disavanzi pubblici eccessivi*, quando gli Stati sforano i parametri relativi al deficit e al debito pubblico, potendo anche infliggere sanzioni (art. 126 TFUE). Questo ruolo del Consiglio ECOFIN è stato rafforzato da una serie di strumenti introdotti in seguito alla crisi economico-finanziaria iniziata nel 2008 e in particolare dal c.d. "Semestre europeo" (*infra*, par. 13).

Eurogruppo

Per prevedere un luogo di dialogo rafforzato fra gli Stati che hanno adottato l'euro come moneta unica, il Trattato di Lisbona ha riconosciuto l'"**Eurogruppo**" (art. 137 TFUE e Protocollo n. 14 sull'Eurogruppo). L'Eurogruppo riunisce i Ministri dell'economia e delle finanze dei soli *19 Stati membri che hanno adottato l'euro*, al fine di instaurare un coordinamento più stretto delle politiche economiche. Anche la *Commissione europea* e la *BCE* sono invitate a prendere parte a queste riunioni, che si tengono prima dei Consigli ECOFIN, a mo' di preparazione. L'Eurogruppo elegge un proprio presidente per un periodo di due anni e mezzo.

Voto nel Consiglio

Il Consiglio **vota** gli atti normativi dell'UE e il bilancio insieme al Parlamento europeo. Solo in alcuni specifici ambiti decide da solo. Le decisioni sono prese quasi sempre tramite **consenso**, ossia senza un voto esplicito. A questo risultato lavora una complessa organizzazione amministrativa sita a Bruxelles chiamata *CO.RE.PER.*, composta dagli ambasciatori e funzionari dei Ministri degli Esteri degli Stati membri, che prepara i dossier. Tuttavia, se il Consiglio decide di mettere al voto una decisione, occorre fare ricorso al **voto a maggioranza qualificata** (VMQ – o regola della doppia maggioranza).

Voto a maggioranza qualificata

In tal caso le decisioni sono adottate se superano due soglie: 1) votano a favore almeno il 55% degli Stati membri e, in aggiunta, 2) gli Stati membri a favore rappresentano il 65% della popolazione dell'UE (art. 16, par. 3 e par. 4, TUE). In tal modo si evita che una decisione sia presa contro la maggioranza degli Stati membri o da paesi piccoli che non rappresentano la maggioranza della popolazione europea. Inoltre, la minoranza per bloccare una decisione deve includere almeno quattro membri del Consiglio.

7.3. *La Commissione europea (o Commissione), il Presidente e l'Alto rappresentante per gli affari esteri e la politica di sicurezza*

Commissari

La Commissione europea (art. 17 TUE) si compone di 27 Commissari, uno per ogni paese dell'UE. È l'organo che ha maggiore carattere di originalità, poiché persegue l'*interesse europeo* e ha un peculiare *status* di *indipendenza*. Gli stessi commissari non sono legati da un vincolo di rappresentanza a uno Stato membro, ma sono scelti sulla base della propria esperienza professionale, all'impegno europeo profuso e all'autonomia di giudizio. Per questo, esiste una *incompatibilità con qualsiasi altra funzione*, remunerata o meno, e la Corte di Giustizia può pronunciare le dimissioni d'ufficio dei membri della Commissione, come anche la decadenza dal diritto alla pensione o altri vantaggi. Si tratta di un **organo collegiale** *con mandato di cinque anni*. Ha sede a Bruxelles e svolge la sua attività a tempo pieno.

Organo collegiale

La **procedura di nomina della Commissione** è stata modificata nel tempo e s'incentra sul potere di elezione del Parlamento europeo nei confronti del Presidente e dei Commissari e sul potere di nomina del Consiglio europeo.

Procedura di nomina

La procedura di nomina della Commissione si svolge in cinque fasi (art. 17, par. 7, TUE):

1. Il *Consiglio europeo*, a maggioranza qualificata, propone al *Parlamento europeo* un *candidato per la carica di Presidente*, sulla base dei risultati delle elezioni al Parlamento europeo (in pratica occorre considerare quali partiti e gruppi parlamentari hanno ottenuto la maggioranza relativa);
2. Il Presidente della Commissione è *eletto dal Parlamento europeo* a maggioranza dei membri che lo compongono (maggioranza assoluta);
3. Il Consiglio, di comune accordo con il Presidente della Commissione designato, adotta l'elenco delle persone proposte come commissari, in conformità alle indicazioni di ogni Stato membro;
4. Il Parlamento europeo *approva in modo collettivo* la nomina del Presidente e dei Commissari designati, incluso l'Alto rappresentante UE per gli affari esteri;
5. Il Consiglio europeo, a maggioranza qualificata, *nomina* la Commissione.

Fiducia e mozione di censura

La **Commissione è responsabile collegialmente di fronte al Parlamento**. La fiducia iniziale deve permanere durante il mandato della Commissione, tanto è vero che, nel caso venga meno, il Parlamento può votare una **mozione di censura** (simile alla sfiducia) che, se approvata, obbliga tutti i membri della Commissione a dimettersi. Questa decisione può essere presa solo dopo tre giorni dal deposito della mozione, ed è richiesta un'alta maggioranza (2/3 dei voti espressi e la maggioranza dei membri che compongono il Parlamento europeo). Proprio per evitare una mozione di censura, nel 1999 la Commissione Santer si dimise spontaneamente, in seguito alle accuse di malversazione mosse dal Parlamento europeo.

Presidente

All'interno della Commissione, un ruolo fondamentale è svolto dal **Presidente**, che si trova in una *posizione di primazia* rispetto ai Commissari. Il Presidente definisce gli orientamenti della Commissione e decide la sua organizzazione interna; inoltre, nomina i vicepresidenti (ad eccezione dell'Alto rappresentante per gli affari esteri e la politica di sicurezza) e può modificarne le competenze durante il mandato. Può anche obbligare un Commissario a *rassegnare le dimissioni*.

Alto rappresentante UE per gli affari esteri e la politica di sicurezza

L'**Alto rappresentante UE per gli affari esteri e la politica di sicurezza** svolge un ruolo peculiare all'interno della Commissione (art. 18 TUE). *È nominato dal Consiglio europeo* (a maggioranza qualificata) con il consenso del Presidente della Commissione e può essere revocato con la stessa procedura. Egli svolge al tempo stesso *due funzioni*: è mandatario del Consiglio nella guida della politica estera e di sicurezza comune dell'UE ed è Vicepresidente della Commissione europea, con l'incarico di occuparsi delle relazioni esterne e del coordinamento degli altri aspetti dell'azione esterna dell'UE.

Poteri

Nell'ambito della procedura legislativa, il **potere** più rilevante della Commissione è quello dell'**iniziativa legislativa**. La Commissione, inoltre, ha il potere di emanare **decisioni vincolanti** e indirizzare **sanzioni** nei confronti delle imprese che non rispettino le norme sulla concorrenza e l'abuso di posizioni dominanti nel mercato europeo (art. 105 TFUE).

È anche **garante del principio di legalità**. Controlla che gli Stati membri recepiscano il diritto UE e, in caso contrario, innesca un *procedimento* che può condurli di fronte alla Corte di Giustizia UE (c.d. ricorso per infrazione, art. 258 TFUE). Parimenti, può proporre *ricorsi nei confronti delle persone fisiche o giuridiche* (imprese) e delle *istituzioni UE* (per atti illegittimi). Se sono necessarie condizioni uniformi di esecuzione degli atti vincolanti dell'UE, la Commissione emana **atti di esecuzione** (art. 291 TFUE): numerosi sono gli atti emanati nell'ambito dell'agricoltura, pesca, concorrenza e politica commerciale.

La Commissione svolge una rilevante **funzione amministrativa**, tramite le *Direzioni generali* (DG), che si occupano di gestire i vari settori di competenza (es. "Concorrenza", "Affari economici e finanziari", "Istruzione, giovani, sport e cultura", "Mercato interno, industria, imprenditorialità, pmi"). Le DG si occupano di sviluppare, attuare e gestire le politiche europee, i programmi di finanziamento e il diritto UE. Una importante attività amministrativa è svolta dalle *agenzie esecutive*, come la EACEA (*Education, Audiovisual and Culture Executive Agency*), che gestisce il programma Erasmus+.

La *figura 1* schematizza i rapporti fra le istituzioni europee e italiane.

Figura 1 – *Forma di governo UE: rapporto fra piano europeo e piano interno*

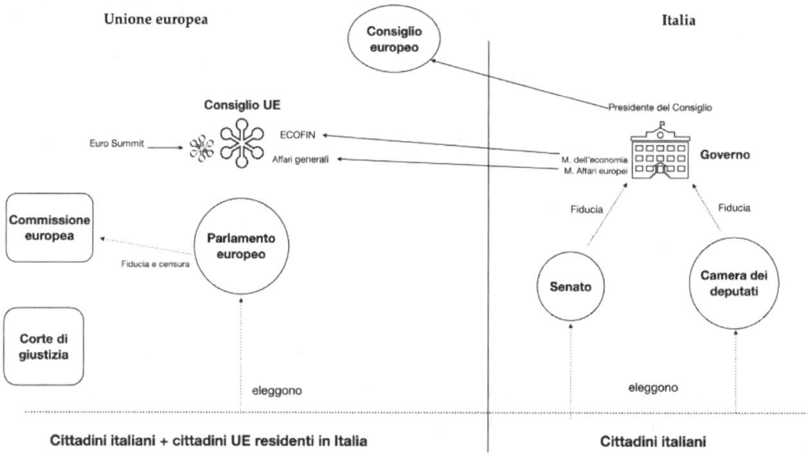

7.4. *Il procedimento legislativo*

Come sono approvati gli atti normativi UE? Le istituzioni coinvolte sono quelle del "metodo comunitario": *Commissione* (con il potere di iniziativa), *Parlamento europeo* e *Consiglio* (i co-legislatori).

Iniziativa legislativa

Il **potere di iniziativa legislativa** è esercitato dalla Commissione europea in modo quasi esclusivo; il Parlamento europeo, infatti, può solo chiedere alla Commissione di presentare una proposta legislativa (art. 17.2 TUE). In tal modo, la Commissione riesce a filtrare e approfondire i temi che provengono dalla società, dalle *lobbies* e dalle istituzioni. Sempre più spesso le istituzioni UE (soprattutto il Consiglio europeo) promuovono iniziative e progetti che poi presentano alla Commissione perché divengano proposte di legge. Solo in questo modo, infatti, le iniziative diventano vincolanti.

Procedura legislativa ordinaria

La proposta di legge deve essere approvata dai due co-legislatori. Il TFUE prevede una procedura divisa in "*letture*" dove il Parlamento europeo (a maggioranza) e il Consiglio UE (VMQ – voto a maggioranza qualificata) si scambiano la proposta e vi apportano emendamenti, finché non arrivano a condividere lo stesso testo. È anche previsto un c.d. "*comitato di conciliazione*" costituito da membri del Parlamento europeo e del Consiglio in eguale numero e l'assistenza della Commissione, per facilitare la mediazione.

Questa procedura, dove Parlamento e Consiglio operano con gli stessi poteri decisionali, è stata instaurata dal Trattato di Maastricht, ove era definita "procedura di codecisione". Successivamente, è stata estesa a un numero crescente di competenze, tanto che attualmente essa costituisce la **procedura legislativa ordinaria** (art. 294 TFUE). Questa procedura si applica, con alcune varianti, anche alla *approvazione del bilancio annuale* (art. 314 TFUE).

Procedure legislative speciali

Esistono anche competenze dove si applica una **procedura legislativa speciale**: il Consiglio UE decide e il Parlamento si limita a dare un *assenso* oppure a dare un *parere non vincolante*. È il caso della *decisione sul sistema delle risorse proprie dell'UE* (art. 311 TFUE) che stabilisce le entrate dell'Unione: essa richiede l'*unanimità* del Consiglio e il parere del Parlamento europeo, oltre che l'approvazione da parte degli Stati membri in base alle norme costituzionali interne. Ecco perché è così difficile modificare le entrate dell'UE: ogni Stato può bloccare la decisione di prevedere nuovi contributi. È anche il caso del *quadro finanziario pluriennale* (di cinque anni) per la cui approvazione è prevista una procedura speciale simile a quella delle risorse proprie (art. 312 TFUE – non si richiede però l'approvazione all'interno degli Stati membri).

8. *Le altre istituzioni*

8.1. *Il Consiglio europeo*

Da ruolo informale a istituzione

Il Consiglio europeo costituisce un *forum* di discussione politica al vertice fra i leader dei paesi europei e dà all'UE l'impulso politico per il suo sviluppo (art. 15 TUE). In un primo momento, i "*summit*" europei erano convocati in modo spontaneo, quando c'era necessità, ma poi il Consiglio europeo è stato istituzionalizzato e disciplinato dai Trattati UE e ha acquisito il ruolo di *istituzione UE*. Si compone dei capi di governo degli Stati membri (la Francia invia il Presidente), oltre al Presidente della Commissione europea. Si riunisce almeno quattro volte l'anno per definire le linee politiche generali dell'UE. Per assicurare maggiore continuità, è eletto un *Presidente* che resta in carica due anni e mezzo e può essere rinnovato. Partecipa ai lavori anche l'Alto rappresentante UE per gli affari esteri e la politica di sicurezza.

Funzione di impulso politico

Si tratta di un organo che *non ha funzioni legislative* e che non partecipa al "metodo comunitario". La sua funzione è di dare un *impulso politico* allo sviluppo dell'Unione, risolvendo le grandi questioni non disciplinate a sufficienza dai Trattati e definendo gli orientamenti e le priorità da perseguire. Durante la crisi economico-finanziaria iniziata nel 2008 i Vertici del Consiglio europeo hanno svolto un ruolo indispensabile promuovendo soluzioni al di là della lettera dei Trattati. Di particolare rilevanza si è rivelato il *Consiglio europeo di primavera*, poiché in questa occasione sono stati affrontati i nodi politici prioritari (ad es., fiscalità, affari esteri, Brexit e gestione della zona euro).

8.2. *La Corte di Giustizia dell'UE*

Composizione

Il potere giudiziario è esercitato dalla Corte di giustizia dell'UE (CdG) e dal Tribunale (che insieme formano la "*Corte di giustizia dell'UE*"), con sede a *Lussemburgo* (art. 19 TUE). La CdG si compone di 27 giudici (un giudice per Stato membro) ed è assistita da 11 Avvocati Generali. I giudici hanno un alto grado di indipendenza e hanno la capacità di esercitare alte funzioni giurisdizionali. In primo grado, decide il Tribunale. La CdG ha svolto un ruolo fondamentale nella costruzione del diritto UE, creando nuovi concetti come quello di supremazia del diritto europeo. Essa si differenzia dai tribunali di altre organizzazioni internazionali, poiché: 1) le controversie sono decise in base al solo diritto UE (*infra*, par. 10), 2) la sua giurisdizione è obbligatoria, 3) vi possono ricorrere non solo gli Stati, ma anche le istituzioni europee e, con vari limiti, anche le persone giuridiche e fisiche.

Competenza generale

Spetta alla CdG assicurare il rispetto del diritto UE da parte degli Stati e delle istituzioni europee, attraverso il controllo giurisdizionale di atti e comportamenti e l'interpretazione del diritto dell'Unione.

Ricorso per inadempimento degli Stati

In primo luogo, (1) la Commissione, come garante della corretta applicazione del diritto UE, può **ricorrere alla CdG contro gli Stati membri** che *non* recepiscono il diritto UE o pongono in essere un atto contrario al diritto UE. Se lo Stato non si adegua alla sentenza della CdG, la Corte può comminare una *sanzione pecuniaria* proporzionata alla serietà dell'illecito (artt. 258-260 TFUE). I casi più frequenti sono di mancato o errato recepimento di una direttiva. Le infrazioni più numerose sono quelle in materia ambientale.

Ricorso contro le istituzioni europee

In secondo luogo, (2) le istituzioni europee, gli Stati membri e, a certe condizioni, le persone fisiche e giuridiche, possono intentare un **ricorso contro un'istituzione europea** (2.1) che *si astiene* dall'obbligo di pronunciarsi o dall'adottare un atto, oppure (2.2) per *annullare un atto di una istituzione europea* contrario al diritto UE (artt. 263, 265 TFUE).

Il rinvio pregiudiziale

Infine, (3) esiste il **rinvio pregiudiziale**; un *unicum* nell'ambito internazionale poiché crea un raccordo fra CdG e giudici nazionali (giudici degli Stati membri). I tribunali nazionali, se hanno un dubbio sull'interpretazione del TUE e TFUE o sulla validità di un atto giuridico UE nel corso di una causa di ogni tipo (civile, penale, amministrativa, costituzionale e tributaria), possono adire la CdG e sospendere il processo. Per i giudici nazionali di ultima istanza è addirittura un obbligo. Dopodiché, il giudice nazionale deciderà sulla base della sentenza della CdG. Tramite questa procedura la CdG valuta la *compatibilità degli atti degli Stati membri con il diritto europeo*, garantendo una uniformità in tutto il territorio UE. La sentenza della Corte, infatti, sarà poi seguita da tutti gli Stati membri, ben al di là della causa per cui era sorta. I vari tipi di ricorso sono riassunti nella *tabella 2*.

Tabella 2 – *Tipi di ricorso davanti alla CdG*

Tipo di ricorso	**Ricorrente e convenuto**	**Ragione**	**Conseguenza**
1. Ricorso per inadempimento artt. 258-260 TFUE	Commissione (o SM) c. SM	Violazione del TUE, TFUE o atti vincolanti diritto UE	Lo SM deve adempiere. In caso contrario la CdG, adita nuovamente, infligge sanzioni pecuniarie
2.1. Ricorso per omissione art. 265 TFUE	SM, istituzioni UE, persona fisica o giuridica (per omissione nei suoi confronti) c. istituzione UE	Istituzione UE che si astiene dall'obbligo di pronunciarsi o adottare un atto	L'istituzione UE deve pronunciarsi o adottare l'atto
2.2. Ricorso per annullamento art. 263 TFUE	SM, istituzioni UE, persona fisica o giuridica (per atti che la riguardano direttamente) c. istituzione UE	Atto di una istituzione UE che viola TUE e TFUE	Annullamento dell'atto viziato
3. Rinvio pregiudiziale art. 267 TFUE	La CdG si pronuncia sull'interpretazione o validità del diritto UE su richiesta di un giudice nazionale	Un giudice nazionale chiede alla CdG la interpretazione autentica del diritto UE e di esprimersi sulla validità degli atti derivati UE	Il giudice nazionale applica la sentenza della CdG nel giudizio nazionale

Abbreviazioni. SM: Stati membri

8.3. *La Banca centrale europea (BCE)*

SEBC

La Banca centrale europea (BCE), con sede a Francoforte sul Meno (Germania), fu introdotta dal Trattato di Maastricht per gestire l'Unione economica e monetaria (UEM – *infra*, par. 12). La BCE svolge un ruolo di direzione all'interno del Sistema europeo delle Banche centrali (**SEBC**), che collega la BCE con le banche centrali degli Stati membri dell'UE. L'adesione all'unione monetaria implica la conduzione di una politica monetaria unica sotto la responsabilità della BCE e l'adozione di una *moneta unica, l'***euro**.

Area euro e Eurosistema

Finora gli Stati che hanno adottato l'euro sono 19 (oltre all'Italia, Austria, Belgio, Cipro, Estonia, Finlandia, Francia, Germania, Grecia, Irlanda, Italia, Lettonia, Lituania, Lussemburgo, Malta, Paesi Bassi, Portogallo, Slovacchia, Slovenia e Spagna). Questi Stati costituiscono l'area euro e rappresentano il c.d. **Eurosistema**. Le banche centrali nazionali operano come filiali della BCE, implementando le decisioni prese a livello centrale, sulla base del TFUE e del Protocollo n. 4 sullo Statuto SEBC e BCE.

Consiglio direttivo

Comitato esecutivo

Consiglio generale

Fulcro dell'Eurosistema è il **Consiglio direttivo**, l'organo decisionale della BCE che include i membri del Comitato esecutivo e i governatori delle banche centrali nazionali dei paesi dell'area euro. La gestione corrente della BCE è assicurata dal **Comitato esecutivo**, che include il (adesso, la) Presidente, il vicepresidente e quattro altri membri nominati per otto anni dal Consiglio europeo su raccomandazione del Consiglio (previa consultazione del Parlamento europeo e del Consiglio direttivo della BCE) fra persone di riconosciuta levatura ed esperienza nel settore bancario e monetario. Infine, esiste anche il **Consiglio generale**, dove sono rappresentati tutti i paesi dell'UE, interni ed esterni all'area euro.

L'indipendenza della BCE

La BCE ha uno *status* atipico, poiché ha una spiccata **indipendenza dalla politica**, tanto che né la BCE né le banche centrali nazionali possono accettare istruzioni dai governi nazionali o dalle istituzioni UE. L'indipendenza della BCE non la esime dal mantenere rapporti di cooperazione con le altre istituzioni UE, in particolare con il Parlamento europeo e l'Eurogruppo. Ogni anno il Presidente della BCE presenta una relazione annuale sull'attività del SEBC e sulla politica monetaria dell'anno precedente e dell'anno in corso al Parlamento europeo e al Consiglio. Alle stesse istituzioni, all'Eurogruppo, alla Commissione europea e ai parlamenti nazionali degli Stati membri partecipanti presenta anche un rapporto sulle attività di supervisione bancaria.

Mantenimento della stabilità dei prezzi

Lo *status* di indipendenza della BCE è funzionale al mantenimento di un *basso tasso d'inflazione* nell'area euro, stabilito dalla stessa BCE "*vicino ma al di sotto del 2%*". Il principale obiettivo del SEBC è, infatti, il mantenimento della **stabilità dei prezzi**; una volta raggiunto questo obiettivo esso sostiene le politiche economiche generali dell'Unione per contribuire ai fini dell'Unione europea (art. 282, par. 2, TFUE).

Strumenti di politica monetaria

Rientrano nella politica monetaria il controllo della massa monetaria e la fissazione dei tassi d'interesse. La BCE, inoltre, svolge le operazioni sui cambi, detiene le riserve ufficiali in valuta estera degli Stati membri e promuove il buon funzionamento dei sistemi di pagamento (art. 3 Statuto del SEBC e BCE).

Nuovi strumenti non convenzionali

In seguito alla crisi economico-finanziaria del 2008, la BCE ha iniziato a utilizzare anche **strumenti non convenzionali di politica monetaria**, come le operazioni di rifinanziamento a lungo termine (LTRO) e di *quantitative easing* (QE), consistenti nell'acquisto di titoli di debito degli Stati membri sul mercato secondario. La BCE ha lanciato anche le OMT (*Outright Monetary Transactions*), i prestiti illimitati nei confronti degli Stati soggetti a un programma di aggiustamento economico in base al MES. In seguito alla pandemia, la BCE nel marzo 2020 ha lanciato il programma di acquisto di emergenza pandemica (PEPP – 1.850 miliardi di euro nel 2020). Queste operazioni della BCE sono state oggetto di ricorso da parte della *Corte costituzionale tedesca* in alcune recenti sentenze nelle quali si sosteneva che tali programmi non rientravano nella competenza della BCE in base ai Trattati, poiché incidevano sulla politica economica, di competenza degli Stati membri. La CdG, tuttavia, su ricorso pregiudiziale, ha riaffermato come la competenza spetti alla BCE, poiché l'acquisto non avviene nel mercato primario ma in quello secondario e, inoltre, tali strumenti non convenzionali servono a far riprendere il funzionamento dei canali di trasmissione della politica monetaria negli Stati europei, che si erano interrotti a causa della crisi dei debiti sovrani (*sent. Gauweiler*, C-62/14 e *sent. Weiss*, C-493/17). La questione si poneva poiché, in base al TFUE, la BCE non può acquistare titoli di Stato sul mercato primario o concedere scoperti di conto o altra forma di facilitazione creditizia agli Stati o alle istituzioni europee (art. 123 TFUE).

Vigilanza bancaria

Di recente la BCE ha acquisito specifici compiti di **vigilanza bancaria** (regolamento (UE) 1024/2013). In tale veste la BCE coopera con le autorità nazionali di vigilanza dei paesi dell'UE. La BCE ha conseguito questi poteri in seguito alla crisi finanziaria del 2008, quando è parso evidente che gli shock insorti nel settore bancario di un paese si propagavano facilmente agli altri paesi, a causa delle interdipendenze create dall'unione monetaria. È stata così creata l'**unione bancaria** fra i paesi che hanno adottato l'euro (gli altri paesi possono comunque partecipare). La BCE supervisiona direttamente le 115 banche più importanti a livello europeo, che detengono quasi l'82% delle attività bancarie di questi paesi. Le altre banche restano sotto la supervisione delle autorità nazionali di vigilanza. Per attuare i compiti di supervisione bancaria è stato previsto un **Consiglio di vigilanza**, composto dal Presidente, un vicepresidente scelto fra i membri del Comitato esecutivo della BCE, quattro rappresentanti della BCE e i rappresentanti delle autorità di vigilanza nazionali. Il Consiglio di vigilanza si riunisce per pianificare, discutere e attuare i compiti di vigilanza della BCE. Inoltre, elabora ed espone al Consiglio direttivo della BCE i progetti di decisione in materia di vigilanza.

Consiglio di vigilanza

8.4. *La Corte dei conti*

Corte dei conti

La Corte dei conti si trova a Lussemburgo e ha la funzione di assicurare il controllo dei conti dell'Unione (art. 285 TFUE). È composta da 27 membri indipendenti, uno per ogni Stato membro.

9. *Altri organi ed enti*

9.1. *Il Comitato delle Regioni e il Consiglio economico e sociale*

Comitato delle Regioni e CES

Il Parlamento, la Commissione e il Consiglio sono assistiti dal Comitato delle Regioni e dal Consiglio economico e sociale. Il primo inserisce nel processo decisionale una prospettiva regionale e locale mentre il secondo rappresenta le varie categorie professionali. I due comitati svolgono una funzione meramente consultiva nell'ambito della procedura legislativa.

9.2. *La BEI e il MES*

BEI

Nell'ambito economico hanno rilevanza la Banca europea degli investimenti (BEI) e il Meccanismo europeo di stabilità (MES). La BEI è un ente europeo con sede a Lussemburgo creato già nel 1958 per finanziare progetti che contribuiscono a realizzare gli obiettivi europei, all'interno o fuori dell'Unione. I finanziamenti avvengono tramite erogazione di *prestiti* e *garanzie* a condizioni favorevoli. Infatti, la BEI non ha scopo di lucro (art. 309 TFUE). Il denaro non proviene dal bilancio UE ma è assunto dalla BEI tramite prestiti stipulati sui mercati dei capitali. La BEI è di proprietà dei 27 Stati membri dell'UE.

MES

Una funzione simile alla BEI è svolta dal MES (*infra*, par. 14).

10. *Le fonti del diritto UE e la loro efficacia*

Diritto UE

L'UE ha un ordinamento normativo proprio: il **diritto dell'Unione europea**. Gli atti normativi sono ordinati in base al *principio gerarchico*, come nell'ordinamento italiano. Si distinguono due livelli principali: il *diritto primario* (detto anche originario) e il *diritto secondario* (detto anche derivato).

Diritto primario

Costituiscono il **diritto primario** i *trattati internazionali* che disciplinano l'Unione europea, ossia *TUE*, *TFUE*, i *Protocolli* allegati e la *Carta dei diritti fondamentali dell'UE* che ha lo stesso valore giuridico dei Trattati (art. 6 TUE). Essi costituiscono il vertice costituzionale del diritto UE. I trattati internazionali *non hanno efficacia immediata* (non creano obblighi e diritti immediati nei confronti delle persone fisiche o giuridiche, ossia non sono *self executing*).

Sent. Van Gend and Loos e effetto diretto

Tuttavia, molte disposizioni in tema di libera circolazione delle persone, delle merci, dei servizi e di libertà di stabilimento hanno acquisito **effetto diretto** in seguito alle sentenze della CdG. La sentenza apripista è la **Van Gend and Loos**, causa 26/62, vertente sui dazi di importazione. La società *Van Gend and Loos*, nell'importare una merce dalla Germania all'Olanda, si era vista applicare un dazio doganale alla frontiera olandese, in violazione dell'attuale art. 30 TFUE. La CdG, adita sul punto in via pregiudiziale, decise che l'art. 30 TFUE aveva un effetto diretto nell'ordinamento nazionale, senza bisogno di una norma interna di recepimento, poiché poneva un obbligo chiaro e incondizionato («*non pagare dazi doganali*») che non doveva essere esplicitato ulteriormente con una norma interna. Così, la società poteva esigere dalle autorità doganali di importare la merce senza pagare dazi. Il principio dell'effetto diretto fu poi esteso dalla CdG ad altri articoli dei Trattati che stabilivano *norme chiare e incondizionate.* Esiste però un *limite* nel godimento di questi diritti riconosciuti dalla CdG: possono essere invocati dagli individui e le imprese soltanto nei confronti dello Stato (c.d. **effetto diretto verticale**) e non nei confronti di altri individui o imprese (c.d. **effetto diretto orizzontale**), poiché si tratta essenzialmente di un rimedio enunciato dalla CdG contro il mancato rispetto del diritto europeo da parte delle autorità statali. Solo in casi di diritti soggettivi particolarmente rilevanti la CdG ha riconosciuto la possibilità di un effetto diretto orizzontale (caso della differenza di retribuzione fra lavoratori uomini e donne, *sent. Defrenne*, causa 43/1975).

Diritto secondario

Il ***diritto secondario*** comprende *regolamenti*, *direttive* e *decisioni* emanati dalle istituzioni UE seguendo il procedimento legislativo stabilito per ogni materia dai Trattati (*supra*, par. 7.4). L'art. 288 TFUE descrive le principali caratteristiche delle fonti secondarie, distinguendole in base alla loro efficacia.

Regolamenti

I **regolamenti** sono *direttamente applicabili*, quindi creano immediatamente diritti e obblighi nei confronti degli individui e delle imprese, senza che ci sia bisogno di un atto di recepimento interno. Gli Stati *non devono* recepire i regolamenti, poiché si muterebbe la loro natura di diritto europeo. È, tuttavia, possibile che gli Stati adottino norme di attuazione, per facilitare l'applicazione del regolamento sul piano interno. I regolamenti *si rivolgono a tutti* (generalità e astrattezza) e *sono obbligatori in tutti i loro elementi* senza possibilità di adattamento; essi garantiscono l'uniformità del diritto in tutto il territorio dell'Unione.

Direttive

Le **direttive** hanno come destinatari gli Stati e vincolano solo per i risultati da raggiungere (obbligo di risultato). Esse non creano, quindi, diritti e obblighi direttamente ma hanno bisogno del *recepimento* statale (uno o più atti interni). Sono gli atti che più lasciano liberi gli Stati membri di adattare la normativa al contesto nazionale; assicurano dunque l'*armonizzazione* del diritto UE tramite il riavvicinamento dei diritti statali. Lo Stato è libero di decidere l'atto interno da utilizzare per il recepimento. Di solito le direttive sono recepite tramite *decreti legislativi*, poiché garantiscono un contenuto più tecnico, ma possono essere usate anche leggi, regolamenti e decreti-legge. Ogni anno il Parlamento italiano emana una ***legge annuale di delegazione europea*** per recepire le direttive e una o più ***leggi europee*** per attuare direttamente le sentenze della CdG o altri atti UE. *Le Regioni e le Province autonome di Trento e Bolzano recepiscono direttamente le direttive* nel caso riguardino temi che rientrano nelle proprie competenze, così come stabilito dall'art. 117, comma 5, Cost.

Effetto diretto verticale

Le direttive contengono un **termine** ben preciso entro il quale lo Stato è obbligato a recepirle. Nel caso in cui lo Stato sia inadempiente o abbia recepito la direttiva in modo scorretto, la CdG può riconoscere un **effetto diretto verticale** (fra privati e Stato) nel caso di un obbligo preciso e incondizionato, che non lasci discrezionalità all'autorità che lo applica. L'inadempienza dello Stato può anche portare a chiedere il *risarcimento del danno*, in caso di diritti non goduti da parte di privati e imprese (sentenza *Francovich*, C-6/90 e C-9/90).

Decisioni

Le **decisioni** sono atti normativi *direttamente applicabili*, quindi non devono essere recepite. Nella sostanza sono provvedimenti amministrativi, poiché sono indirizzati a soggetti specifici (privati, imprese e Stati) ai quali devono essere *notificate*. Da quel momento esplicano i loro effetti.

Atti non vincolanti

Le istituzioni UE emanano anche *atti non vincolanti*, come *raccomandazioni* e *pareri*. Nell'ambito economico, ricordiamo che le raccomandazioni sono usate nell'ambito del Semestre europeo per indirizzare la politica economica e di bilancio degli Stati membri per allineare le scelte statali con gli obiettivi stabiliti dall'UE. Altri atti non vincolanti sono i *libri verdi*, i *libri bianchi* e le *comunicazioni*.

11. *Il principio di supremazia del diritto UE*

L'adesione dell'Italia all'UE ha comportato la riduzione del potere decisionale negli ambiti attribuiti alla competenza UE. Si è posto dunque il problema di legittimare questa cessione di sovranità in base alla Costituzione. Diversamente da altri Stati membri, come la Francia o la Germania, l'Italia non ha introdotto un articolo specifico sull'Unione europea, ma ha utilizzato l'**art. 11 Cost.**, che legittima l'adesione dell'Italia alle organizzazioni internazionali volte ad assicurare la pace e la giustizia fra le nazioni. Sebbene non si riferisca specificamente all'Europa, l'art. 11 è considerato alla stregua di una "*European clause*" perché è attraverso questa norma che la Corte costituzionale ha legittimato le cessioni di sovranità dell'Italia alla UE. Art. 11 Cost.

Quale **rapporto sussiste fra le fonti UE e l'ordinamento italiano**? La questione è stata dibattuta a lungo dalla CdG e dalla Corte costituzionale italiana, perché non è chiarita nei Trattati UE. Le due Corti sono partite da punti di vista diversi. Secondo la CdG, le fonti UE e quelle interne fanno parte dello stesso ordinamento, mentre per la Corte costituzionale italiana fanno parte di due ordinamenti separati. Tuttavia, le due Corti si sono pian piano riavvicinate nelle conclusioni riconoscendo che il diritto UE prevale sul diritto interno (**principio di prevalenza del diritto UE o di supremazia**). Rapporto fra fonti UE e fonti italiane

Il punto di arrivo in Italia è costituito dalla sentenza n. 170/1984 (c.d. **sent. La Pergola** o **Granital**) della Corte costituzionale, che ha risolto la questione in base al principio di competenza. Secondo la Corte, l'ordinamento italiano e quello dell'UE sono autonomi e separati, in quanto ciascuno è dotato di un proprio sistema di fonti. Il diritto UE, dunque, non fa parte del diritto italiano, né a esso si applicano i principi sui rapporti fra norme che disciplinano le fonti italiane. Dato che l'Italia ha ratificato il Trattato di Roma, che prevede la competenza dell'UE a emanare norme vincolanti, l'Italia deve accettare che il diritto UE prevalga sul diritto interno. Sent. n. 170/1984 della Corte costituzionale

Ma cosa succede in pratica quando una **norma italiana è in conflitto con una norma UE direttamente applicabile**? La Corte costituzionale ha chiarito come la soluzione spetti al **giudice nazionale** (italiano o di altro Stato membro): egli dovrà **applicare la norma UE e disapplicare la legge italiana incompatibile**. Lo stesso principio si applica nel caso di un *funzionario della pubblica amministrazione*. Il principio Legge contraria a norma UE vale sia nel caso di *legge statale* sia nel caso di *legge regionale* ed è affermato ora con chiarezza dall'art. 117, comma 1, Cost., secondo il quale le leggi statali e regionali devono osservare i «*vincoli derivanti dall'ordinamento comunitario*».

Norma costituzionale contraria a norma UE

La Corte costituzionale ha chiarito che lo stesso principio si applica anche quando il **contrasto è fra norme costituzionali e norme UE**. Anche in tal caso **prevale il diritto UE, a meno che non sia violato un principio fondamentale della Costituzione**, identificato nei diritti umani e libertà fondamentali. Questi, infatti, costituiscono un *limite* alla cessione di sovranità dello Stato italiano all'Unione europea. È stato argomentato che i casi di atti UE che violano la Costituzione italiana sono rari, soprattutto dopo che il Trattato di Lisbona ha attribuito efficacia vincolante alla Carta europea dei diritti fondamentali. Resta, tuttavia, il principio che l'UE non può violare i diritti umani e le libertà fondamentali esplicitati nella Costituzione italiana.

12. *L'Unione economica e monetaria (UEM). Il modello "Maastricht"*

Asimmetria fra politica monetaria e politiche economiche

Il Trattato di Maastricht ha istituito una Unione economica e monetaria (UEM) la cui moneta è l'euro. L'UEM ha un impatto rilevante sul sistema istituzionale italiano. Da una parte, la competenza in materia di politica monetaria è stata trasferita in modo *esclusivo* all'Unione europea, e in particolare alla BCE. Dall'altra parte, le *politiche economiche e occupazionali* sono rimaste agli Stati membri, che le coordinano con modalità stabilite dall'Unione (art. 2, par. 3, TFUE). Questa asimmetria è stata poi mantenuta nel Trattato di Lisbona.

Stati membri dell'UEM

Il disegno sottostante l'UEM è che progressivamente tutti gli Stati membri debbano adottare l'euro e che questo diventi irreversibile. Infatti, con la firma del Trattato di Maastricht, tutti gli Stati si sono impegnati a usare l'euro (art. 119, par. 2, TFUE). Tuttavia, finora otto Stati membri non lo hanno adottato, sia perché hanno chiesto un ***opt-out*** nei Trattati (clausola di non partecipazione – è il caso della Danimarca) sia perché non soddisfano ancora i criteri economici e monetari di ingresso nell'UME (c.d. **Stati con deroga** – Bulgaria, Croazia, Repubblica ceca, Ungheria, Polonia, Romania, Svezia).

Criteri di convergenza macroeconomica

Per entrare nell'area euro, infatti, gli Stati devono dimostrare il rispetto di alcuni *parametri fissi*, i **criteri di convergenza macroeconomica**, stabiliti dall'art. 140 TFUE e dal Protocollo n. 13. I più importanti riguardano la *gestione del bilancio*: il debito pubblico non deve superare il 60% del PIL mentre il deficit annuale non può superare il 3% del PIL.

Altri parametri riguardano la *stabilità dei prezzi* (basso tasso di inflazione), il rispetto dei margini di fluttuazione del *sistema monetario europeo* e la convergenza dei *tassi di interesse*. I parametri sono stati fissati per evitare che le difficoltà economiche degli Stati più deboli fossero addossate agli Stati economicamente più forti.

Eurosistema

È stato così creato l'**Eurosistema**, che include, oltre alla BCE, solo le 19 banche centrali nazionali degli Stati membri che hanno adottato l'euro (oltre all'Italia, Austria, Belgio, Cipro, Estonia, Finlandia, Francia, Germania, Grecia, Irlanda, Italia, Lettonia, Lituania, Lussemburgo, Malta, Paesi Bassi, Portogallo, Slovacchia, Slovenia e Spagna) e che sono soggetti a una normativa di coordinamento più stringente.

Patto di Stabilità e Crescita

I criteri di convergenza macroeconomica, inizialmente previsti solo per l'ingresso nell'area euro, sono stati resi permanenti dal **Patto di Stabilità e di Crescita** del 1997, costituito da alcuni atti secondari dell'UE.

Procedura per i disavanzi pubblici eccessivi

In caso di sforamento dei criteri di convergenza, è prevista l'applicazione della **procedura per i disavanzi pubblici eccessivi** (art. 126 TFUE e Protocollo n. 12), in base alla quale gli Stati della zona euro sono sottoposti alla sorveglianza della Commissione europea e possono essere soggetti a raccomandazioni e, eventualmente, sanzioni da parte del Consiglio ECOFIN. Questa procedura è anche chiamata "*braccio correttivo*", perché contiene disposizioni vincolanti; si applica nei confronti dei soli Stati membri che hanno adottato l'euro.

Sorveglianza multilaterale economica

Ad essa si aggiunge il c.d. "**braccio preventivo**", così chiamato perché è costituito da un'attività di sorveglianza non vincolante posta in essere da Commissione, Consiglio ECOFIN e Consiglio europeo nei confronti degli Stati membri. Queste istituzioni definiscono "*indirizzi di massima*" per il coordinamento delle politiche economiche degli Stati membri della zona euro instaurando una sorveglianza multilaterale che si conclude con l'invio di raccomandazioni e avvertimenti (art. 121 TFUE).

Divieto di bail-out

L'interazione sempre più stretta fra gli Stati che hanno adottato l'euro ha evidenziato i limiti dell'approccio di Maastricht, basato su un *sistema ordo-liberale* che vieta interventi pubblici nei confronti degli Stati in situazione di difficoltà economica e ritiene sufficienti gli incentivi derivanti dalla integrazione dei mercati e dalla presenza di regole chiare e precise stabilite in anticipo. Il "modello Maastricht" è esemplificato dal **divieto di *bail-out***, in base al quale l'Unione e gli Stati membri non possono intervenire per assistere finanziariamente uno Stato membro in difficoltà economica (art. 125 TFUE).

13. *La crisi economico-finanziaria: il Semestre europeo e il* Fiscal Compact

Crisi economico-finanziaria

I limiti del sistema delineato nel Trattato di Maastricht sono emersi con evidenza con la crisi economico-finanziaria che ha colpito in maniera differenziata i paesi europei. Data la difficoltà di una revisione dei trattati, l'Unione prima ha emanato una serie di atti normativi secondari, e poi ha stipulato alcuni accordi fuori dal sistema UE, per prestare assistenza finanziaria con urgenza agli Stati membri.

"Six-Pack" e "Two-Pack"

In una prima fase, che va dal 2011 al 2013, le istituzioni europee hanno approvato un pacchetto di regolamenti e direttive (c.d. "***Six-Pack***" e "***Two-Pack***") che imponevano dei vincoli al procedimento di approvazione dei bilanci degli Stati membri, rendendo più stringenti i controlli sia preventivi (per la sorveglianza multilaterale) sia successivi (attraverso la procedura dei disavanzi eccessivi). Gli Stati membri sono stati obbligati a pubblicare i programmi di bilancio a medio termine con cadenza annuale e sulla base di previsioni effettuate da un ente indipendente e, inoltre, a istituire un organismo indipendente per il controllo degli andamenti di bilancio.

Fiscal Compact

Le regole del "*Six-Pack*" sono state specificate e inquadrate in un sistema unico che delinea una vera e propria unione di bilancio. A causa della mancanza di unanimità fra i leader europei, si decise di ricorrere a un trattato internazionale al di fuori dell'Unione ma aperto alla firma di tutti gli Stati membri. Nel 2012 è quindi sottoscritto il "**Trattato sulla stabilità, il coordinamento e la governance dell'Unione economica e monetaria**", meglio conosciuto come "***Fiscal Compact***". Ben 25 Stati decisero di firmarlo, ad esclusione di Gran Bretagna e Repubblica ceca. Questo trattato stabilisce delle deroghe alle procedure e alle competenze delle istituzioni previste dai Trattati e richiede che il **bilancio degli Stati sia in pareggio o in surplus**. In caso di deviazioni dall'obiettivo di medio termine, gli Stati devono stabilire dei *meccanismi correttivi vincolanti*. In base al *Fiscal Compact*, le regole del patto di bilancio dovevano produrre effetti nel diritto nazionale degli Stati contraenti al più tardi entro il 1° gennaio 2014 «*tramite disposizioni vincolanti e di natura permanente – preferibilmente costituzionale – o il cui rispetto fedele è in altro modo rigorosamente garantito lungo tutto il processo nazionale di bilancio*». Allo stesso momento, il *Fiscal Compact* prevedeva un articolato **metodo di sorveglianza** incentrato sulla Commissione europea, che doveva vigilare sul comportamento degli Stati e presentare una relazione sulle disposizioni adottate, e sulla CdG, che poteva anche infliggere sanzioni pecuniarie da devolvere al MES, su denuncia di un altro Stato membro. Per implementare il *Fiscal Compact*, il Parlamento italiano ha

Bilanci in pareggio o in surplus

modificato la Costituzione, introducendo il principio di equilibrio di bilancio e riformando gli artt. 81, 97, 117 e 119 Cost. (*infra*, cap. VI, par. 12). Modifica dell'art. 81 Cost.

Il *Six-Pack* prevede anche delle norme procedurali che permettono alle istituzioni europee di interagire con quelle italiane nella fase di approvazione del bilancio statale, durante il "**Semestre europeo**". Il Semestre europeo è stato introdotto per facilitare un **coordinamento *ex ante*** delle politiche economiche degli Stati membri e prevede una serie di procedure e di atti per garantire il coordinamento e la sorveglianza delle politiche economiche e di bilancio degli Stati dell'area euro e dell'UE. Semestre europeo

Il Semestre europeo inizia a novembre dell'anno precedente a quello di riferimento, quando è analizzata la situazione economica e di finanza pubblica sia dell'UE e della zona euro sia degli Stati membri. Nel periodo gennaio-marzo sono adottati gli indirizzi di politica economica e di bilancio per l'UE. Il semestre si conclude con il Consiglio europeo di giugno quando sono adottate le **raccomandazioni sugli obiettivi e le politiche specifiche per paese**. Le procedure di bilancio proseguono poi a livello nazionale. È il Consiglio ECOFIN l'organo di riferimento per i governi nazionali, mentre l'impulso proviene dalla Commissione europea (*infra*, cap. VI, par. 12). Le fasi del Semestre europeo

14. *I programmi di assistenza finanziaria: il MES*

Quando, fra la fine del 2009 e l'inizio del 2010, si palesa la crisi greca e si delinea la possibilità di un vero e proprio *default*, l'UE si trova senza mezzi di reazione. Il modello di Maastricht era stato pensato per un sistema senza grossi scossoni: si basa sul non-intervento, sulla autonomia di bilancio dell'UE e dei bilanci degli Stati membri. L'unica clausola che poteva essere utilizzata – l'art. 122 TFUE, che prevede l'assistenza finanziaria dell'UE agli Stati che si trovano in difficoltà o siano seriamente minacciati da gravi eventi come calamità naturali o circostanze eccezionali, se sussistono determinate condizioni – non fu usata dall'Eurosummit per paura che fosse messo in discussione il principio di *no bail-out* da parte dei paesi del sud dell'Europa. La crisi, infatti, si stava propagando a macchia d'olio interessando soprattutto i paesi del sud e periferici con bilanci in deficit, in particolare Spagna, Portogallo, Irlanda, Cipro, Italia (che per questo motivo prese il nome di crisi del debito sovrano). La crisi greca

Per arginare la situazione di emergenza, fu deciso di istituire un fondo salva Stati transitorio, il ***Meccanismo europeo di stabilizzazione finanziaria*** (**MESF**) con un fondo proprio. Il MESF fu istituito con regola- MESF e MES mento del Consiglio 407/2010. Uno strumento di intervento permanente è, invece, il ***Meccanismo europeo di stabilità*** (**MES**), creato nel 2012 con lo scopo di concedere assistenza finanziaria ai paesi che si trovano in difficoltà, in modo che si possano finanziare sul mercato.

L'art. 136 TFUE

Per dotare il MES di base giuridica, fu modificato l'art. 136 TFUE e fu aggiunto un terzo paragrafo, che adesso recita: «*3. Gli Stati membri la cui moneta è l'euro possono istituire un meccanismo di stabilità da attivare ove indispensabile per salvaguardare la stabilità della zona euro nel suo insieme*». Lo stesso paragrafo sottolinea come la concessione di aiuti finanziari «*sarà soggetta a una rigorosa condizionalità*». Per modificare l'art. 136 TFUE fu usata una procedura di modifica semplificata dei Trattati. Sulla base dell'art. 136 TFUE fu stipulato il MES, che costituisce un trattato internazionale intergovernativo stipulato fra gli Stati che fanno parte dell'area euro.

Ricorsi contro il MES

Il MES è entrato in vigore solo nell'ottobre 2012, a causa dei ricorsi presentati in Germania, in Irlanda e in Estonia riguardanti la sua compatibilità con la Costituzione e l'uso della procedura semplificata di modifica dei trattati. In Germania, il Tribunale costituzionale federale ha respinto il ricorso contro il MES, chiedendo però un maggiore coinvolgimento del *Bundestag* nelle decisioni sugli impegni finanziari. In Irlanda, c'è stato un rinvio pregiudiziale alla CdG, che si è risolto in modo positivo a favore della compatibilità del MES con la clausola di *no bail-out* contenuta nell'art. 125 TFUE (sentenza *Pringle*, causa C-370/12).

La rigorosa condizionalità

Per raccogliere i fondi necessari, il MES emette strumenti finanziari o conclude accordi finanziari e intese con i propri membri, istituzioni finanziarie o terzi. Le maggiori critiche che sono state rivolte al MES in Italia hanno riguardano la **rigorosa condizionalità** che è collegata all'erogazione dell'assistenza finanziaria. Tali condizioni possono spaziare da un programma di correzioni macroeconomiche al rispetto costante di condizioni di ammissibilità predefinite (art. 12 Trattato MES). Nel caso di prestiti, la condizionalità consiste in un programma di aggiustamento macroeconomico stabilito in un apposito *memorandum*; nel caso di linee di credito precauzionali erogate nei confronti di Stati che hanno condizioni economiche e finanziarie sane ma che sono colpiti da shock negativi, la condizionalità è meno rigorosa. Il MES finora ha erogato assistenza finanziaria a Grecia, Cipro, Portogallo, Irlanda e Spagna.

Riforma del MES

Il Trattato MES è stato modificato nel gennaio 2021; la nuova versione prevede che il MES fornisca il **dispositivo di sostegno** (c.d. ***backstop***) al Fondo di risoluzione unico dell'Unione bancaria e abbia un ruolo rafforzato nei programmi di aggiustamento economico e per la prevenzione delle crisi. Un'altra critica al MES riguardava la ***governance***, che finora era nelle mani della Troika, costituita da Commissione, FMI e BCE. Con la riforma, i programmi saranno gestiti con il metodo comunitario, con la Commissione europea unica garante delle regole europee. La presenza del MES ha il vantaggio di scoraggiare le speculazioni dei mercati, poiché costituisce la condizione per l'erogazione dei c.d. OMT (*Outright Monetary Transactions*), i prestiti illimitati della BCE (*supra*, par. 8.3).

15. *La pandemia e il Piano di ripresa (*Next Generation EU*)*

Primi interventi della UE

La pandemia dovuta alla diffusione del virus Covid-19 ha innescato una nuova crisi sanitaria ed economica di livello mondiale. Nell'UE, la crisi ha costituito un passaggio fondamentale per una presa di coscienza e un cambiamento di approccio più favorevole a un intervento nei confronti degli Stati membri. L'UE è intervenuta in più ambiti. In primo luogo, sono stati **sospesi il Patto di Stabilità e Crescita e le regole sugli aiuti di Stato**. In secondo luogo, l'Eurogruppo ha **allentato le condizioni alle quali i paesi possono prendere a prestito fondi attraverso il MES** e sopprimendole se i fondi sono utilizzati per finanziare la sanità.

Piano di ripresa

Nel Consiglio europeo del 17-21 luglio 2020 è stata presa la storica decisione di finanziare un nuovo piano che ammonta a circa 1.800 miliardi di euro. Il Piano si compone di un **accordo sul Quadro finanziario pluriennale 2021-27** (il bilancio dell'UE di sette anni di durata) e di un piano di ripresa chiamato "***Next Generation EU***" (NGEU), che include prestiti e spese, tramite un nuovo strumento, il "***Recovery and Resilience Facility***", per trasformare l'Europa e renderla più verde, digitale e resiliente. All'UE spetterà contrarre prestiti sui mercati finanziari a un costo migliore rispetto a quello concesso ai singoli Stati membri, e restituirli agli Stati per finanziare i *Piani nazionali di Ripresa e di Resilienza* (PNRR). Questi fondi sono suddivisi fra gli Stati membri in base alla gravità della crisi che li ha colpiti e possono essere usati sia nel quadro dei programmi operativi esistenti sia presentando alle istituzioni europee un programma *ad hoc*. All'Italia spettano circa 209 miliardi di euro.

Oltre a ciò, sono stati destinati 55 miliardi di euro alla politica di coesione 2014-2020 (programma ***React EU***) e sono stati previsti fondi per finanziare gli Stati per il rischio di disoccupazione durante l'emergenza (programma ***SURE***).

CAPITOLO IV

LE FONTI DEL DIRITTO

Patrizia Vipiana

SEZIONE I

LE FONTI DEL DIRITTO IN GENERALE

1. *Le fonti di produzione: fonti-fatto e fonti-atto*

Fonti interne e fonti esterne

Preliminarmente occorre distinguere tra fonti del diritto interne, create nell'ambito di un certo ordinamento giuridico, e fonti esterne, prodotte in un ordinamento giuridico diverso da quello: nel presente capitolo si illustreranno principalmente le fonti interne dell'ordinamento italiano, ma si effettueranno anche cenni alle fonti esterne, da quest'ultimo richiamate.

Fonti di produzione

Le **fonti di produzione del diritto** o, più semplicemente, fonti del diritto sono i fatti o gli atti che creano le norme giuridiche: correlativamente si distinguono fonti-fatto e fonti-atto.

Fonti-fatto

Si considerano **fonti-fatto** principalmente: la consuetudine, la necessità e le norme dell'ordinamento internazionale a cui quello interno fa rinvio.

Consuetudine

La **consuetudine**, fonte-fatto non frequente nel diritto costituzionale (l'esempio più rilevante consiste nelle consultazioni effettuate dal Presidente della Repubblica all'inizio del procedimento di formazione del Governo: *infra*, Cap. VII, par. 4), risulta dalla contestuale presenza di due **elementi**:

oggettivo (*usus*) cioè la ripetizione di un comportamento per un certo periodo di tempo;

soggettivo (*opinio iuris ac necessitatis*) ossia la convinzione, da parte di chi si comporta in tal modo, della doverosità di tenere quel comportamento.

Esistono tre **tipi** di consuetudine, in base al rapporto di essa con la fonte scritta (legge in senso lato):

consuetudine *secundum legem*, che è conforme a quanto contenuto nella fonte scritta;

consuetudine *praeter legem*, la quale va oltre ciò che è previsto dalla fonte scritta;

consuetudine *contra legem* o desuetudine, che contrasta con la fonte scritta: questo tipo è inammissibile nei sistemi di *civil law*, come quello italiano, basati sulla prevalenza delle fonti scritte su quelle non scritte.

Necessità

La **necessità**, fonte-fatto molto rara, è un evento imprevisto e imprevedibile che crea norme giuridiche al di fuori dell'ordine stabilito; essa si distingue dalla necessità prevista da una fonte-atto quale presupposto per l'adozione di un'altra fonte-atto, ad es. la necessità menzionata dalla Costituzione come situazione che consente di adottare un decreto-legge (*infra*, in questo Cap., sez. II, par. 2.6.).

Norme dell'ordinamento internazionale cui quello interno fa rinvio

Si considerano convenzionalmente fonti-fatto altresì le norme dell'ordinamento internazionale richiamate da quello statale attraverso il rinvio, che è un fenomeno abbastanza frequente.

Occorre distinguere tra rinvio e presupposizione, che costituiscono istituti diversi anche se entrambi riferiti al rapporto fra ordinamenti giuridici.

Il rinvio è un meccanismo in base a cui a una norma di un ordinamento viene attribuita efficacia, cioè l'idoneità a produrre effetti giuridici, in un altro ordinamento (detto rinviante).

La presupposizione consiste nel riferimento a una norma di un ordinamento straniero che risulti necessaria per applicare una norma dell'ordinamento statale: per applicare l'art. 295 codice penale, in base a cui è punito chi nel territorio italiano attenti alla vita, alla libertà e all'incolumità del Capo di uno Stato straniero, occorre riferirsi alle norme di tale Paese che individuano la figura del Capo dello Stato.

Sussistono due **tipi di rinvio**:

mobile o non recettizio, quando è attribuita efficacia nell'ordinamento interno alle norme del diritto internazionale di natura consuetudinaria, via via che esse sono prodotte: ciò avviene con il meccanismo, previsto dall'art. 10 della Costituzione italiana, dell'adattamento automatico del diritto interno alle norme del diritto internazionale generalmente riconosciute;
fisso o recettizio, quando è attribuita efficacia nell'ordinamento interno alle norme del diritto internazionale esistenti a una certa data, in quanto scritte in un trattato: il c.d. ordine di esecuzione dispone che siano applicate nell'ordinamento interno le norme di quel trattato, sicché nell'eventualità di modifiche a quest'ultimo è necessario un altro ordine di esecuzione per rendere efficaci tali modifiche nell'ordinamento interno.

Deve osservarsi che le norme dell'ordinamento internazionale cui si fa rinvio mobile sono consuetudinarie, mentre quelle cui si fa rinvio fisso risultano scritte: nel secondo tipo di rinvio ciò che costituisce un atto (il trattato) nell'ordinamento cui si fa rinvio (l'ordinamento internazionale) è invece un fatto per l'ordinamento rinviante (quello italiano) cioè un'entità dalla quale, appunto attraverso il rinvio, si fanno scaturire norme giuridiche per l'ordinamento interno.

Le **fonti-atto** risultano atti scritti abilitati a produrre norme giuridiche; al riguardo occorre per l'esattezza distinguere: Fonti-atto

l'atto fonte o **atto normativo**, che assume varie denominazioni (v. l'immediato prosieguo);
le **disposizioni** (o formule normative: Martines), le quali compongono il contenuto dell'atto, cioè quanto esso dispone (ogni atto consta di vari articoli, che possono essere a loro volta suddivisi in commi);
le **norme**, desumibili per via interpretativa (*infra*, in questa sezione, par. 5) dalle singole disposizioni oppure da più disposizioni congiuntamente considerate (c.d. "combinato disposto" di più articoli).

Le fonti-atto sono collocate in una scala gerarchica o scala di durezza a seconda della forza che esse possiedono, intesa in via di prima approssimazione come capacità di ogni fonte di modificare altre fonti e resistere alle modifiche effettuate da altre fonti (sulla forza di legge, *infra* in questo Capitolo, sez. II, par. 2.4.): ogni fonte ha forza maggiore di quelle subordinate e minore rispetto a quelle sovraordinate.

La **gerarchia delle fonti-atto** in Italia (v. lo schema alla fine del par. 2) consta essenzialmente di tre livelli su cui sono collocate le fonti di grado costituzionale, quelle di grado primario e, infine, quelle di grado secondario: le fonti costituzionali sono soltanto statali poiché adottate solo da organi dello Stato, mentre le fonti primarie e secondarie sono sia statali sia degli enti territoriali substatali.

Le fonti **costituzionali** sono: la *Costituzione*, le *leggi di revisione costituzionale* e gli *statuti regionali speciali*; di esse, pur se formalmente equiparate, la Costituzione è sostanzialmente la più rilevante poiché risulta l'unica fonte prodotta direttamente dal potere "costituente" che ha dato vita all'ordinamento giuridico, mentre le altre sono fonti previste dalla stessa Costituzione.

Le fonti **primarie**, subordinate rispetto a quelle costituzionali, si distinguono a seconda dell'ambito territoriale di operatività in:

- *fonti primarie statali*, che sono le leggi ordinarie (indicate anche semplicemente come leggi), i regolamenti parlamentari, l'esito favorevole del referendum abrogativo, gli atti governativi equiparati alla legge;
- *fonti primarie delle Regioni*, che sono gli statuti regionali ordinari e le leggi regionali, sia delle Regioni a statuto speciale che di quelle a statuto ordinario (invece gli enti subregionali non possono adottare fonti di grado primario).

Le fonti **secondarie**, subordinate rispetto a quelle primarie, si distinguono a seconda dell'ambito spaziale di operatività in:

- *fonti secondarie statali*, che sono i regolamenti dell'esecutivo a loro volta distinti in regolamenti governativi e ministeriali;
- *fonti secondarie degli enti substatali*, che sono sia fonti delle Regioni (i regolamenti regionali), sia fonti degli enti subregionali (gli statuti e i regolamenti dei Comuni, delle Province e delle Città metropolitane).

Il sistema delle fonti del diritto si presenta molto articolato: il *nomen iuris* di una fonte è composto non solo da un sostantivo, ma anche da un aggettivo che individua l'esatta collocazione di essa nella gerarchia delle fonti: ad esempio, gli statuti possono essere statuti regionali speciali (fonti di grado costituzionale), statuti regionali ordinari (fonti primarie) e statuti comunali o provinciali (fonti secondarie).

2. *Le fonti sulla produzione e le fonti di cognizione*

Oltre alle fonti di produzione, che producono le norme giuridiche, esistono le fonti sulla produzione e le fonti di cognizione, necessarie rispettivamente per disciplinare come vengono create le fonti di produzione e per farle conoscere.

Le **fonti sulla produzione** determinano l'organo competente ad adottare una fonte di produzione e il procedimento che esso deve seguire per adottarla. Fonti sulla produzione

Fonte sulla produzione per eccellenza è la **Costituzione** che disciplina:

- le fonti di grado costituzionale (leggi di revisione costituzionale: art. 138 Cost.; statuti regionali speciali: art. 116, comma 1, Cost.);
- le fonti di grado primario (leggi ordinarie: art. 70 e ss., Cost.; regolamenti parlamentari: artt. 64, comma 1, e 72 Cost.; referendum abrogativo: art. 75 Cost.; atti governativi equiparati alla legge: artt. 76 e 77 Cost.; statuti regionali ordinari: art. 123 Cost.; leggi regionali: artt. 117 e 121, comma 2, Cost.).

Nell'ordinamento italiano il sistema delle fonti del diritto è a numero chiuso a livello di fonti primarie, nel senso che non possono essere introdotte ulteriori fonti di tale grado oltre quelle costituzionalmente previste (per introdurre una nuova fonte primaria occorre una modifica della Costituzione).

Anche se in astratto la fonte di produzione e quella sulla produzione sono due concetti diversi, in concreto una stessa fonte (ad es., la Costituzione) può essere fonte di produzione (ove disciplina i diritti: artt. 13 ss.) e fonte sulla produzione (ove regola le modalità di adozione di altre fonti, ad es., gli artt. 70 ss., che disciplinano il procedimento di formazione delle leggi ordinarie).

Le fonti di cognizione sono i supporti su cui vengono pubblicate le fonti-atto, per consentirne la conoscibilità e stabilire l'inizio della loro vigenza: la fonte-atto entra in vigore trascorso un determinato periodo di tempo dalla pubblicazione della medesima sulla rispettiva fonte di cognizione. Fonti di cognizione

La fonte di cognizione per le fonti-atto statali è la "Gazzetta Ufficiale della Repubblica italiana", mentre per le fonti-atto regionali è il "Bollettino Ufficiale regionale" di ogni Regione; tanto la Gazzetta Ufficiale quanto i Bollettini regionali sono editi in versione sia cartacea sia anche digitale.

Non sono invece fonti di cognizione ufficiali gli altri supporti (libri, riviste, ecc.) in cui possono essere pubblicate le fonti-atto, anche se questi contribuiscono comunque a diffondere, specialmente fra i non addetti ai lavori, la conoscenza degli atti giuridici.

FONTI DI PRODUZIONE		FONTI SULLA PRODUZIONE	FONTI DI COGNIZIONE
fonti-fatto es. consuetudine	fonti-atto ↘	es. Costituzione	es. Gazzetta Ufficiale

GERARCHIA DELLE FONTI-ATTO IN ITALIA

FONTI COSTITUZIONALI	Costituzione (Cost.)	legge costituzionale (l. cost.)	statuto regionale speciale

	Fonti statali	Fonti degli enti locali	
		Regioni	Province, Città Metrop., Comuni
FONTI PRIMARIE	legge, regolamento parlamentare, decreto legislativo, decreto-legge (l.) d. lgs. d.l.	statuto regionale ordinario legge regionale (l. r.)	
FONTI SECONDARIE	regolamenti dell’esecutivo: regolamenti governativi regolamenti ministeriali	regolamento regionale	statuti regolamenti

3. *I criteri di risoluzione delle antinomie*

Poiché il sistema delle fonti è molto articolato, può verificarsi una **antinomia**, cioè un contrasto fra due fonti che disciplinano lo stesso oggetto: per risolvere le antinomie esistono tre criteri fondamentali: il criterio gerarchico, quello cronologico e quello di competenza.

Criterio gerarchico

Se le fonti in contrasto hanno diverso grado (ad es. una legge e un regolamento) si applica il **criterio gerarchico**, in base al quale la fonte superiore prevale su quella inferiore, secondo la gerarchia delle fonti.

Criterio cronologico

Se le fonti in contrasto hanno pari grado e sono state adottate dallo stesso organo (ad es. due leggi statali, approvate dal Parlamento, oppure due regolamenti, adottati dal Governo) si applica il criterio cronologico, secondo cui la fonte posteriore prevale su quella anteriore. **Eccezione** a tale principio è il **criterio della specialità** alla luce del quale la fonte posteriore generale, cioè applicantesi a tutti i soggetti, non prevale sulla fonte anteriore speciale, ossia disciplinante solo una categoria di soggetti (*lex posterior generalis non derogat priori speciali*).

Criterio della competenza

Se le fonti in contrasto hanno pari grado ma sono state adottate da organi diversi (ad es. legge statale, deliberata dalle Camere, e legge regionale, approvata dal Consiglio regionale) si applica il **criterio della competenza**, sulla base del quale la fonte competente, secondo i principi stabiliti dalla Costituzione, prevale su quella incompetente.

Il criterio della competenza può esplicarsi in due **modalità**:

- come **separazione di competenze** se per la disciplina di una determinata materia può intervenire solo una fonte, ad esclusione delle altre. Ad es. sussiste separazione di competenze tra regolamento parlamentare e legge: l'organizzazione interna e il funzionamento delle Assemblee parlamentari possono essere disciplinati soltanto dai rispettivi regolamenti (l'organizzazione e le modalità di funzionamento della Camera dei deputati sono oggetto del regolamento della Camera, mentre quelle del Senato della Repubblica sono oggetto del regolamento di tale Assemblea): la legge non può intervenire poiché, essendo un atto bicamerale, non può ingerirsi nella sfera di competenza del regolamento parlamentare, che è un atto monocamerale;
- come **concorso di competenze** se per la disciplina di una certa materia possono intervenire due fonti diverse, ciascuna delle quali è tenuta a porre una parte ben precisa della disciplina: concorso vincolato di fonti (Crisafulli). Ad es. sussiste concorso di competenze tra la legge statale e la legge regionale nelle materie di potestà legislativa concorrente (art. 117, comma 3, Cost.): la legge statale deve stabilire i principi fondamentali di ogni materia, mentre la legge regionale deve,

nell'ambito di quei principi, porre la disciplina di dettaglio con riguardo alle particolarità della rispettiva Regione; la legge statale che fissa i suddetti principi è chiamata "legge cornice" perché traccia la cornice valida per tutte le Regioni, mentre all'interno della cornice ogni Regione per così dire dipinge il proprio quadro.

Al criterio gerarchico e a quello della competenza si ricollega il fenomeno dell'annullamento, che colpisce la fonte contrastante con quella gerarchicamente superiore e la fonte incompetente (che ha disposto in ambiti o con modalità non di sua competenza).

Al criterio cronologico si ricollega invece il fenomeno dell'abrogazione, che colpisce la fonte più antica, salvo che, come si è detto, essa sia caratterizzata dalla specialità.

4. *L'annullamento e l'abrogazione*

L'annullamento e l'abrogazione sono fenomeni che causano entrambi la perdita di efficacia delle fonti del diritto, la quale può riguardare l'intera fonte o alcune parti di essa; essi differiscono sotto tre profili cioè relativamente al presupposto della perdita di efficacia, agli effetti temporali di essa e all'organo che la determina.

Iniziando a illustrare il fenomeno dell'**annullamento**, osserviamo quanto segue.

Presupposto dell'annullamento

Riguardo al presupposto, l'annullamento determina la perdita di efficacia di una fonte in **presenza di un vizio**, cioè il contrasto con una fonte di grado superiore o la violazione dell'ambito di competenza a essa attribuito.

Effetti temporali dell'annullamento

Quanto agli effetti temporali, l'annullamento provoca la perdita di efficacia della fonte annullata non solo per il futuro, ma anche per il passato: si parla, a tale proposito, di **retroattività** (la fonte, in quanto affetta da un vizio, non può essere applicata a situazioni sorte prima dell'annullamento purché ancora pendenti).

Organo che determina l'annullamento

Riguardo all'organo che lo determina, l'annullamento è in genere **compiuto da un organo diverso da quello che ha adottato la fonte**, precisamente da un organo giurisdizionale che accerta la presenza del vizio in tale fonte: riguardo alle leggi e agli atti aventi forza di legge l'annullamento si esplica come dichiarazione di incostituzionalità, effettuata dalla Corte costituzionale (art. 136 Cost.).

L'**abrogazione** si atteggia in modo diverso dall'annullamento sotto i tre profili considerati.

Presupposto dell'abrogazione

Riguardo al presupposto, l'abrogazione comporta la perdita di efficacia di una fonte **non** per la **presenza di un vizio**, ma perché contiene una disciplina ritenuta non più idonea a regolare un certo oggetto: ciò può verificarsi qualora la disciplina, trascorso molto tempo dalla sua adozione, risulti ormai obsoleta o qualora la disciplina, anche se adottata recentemente, contrasti con l'indirizzo politico espresso dalla nuova maggioranza al governo.

Effetti temporali dell'abrogazione

Quanto agli effetti temporali, l'abrogazione determina la perdita di efficacia della fonte abrogata soltanto per il futuro, non per il passato: si parla, in proposito, di **irretroattività** (la fonte, poiché immune da vizi, è validamente applicata a fattispecie verificatesi prima dell'abrogazione). La irretroattività è, riguardo alla legge, prevista espressamente dall'art. 11 delle "Disposizioni preliminari al Codice civile" c.d. "Preleggi" e tuttavia risulta derogabile, salvo che in materia penale: infatti, in base all'art. 25, secondo comma, Cost. nessuno può essere punito se non in forza di una legge entrata in vigore prima del fatto commesso.

Organo che determina l'abrogazione

Riguardo all'organo che la determina, l'abrogazione è solitamente **compiuta dallo stesso organo che ha adottato la fonte**: ma riguardo alle leggi e agli atti con forza di legge l'abrogazione può essere effettuata, oltre che dal legislatore, anche dal popolo mediante il referendum abrogativo (art. 75 Cost.).

Tipi di abrogazione

Mentre l'abrogazione in via referendaria è necessariamente svolta in modo esplicito, l'abrogazione effettuata dal legislatore può essere, come prevede l'art. 15 delle Preleggi, di tre tipi diversi: espressa, tacita e implicita.

Secondo tale articolo l'abrogazione è **espressa** quando la legge posteriore indica precisamente le disposizioni della legge anteriore abrogate cioè si ha una "dichiarazione espressa del legislatore": ad es. la legge A stabilisce che sono abrogati gli artt. x e y della legge B.

Alcune leggi contengono una clausola di abrogazione espressa, prevedendo: «le disposizioni della presente legge possono essere abrogate da successive leggi solo attraverso l'esplicita indicazione delle disposizioni da abrogare». Tuttavia tale clausola non è giuridicamente vincolante per il legislatore futuro: infatti una legge posteriore potrebbe abrogare non in modo espresso la legge anteriore poiché si tratta di fonti pariordinate; la clausola suddetta sarebbe vincolante solo se fosse contenuta in una fonte costituzionale, abilitata a imporre un obbligo alla legge ordinaria che è fonte subordinata.

Si parla di *abrogazione espressa, ma innominata* quando il legislatore determina l'effetto abrogativo, ma non menziona le disposizioni abrogate (la legge posteriore stabilisce: «sono abrogate tutte le disposizioni legislative in contrasto con la presente legge», senza però citarle).

L'abrogazione è **tacita** quando sussiste "incompatibilità tra le nuove disposizioni e le precedenti" (art. 15 Preleggi) cioè quando un oggetto viene disciplinato da una disposizione legislativa posteriore in maniera diversa rispetto a quella in cui il medesimo era stato regolato da una disposizione legislativa precedente.

L'abrogazione è **implicita** quando "la nuova legge regola l'intera materia già regolata dalla legge anteriore" (art. 15 Preleggi) cioè quando una materia nel suo complesso viene disciplinata dalla legge posteriore in modo divergente da quello in cui essa era regolata dalla legge anteriore.

L'abrogazione tacita e quella implicita sono simili perché in entrambe manca un'espressa dichiarazione dell'effetto abrogativo da parte del legislatore, ma differiscono perché l'abrogazione tacita concerne singole disposizioni legislative, mentre quella implicita riguarda l'intera disciplina contenuta nella legge precedente.

5. *L'interpretazione*

La disciplina dettata da una fonte del diritto è sempre oggetto di interpretazione cioè di un'attività, detta anche ermeneutica, finalizzata a individuare il corretto significato da attribuire a quella disciplina in vista della sua applicazione; di seguito si esamina in particolare l'interpretazione delle leggi, che risulta analizzabile sotto due profili: quello soggettivo (organi che svolgono l'attività interpretativa) e quello oggettivo (i diversi tipi di attività interpretative). L'interpretazione può concernere un'intera legge o, più frequentemente, singole disposizioni contenute in essa.

Organi competenti ad interpretare la legge

Sotto il **profilo soggettivo**, l'interpretazione della legge in senso proprio è effettuata dagli organi tenuti ad applicare la legge nell'esercizio delle proprie competenze (rispettivamente amministrativa e giurisdizionale) cioè dalla **pubblica amministrazione e** dai **giudici**: si parla semplicemente di interpretazione.

L'interpretazione di una legge può essere svolta anche da altri soggetti ad esempio dagli studiosi di materie giuridiche (es. gli studiosi del diritto pubblico), ma senza alcuna conseguenza operativa: si parla, in questo caso, di *interpretazione dottrinale*.

Talvolta l'interpretazione è compiuta dallo stesso **legislatore**, il quale – accorgendosi che una disposizione legislativa presenta ambiguità o è stata oggetto di interpretazioni divergenti (es. ad opera di più giudici) – interviene a fissare, con effetto vincolante per coloro che devono applicarla, l'esatto significato da attribuirsi a quella disposizione, adottando una legge detta interpretativa (ove si stabilisce: «la disposizione X dev'essere interpretata nel seguente modo: ...»): si parla, in tale ipotesi, di *interpretazione autentica*, in quanto resa dal medesimo organo competente ad adottare le leggi. A rigore però non si tratta di una vera e propria interpretazione perché essa si traduce nell'adozione, da parte del legislatore, di nuove disposizioni, che a loro volta sono suscettibili di essere interpretate.

Tipi di interpretazione

Sotto il **profilo oggettivo**, l'interpretazione da parte di chi applica le disposizioni legislative può essere di vari tipi, come prevede l'art. 12 delle Preleggi (che, riferendosi alla decisione di controversie, considera specificamente l'interpretazione in via giurisdizionale).

Nell'applicare una legge si deve compiere anzitutto l'interpretazione **letterale**, cioè bisogna attribuire a ogni disposizione il senso "fatto palese dal significato proprio delle parole secondo la connessione di esse, e dalla intenzione del legislatore": si devono considerare sia l'aspetto grammaticale (come è formulato il testo della disposizione) sia il fattore per così dire psicologico (quale risultava la volontà del legislatore nell'adottare la disposizione, volontà oggettivizzata in quest'ultima).

Se quella letterale è inutilizzabile, perché non esiste una specifica disposizione, si deve effettuare l'interpretazione **analogica** cioè "si ha riguardo alle disposizioni che regolano casi simili o materie analoghe": c.d. *analogia legis*. Tuttavia l'uso dell'analogia è vietato per le leggi penali e le leggi eccezionali (cioè che fanno eccezione a precetti stabiliti in via generale) poiché l'art. 14 delle Preleggi dispone che queste due categorie di leggi "non si applicano oltre i casi e i tempi in esse considerati".

Se anche quella analogica è impossibile poiché non esistono altre disposizioni a cui rifarsi, occorre svolgere l'interpretazione **sistematica** cioè si decide "secondo i principi generali dell'ordinamento giuridico dello Stato": c.d. *analogia iuris*.

Aspetti connessi all'attività interpretativa

Riguardo all'attività interpretativa merita menzionare due aspetti che verranno trattati più ampiamente nella disamina del sindacato di costituzionalità delle leggi: il concetto di interpretazione conforme e la distinzione tra disposizione e norma.

Riguardo al primo aspetto, i giudici, prima di sottoporre al giudizio della Corte costituzionale un disposto legislativo che essi sospettino di incostituzionalità, devono tentare di effettuare di quest'ultimo una **interpretazione conforme** a Costituzione: se tale interpretazione è possibile, essi evitano di attivare la Corte costituzionale (*infra*, Cap. X, par. 5).

Quanto al secondo aspetto, occorre (come anticipato *supra*, par. 1) distinguere tra **distinzione fra disposizione e norma** anche se i due vocaboli, nel linguaggio comune, sono usati come sinonimi: infatti la disposizione è un enunciato legislativo (un articolo o un comma o una frase contenuta in essi), mentre la norma è l'interpretazione data alla disposizione; quindi da una stessa disposizione (art. x della legge y) possono ricavarsi in via interpretativa due norme diverse A e B (Crisafulli). Come si vedrà, questa distinzione è, tra l'altro, necessaria per comprendere le sentenze interpretative della Corte costituzionale (*infra*, Cap. X, par. 7).

6. *Le riserve di competenza normativa; in particolare, la riserva di legge*

Definizione di riserva di competenza

Si ha una **riserva di competenza normativa** a favore di una fonte quando la Costituzione attribuisce il compito di disciplinare una certa materia a una fonte *in via esclusiva* (la materia dev'essere disciplinata solo da quella fonte, con divieto per le altre di intervenire) e *a titolo doveroso* (quella fonte è tenuta a disciplinare la materia cioè ha l'obbligo di intervenire).

In Italia sono costituzionalmente previste varie riserve di competenza normativa: una riserva di regolamento parlamentare e numerose riserve di legge.

Riserva di regolamento parlamentare

La Costituzione introduce la riserva di regolamento parlamentare negli artt. 64 e 72, i quali demandano ai regolamenti di Camera e Senato la disciplina dell'organizzazione interna e del funzionamento delle Assemblee parlamentari, oltre a quanto i due articoli già stabiliscono. In tali ambiti la legge (atto bicamerale) non può intervenire perché essi devono venire disciplinati da ciascun regolamento (atto monocamerale) per la rispettiva Assemblea.

La Costituzione prevede svariate forme di riserva di legge; si distinguono in articolare la riserva di legge costituzionale, la riserva di legge ordinaria, la riserva di legge formale e la riserva di legge d'assemblea.

Riserva di legge costituzionale

Si ha riserva di legge costituzionale quando la Costituzione attribuisce la disciplina di una certa materia a una legge costituzionale (cioè approvata col particolare procedimento aggravato previsto dall'art. 138 Cost.): es. art. 137, comma 1, Cost. riguardo alle condizioni, alle forme e ai termini di proponibilità dei giudizi di legittimità costituzionale e alle garanzie di indipendenza dei giudici della Corte.

Riserva di legge (ordinaria)

Si ha riserva di legge ordinaria (o semplicemente riserva di legge) quando la Costituzione attribuisce la disciplina di una certa materia alla legge adottata dalle Camere: possono svolgere tale riserva anche gli atti governativi equiparati alla legge (il decreto legislativo e il decreto-legge che, come si vedrà, sono entrambi sottoposti al controllo delle Assemblee parlamentari, il quale nel primo caso è preventivo e nel secondo caso è successivo).

Lo scopo della riserva di legge è garantire che materie importanti siano disciplinate in atti approvati dalle Assemblee parlamentari (leggi) o sui quali le Camere intervengono a vario titolo (atti governativi equiparati alla legge): la finalità garantista consiste nel fatto che le Assemblee parlamentari sono elette a suffragio popolare e in esse risultano rappresentate la maggioranza e le minoranze.

Occorre ricordare due importanti **distinzioni**: quella tra riserva di legge assoluta e relativa e quella tra riserva di legge semplice e rinforzata.

Distinzione tra riserva di legge assoluta e relativa

La distinzione tra riserva di legge assoluta e relativa attiene all'ampiezza con cui l'atto legislativo disciplina quella materia.

La riserva di legge è **assoluta** se tutta la disciplina della materia dev'essere posta dalla legge senza che possa intervenire il regolamento governativo: ad es. la riserva di legge contenuta nell'art. 13 Cost., in base a cui le misure restrittive della libertà personale possono essere disposte solo nei casi e nei modi previsti dalla legge.

La riserva di legge è **relativa** se la legge pone gran parte della disciplina della materia, ma può intervenire anche il regolamento governativo: ad es. la riserva di legge contenuta nell'art. 97 Cost., secondo il quale i pubblici uffici sono organizzati secondo disposizioni di legge, ma il regolamento governativo interviene a disciplinare gli aspetti ulteriori.

Distinzione tra riserva di legge semplice e rinforzata

La distinzione tra riserva di legge semplice e rinforzata si riferisce all'eventuale previsione di limiti al legislatore da parte della Costituzione.

La riserva di legge è **semplice** se la Costituzione non fissa limiti al legislatore, il quale quindi è libero di disciplinare la materia riservata nel modo che preferisce; le riserve di legge in gran parte sono semplici: ad es. quelle previste dagli artt. 13 e 97 Cost.

La riserva di legge è **rinforzata** se la Costituzione pone al legislatore limiti in negativo, vietandogli di regolare un oggetto in un dato modo, o vincoli in positivo, impegnandolo a disciplinare un oggetto in una certa maniera: ad es. la riserva contenuta nell'art. 16 Cost., secondo cui eventuali limitazioni alla libertà di circolazione e soggiorno possono essere stabilite dalla legge in via generale (cioè non per singole persone) per motivi di sanità o sicurezza (es. cordone sanitario), non per motivi politici; la riserva contenuta nell'art. 32, secondo comma, Cost., in base a cui nel prevedere i trattamenti sanitari obbligatori la legge non può in nessun caso violare i limiti imposti dal rispetto della persona umana.

Riserva di legge formale

Si ha **riserva di legge formale** quando la Costituzione attribuisce la disciplina di una certa materia alla legge intesa in senso stretto come atto adottato dalle Camere, a esclusione degli atti con forza di legge (decreto legislativo e decreto-legge): ad es. la concessione dell'amnistia e dell'indulto prevista dall'art. 79 Cost.

Riserva di legge di assemblea

Si ha **riserva di legge d'assemblea** quando la Costituzione attribuisce la disciplina di certe materie alla legge adottata dalle Camere specificamente con il procedimento normale di esame e approvazione delle leggi, che comprende l'istruttoria svolta dalla Commissione in sede referente, la discussione, con possibilità di emendamenti e la votazione da parte dell'intera Assemblea parlamentare: tale procedimento viene seguito nelle materie previste dall'art. 72, ultimo comma, Cost., che si definiscono appunto coperte da riserva di legge d'assemblea (*infra* in questo Cap., sez. II, par. 2.1.).

7. *La preferenza di legge e il principio di legalità*

La riserva di legge non si identifica con il principio di preferenza di legge, che però presenta affinità con la prima.

Preferenza di legge

La **preferenza di legge** significa che, anche in materie non coperte da riserva di legge ove l'intervento del legislatore è doveroso, la disciplina legislativa è comunque preferibile cioè prevale sempre sulle fonti subordinate: ad esempio se una materia è disciplinata da un regolamento governativo e su di essa il legislatore approva una legge, quest'ultima prevale sul regolamento in base al criterio gerarchico (*supra*, par. 3). La preferenza di legge opera quando (come in Italia) non sussiste una riserva di regolamento a favore dell'esecutivo (esistente invece in Francia, ove la legge non può disporre in materie riservate al regolamento governativo).

Principio di legalità

Il **principio di legalità**, invece, prevede che ogni attività dei pubblici poteri, ma in particolare quella della pubblica amministrazione, deve trovare fondamento nella legge approvata dalle Assemblee parlamentari aventi legittimazione democratica in quanto elette a suffragio popolare; di tale principio sono state enucleate due accezioni, quella formale e quella sostanziale:

secondo il principio di legalità inteso **in senso formale**, l'attività amministrativa deve rispettare la legge, cioè non risultare in contrasto con essa (legge come limite in negativo), e quindi è sufficiente che sussista una disciplina legislativa anche generica;

invece secondo il principio di legalità inteso **in senso sostanziale**, l'attività amministrativa deve osservare la legge ossia conformarsi a essa (legge come vincolo in positivo) e ciò implica che il legislatore detti una disciplina più specifica, idonea a delimitare la discrezionalità della pubblica amministrazione (*infra*, cap. XIV, sez. I, par. 8): si sostiene che, sotto il profilo contenutistico, il principio di legalità in senso sostanziale è assimilabile alla riserva relativa di legge (Crisafulli).

SEZIONE II

LE SINGOLE FONTI DEL DIRITTO

1. *Le fonti di grado costituzionale*

1.1. *La Costituzione*

La Costituzione è la fonte più importante di uno Stato e disciplina almeno due oggetti, cioè gli organi principali di esso e i diritti dei cittadini, che sono tipici di ogni Carta costituzionale come previsto già dall'art. 16 della Dichiarazione dei diritti dell'uomo e del cittadino del 1789: "ogni società in cui la garanzia dei diritti non è assicurata, né la separazione dei poteri stabilita, non ha una costituzione"; sulla scia di tale previsione, il costituzionalismo sviluppatosi in Europa nella prima metà dell'800 chiedeva che ogni Stato si dotasse di una Carta costituzionale, al fine di limitare l'assolutismo del sovrano il quale accentrava in sé tutti i poteri e non riconosceva diritti ai sudditi. Concetto

Una Costituzione può essere di vari tipi, in particolare si distingue tra: Tipi

Costituzione **consuetudinaria** o **non scritta** (ad es. in Gran Bretagna, anche se esistono documenti costituzionali scritti come la *Magna Charta,* il *Bill of rights*) e Costituzione **scritta** (ad es. in Italia);

e, nell'ambito delle Costituzioni scritte, tra:

Costituzione **ottriata**, cioè concessa dal sovrano ai sudditi (ad es. Statuto albertino dal nome del re di Piemonte e Sardegna Carlo Alberto di Savoia, 1848: a seguito dell'Unità d'Italia nel 1861 divenne la Carta costituzionale del Regno italiano) e Costituzione **votata**, ossia approvata da un'Assemblea costituente, apposito organo eletto dal popolo (ad es. Costituzione dell'Italia repubblicana 1948);
Costituzione **flessibile**, cioè modificabile con lo stesso procedimento usato per l'approvazione della legge (ad es. Statuto albertino) e Costituzione **rigida**, ossia modificabile con un procedimento più complesso di quello usato per approvare la legge (ad es. Costituzione repubblicana).

Costituzione italiana

La Costituzione italiana vigente (d'ora in poi denominata semplicemente Costituzione; abbr. Cost.) è stata elaborata democraticamente poiché risulta votata ed è garantita in quanto scritta e rigida; un'altra garanzia consiste nell'esistenza di un sindacato di costituzionalità cioè di un meccanismo per controllare se le leggi siano conformi o meno alla Costituzione.

Contenuto

La Costituzione repubblicana consta di 139 articoli in cui: sancisce i **principi fondamentali** (artt. 1-12); disciplina i **diritti e doveri** dei cittadini (Parte I: artt. 13-54) e delinea l'**organizzazione costituzionale** dello Stato nonché gli enti territoriali substatali (Parte II: artt. 55-139).

Procedimento di formazione

La Costituzione è stata elaborata e approvata da una Assemblea Costituente, eletta a suffragio popolare il 2 giugno 1946 contestualmente al referendum istituzionale (sulla scelta tra monarchia e repubblica): la Costituente lavorò (prima nella Commissioni dei Settantacinque, suddivisa in sottocommissioni, poi in Assemblea plenaria) dal giugno 1946 al dicembre 1947 e la Costituzione entrò in vigore il 1° gennaio 1948.

Essendo rigida, la Costituzione **può essere modificata da leggi di revisione costituzionale** approvate con il procedimento aggravato di cui all'art. 138 Cost. (par. seguente): nel corso degli oltre settant'anni della sua vigenza, essa è stata revisionata numerose volte, soprattutto riguardo ad articoli contenuti nella Parte II.

La Costituzione è la fonte di produzione di grado più elevato, situandosi al vertice della gerarchia delle fonti-atto, e anche la fonte sulla produzione per eccellenza, disciplinando le sfere di competenza e il procedimento per l'approvazione delle fonti di grado costituzionale e primario.

1.2. *Le leggi di revisione costituzionale e le altre leggi costituzionali*

Le leggi di revisione costituzionale e le altre leggi costituzionali, cioè diverse da quelle volte a revisionare la Costituzione, sono approvate con lo stesso procedimento, ma hanno diverso contenuto.

Contenuto

Le **leggi di revisione costituzionale modificano uno o più articoli della Costituzione**: finora sono stata approvate numerose leggi di revisione della Costituzione riguardanti sia singoli articoli di quest'ultima (ad es. legge cost. n. 1/1991 che ha modificato l'art. 88 Cost. sullo scioglimento anticipato delle Camere) sia alcuni o molti articoli della medesima (ad es. rispettivamente la legge cost. n. 1/1999 la quale ha revisionato gli artt. 121, 122, 123 e 126 Cost. sulle Regioni e la legge cost. n. 3/2001 che ha modificato molti degli artt. 114 e ss. Cost. sulle autonomie territoriali).

Invece le **leggi costituzionali** diverse da quelle di revisione **integrano la disciplina contenuta nella Costituzione senza modificarne i contenuti**, spesso perché quest'ultima pone una riserva di legge costituzionale (*supra*, in questo Cap., sez. I, par. 6) riguardo a tali aspetti (ad es. la legge cost. n. 1/1953 che ha regolato le condizioni, le forme e i termini di proponibilità dei giudizi di legittimità costituzionale nonché le garanzie d'indipendenza dei giudici della Corte: essa svolge la riserva contenuta nell'art. 137, comma 1, Cost.). La legge costituzionale viene utilizzata anche quando per disciplinare un oggetto molto rilevante non sarebbe sufficiente una legge ordinaria: la legge cost. n. 2/1989 ha disposto l'indizione di un "referendum d'indirizzo" riguardo alla trasformazione delle Comunità europee in una Unione (referendum diverso da quelli previsti dagli artt. 75 e 138 Cost.).

Procedimento

Per entrambe le leggi di revisione costituzionale e le altre leggi costituzionali (d'ora innanzi, leggi costituzionali) viene seguito il **procedimento disciplinato dall'art. 138 Cost**., il quale è **aggravato** cioè più complicato rispetto al procedimento con cui sono approvate le leggi ordinarie (che verrà illustrato *infra*, in questa sez., par. 2.1.) in quanto la Costituzione è rigida ossia, come si è visto, non modificabile con una semplice legge ordinaria (ved. schema a fine paragrafo).

Il procedimento di revisione costituzionale è uguale a quello legislativo quanto alla prima e all'ultima fase (iniziativa e integrativa dell'efficacia) mentre differisce soprattutto riguardo alla terza fase (costitutiva).

Fase dell'iniziativa

Nella prima fase il progetto di legge costituzionale è presentato alle Camere da parte degli stessi titolari del potere di iniziativa delle leggi ordinarie (previsti dall'art. 71 Cost.).

Fase istruttoria

Nella seconda fase, che si svolge distintamente nelle due Camere, il progetto di legge costituzionale viene assegnato alla Commissione parlamentare competente (in entrambe le Camere è la prima Commissione o Commissione affari costituzionali), che lo esamina e può riformularlo: essa lavora in sede referente preparando un testo che trasmette all'Aula, poiché l'art. 72, ultimo comma, Cost. prevede che per i progetti di legge in materia costituzionale dev'essere seguita la procedura normale di esame e approvazione diretta da parte di ogni Camera.

Fase costitutiva

Nella terza fase, che come la precedente si svolge in modo distinto nelle due Camere, il progetto di legge costituzionale è discusso, eventualmente emendato e infine approvato dall'Assemblea. In tale fase si trovano gli **aggravamenti procedurali** che contraddistinguono il procedimento di cui all'art. 138 Cost.

Anzitutto il progetto di legge costituzionale deve essere sottoposto in ciascuna Camera a **due deliberazioni, intervallate da almeno tre mesi:** si è discusso se esse dovessero venire svolte consecutivamente (due delibere in un'Assemblea, poi due nell'altra) oppure alternativamente (ad es. prima delibera alla Camera, prima delibera al Senato; seconda delibera alla Camera, seconda delibera al Senato) purché tra le due delibere di ciascuna Assemblea decorresse il periodo suddetto. I regolamenti parlamentari hanno previsto l'alternatività delle delibere, la quale permette di sveltire il procedimento.

Inoltre mentre nella prima deliberazione è sufficiente la maggioranza semplice (metà più uno dei votanti), **nella seconda deliberazione** deve essere raggiunta una **maggioranza qualificata** cioè la maggioranza dei due terzi o almeno la maggioranza assoluta (metà più uno dei membri dell'Assemblea). Possono verificarsi tre ipotesi:

- se non viene raggiunta almeno la maggioranza assoluta in entrambe le Assemblee, la legge costituzionale non è approvata;
- se viene raggiunta la maggioranza dei due terzi in entrambe le Assemblee, la legge costituzionale è approvata e passa alla fase integrativa dell'efficacia;
- se (caso intermedio tra i suddetti) in entrambe le Assemblee o anche in una sola, come verificatosi per la legge di revisione costituzionale riguardante la riduzione del numero dei parlamentari, viene raggiunta la maggioranza assoluta ma non quella dei due terzi, il testo della legge costituzionale è pubblicato sulla Gazzetta Ufficiale in via notiziale (non è la vera e propria pubblicazione che precede l'entrata in vigore) ossia per consentire, entro i successivi tre mesi, la richiesta di referendum.

Infine è prevista (nel caso menzionato per ultimo) l'**eventualità che, sul testo di legge costituzionale approvato solo a maggioranza assoluta, si svolga un referendum confermativo**: esso può venire chiesto, nel termine suddetto, da cinquecentomila elettori o cinque Consigli regionali o un quinto dei membri di una Camera.

Qualora il referendum venga richiesto, si ha l'indizione da parte del Presidente della Repubblica e la votazione, per la quale non è necessario il quorum strutturale (a differenza che per il referendum abrogativo: *infra*, in questa sez., par. 2. 3.), ma solo quello funzionale: se i "sì" risultano la maggioranza dei voti validi, la legge costituzionale risulta approvata (il voto popolare conferma l'approvazione di essa da parte delle Camere a maggioranza assoluta); se vincono i "no", la legge costituzionale è respinta.

Qualora invece il referendum non venga chiesto, s'intende che nessun titolare della facoltà di richiesta ha avuto interesse a sollecitare il voto popolare e quindi la legge costituzionale, decorso il suddetto periodo di tre mesi, può proseguire il suo *iter*.

Quando la legge costituzionale è approvata con la maggioranza dei due terzi in entrambe le Camere o è confermata dal referendum popolare o non viene chiesto su di essa il referendum, la medesima legge risulta definitivamente approvata e si passa all'ultima fase del procedimento.

Fase integrativa dell'efficacia

Nella quarta fase la legge di revisione costituzionale è promulgata dal Presidente della Repubblica (ci si chiede se egli possa rinviarla alle Camere: la Costituzione non lo prevede, ma gli studiosi sono in maggioranza favorevoli), pubblicata sulla Gazzetta ufficiale e, dopo la *vacatio legis*, entra in vigore il quindicesimo giorno dalla pubblicazione; tuttavia l'applicabilità delle disposizioni costituzionali modificate può essere differita a un momento successivo all'entrata in vigore della legge di revisione costituzionale (ad es. legge cost. n. 1/2020 differisce l'applicabilità dei revisionati artt. 56 e 57 Cost. sul numero dei parlamentari alla prima elezione delle Camere successiva all'entrata in vigore della legge stessa).

Limiti

Le leggi di revisione costituzionale e le altre leggi costituzionali sono fonti di rango costituzionale, formalmente equiparate alla **Costituzione**, anche se risultano sottoposte al limite del rispetto di essa, fatta eccezione ovviamente per le leggi di revisione costituzionale in riferimento agli articoli della Costituzione che le suddette leggi intendono revisionare (ad es. una legge di revisione costituzionale volta a modificare l'art. 117 Cost. detta una disciplina diversa da quella attualmente contenuta in tale disposto). In particolare, **per le leggi di revisione costituzionale** valgono un **limite** esplicito, la **forma repubblicana** dello Stato e una serie di limiti impliciti, ossia i **principi fondamentali** e i **diritti inviolabili**.

PROCEDIMENTO DI REVISIONE COSTITUZIONALE

con **aggravamenti procedurali** rispetto al procedimento legislativo ordinario

FASI:

PREPARATORIA presentazione di un progetto di legge costituzionale (pdl cost)

ISTRUTTORIA esame della Commissione parlamentare in sede referente (esamina il pdl cost. e riferisce all'Assemblea)

COSTITUTIVA discussione, eventuale modifica e approvazione da parte dell'Assemblea

due deliberazioni da parte di ciascuna Camera, intervallate da almeno 3 mesi

prima deliberazione della Camera	prima deliberazione del Senato	a maggioranza semplice
dopo almeno 3 mesi	dopo almeno 3 mesi	
seconda deliberazione della Camera	seconda deliberazione del Senato	**a maggioranza qualificata**

TRE CASI a seconda che pdl cost ottenga:

A) **meno della maggioranza assoluta**, *pdl cost. è respinto*

B) **più della maggioranza assoluta ma meno dei due terzi**: pubblicazione notiziale del pdl cost. in Gazzetta Ufficiale entro 3 mesi:

B1) **possibilità di chiedere referendum confermativo** da parte di 500.000 elettori o 5 Consigli regionali o 1/5 dei componenti di una Camera: se **chiesto**, votazione

- **a favore metà più 1 dei voti validi** – *pdl cost. è approvato**
- **in caso contrario** – *pdl cost. è respinto*

B2) **non** è **chiesto** referendum entro quel termine – *pdl cost. s'intende approvato**

C) **maggioranza dei due terzi**, *pdl cost. è approvato* *

INTEGRATIVA DELL'EFFICACIA nei casi di approvazione definitiva indicati con *

promulgazione da parte del Presidente della Repubblica

pubblicazione in Gazzetta Ufficiale

dopo la *vacatio legis*, entrata in vigore

1.3. *Gli statuti regionali speciali*

Fonti di grado costituzionale risultano anche gli statuti regionali speciali, che disciplinano le forme e le condizioni particolari di autonomia di cui godono le cinque Regioni italiane dette appunto a statuto speciale: Sicilia, Sardegna, Valle d'Aosta, Trentino-Alto Adige e Friuli-Venezia Giulia.

Contenuto

Essi regolano gli **organi e le competenze delle Regioni a statuto speciale** (aspetti non previsti dalla Costituzione, che invece dispone riguardo a organi e competenze delle Regioni a statuto ordinario): ogni statuto speciale detta una disciplina parzialmente diversa da quella presente negli altri quattro statuti, per cui sussiste una differenziazione non solo tra le Regioni a statuto ordinario e quelle a statuto speciale, ma anche nell'ambito di queste ultime (*infra*, Cap. IX).

Procedimento

Gli statuti regionali speciali sono adottati con leggi costituzionali, quindi con il procedimento **previsto dall'art. 138 Cost.**: gli statuti di Sicilia, Sardegna, Valle d'Aosta e Trentino-Alto Adige furono approvati subito dopo l'entrata in vigore della Costituzione, rispettivamente con le leggi costt. nn. 2, 3, 4 e 5/1948, mentre lo statuto del Friuli-Venezia Giulia fu adottato successivamente con legge cost. n. 1/1963.

Gli statuti regionali speciali possono venire modificati con lo stesso procedimento aggravato previsto dall'art. 138 Cost. (ma con qualche variante: in particolare, non è consentito il referendum costituzionale): un'ampia modifica di tali statuti è stata effettuata dalla legge cost. n. 2/2001, che ha introdotto in essi una disciplina degli organi regionali simile a quella prevista dalla legge cost. n. 1/1999 riguardo alle Regioni a statuto ordinario.

Limiti

Gli statuti regionali speciali, in quanto leggi costituzionali, sono sottoposti al **limite** del **rispetto della Costituzione e delle leggi costituzionali**.

2. *Le fonti primarie statali*

2.1. *Le leggi ordinarie*

Fonte primaria per eccellenza è la legge ordinaria statale (o semplicemente legge), atto in cui si esplica la funzione legislativa delle Assemblee parlamentari, che risulta un'attività politica nel senso di libera nel fine, poiché esse possono perseguire qualsiasi scopo eccetto i limitati casi in cui la Costituzione fissi alcune finalità che il legislatore deve perseguire (es. art. 44 Cost.; il mancato perseguimento di tali finalità configura il vizio di eccesso di potere legislativo: *infra*, Cap. X, par. 3). Inoltre le Camere possono decidere liberamente sia se legiferare, salvo nelle materie coperte da riserva di legge le quali devono essere disciplinate dal legislatore, sia quando legiferare, eccetto nel caso di leggi a cadenza annuale, che devono essere adottate tutti gli anni (come la legge di bilancio: art. 81 Cost.).

Contenuto

La legge può contenere la **disciplina di qualsiasi materia**, eccettuate quelle riguardo alle quali la Costituzione preveda una riserva di competenza normativa a favore di altre fonti (riserva di legge costituzionale, riserva di regolamento parlamentare) e tendenzialmente (*infra*, Cap. IX, par. 5) quelle spettanti alla potestà legislativa residuale delle Regioni.

Il legislatore ha un **contenuto libero**, può disporre liberamente cioè nella maniera considerata più opportuna, salvo nei casi in cui la Costituzione preveda riserve di legge rinforzate ossia ponga limiti che il legislatore deve rispettare nel disciplinare determinati oggetti (ad es. l'art. 16 riguardo alla libertà di circolazione e soggiorno): i limiti possono essere in negativo (una restrizione alla suddetta libertà non può essere determinata da ragioni politiche) o in positivo (la medesima restrizione è ammissibile per motivi di sanità o di sicurezza).

La legge ha **solitamente contenuto normativo** cioè contiene norme giuridiche aventi i caratteri della generalità e dell'astrattezza (*supra*, Cap. I, par.1): ciò significa che la legge quasi sempre dispone in via generale per categorie di soggetti e non per specifici destinatari; esistono **però** anche **leggi speciali**, rivolte a soggetti o gruppi di destinatari determinati: la specialità della legge costituisce eccezione al criterio cronologico di superamento delle antinomie (*supra*, in questo Cap., sez. I, par. 3). A volte invece la legge ha addirittura contenuto provvedimentale vale a dire particolare e concreto, che sarebbe tipico di un provvedimento amministrativo: si parla, in questi casi, di **legge-provvedimento** (un atto avente la forma della legge, ma il contenuto del provvedimento) che, nel caso riguardi un singolo soggetto, viene chiamata anche legge personale. Le leggi speciali e, a maggior ragione, le leggi-provvedimento non sono ammesse qualora la Costituzione preveda che il legislatore deve disciplinare una materia "in via generale" (ad es., art. 16 Cost. riguardo alle limitazioni alla libertà di circolazione e soggiorno che non devono essere riferite a categorie di persone o a una singola persona).

Procedimento

Il procedimento formativo della legge consta di quattro **fasi** (v. schema a fine paragrafo).

Fase dell'iniziativa

La prima fase consiste nella presentazione di un progetto di legge a una delle due Assemblee parlamentari (Camera o Senato). Nel linguaggio comune si usano indifferentemente le espressioni progetto di legge, disegno di legge e proposta di legge, anche se la Costituzione chiama "progetti di legge" gli atti d'iniziativa popolare, "proposte di legge" gli atti d'iniziativa regionale e genericamente "disegni di legge" gli atti espressione di tutte le forme d'iniziativa; il regolamento della Camera usa "disegni di legge" per gli atti d'iniziativa governativa e "progetti di legge" per designare gli atti espressione di tutte le altre forme d'iniziativa legislativa; invece il regolamento del Senato utilizza solo l'espressione "disegni di legge".

Titolari dell'iniziativa legislativa

In base alla Costituzione sono titolari dell'iniziativa legislativa cioè possono presentare progetti di legge:

il **Governo**, inteso come Consiglio dei ministri (iniziativa governativa): art. 71, comma 1, Cost. Tale iniziativa consta di quattro passaggi:
- presentazione di uno schema di progetto di legge da parte di un ministro al Consiglio dei ministri,
- deliberazione del progetto di legge da parte del Consiglio dei ministri,
- autorizzazione del Presidente della Repubblica a presentare il progetto di legge (art. 87, comma 4, Cost.): il Capo dello Stato può esprimere rilievi sul testo deliberato dal Consiglio dei ministri,
- presentazione di esso ad una delle due Camere;

ciascun membro delle Camere (iniziativa parlamentare): art. 71, comma 1, Cost.; ogni parlamentare può presentare progetti di legge solo alla Camera cui appartiene;

cinquantamila elettori (iniziativa popolare): art. 71, comma 2, Cost., il quale prevede solo per l'iniziativa popolare che il progetto sia redatto in articoli, ma tale modalità di redazione viene seguita anche nelle altre forme di iniziativa;

il **Consiglio nazionale dell'economia e del lavoro** (art. 99, comma 3, Cost.);

ciascun Consiglio regionale (art. 121, comma 2, Cost.);

i **Comuni** (art. 133, comma 1, Cost.) riguardo alla modifica delle circoscrizioni provinciali e all'istituzione di nuove Province;

gli organi ed enti a cui l'iniziativa sia conferita con legge costituzionale (art. 71, comma 1, Cost.).

Tra le forme di iniziativa legislativa, quella governativa ha rispetto alle altre il più elevato tasso di rendimento (trasformazione del progetto di legge in legge), nel senso che i progetti di legge presentati dal Governo hanno alta probabilità di essere approvati in quanto il Governo è sostenuto dalla maggioranza parlamentare.

Fase istruttoria

La seconda fase consiste nell'**esame del progetto** di legge da parte della **Commissione parlamentare** competente per materia (di seguito denominata Commissione; sulle Commissioni parlamentari *infra*, Cap. V, par. 8).

Fase costitutiva

La terza fase consiste nell'**approvazione della legge**, normalmente ad opera dell'**intera Assemblea** parlamentare (di seguito denominata Assemblea o Aula).

La votazione (*infra*, Cap. V, par. 8) avviene di norma a scrutinio palese, eccettuati i casi in cui i regolamenti parlamentari prevedano lo scrutinio segreto, e a maggioranza semplice cioè metà più uno dei presenti, salvo che la Costituzione prescriva una maggioranza speciale (es. legge di concessione dell'amnistia e dell'indulto, che è una legge ordinaria, dev'essere deliberata a maggioranza dei due terzi dei membri di ogni Camera, sia in ogni articolo sia nella votazione finale: art. 79, comma 1, Cost.).

Modalità di svolgimento delle fasi istruttoria e costitutiva

Le fasi istruttoria e costitutiva si svolgono diversamente, a seconda del modo in cui la Commissione opera: in sede referente, deliberante o redigente.

La procedura della **Commissione in sede referente** (art. 72, comma 1, Cost.), che è la procedura normale di esame e approvazione delle leggi, si articola come segue: la Commissione esamina il progetto di legge, potendo anche modificarlo e riferisce all'Assemblea; quest'ultima effettua la discussione sul progetto di legge, in cui può introdurre emendamenti, e la votazione di esso, prima articolo per articolo, poi sul testo complessivo. La deliberazione su due distinti contenuti normativi viene vanificata qualora il progetto di legge sia redatto in modo da consistere (anziché in vari articoli) in un solo articolo, benché suddiviso in più commi: in tale eventualità l'intero testo coincide con l'articolo unico.

La procedura della **Commissione in sede deliberante** o in sede legislativa (art. 72, commi 3 e 4, Cost.) consiste nel fatto che sia la fase istruttoria (esame del progetto di legge) sia quella costitutiva (approvazione di esso) vengono svolte dalla Commissione sicché il progetto non viene discusso né votato dall'Assemblea: si tratta di una procedura particolare perché demanda l'approvazione della legge a un organo interno dell'Assemblea parlamentare (formato da pochi deputati o senatori, anche se rispecchianti la proporzione dei gruppi parlamentari, per cui la Commissione è una proiezione in piccolo dell'Aula) anziché all'Assemblea nella sua interezza (composta da tutti i rappresentanti del corpo elettorale).

Tuttavia sussistono **due limiti**, costituzionalmente previsti, all'approvazione delle leggi da parte della Commissione in sede deliberante:

un limite di carattere **procedurale**: fino all'approvazione definitiva, il Governo o un decimo dei componenti dell'Assemblea o un quinto dei membri della Commissione possono richiedere la rimessione del progetto di legge all'Aula;

un limite di carattere **materiale**: la procedura normale di esame e approvazione delle leggi è sempre adottata per i progetti di legge in materia costituzionale ed elettorale, per quelli di delegazione legislativa, di autorizzazione a ratificare trattati internazionali, di approvazione dei bilanci e consuntivi: per queste materie vige la "riserva di legge d'assemblea" (*supra*, in questo Cap., sez. I, par. 6), cioè esse possono venire disciplinate solo da leggi la cui adozione sia avvenuta con la procedura normale (ove l'Aula è competente a discutere, emendare e votare il progetto).

La procedura della **Commissione in sede redigente** (solo evocata dall'art. 72 Cost., ove accenna all'ipotesi che il progetto sia sottoposto all'approvazione finale dell'Assemblea con sole dichiarazioni di voto, ma poi disciplinata dai regolamenti parlamentari) costituisce un'ipotesi intermedia tra le suddette: il progetto di legge viene esaminato dalla Commissione che formula un testo definitivo e lo trasmette all'Aula, la quale non può discuterlo né modificarlo, ma solo approvarlo (in base al regolamento della Camera, l'Assemblea effettua l'approvazione dei singoli articoli senza dichiarazioni di voto da parte dei gruppi parlamentari e l'approvazione finale cioè dell'intero progetto con dichiarazioni di voto; a norma del regolamento del Senato, i singoli articoli sono deliberati dalla Commissione mentre l'Assemblea effettua la votazione finale con sole dichiarazioni di voto).

Anche per la procedura della Commissione in sede redigente valgono i due limiti sopra menzionati (possibilità di richiedere il passaggio alla procedura della Commissione in sede referente, divieto di applicabilità per alcune materie).

Il progetto di legge, approvato in uno dei suddetti modi da una Assemblea parlamentare, è trasmesso all'altra che lo esamina e approva (non necessariamente nello stesso modo seguito dalla prima): se il progetto è approvato senza modifiche, passa alla fase integrativa dell'efficacia; se invece è modificato dalla seconda Assemblea, viene ritrasmesso alla prima e, se questa a sua volta lo modifica, il progetto ritorna alla seconda e così via (fa la spola tra le due Assemblee, in gergo parlamentare si parla di *navette*) fino a che il progetto sia approvato da entrambe le Camere nel medesimo testo. Ciò dipende dal fatto che il bicameralismo italiano è perfetto (come si è visto, le Camere hanno gli stessi poteri nell'esercizio della funzione legislativa, oltre che nell'esercitare le altre funzioni).

Al termine della fase costitutiva le legge è perfetta, cioè validamente esistente, ma non ancora vigente e quindi applicabile.

Fase integrativa dell'efficacia

La quarta fase consente alla legge di esplicare i suoi effetti e consiste in vari adempimenti (art. 73 Cost.):

promulgazione della legge da parte del Presidente della Repubblica (salvo che quest'ultimo eserciti il potere di rinvio presidenziale delle leggi: v. *infra*), che attesta la valida approvazione della legge e ne ordina l'osservanza a tutti i soggetti dell'ordinamento: la promulgazione deve avvenire entro un mese dall'approvazione, a meno che le Camere a maggioranza assoluta dichiarino l'urgenza della legge e stabiliscano un termine diverso;
pubblicazione sulla Gazzetta Ufficiale (fonte di cognizione) a partire dalla quale decorre un lasso di tempo chiamato *vacatio legis* che precede l'inizio della vigenza della legge;
vacatio legis, periodo in cui la legge è vacante cioè non ancora vigente: la *vacatio legis* agevola i soggetti dell'ordinamento nel conoscere i contenuti della legge per poi poterla applicare;
entrata in vigore, solitamente il quindicesimo giorno dalla pubblicazione, ma ogni legge può disporre circa l'inizio della propria efficacia potendo stabilire di posticiparlo, allungando la *vacatio legis*, oppure di anticiparlo, abbreviando la *vacatio legis* o addirittura sopprimendola: è il caso in cui una legge prevede che essa entrerà in vigore il giorno successivo alla pubblicazione in G.U.

In alternativa alla promulgazione, il Presidente della Repubblica potrebbe, con messaggio motivato, rinviare la legge alle Camere chiedendo una nuova deliberazione da parte delle stesse, ma se le Camere riapprovano la legge egli deve promulgarla, non essendo ammesso un secondo rinvio (art. 74 Cost.). Non sono costituzionalmente precisati i motivi del rinvio della legge, che potrebbero essere di legittimità, qualora il Presidente ravvisi il contrasto con uno o più articoli della Costituzione (molte leggi sono state rinviate per inosservanza dell'obbligo costituzionale della copertura finanziaria delle leggi di spesa: art. 81 Cost.) oppure di merito, quando il Presidente ritenga che la legge disciplina determinate situazioni in modo inopportuno e inadeguato.

Limiti

La legge è tenuta all'osservanza di alcuni limiti: la **Costituzione e** le **leggi costituzionali** (in particolare il legislatore deve rispettare le prescrizioni, in negativo e in positivo, poste costituzionalmente per la disciplina delle materie coperte da riserve di legge rinforzate: *v. supra* in questo Cap., sez. I, par. 6) nonché i **vincoli derivanti dall'ordinamento dell'Unione europea e dagli obblighi internazionali** (art. 117, comma 1, Cost.).

PROCEDIMENTO LEGISLATIVO

FASI:

PREPARATORIA *iniziativa legislativa* cioè presentazione di un progetto di legge (pdl) alle Camere da parte di:

ciascun membro delle Camere, Governo, 50.000 elettori, ogni Consiglio regionale, Cnel, Comuni (art. 133 Cost.)

iniziativa *parlamentare* , *governativa* , *popolare* , *regionale*

IN PARLAMENTO

	Procedura della Commissione in sede referente	Procedura della Commissione in sede redigente	Procedura della Commissione in sede deliberante
ISTRUTTORIA	*Commissione* esamina pdl, lo discute e riferisce all'Assemblea	*Commissione* esamina pdl e ne effettua formulazione definitiva	*Commissione* esamina pdl e può modificarlo
COSTITUTIVA	*Assemblea* discute pdl, può emendarlo, lo approva articolo per articolo e nel testo complessivo	*Assemblea* approva pdl senza poterlo modificare	*Commissione* approva pdl, salvo richiesta di rimessione all'Assemblea art. 72, terzo e quarto comma, Cost.

Fasi istruttoria e costitutiva in una Camera e poi nell'altra: se pdl è modificato, torna alla Camera che lo aveva esaminato per prima fino a che pdl è approvato nello stesso testo da entrambe le Camere poiché bicameralismo italiano è perfetto

INTEGRATIVA DELL'EFFICACIA promulgazione da parte del Presidente della Repubblica, salvo rinvio alle Camere
pubblicazione in Gazzetta Ufficiale
dopo *vacatio legis* (solitamente 14 giorni, ma modificabile) entrata in vigore

2.2. *I regolamenti parlamentari*

Un'altra fonte primaria adottata dalle Camere, ma diversa dalla legge è data dai regolamenti parlamentari: mentre la legge è un atto bicamerale, approvato da entrambe le Camere, i regolamenti parlamentari sono atti monocamerali, approvati da ciascuna Assemblea (regolamento della Camera e regolamento del Senato).

Contenuto

I regolamenti parlamentari disciplinano l'**organizzazione** interna **e** il **funzionamento delle** rispettive **Assemblee**, oltre quanto è già previsto dalla Costituzione a proposito degli organi (presidente e ufficio di presidenza: art. 63, primo comma; commissioni: artt. 72, comma 3, e 82, secondo comma) e delle modalità di funzionamento (convocazione: art. 62; pubblicità delle sedute e *quorum*: art. 64, commi 2 e 3; procedure riguardo alla funzione legislativa: art. 72 e alla funzione di controllo: artt. 82 e 94). Un regolamento può disciplinare tali materie anche in modi parzialmente diversi rispetto all'altro regolamento (si pensi, ad es., alla disciplina della procedura delle commissioni in sede redigente: *par. prec.*).

Nelle materie summenzionate vige una riserva di regolamento parlamentare poiché in esse non può intervenire nessuna altra fonte, nemmeno la legge: tra quest'ultima e il regolamento parlamentare sussiste una separazione di competenze (*supra*, in questo Cap., sez. I, rispettivamente par. 6 e par. 3).

Procedimento

Il procedimento di adozione, di cui la Costituzione (art. 64, comma 1) prevede solo la fase costitutiva (deliberazione), comprende varie fasi:

- **elaborazione** di un testo **da parte della Giunta per il regolamento**, organo esistente sia alla Camera che al Senato, con il compito di redigere le disposizioni regolamentari;
- discussione e **adozione da parte dell'Assemblea** a maggioranza assoluta cioè metà più uno dei suoi membri;
- **pubblicazione** nella Gazzetta Ufficiale: il regolamento parlamentare, mentre in epoca prerepubblicana veniva considerato un atto interno dell'Assemblea sconosciuto agli esterni, ora risulta un atto pubblicato sulla fonte di cognizione e quindi conoscibile da parte di tutti i soggetti dell'ordinamento;
- ***vacatio legis***;
- **entrata in vigore**.

I regolamenti parlamentari in vigore (quelli previgenti erano del 1948) risalgono al 1971, ma sono stati più volte revisionati (nel 1988 sono stati modificati entrambi per ridurre i casi di votazione a scrutinio segreto): in particolare quello del Senato ha subito rilevanti modifiche nel 2017.

I regolamenti parlamentari devono rispettare alcuni limiti: la **Costituzione e** le **fonti di grado costituzionale**. Limiti

I regolamenti parlamentari sono l'unico caso di regolamenti interni di organi costituzionali previsto dalla Costituzione e costituiscono fonti di grado primario; pur in assenza di un'esplicita previsione costituzionale, esistono anche il regolamento della Corte costituzionale adottato nel 1966 e successivamente modificato più volte (*infra*, Cap. X, par. 2) ed il regolamento del Consiglio dei ministri approvato nel 1993 (*infra*, Cap. VII, par. 1) che risultano fonti di grado secondario.

2.3. *Il referendum abrogativo*

Atto di legislazione negativa

È considerato fonte primaria anche il referendum abrogativo (art. 75 Cost. attuato dalla legge n. 352/1970) o meglio l'esito di esso favorevole all'abrogazione in quanto incide su una legge, appunto abrogandola: il referendum abrogativo risulta un atto di "legislazione negativa", in quanto determina un vuoto di disciplina che potrà essere colmato solo da un successivo intervento del legislatore. Il referendum abrogativo è uno dei due tipi di referendum effettuabili a livello nazionale previsti dalla Costituzione (l'altro è quello inserito nel procedimento di revisione costituzionale: art. 138 Cost., v. *supra*, in questa sez., par. 1.2.) e configura il più rilevante istituto di democrazia diretta (*infra*, Cap. XI, par. 2) che può esplicare una funzione di correttivo rispetto alla democrazia indiretta.

Oggetto

Il referendum abrogativo può svolgersi su una legge o un atto con forza di legge o su alcune disposizioni di essi (l'abrogazione referendaria, come quella effettuata dal legislatore, è suscettibile di essere totale o parziale) e può concernere qualsiasi materia, eccetto quelle sottratte a referendum: i referendum finora svoltisi hanno riguardato leggi su vari argomenti, dai diritti dei cittadini, come il referendum sul divorzio o sull'aborto, alla disciplina di organi costituzionali, come i referendum sulle leggi elettorali delle Camere.

Procedimento

Il procedimento referendario consta di cinque fasi, collocate in un arco temporale definito (v. lo schema a fine paragrafo):

presentazione della richiesta referendaria da parte di cinquecentomila elettori (cittadini almeno maggiorenni) o cinque Consigli regionali, dal 1° gennaio al 30 settembre di ogni anno, salvo che nell'anno anteriore alla scadenza di una Camera o nei sei mesi successivi alla convocazione dei comizi elettorali per l'elezione di essa;

controllo di legittimità-regolarità per verificare la presenza delle

firme e il rispetto degli adempimenti procedurali previsti dalla legge: è compiuto dall'Ufficio centrale per il referendum presso la Corte di Cassazione, che decide al riguardo con ordinanza definitiva entro il successivo 15 dicembre;
controllo di ammissibilità per verificare la conformità del quesito referendario alla Costituzione: è svolto dalla Corte costituzionale, che decide entro il 20 gennaio dell'anno seguente con sentenza da pubblicare entro il 10 febbraio;
indizione da parte del Presidente della Repubblica, in una domenica compresa fra il 15 aprile e il 15 giugno;
votazione: affinché il referendum sia valido è necessario che abbia partecipato alla votazione la maggioranza degli aventi diritto cioè degli elettori per la Camera dei deputati (tale maggioranza non è stata raggiunta per alcuni referendum svoltisi); affinché la legge su cui era stato chiesto il referendum risulti abrogata occorre che si esprima a favore dell'abrogazione la maggioranza dei voti validamente espressi.

Effetto abrogativo

Se il risultato del referendum è favorevole all'abrogazione, la legge è abrogata dal giorno successivo alla pubblicazione in Gazzetta ufficiale del decreto del Presidente della Repubblica che dichiara l'avvenuta abrogazione: tale decreto può ritardare l'effetto abrogativo per non più di sessanta giorni dalla data della suddetta pubblicazione; se invece il risultato del referendum è contrario all'abrogazione, la legge rimane in vigore e su di essa non può essere chiesto un altro referendum prima che siano trascorsi cinque anni.

Qualora prima dello svolgimento del referendum la legge su cui esso era stato chiesto venga abrogata dal legislatore, l'Ufficio centrale per il referendum dichiara che le operazioni di voto non hanno più corso, salvo che la legge abrogatrice contenga una nuova disciplina: in tal caso il referendum viene trasferito su tale disciplina.

Nell'eventualità in cui, dopo che si è svolto un referendum con esito favorevole all'abrogazione, il legislatore approvasse una legge di contenuto uguale a quello della legge abrogata, si determinerebbe un contrasto fra la volontà popolare (espressione di democrazia diretta) e quella del legislatore (espressione di democrazia rappresentativa): siccome deve prevalere la volontà popolare, la suddetta legge riproducente le disposizioni abrogate in via referendaria sarebbe viziata.

Limiti

I limiti al referendum abrogativo **previsti dalla Costituzione** riguardano le leggi tributarie e di bilancio, di amnistia e indulto, di autorizzazione a ratificare trattati internazionali; deve notarsi che alcune sono le stesse in cui sussiste riserva di legge d'assemblea. In particolare non risultano costituzionalmente sottratte a referendum abrogativo le leggi elettorali, soprattutto se relative agli organi costituzionali: tuttavia il referendum abrogativo su queste dovrebbe essere necessariamente parziale, cioè riguardare non l'intera legge (che deve risultare sempre vigente per consentire in qualsiasi momento l'elezione), ma singole disposizioni e, inoltre, il quesito dev'essere formulato in modo che la normativa di risulta (ossia risultante dall'eventuale abrogazione) sia sufficiente a disciplinare l'elezione.

La Corte costituzionale ha ampliato il novero dei limiti al referendum abrogativo enucleando **quattro ulteriori ragioni di inammissibilità**, le prime tre riguardanti la natura della legge oggetto di referendum e la quarta concernente la struttura del quesito referendario:

- le leggi costituzionali, poiché la Costituzione disciplina il referendum solo su atti legislativi di grado primario;
- le leggi previste dall'art. 75 Cost., interpretate in senso estensivo: ad es. si sono ritenute sottratte al referendum abrogativo, oltre che la legge di bilancio, anche la legge (finanziaria, ora denominata legge) di stabilità, poiché connessa a quella di bilancio;
- le leggi a contenuto costituzionalmente vincolato, le quali, per Costituzione, possono avere solo un determinato contenuto, per cui se fossero abrogate si determinerebbe un vuoto non colmabile in altra maniera;
- il quesito referendario privo dei requisiti della chiarezza, omogeneità e univocità, che tutelano la libertà di scelta dei votanti: non si può chiedere con lo stesso referendum l'abrogazione di leggi relative a oggetti diversi perché qualora il quesito fosse unico, l'elettore favorevole all'abrogazione di una legge e contrario all'abrogazione dell'altra dovrebbe esprimere un voto unitario (abrogare entrambe o non abrogare entrambe).

L'istituto del referendum abrogativo non ha trovato applicazione nei primi due decenni dopo l'entrata in vigore della Costituzione a causa della mancata approvazione della legge attuativa, intervenuta solo nel 1970; in seguito si sono svolti numerosi referendum, di cui alcuni sono risultati invalidi per mancato raggiungimento del *quorum* strutturale.

PROCEDIMENTO REFERENDARIO

per l'abrogazione totale o parziale di una legge o atto con forza di legge (art. 75 Cost. e l. n. 352/1970)

FASI:

PRESENTAZIONE DELLA RICHIESTA da parte di **500.000 elettori** (cittadini almeno diciottenni) **o 5 Consigli regionali** *entro 30 settembre di ogni anno*, salvo che nell'anno anteriore alla scadenza di una Camera o nei sei mesi dopo l'elezione

CONTROLLO DI LEGITTIMITÀ da parte **dell'Ufficio centrale per il referendum** presso la Corte di Cassazione, con ordinanza definitiva *entro 15 dicembre*, il quale verifica che la richiesta sia regolare

CONTROLLO DI AMMISSIBILITÀ da parte della **Corte costituzionale**, con sentenza pubblicata *entro 10 febbraio dell'anno successivo*, la quale accerta che la richiesta non riguardi leggi su cui non si può svolgere il referendum cioè quelle menzionate dall'art. 75, secondo comma, Cost. (tributarie e di bilancio, di amnistia e indulto, di autorizzazione a ratificare trattati internazionali) e ha enucleato altre ragioni di inammissibilità:

- leggi costituzionali,
- leggi connesse con quelle elencate dall'art. 75 Cost.,
- leggi a contenuto costituzionalmente vincolato
- quesito referendario non univoco né chiaro

INDIZIONE da parte del **Presidente della Repubblica**, in una domenica *tra 15 aprile e 15 giugno*

VOTAZIONE affinché voto sia valido, devono recarsi alle urne metà più 1 degli **elettori** — **quorum strutturale**

affinché legge sia abrogata, devono risultare a favore metà più uno dei voti validamente espressi — **quorum funzionale**

Se risultato è contrario ad abrogazione, richiesta di referendum non ripresentabile prima di cinque anni

2.4. *Gli atti governativi equiparati alla legge*

Fonti primarie sono anche due atti, il **decreto legislativo** e il **decreto-legge** (rispettivamente artt. 76 e 77 Cost. nonché artt. 14 e 15 legge n. 400/1988), adottati dal Governo ma equiparati alla legge in quanto aventi forza e valore di legge. Atti con forza di legge

La "forza di legge" (che consiste nella capacità della legge di abrogare altre leggi e di non essere abrogata se non da altre leggi) riferita all'atto avente forza di legge significa che esso è idoneo:

- a modificare o abrogare una legge o un altro atto con forza di legge (aspetto attivo o capacità innovativa),
- a essere modificato o abrogato solo da una legge o da un altro atto con forza di legge (aspetto passivo o capacità di resistenza).

Il "valore di legge", posseduto dagli atti governativi equiparati alla legge, significa che essi risultano assoggettati al medesimo regime valevole per le leggi, consistente nella sottoponibilità al referendum abrogativo (art. 75 Cost.: *par. prec.*) e al sindacato della Corte costituzionale (art. 134 Cost.: *infra*, Cap. X, par. 4). Atti con valore di legge

Spesso, quindi, si usa l'espressione "atti legislativi" o "atti di rango legislativo" per indicare leggi (ordinarie), decreti legislativi e decreti-legge in quanto hanno la stessa idoneità a produrre norme di grado primario e il medesimo regime giuridico.

L'adozione dei decreti legislativi e dei decreti-legge da parte del Governo configura una eccezione sia al principio di separazione dei poteri, secondo cui il potere legislativo spetta al Parlamento e quello esecutivo al Governo, sia all'art. 70 Cost., in base al quale la funzione legislativa è esercitata dalle Camere aventi legittimazione democratica, essendo elette a suffragio popolare: per tale motivo, introducendo i decreti legislativi e i decreti-legge nel sistema delle fonti, la Costituzione prevede che le Assemblee parlamentari intervengano rispettivamente prima dell'adozione del decreto legislativo (approvando la legge di delegazione) e dopo l'adozione del decreto-legge (approvando la legge di conversione di quest'ultimo). Intervento delle Camere

ATTI GOVERNATIVI CON FORZA DI LEGGE esercizio della funzione legislativa da parte del Governo, ma le Camere intervengono prima (delegazione legislativa) o dopo (decretazione d'urgenza)

DELEGAZIONE LEGISLATIVA **per disciplinare materie tecniche es. Codice dell'ambiente**

Legge di delegazione approvata dalle Camere con il procedimento normale (art. 72, ult. comma, Cost.)
deve contenere limiti di tempo, oggetto e contenuto (art. 76 Cosr.)

Decreto legislativo proposta del ministro competente per materia
adozione da parte del Consiglio dei ministri
emanazione da parte del Presidente della Repubblica
pubblicazione in Gazzetta ufficiale
dopo *vacatio legis* (14 giorni) entrata in vigore

DECRETAZIONE D'URGENZA **per fronteggiare casi straordinari di necessità e urgenza**

Decreto-legge proposta del ministro competente per materia
adozione da parte del Consiglio dei ministri
emanazione da parte del Presidente della Repubblica
pubblicazione in Gazzetta ufficiale
entrata in vigore il giorno successivo alla pubblicazione : se non viene convertito in legge entro 60 giorni, perde efficacia dall'inizio, ma le Camere possono regolare i rapporti giuridici sorti sulla base del decreto non convertito.

Leggi di conversione del decreto-legge approvata dalle Camere, su iniziativa del Governo, che possono emendare il decreto-legge.

2.5. Segue. *Il decreto legislativo*

Delegazione legislativa

La **delegazione legislativa** (art. 76 e 77, comma 1, Cost.) ha luogo quando si tratta di regolare aspetti tecnici particolarmente complessi per la cui disciplina specifica è più idoneo il Governo che non le Camere, alle quali invece spetta dettare disposizioni di principio come nell'ipotesi della redazione di codici (ad es. il codice di procedura penale, il codice dell'ambiente, ecc.).

La delegazione legislativa consiste nel trasferimento temporaneo dell'esercizio della funzione legislativa dalle Camere (organo delegante) al Governo (organo delegato), mentre la titolarità di tale funzione rimane di spettanza delle Assemblee parlamentari.

Legge di delega. Contenuto

La legge di delegazione o legge delega contiene la **delega al Governo** ad adottare uno o più decreti legislativi e la **previsione di tre limiti** a cui il Governo dovrà attenersi se intenderà svolgere la delega:

limite di tempo (per restringere l'arco temporale entro cui il Governo può intervenire) cioè **tempo limitato**: la legge delega fissa un termine, in genere sei mesi o un anno ma può essere anche superiore, entro il quale deve avvenire l'emanazione del decreto legislativo;
limite di oggetto (per circoscrivere l'ambito che il Governo può regolare) ossia **oggetti definiti**: la delega riguarda non intere materie, ma specifici oggetti all'interno di una materia;
limite di contenuto (per orientare la disciplina che il Governo adotterà) cioè **determinazione di principi e criteri direttivi**: la legge delega delinea indirizzi a cui il decreto legislativo dovrà conformarsi; alcuni studiosi sostengono che questi due vocaboli siano sinonimi, altri affermano che i principi abbiano un carattere contenutistico, mentre i criteri risultino di carattere metodologico.

I suddetti sono i limiti che costituzionalmente la legge di delegazione deve contenere, ma non è escluso che quest'ultima ponga limiti ulteriori al Governo.

Procedimento

La legge di delegazione è una legge ordinaria, ma adottata con il **procedimento normale** di esame e approvazione (procedura della Commissione in sede referente: *supra*, in questa sez., par. 2.1.) cioè è una delle leggi coperte da riserva di legge d'assemblea (art. 72, ultimo comma, Cost.): si è posto il quesito se la delega debba necessariamente essere contenuta in un'apposita legge interamente dedicata a prevederla oppure possa essere inserita in una singola disposizione di una legge disciplinante altre tematiche (c.d. "delega accessoria"): a tale quesito dovrebbe rispondersi affermativamente purché la legge in cui è compresa la disposizione contenente la delega sia adottata col procedimento normale di esame e approvazione delle leggi, altrimenti l'inserimento della delega in un singolo disposto legislativo potrebbe essere effettuato per eludere la riserva di legge d'assemblea.

Limiti

La legge di delegazione, al pari delle altre leggi, deve rispettare come **limiti** solo la **Costituzione e** le **leggi costituzionali**.

Decreto legislativo. Contenuto

Il **decreto legislativo** (abbreviato con la sigla d. lgs.) deve contenere la **disciplina dell'oggetto indicato dalla legge di delegazione**, quindi non può disciplinare un'intera materia.

Procedimento

Il **procedimento** di adozione del decreto legislativo consta di varie fasi:

predisposizione di uno schema di decreto legislativo **da parte del ministro** competente per materia: qualora il termine per l'esercizio della delega ecceda i due anni, su tale schema dev'essere chiesto il parere delle Commissioni parlamentari competenti;
adozione del decreto, ossia approvazione della disciplina in esso contenuta, **da parte del Consiglio dei ministri**;
emanazione del decreto da parte del Presidente della Repubblica, che conferisce a esso la veste giuridica di decreto: si è discusso se il Capo dello Stato possa rifiutare l'emanazione o farla precedere dalla richiesta di chiarimenti al Governo (la prassi ha registrato rari casi di rifiuto di emanazione di decreti legislativi e alcuni casi di decreti legislativi emanati dal Presidente della Repubblica dopo aver ricevuto chiarimenti dal Governo);
pubblicazione del decreto in Gazzetta Ufficiale, serie generale;
vacatio legis;
entrata in vigore del decreto il quindicesimo giorno dalla pubblicazione.

Specialmente se il termine fissato dalla legge delega è lungo, può verificarsi che il decreto legislativo adottato tempestivamente dal Governo necessiti di venire modificato: il Governo può adottare un decreto correttivo del primo, sempre entro la scadenza fissata e nell'osservanza dei medesimi principi e criteri direttivi.

Limiti

Il decreto legislativo deve rispettare come **limiti** non solo la **Costituzione e** le **leggi costituzionali**, ma anche **quelli sanciti dalla legge delega**, sebbene la legge delega e il decreto legislativo siano fonti entrambe di grado primario: qualora non osservasse tali limiti (in particolare qualora disciplinasse oggetti ulteriori a quelli indicati dalla legge delega o non si conformasse ai principi sanciti dalla medesima), il decreto legislativo sarebbe viziato per eccesso di delega (in quanto avrebbe oltrepassato i limiti imposti dalla legge di delegazione); in tal caso esso violerebbe direttamente la legge delega e indirettamente l'art. 76 Cost. per cui, se esso fosse impugnato dinanzi alla Corte costituzionale, la legge di delegazione verrebbe a configurarsi come "norma interposta" – cioè collocata in una posizione intermedia fra decreto legislativo e art. 76 Cost. – nel giudizio di costituzionalità (*infra*, Cap. X, par. 4).

Hanno la denominazione di decreto legislativo, ma configurano un tipo peculiare, i **decreti legislativi di attuazione degli statuti regionali speciali**: tali decreti sono previsti non dalla Costituzione, ma dagli statuti medesimi e contengono disposizioni per attuare la disciplina ivi contenuta, sicché hanno una competenza materiale specializzata; ognuno di essi è adottato dal Governo previo parere obbligatorio di una commissione paritetica, composta da esperti designati dal Governo e dalla Regione.

2.6. Segue. *Il decreto-legge*

La **decretazione d'urgenza** (art. 77, commi 2 e 3, Cost.) ha luogo quando si verificano casi straordinari di necessità e urgenza per fronteggiare i quali la legge non appare la fonte idonea: avendo un procedimento di approvazione molto articolato (*supra*, in questa sez., par. 2.1.), essa non potrebbe disporre con tempestività. Decretazione d'urgenza

Nei suddetti casi interviene il Governo adottando, sotto la sua responsabilità, provvedimenti provvisori con forza di legge: il decreto-legge (abbreviato con la sigla d.-l.) è un atto dell'esecutivo dotato di forza di legge. Decreto-legge

Il presupposto costituzionalmente fissato per l'adozione del decreto-legge è il verificarsi di un **caso straordinario di necessità e urgenza** cioè una situazione imprevista a cui bisogna far fronte rapidamente, come una calamità naturale (es. terremoto) o un'emergenza sanitaria (es. epidemia). In particolare durante la pandemia da Covid-19 si è verificato un cospicuo ricorso alla decretazione d'urgenza: a partire dal d.-l. 23 febbraio 2020, n. 6, sono stati adottati moltissimi decreti-legge, che hanno previsto l'emanazione di decreti del Presidente del Consiglio dei ministri al fine di introdurre stringenti misure per contenere la diffusione del virus (sul decreto del Presidente del Consiglio ved. *infra* in questa sez., par. 6.2.). Presupposto

Il decreto-legge è usato anche per imporre misure economiche (es. aumento dei prezzi delle merci di largo uso come la benzina o prelievo forzoso dai conti correnti) che devono avere effetto immediato altrimenti risulterebbero vanificate (se fosse presentato un progetto di legge che contenesse tali misure, gli individui prima dell'approvazione di esso farebbero scorta delle merci di largo uso o ritirerebbero i loro soldi dai conti correnti): in tal caso si parla di "decreti-legge catenaccio".

Spetta al Governo valutare se il suddetto presupposto ricorra effettivamente; a volte la valutazione è effettuata in modo estensivo perché il Governo vuol far entrare in vigore subito una certa disciplina e sollecitare il tempestivo intervento delle Camere al riguardo (mentre se fosse presentato un progetto di legge, inizierebbe un procedimento legislativo che potrebbe essere molto lungo): in tali casi il decreto-legge si configura, impropriamente, come atto di iniziativa legislativa rinforzata.

Contenuto

Il decreto-legge può contenere la **disciplina di qualsiasi ambito** in cui occorra intervenire rapidamente, **purché** si tratti di materia **disciplinabile dalla legge ordinaria**; tuttavia ci sono alcune **eccezioni**, in particolare il Governo non può con decreto-legge:

- conferire una delega legislativa (altrimenti delegherebbe sé medesimo);
- disciplinare le materie coperte da riserva di legge d'assemblea cioè disciplinabili solo da leggi approvate con il procedimento normale (fra queste rientra la legge di delegazione);
- rinnovare le disposizioni di decreti-legge dei quali sia stata negata la conversione in legge con il voto di una delle due Camere (altrimenti il Governo scavalcherebbe le Assemblee parlamentari);
- regolare i rapporti giuridici sorti sulla base dei decreti-legge non convertiti;
- ripristinare l'efficacia di disposizioni dichiarate incostituzionali dalla Corte costituzionale per vizi non attinenti al procedimento (altrimenti si inciderebbe sul giudicato della Corte).

Il decreto-legge deve prevedere misure di immediata applicazione, al fine di fronteggiare le situazioni di urgenza, e deve avere contenuto specifico, omogeneo e corrispondente al titolo: tale carattere contenutistico non è però presente nei "decreti-legge *omnibus*" che cioè comprendono disposizioni su materie disparate.

Procedimento

Il procedimento di adozione del decreto-legge è simile a quello del decreto legislativo, salvo riguardo al momento dell'entrata in vigore; comprende le seguenti fasi:

predisposizione di uno schema di decreto-legge da parte del ministro competente per materia;

adozione del decreto, ossia approvazione della disciplina in esso contenuta, **da parte del Consiglio dei ministri**;

emanazione del decreto da parte del Presidente della Repubblica: si è discusso se il Capo dello Stato possa rifiutare l'emanazione o farla precedere dalla richiesta di chiarimenti al Governo (la prassi ha registrato qualche caso di rifiuto di emanazione di un decreto-legge, in particolare quello del 2009 riguardo alla vicenda di Eluana Englaro, e parecchi casi di

decreti-legge emanati dal Presidente della Repubblica dopo aver ricevuto i chiarimenti governativi);
pubblicazione del decreto in Gazzetta Ufficiale, serie generale;
entrata in vigore del decreto immediata cioè senza *vacatio legis* (essendo adottato in caso di urgenza, il decreto-legge deve esplicare subito i suoi effetti).

Il decreto-legge ha come limite l'osservanza della **Costituzione e** delle **leggi costituzionali**; inoltre non deve disciplinare gli oggetti sui quali il suo intervento è escluso (v. i cinque casi summenzionati). Limiti

Il decreto-legge, a differenza degli altri atti legislativi che rimangono in vigore fino a quando non vengano abrogati da un atto successivo (a meno che prevedano essi stessi la fine della propria vigenza), ha una durata espressamente prevista dalla Costituzione e molto breve: **sessanta giorni** dalla pubblicazione. Affinché la disciplina contenuta nel decreto-legge conservi efficacia occorre che esso venga convertito in legge entro questo termine. Durata

La legge di conversione del decreto-legge dispone appunto la **conversione del decreto legge** o meglio, di ciò che esso prevede, in una legge: la Camere non sono tenute ad approvare o respingere l'intera regolazione dettata dal decreto, bensì potrebbero apportare modifiche (emendamenti), per cui la disciplina inserita nella legge di conversione è suscettibile di risultare anche notevolmente diversa da quella racchiusa nel decreto-legge: tuttavia la Corte costituzionale (sent. n. 22/2012) ha affermato che la legge di conversione non può contenere disposizioni del tutto estranee alla materia e alle finalità del decreto-legge. Sotto il profilo della tecnica redazionale, la legge di conversione consta di unico articolo il quale dispone che il decreto-legge viene convertito e, qualora siano stati inseriti emendamenti, elenca in un allegato le modifiche introdotte in sede di conversione. Legge di conversione. Contenuto

La legge di conversione è approvata con il **procedimento seguito per** approvare le **leggi ordinarie** (possono essere seguite le procedure della Commissione in sede referente o deliberante o redigente: *supra* in questa sez., par. 2.1.), ma sussistono alcune **particolarità**. Procedimento

Anzitutto il procedimento deve iniziare tempestivamente per favorire l'approvazione della legge entro il termine di sessanta giorni: a tal fine il Governo deve effettuare la **immediata presentazione del decreto-legge alle Camere** ossia deve, il giorno stesso dell'adozione, presentare il decreto-legge alle Camere che, anche se sciolte, vengono appositamente convocate e si riuniscono entro cinque giorni: tecnicamente il Governo presenta alle Camere un progetto di legge di conversione del decreto-legge (che viene approvato dal Consiglio dei ministri nella stessa riunione in cui delibera il contenuto del decreto-legge). Si tratta di una iniziativa governativa detta riservata cioè conferita costituzionalmente al Governo, in quanto autore del decreto-legge.

Inoltre in base ai regolamenti parlamentari, anteriormente all'esame di merito sul disegno di legge di conversione del decreto-legge, sia alla Camera che al Senato la Commissione Affari costituzionali effettua entro un termine molto breve una **valutazione sulla sussistenza dei presupposti** costituzionali dell'adozione del decreto-legge e su tale valutazione l'Assemblea si pronuncia in via definitiva: qualora l'Assemblea ritenga inesistenti i presupposti costituzionali, il disegno di legge di conversione del decreto-legge s'intende respinto.

Limite

La legge di conversione del decreto-legge deve rispettare la **Costituzione** e le **leggi costituzionali**.

Approvazione della legge di conversione

Nel caso di approvazione della legge di conversione entro il suddetto termine di sessanta giorni, il decreto-legge cessa di aver efficacia, ma la **disciplina dettata dal decreto-legge** rimane in vigore poiché è stata **trasferita nella legge di conversione**: si parla di "novazione della fonte" in quanto cambia la fonte in cui quella disciplina risulta contenuta. Più precisamente le disposizioni del decreto-legge non modificate continuano ad aver vigore, mentre quelle modificate o aggiunte dalla legge di conversione hanno efficacia dal giorno successivo alla pubblicazione della legge di conversione; se in sede di conversione sono state apportate modifiche, la Gazzetta Ufficiale, al fine di facilitare la comprensione della disciplina, ripubblica il testo del decreto-legge come modificato dalla legge di conversione (le parti modificate vengono scritte in corsivo).

Mancata approvazione della legge di conversione

Nel caso invece di mancata approvazione della legge di conversione entro il suddetto termine di sessanta giorni, il **decreto-legge perde efficacia** non dalla scadenza di questo termine (*ex nunc* cioè da ora) ma **fin dall'inizio** ossia dal momento della pubblicazione (*ex tunc* cioè da allora): è come se non fosse mai esistito nell'ordinamento giuridico, anche se ha prodotto effetti giuridici, ad es. l'aumento del prezzo della benzina che è stato pagato nei sessanta giorni di vigenza del decreto-legge. In tal caso, tuttavia, le Camere possono regolare con legge i rapporti giuridici sorti sulla base dei decreti non convertiti (ad es. una disposizione legislativa potrebbe fissare retroattivamente il prezzo della benzina, per il suddetto periodo di sessanta giorni, nella misura aumentata stabilita dal decreto-legge, escludendo così la possibilità di ricorsi da parte di chi aveva pagato il prezzo maggiorato).

Reiterazione

Un fenomeno che spesso si verifica è la reiterazione del decreto-legge: qualora, nell'imminenza dello scadere del termine di sessanta giorni, sia evidente che il decreto-legge non riuscirà a essere convertito, il Governo adotta un altro decreto-legge sullo stesso oggetto, in modo tale da far decorrere un nuovo termine di sessanta giorni; quando anche questo termine sta per scadere infruttuosamente, il Governo adotta un altro decreto-legge e così via in modo che la disciplina, passando di decreto in decreto, continui a rimanere in vigore anche se non è stata ancora effettuata la conversione in legge. Questo fenomeno è criticabile perché una disciplina risulta vigente per molti mesi senza essere votata dalle Camere ossia il Governo su propria decisione esercita durevolmente il potere legislativo che spetta alle Assemblee parlamentari; la Corte costituzionale (a partire dalla sent. n. 360/1996) ha però dichiarato la inammissibilità della reiterazione del decreto-legge in mancanza di nuovi presupposti di necessità e urgenza.

3. *Le fonti primarie regionali*

3.1. *Gli statuti regionali ordinari*

Lo statuto regionale ordinario (art. 123 Cost.) risulta l'atto normativo più importante della rispettiva Regione, ma non è definibile "costituzione regionale" poiché il concetto di Costituzione è connesso a quello di sovranità, mentre le Regioni sono dotate di autonomia.

Contenuto

Lo statuto ordinario deve contenere (contenuto **obbligatorio**): la scelta della forma di governo; i principi fondamentali di organizzazione e funzionamento della Regione; la disciplina di alcuni aspetti specifici ossia l'esercizio del diritto di iniziativa e del referendum su leggi e provvedimenti amministrativi della Regione, la pubblicazione delle leggi e dei regolamenti regionali nonché il Consiglio delle autonomie locali, che è organo di consultazione tra la Regione e gli enti subregionali. Lo statuto potrebbe facoltativamente disciplinare ulteriori oggetti, ad es. indicare le finalità che la Regione intende perseguire (contenuto **facoltativo**), ma tale disciplina avrebbe una rilevanza politica, non giuridica, come ha affermato la Corte costituzionale (ad es., sent. n. 372/2004) riguardo alle disposizioni programmatiche inserite negli statuti regionali.

Procedimento

Lo statuto ordinario è adottato dal Consiglio regionale con legge (talora detta "legge statutaria"), approvata con un procedimento **aggravato** rispetto a quello seguito per approvare le altre leggi regionali (*infra*, par. seg.). Lo statuto è:

approvato dal Consiglio regionale a maggioranza assoluta (metà più uno dei membri);
sottoposto a due deliberazioni successive adottate a intervallo non inferiore a due mesi;

pubblicato in via notiziale nel Bollettino Ufficiale Regionale;
entro trenta giorni da tale pubblicazione, **assoggettabile** da parte del Governo **al sindacato di costituzionalità** della Corte costituzionale (il sindacato sulla legge statutaria risulta quindi preventivo cioè svolto su un atto non ancora entrato in vigore, a differenza di quello su tutte le altre leggi che invece è di tipo successivo: *par. seg.*);
entro tre mesi dalla suddetta pubblicazione, **sottoponibile a referendum popolare** di tipo confermativo su richiesta di un cinquantesimo degli elettori della Regione o di un quinto dei componenti del Consiglio regionale;
promulgato dal Presidente della Regione sia se il referendum non è stato chiesto entro il suddetto termine sia se, in caso di richiesta del referendum, il testo dello statuto è stato approvato dalla maggioranza dei voti validi;
pubblicato in senso proprio sul Bollettino Ufficiale Regionale e **dopo la vacatio legis, entra in vigore.**

Il procedimento di approvazione dello statuto assomiglia, per alcuni aspetti, al procedimento di revisione costituzionale (*supra* in questa Sez., par. 1.2.), ma gli atti adottati in tali procedimenti hanno diverso grado: lo statuto regionale ordinario è una fonte primaria (anche se atipica: sulle fonti atipiche *infra*, par. 6.1.), mentre la legge di revisione costituzionale è una fonte di rango costituzionale.

Limite

Lo statuto ordinario ha un limite enunciato con una formula peculiare: deve disporre in **armonia con la Costituzione** cioè disciplinare gli oggetti summenzionati (inerenti all'organizzazione interna della Regione) ispirandosi ai modelli organizzativi scelti dalla Carta costituzionale.

3.2. *Le leggi regionali*

La legge regionale costituisce esplicazione dell'autonomia legislativa della Regione, diversamente delineata nelle Regioni a statuto speciale e in quelle a statuto ordinario.

Contenuto

La legge regionale (abbreviata con la sigla l. reg. o l. r.) disciplina:

nelle Regioni a statuto speciale, le **materie indicate dagli statuti speciali**;
nelle Regioni a statuto ordinario, le **materie elencate nell'art. 117, comma 3, Cost**. e le **materie diverse da quelle attribuite alla competenza statale**, come prevede l'art. 117, comma 4, Cost. (*infra*, Cap. IX, par. 5).

La legge regionale, in entrambi i tipi di Regioni, solitamente ha contenuto normativo ossia dispone in via generale vale a dire per tutti i soggetti che si trovano nella Regione, ma talvolta si configura come legge speciale cioè rivolta a una categoria limitata di soggetti o addirittura assume contenuto provvedimentale cioè particolare e concreto, c.d. legge-provvedimento: ad es. la legge con cui si stabilisce il calendario venatorio della Regione, il quale potrebbe essere oggetto di un provvedimento amministrativo).

Procedimento

Il procedimento di adozione della legge regionale è simile a quello con cui viene approvata la legge statale, con alcune differenze, tra cui l'esistenza nella Regione di una sola assemblea con potestà legislativa, il Consiglio regionale (mentre a livello statale esistono due Assemblee, Camera e Senato). Il procedimento legislativo regionale, che risulta sostanzialmente uguale in entrambi i tipi di Regioni, si articola in quattro fasi:

iniziativa: presentazione di un progetto di legge da parte dei titolari dell'iniziativa legislativa previsti dal rispettivo statuto, tra cui la Giunta, ciascun consigliere regionale, un certo numero di elettori della Regione;
istruttoria: esame del progetto di legge da parte della commissione consiliare competente per materia che riferisce all'Assemblea cioè all'intero Consiglio regionale (non è ammesso che la commissione lavori in sede deliberante);
costitutiva: approvazione della legge da parte del Consiglio regionale a maggioranza semplice (metà più uno dei votanti) salvo che sia prevista una maggioranza qualificata;
integrativa dell'efficacia: promulgazione della legge da parte del Presidente della Regione, pubblicazione sul Bollettino Ufficiale Regionale e, dopo la *vacatio legis,* entrata in vigore: il Presidente della Regione, poiché è a capo della maggioranza consiliare e non è dunque un organo terzo e imparziale come il Presidente della Repubblica, non può rinviare la legge regionale al Consiglio, mentre il Capo dello Stato può rinviare la legge statale alle Camere).

Entro sessanta giorni dalla pubblicazione sul BUR, la legge regionale può essere impugnata dal Governo nazionale o da un'altra Regione davanti alla Corte costituzionale, che esercita un sindacato di tipo successivo.

Limiti

Riguardo ai limiti, in generale la legge regionale è tenuta al rispetto della **Costituzione e** delle **leggi costituzionali,** dei **vincoli derivanti dall'ordinamento dell'Unione europea e dagli obblighi internazionali** (art. 117, comma 1, Cost.). In particolare:

le leggi delle Regioni a statuto speciale sono sottoposte ai **limiti** specifici **previsti dagli statuti speciali** nelle materie ivi indicate;

le leggi delle Regioni a statuto ordinario sono soggette al **limite dei principi fondamentali della legislazione statale** nelle materie elencate dall'art. 117, comma 3, Cost. (competenza concorrente) ed altresì all'**osservanza degli statuti ordinari**: anche se lo statuto ordinario e la legge regionale sono formalmente equiparati, lo statuto è l'atto sostanzialmente più importante della Regione e quindi non dev'essere violato dalle leggi regionali.

Il regime giuridico delle leggi di entrambi i tipi di Regioni è analogo a quello della legge statale: la legge regionale è assoggettabile al referendum abrogativo (nell'ambito di ciascuna Regione) e al sindacato di costituzionalità delle leggi svolto della Corte costituzionale (*infra*, Cap. X, par. 4).

La legge regionale è l'unico atto legislativo a livello regionale: non sono costituzionalmente previsti atti dell'esecutivo regionale equiparati alla legge regionale, ossia non risultano configurabili decreti legislativi regionali né decreti-legge regionali.

4. *Le fonti secondarie statali*

4.1. *I regolamenti dell'esecutivo: i regolamenti governativi*

I regolamenti dell'esecutivo, fonti secondarie per eccellenza, sono solo menzionati dalla Costituzione (art. 87, comma 5, Cost.) ed invece disciplinati dalla legge n. 400/1988; si suddividono in due categorie: regolamenti governativi, adottati dal Governo inteso in senso tecnico cioè dal Consiglio dei ministri, e regolamenti ministeriali, adottati dai singoli ministri.

Contenuto

I regolamenti governativi contengono la **disciplina attuativa della legge** ordinaria in tutti gli ambiti da questa disciplinabili, eccetto nei casi in cui sia prevista una riserva assoluta di legge (*supra* in questo Cap., sez. I, par. 6); inoltre tali regolamenti costituiscono gli atti in cui si esplica la potestà regolamentare dello Stato (art. 117, comma 5, Cost.) esercitata nelle materie attribuite alla legislazione esclusiva statale (elencate nell'art. 117, comma 3, Cost.).

Tipi

I regolamenti governativi possono essere di vari tipi:

regolamenti di esecuzione, che danno esecuzione alle leggi, ai decreti legislativi e ai regolamenti dell'Unione europea;
regolamenti di attuazione, che contengono norme di attuazione e inte-

grazione delle leggi e dei decreti legislativi recanti norme di principio, esclusi quelli riguardanti materie riservate alla competenza regionale;

regolamenti indipendenti, che intervengono in materie ove manchi la disciplina dettata da leggi o atti aventi forza di legge purché non si tratti di materie riservate alla legge; questo tipo di regolamento è poco utilizzato poiché gli ambiti non disciplinati da leggi risultano rarissimi in quanto il nostro ordinamento è iperlegificato cioè quasi tutte le materie sono state oggetto dell'intervento del legislatore;

regolamenti di organizzazione, che disciplinano l'organizzazione e il funzionamento delle amministrazioni pubbliche secondo le disposizioni dettate dalla legge;

regolamenti di "delegificazione" (la delegificazione consiste nel declassamento di una disciplina dalla fonte legislativa a quella regolamentare, al fine di ridurre il numero delle leggi esistenti) i quali possono essere adottati solo in materie non coperte da riserva assoluta di legge costituzionalmente prevista, dopo che intervenga una legge statale (chiamata legge di delegificazione) la quale:

- autorizza l'esercizio della potestà regolamentare del Governo,
- determina le norme generali regolatrici della materia,
- dispone l'abrogazione delle vigenti disposizioni legislative con effetto dall'entrata in vigore delle future disposizioni regolamentari; quindi non si verifica (come potrebbe apparire a prima vista) che il regolamento di delegificazione abroghi la legge da declassare (ciò sarebbe in contrasto con il principio gerarchico) poiché l'effetto abrogativo è già previsto nella legge di delegificazione, la quale dilaziona il verificarsi di tale effetto all'entrata in vigore del regolamento (c.d. abrogazione differita).

La delegificazione non ha effetti duraturi poiché dopo che essa è stata compiuta il legislatore, in virtù del principio della preferenza di legge (*supra* Cap., sez. I, par. 7), può sempre intervenire a rilegificare gli ambiti delegificati.

Il **procedimento** di adozione dei regolamenti governativi comprende varie fasi: Procedimento

predisposizione di uno schema di regolamento da parte del ministro competente per materia;

parere del Consiglio di Stato sullo schema di regolamento;

adozione della disciplina contenuta nello schema **con delibera del Consiglio dei ministri**;

emanazione del regolamento con decreto del Presidente della Repubblica;

controllo preventivo di legittimità su di esso da parte **della Corte dei conti** (con apposizione del visto e registrazione);

pubblicazione del regolamento nella Gazzetta ufficiale della Repubblica italiana;
vacatio legis;
entrata in vigore del regolamento il quindicesimo giorno dalla pubblicazione.

Limiti

I regolamenti governativi sono sottoposti a numerosi **limiti** cioè:

- i regolamenti di tutti i tipi devono rispettare la Costituzione e le leggi costituzionali, le leggi ordinarie e gli atti con forza di legge;
- i regolamenti di delegificazione devono rispettare le norme generali regolatrici della materia contenute nella legge di delegificazione.

4.2. Segue. *I regolamenti ministeriali e quelli interministeriali*

Contenuto

I **regolamenti ministeriali** contengono la disciplina degli **ambiti di competenza dei** rispettivi **ministri**, quindi possiedono una rilevanza settoriale mentre i regolamenti governativi hanno un rilievo generale.

Procedimento

Il **procedimento** di adozione dei regolamenti ministeriali prevede le seguenti fasi:

predisposizione di uno schema di regolamento da parte del ministro competente per materia;
parere del Consiglio di Stato su tale schema;
adozione ed emanazione da parte del ministro con decreto ministeriale;
controllo preventivo di legittimità da parte **della Corte dei conti** (visto e registrazione);
pubblicazione in Gazzetta ufficiale;
vacatio legis;
entrata in vigore il quindicesimo giorno dopo la pubblicazione.

Limiti

I regolamenti ministeriali devono rispettare numerosi **limiti**: la **Costituzione e** le **leggi costituzionali**, le **leggi ordinarie e** gli **atti con forza di legge**, ma anche i **regolamenti governativi**: essi non possono contenere norme contrarie a quelle dei regolamenti del Governo e devono essere comunicati al Presidente del Consiglio prima della emanazione.

Oltre ai regolamenti ministeriali, adottati dai singoli ministri, sono previsti i **regolamenti interministeriali** per la disciplina di materie di competenza di più ministri: essi vengono adottati, previa autorizzazione da parte della legge, con decreti interministeriali seguendo gli adempimenti procedurali previsti per i regolamenti ministeriali e rispettando i limiti stabiliti per i medesimi.

5. *Le fonti secondarie delle Regioni e degli enti subregionali*

5.1. *I regolamenti regionali*

I regolamenti regionali sono fonti secondarie adottate sia nelle Regioni a statuto speciale che nelle Regioni a statuto ordinario; occorre distinguere due tipi: i regolamenti consiliari e i regolamenti diversi da quelli consiliari.

Il **regolamento consiliare**, cioè interno al Consiglio regionale, disciplina l'organizzazione interna e il funzionamento dell'Assemblea legislativa regionale ed è adottato dal Consiglio stesso secondo il procedimento previsto dallo statuto regionale.

Di seguito si considerano gli altri **regolamenti** regionali, **diversi dal regolamento consiliare**, denominati *tout court* regolamenti.

Contenuto

I regolamenti regionali contengono una **disciplina attuativa della legge regionale** nelle materie di competenza delle Regioni; più precisamente, la potestà regolamentare:

nelle Regioni a statuto speciale, concerne gli ambiti previsti dai rispettivi statuti,

nelle Regioni a statuto ordinario, è disciplinata dall'art. 117, comma 5, Cost. in base a cui la Regione ha la titolarità del potere regolamentare nelle materie diverse da quelle attribuite alla legislazione esclusiva dello Stato (cioè nelle materie di legislazione concorrente e residuale: *infra*, Cap. IX, par. 5) e altresì l'esercizio del medesimo potere nelle materie di legislazione esclusiva statale qualora lo Stato deleghi la Regione a esercitarlo.

Procedimento

I regolamenti regionali sono adottati, con il **procedimento** statutariamente previsto, dai seguenti organi:

nelle Regioni a statuto speciale, dalla Giunta regionale;
nelle Regioni a statuto ordinario, dall'organo previsto dai rispettivi statuti, che è la Giunta in base a quasi tutti gli statuti ordinari (mentre in base alla Costituzione prima della revisione costituzionale del 2001 i regolamenti erano adottati dal Consiglio regionale).

Limite

I regolamenti regionali devono rispettare alcuni **limiti**: da una parte, le **fonti statali** (di grado costituzionale, primario e secondario) e, dall'altra parte, le **leggi regionali**.

5.2. *Gli statuti degli enti subregionali*

Riguardo alle fonti (tutte di grado secondario) degli enti subregionali, si considerano solo gli enti locali ricompresi nelle Regioni a statuto ordinario che sono disciplinati dalla legge statale, mentre gli enti locali esistenti nelle Regioni a statuto speciale sono regolati dalle leggi di queste ultime (*infra*, Cap. IX, par. 4).

Gli statuti dei Comuni e delle Province sono stati previsti e puntualmente disciplinati dalla legge n. 142/1990 (art. 4) mentre quelli delle Città metropolitane sono stati solo evocati da tale legge (art. 17, comma 4) menzionante la potestà statutaria di esse: questa legge è poi confluita con altre nel d.lgs. n. 267/2000 "Testo unico delle leggi sull'ordinamento degli enti locali"; successivamente la legge cost. n. 3/2001 ha inserito nella Costituzione la previsione degli statuti degli enti subregionali, modificando l'art. 114, comma 2, Cost. il quale stabilisce che Comuni, Province e Città metropolitane hanno propri statuti.

Statuti dei Comuni

Esaminiamo nel dettaglio gli **statuti comunali** e in sintesi quelli delle Province e delle Città metropolitane.

Contenuto

Lo statuto comunale **disciplina** in linea generale **l'organizzazione del Comune** e in particolare i seguenti aspetti: le attribuzioni degli organi, l'ordinamento degli uffici e dei servizi pubblici, le forme della collaborazione tra Comuni e Province, della partecipazione popolare, del decentramento, dell'accesso dei cittadini alle informazioni e ai procedimenti amministrativi.

Procedimento

Il **procedimento** di adozione (e di eventuale modifica) dello statuto comunale comprende le seguenti fasi:

iniziativa da parte del Consiglio, in sede di prima approvazione dello statuto, o degli organi statutariamente previsti, in caso di revisione dello statuto;
istruttoria svolta da una commissione consiliare;
deliberazione del Consiglio comunale con la maggioranza dei due terzi dei consiglieri assegnati all'ente: se questa maggioranza non viene raggiunta, la votazione è ripetuta in successive sedute da tenersi entro trenta giorni e lo statuto è approvato se ottiene due volte il voto favorevole della maggioranza assoluta (metà più uno) dei consiglieri assegnati;
pubblicazione sul Bollettino ufficiale della Regione in cui l'ente è compreso e affissione all'albo pretorio dell'ente per trenta giorni consecutivi,
entrata in vigore il trentesimo giorno successivo alla pubblicazione nel BUR.

La previsione di una maggioranza qualificata e di eventuali plurime votazioni rende aggravato il procedimento di approvazione degli statuti comunali e provinciali, che in parte ricorda quello degli statuti regionali ordinari: tuttavia lo statuto comunale e provinciale, anche se talvolta è stato definito fonte subprimaria a causa del procedimento aggravato, rimane una fonte di grado secondario.

Lo statuto comunale deve disporre **nell'ambito dei principi fissati dal testo unico** sull'ordinamento degli enti locali: tale espressione significa non tanto un limite negativo (mero rispetto di essi) quanto piuttosto un vincolo positivo (lo statuto deve conformarsi ai medesimi principi); occorre sottolineare, tuttavia, che il riferimento è alle sole disposizioni di principio, non anche a quelle di dettaglio. Limite

Gli **statuti delle Province e delle Città metropolitane** disciplinano l'organizzazione interna dei rispettivi enti; in base alla legge n. 56/2014, lo statuto provinciale è predisposto dal Consiglio provinciale e approvato dall'assemblea dei sindaci, lo statuto metropolitano è predisposto dal Consiglio metropolitano e approvato dalla conferenza metropolitana; tali statuti sono sottoposti agli stessi limiti valevoli per gli statuti comunali. Statuti delle Province e delle Città metropolitane

5.3. *I regolamenti degli enti subregionali*

I regolamenti dei Comuni e delle Province, i quali esistevano addirittura già prima dell'entrata in vigore della Costituzione, sono stati previsti e puntualmente disciplinati dalla legge n. 142/1990 (art. 5) mentre quelli delle Città metropolitane non sono stati menzionati da tale legge; dopo un decennio la legge cost. n. 3/2001 ha inserito nella Costituzione la previsione di essi, modificando l'art. 117, comma 5, Cost. il quale stabilisce che Comuni, Province e Città metropolitane hanno potestà regolamentare riguardo alla disciplina dell'organizzazione e dello svolgimento delle funzioni loro attribuite.

I regolamenti degli enti subregionali hanno un **contenuto** riferito agli ambiti di competenza dei rispettivi enti, in particolare i regolamenti comunali disciplinano l'organizzazione e il funzionamento delle istituzioni e degli organismi di partecipazione, il funzionamento degli organi e degli uffici dell'ente e l'esercizio delle funzioni di esso. Contenuto

Il **procedimento** di adozione dei suddetti regolamenti è molto snello, prevedendo: Procedimento

- iniziativa da parte degli organi indicati dallo statuto dell'ente;
- adozione da parte del Consiglio comunale o provinciale o metropolitano;
- affissione all'albo pretorio dell'ente e successiva entrata in vigore nel termine previsto dallo statuto.

I suddetti regolamenti devono rispettare alcuni **limiti**: le **leggi** e lo **statuto comunale o provinciale o metropolitano:** riguardo al primo limite, la parola legge (al singolare) dovrebbe essere intesa come sinonimo Limiti di leggi (al plurale), sia statali sia della Regione in cui il Comune, la Provincia e la Città metropolitana si collocano; quanto al secondo limite, formalmente lo statuto e il regolamento sono fonti pariordinate (ossia di grado secondario), sostanzialmente lo statuto è più rilevante dei regolamenti perché è l'atto fondamentale del Comune, della Provincia e della Città metropolitana.

6. *Ulteriori aspetti della tematica delle fonti del diritto*

6.1. *Fonti atipiche e fonti rinforzate*

Il panorama delle fonti del diritto risulta assai articolato in quanto, oltre a quelle finora prese in esame, esistono anche le cosiddette fonti atipiche e le fonti rinforzate.

Le fonti atipiche sono quelle che si discostano parzialmente dal tipo a cui sono riconducibili, in quanto possiedono una maggiore o minore forza, attiva (capacità di modificare altre fonti) o passiva (idoneità a resistere alle modifiche da parte di altre fonti). Esemplificativamente, risulta una fonte atipica avente minore forza attiva il decreto legislativo con riferimento alla propria legge di delegazione, poiché esso non può modificare quest'ultima, mentre è idoneo a incidere su altre leggi di delega; all'inverso, risulta fonte atipica dotata di maggiore forza passiva la legge di delegazione con riguardo al decreto legislativo adottato in base a essa, poiché siffatta legge non può essere modificata da tale decreto, mentre è suscettibile di subire modifiche ad opera di altri decreti legislativi.

Le fonti rinforzate sono quelle che, rispetto alle altre della stessa categoria, presentano particolarità dal punto di vista procedurale, in quanto per la loro adozione occorre seguire adempimenti peculiari. Ad esempio, fonte rinforzata è il decreto legislativo di attuazione di uno statuto regionale speciale, poiché tale decreto – oltre ad avere un contenuto specifico – dev'essere adottato previo parere obbligatorio di una commissione paritetica, composta da esperti designati dal Governo e dalla Regione interessata.

Se si prendono specificamente in considerazione soltanto le leggi (ordinarie statali) si parla di leggi atipiche e di leggi rinforzate.

Leggi atipiche

Atipiche sono quelle leggi che, rispetto alle altre, possiedono: forza attiva potenziata come le leggi menzionate dall'art. 116, terzo comma, Cost. (che possono attribuire alle Regioni a statuto ordinario ulteriori forme e condizioni particolari di autonomia) oppure forza attiva depotenziata come le leggi di approvazione di bilanci e consuntivi previste dall'art. 81, quarto comma, Cost. (che non possono contenere disposizioni innovative); forza passiva accentuata come le leggi menzionate dall'art. 75, secondo comma, Cost. (sottratte all'abrogazione in via referendaria) o forza passiva attenuata.

Leggi rinforzate

Rinforzate sono le leggi approvate con un procedimento che, rispetto a quello previsto dagli artt. 71 e segg. Cost., presenta adempimenti ulteriori (l'approvazione della legge deve essere preceduta da intese o dall'acquisizione di pareri oppure effettuata con particolari maggioranze, etc.). Esse risultano abbastanza numerose, ad esempio sono rinforzate: le leggi che regolano i rapporti tra lo Stato e le confessioni acattoliche, poiché devono essere precedute da intese con le relative rappresentanze (art. 8, terzo comma, Cost.); le leggi che dispongono il distacco di Province e Comuni da una Regione e l'aggregazione a un'altra Regione, in quanto prima dell'adozione di esse devono venire svolti referendum delle popolazioni degli enti subregionali interessati e devono essere sentiti i rispettivi Consigli regionali (art. 132, comma 2, Cost.); le leggi che attuano il principio dell'equilibrio di bilancio, perché devono essere approvate a maggioranza assoluta dei componenti di ciascuna Camera (art. 81, sesto comma, Cost.).

Leggi atipiche e leggi rinforzate sono concettualmente distinte, ma in concreto una stessa legge può assumere entrambe le qualificazioni: ad esempio, la legge di concessione dell'amnistia e dell'indulto è legge atipica, per l'esattezza avente maggior forza passiva, perché non è sottoponibile al referendum abrogativo ossia resiste all'abrogazione referendaria (art. 75, secondo comma, Cost.), e altresì legge rinforzata, perché dev'essere deliberata a maggioranza dei due terzi di ciascuna Camera, in ogni articolo e nella votazione finale (art. 79 Cost.).

6.2. *Atti di dubbia ascrivibilità alle fonti del diritto*

Carattere del sistema delle fonti

Il sistema delle fonti del diritto è **chiuso a livello costituzionale e primario**, cioè eventuali fonti di tale natura ulteriori, ulteriori rispetto a quelle attualmente esistenti, possono essere previste solo da una fonte costituzionale; invece nuove fonti di grado secondario possono essere introdotte da fonti primarie ad es. gli statuti comunali e provinciali sono stati dapprima menzionati dall'art. 4 della legge n. 142/1990 e solo in seguito costituzionalizzati, cioè previsti dalla Costituzione, nell'art. 114, comma 2, come modificato dalla legge cost. n. 3/2001.

Inoltre, deve rilevarsi che sussistono atti di cui è dubbia la riconducibilità alle fonti del diritto.

Testo unico

Tra le fonti secondarie viene frequentemente annoverato il testo unico, che contiene tutte le disposizioni vigenti su una stessa materia, per agevolare chi interpreta e applica il diritto. Tuttavia, si deve sottolineare che:

- il testo unico **non è necessariamente una fonte del diritto**, in quanto può essere di carattere compilativo cioè limitarsi a raccogliere i vari disposti ancora vigenti, laddove un testo unico ha carattere innovativo se, nel raccogliere tali disposti, ne modifica qualcuno, praticamente ridisciplinando la materia;
- il testo unico **non è necessariamente una fonte secondaria**, poiché la natura del testo unico innovativo (poc'anzi definito) dipende dal grado delle disposizioni unificate: un testo unico raggruppante disposizioni regolamentari ha natura di fonte secondaria, mentre un testo unico comprendente disposizioni legislative è una fonte primaria (solitamente assume la forma del decreto legislativo: *supra* in questa sez., par. 2.5.).

Decreto del Presidente del Consiglio dei ministri

Un altro atto avente configurazione problematica risulta il decreto del Presidente del Consiglio dei ministri (abbreviato con la sigla d.p.c.m.): esso, già adottato in precedenza riguardo ad altri ambiti, è stato molto utilizzato durante la pandemia da Covid-19, la quale ha avuto pesanti effetti sul sistema delle fonti, accentuando il ruolo dell'esecutivo. Invero i numerosi decreti-legge succedutisi da febbraio 2020 (a partire dal d.-l. n. 6/2020, convertito in l. n. 13/2020) hanno demandato a decreti del Presidente del Consiglio (il primo è stato il d.p.c.m. 23 febbraio 2020) il compito di introdurre misure incisive per fronteggiare l'emergenza epidemiologica.

La natura del suddetto decreto è discussa (invero la Corte costituzionale, nella sent. n. 37/2021, ha evitato di pronunciarsi sul punto): il d.p.c.m. è un atto amministrativo, adottato dal Presidente del Consiglio su proposta del ministro per la salute, sentiti i ministri dell'interno, della difesa, dell'economia e altri competenti per materia (ma senza una previa delibera del Consiglio dei ministri né l'intervento del Consiglio di Stato e della Corte dei conti, come invece avviene per il regolamento governativo); tuttavia il d.p.c.m. sembra assumere carattere normativo perché esso – sia pure sulla base di un decreto-legge – impone in linea generale obblighi e divieti (es. di spostarsi tra Regioni), incidendo su diritti costituzionalmente garantiti (es. sulla libertà di circolazione prevista dall'art. 16 Cost.: *infra*, Cap. XII, sez. II, par. 5).

6.3. *L'efficacia delle fonti dell'Unione europea nell'ordinamento italiano*

Nel sistema delle fonti del diritto italiane assumono rilevanza, rispettivamente diretta e indiretta, due importanti fonti del diritto dell'Unione europea: i regolamenti e le direttive (*supra*, Cap. III, sez. II, par. 10).

I **regolamenti dell'Unione europea** vincolano sia gli Stati membri sia i soggetti presenti in essi cioè hanno efficacia direttamente all'interno degli Stati membri, per cui non abbisognano di un'attività di recepimento: i regolamenti Ue prevalgono (su tale primato *supra*, Cap. III, sez. II, par. 11) sulle fonti interne anche di grado costituzionale purché però non contrastino con i principi supremi sanciti dalla Costituzione, i quali configurano "controlimiti" rispetto alla limitazione della sovranità a cui lo Stato italiano ha acconsentito al fine di essere membro dell'Unione europea.

Regolamenti dell'Unione europea

L'**efficacia diretta** del regolamento europeo – denominato fino agli anni '90 comunitario – **nell'ordinamento italiano** è stata l'ultima tappa di una evoluzione del rapporto tra l'atto summenzionato e la legge italiana, che ha attraversato varie fasi (contraddistinte da importanti sentenze della Corte costituzionale):

dapprima si ritenne che il regolamento europeo e la legge italiana fossero atti equiparati per cui, in base al criterio cronologico, nel caso di contrasto fra essi avrebbe dovuto prevalere l'atto posteriore (Corte cost. sent. n. 14/1964);
poi si asserì che la legge italiana contrastante con un regolamento europeo avrebbe dovuto essere impugnata davanti alla Corte costituzionale e da questa dichiarata costituzionalmente illegittima per violazione indiretta dell'art. 11 Cost. (sent. n. 232/1975);
successivamente si è affermata la necessaria applicazione del regolamento europeo e quindi la prevalenza di esso rispetto alla legge italiana (sent. n. 170/1984).

Invece le **direttive dell'Unione europea**, salvo quelle *self-executing*, vincolano solo gli Stati membri ovvero **non** hanno **efficacia diretta** all'interno di questi, sicché per potersi applicare ai soggetti presenti in essi occorre un'attività di recepimento svolta dagli Stati: la disciplina contenuta nella direttiva acquista efficacia **nell'ordinamento italiano** solo se essa è stata recepita da una fonte primaria del nostro Stato (in genere legge o decreto legislativo).

Direttive dell'Unione europea

In Italia, mentre negli anni '70 e '80 si è determinato un notevole ritardo nell'attività di recepimento, con la legge n. 86/1989 è stato introdotto (e dalla legge n. 11/2005 confermato) uno strumento, la c.d. "legge comunitaria", volto a recepire ogni anno le direttive adottate a livello europeo durante l'anno precedente, in modo da non causare un arretrato.

Successivamente la legge n. 234/2012 ha sostituito la legge comunitaria con due distinte leggi, la "legge di delegazione europea" e la "legge europea" (*supra*, Cap. III, par. 5.9.) da adottarsi a cadenza annuale: invero ognuna è contraddistinta dall'anno di riferimento.

Legge n. 234/2012

La **legge di delegazione europea** conferisce al Governo una delega legislativa riguardante l'attuazione delle direttive europee e la disciplina degli aspetti ivi indicati necessari per garantire la conformità dell'ordinamento nazionale agli atti normativi dell'UE (è una legge di delegazione legislativa ai sensi dell'art. 76 Cost. dotata esclusivamente di questo contenuto).

La **legge europea** contiene disposizioni modificative o abrogatrici di altre disposizioni statali vigenti che contrastino con gli obblighi derivanti dall'appartenenza dell'Italia all'Unione europea e altresì disposizioni necessarie per dare attuazione ad atti dell'UE.

La legge n. 234/2012, oltre a disciplinare le modalità di attuazione degli atti normativi dell'Unione europea all'interno dell'ordinamento italiano (c.d. *fase discendente*), regola anche la partecipazione dell'Italia al processo di formazione di tali atti (c.d. *fase ascendente*).

Capitolo V

IL PARLAMENTO

Alessandro Morelli – Giovanni Moschella[*]

1. *La nozione di rappresentanza politica*

La nozione di rappresentanza politica risulta strettamente legata alla nascita e allo sviluppo del **parlamentarismo**, tant'è che nella ricostruzione teorico-costituzionale i due concetti tendono a essere identificati.

Rappresentanza giuridica e rappresentanza politica

È utile, a questo proposito, procedere a una distinzione tra **rappresentanza giuridica** (di natura privatistica) e **rappresentanza politica** (di natura pubblicistica).

La prima, tipica dello Stato medievale, si caratterizza per un rapporto di tipo vincolante tra rappresentato e rappresentante, in cui quest'ultimo agisce in nome e per conto del rappresentato, mentre gli effetti dell'azione del rappresentante ricadono direttamente nella sfera giuridica del rappresentato, il quale può in qualsiasi momento procedere alla revoca del rappresentante. Difatti, rispetto ai parlamenti moderni, i parlamenti medievali si caratterizzavano per una sorta di mandato vincolante attribuito ai rappresentati che contribuiva a qualificare quel rapporto per la presenza di elementi propri di un rapporto rappresentativo di tipo privatistico:

---

[*] I paragrafi 1, 2, 3 e 4 sono stati scritti da G. Moschella; i restanti da A. Morelli.

tre soggetti investiti (**monarca**, **rappresentante** e **rappresentato**), un **vincolo di mandato** che legava il rappresentante al rappresentato, attraverso istruzioni specifiche (*cahiers de doléance*), espressione dell'incarico affidato al mandatario al fine di rappresentare gli interessi particolari del mandante, la revocabilità del mandato e la sua onerosità.

Viceversa, nella **rappresentanza politica** il parlamentare rappresenta un'entità astratta, la **nazione**, ed esercita le sue funzioni **senza vincolo di mandato** (art. 67 Cost.); la sua attività non ricade direttamente nella sfera giuridica del rappresentato (elettore). Egli, pertanto, non può essere revocato e risponde del suo operato solo alla scadenza del mandato elettorale, attraverso l'esercizio di una responsabilità politica diffusa nei confronti dei rappresentati (elettori).

L'allargamento del corpo elettorale e la preposizione ai diversi organi di rappresentanti legittimamente eletti contribuiscono alla creazione della forma di governo rappresentativa. Il rappresentante cessa di essere un delegato per trasformarsi in un vero e proprio fiduciario, portatore di un ipotetico interesse generale. Da questo momento in poi, i rappresentanti si liberano dei *cahiers* e prende forma la teorizzazione della rappresentanza in senso moderno, «nella quale ciascun deputato sta per la Nazione (o per il popolo nel suo complesso), intendendosi con quest'ultima espressione un'entità astratta che può volere esclusivamente attraverso i propri rappresentanti» (D. Nocilla-L. Ciaurro). Si pongono in tal modo le basi per la trasformazione delle Assemblee parlamentari da organi di mera rappresentazione delle diverse articolazioni della società civile, concetto tuttavia limitativo in quanto comprensivo esclusivamente dei soggetti titolari dell'elettorato attivo (suffragio ristretto), in organi decisionali cui spetta il perseguimento dell'interesse generale. Si può ben comprendere come attraverso tale delicato passaggio l'organo Parlamento muti radicalmente la sua natura, trasformandosi da corpo della società, accreditato, ma non ancora interno allo Stato, in organo stesso dello Stato e dunque abilitato a formarne e a esprimerne la volontà. In altri termini, lo Stato-persona si sostituisce alla persona del monarca assurgendo a momento ed espressione tangibile dell'unità del popolo e l'interesse generale viene a identificarsi con l'interesse dello Stato-persona.

Nella concezione liberale, tuttavia, l'interesse dello Stato viene a identificarsi e a coincidere con gli interessi certamente compositi e diversi, ma comunque "equilibrabili", di una classe sociale, la borghesia, fondati sul presupposto ideologico del "possesso privato del capitale".

Non può sottacersi, a questo proposito, come la concezione classica dei sistemi rappresentativi si sia per lungo tempo ispirata al modello parlamentare inglese, configuratosi dopo il *Reform Act* del 1832, che aveva come elemento costitutivo ed essenziale la composizione a carattere monoclasse del Parlamento, espressione dello stesso gruppo sociale emergente. Tale classe sociale, pur articolandosi in diverse correnti di opinione o partiti (in genere gravitanti attorno a unioni di persone poco numerose che si cristallizzavano su un candidato solo in coincidenza delle scadenze elettorali e si configuravano – a livello organizzativo – come raggruppamenti politici esclusivamente sul piano parlamentare), era tuttavia legata a un comune patrimonio ideologico.

2. *I sistemi elettorali*

Nella concezione del parlamentarismo classico, l'atto elettivo nelle competizioni politiche persegue un insieme di finalità a livello sistemico che possono sintetizzarsi nella legittimazione del sistema politico e dei soggetti che esercitano il potere di suprema direzione. Nei sistemi democratico-rappresentativi contemporanei tale funzione si intreccia strutturalmente con il carattere democratico dell'atto elettivo, quale elemento necessario del procedimento di elezione, non potendosi considerare legittima quella forma di organizzazione costituzionale che non fondi la propria attività sul consenso popolare determinato attraverso consultazioni che coinvolgano la partecipazione formalmente attiva dei cittadini. Nello stesso tempo, attraverso le elezioni viene legittimato l'indirizzo politico e viene garantito il ricambio dell'*élite* politica. Accanto a tali obiettivi, parte della dottrina rinviene nei **sistemi elettorali** anche la funzione di costituire nel Paese e negli organi istituzionali una maggioranza che governi contrapposta a una opposizione che svolga la sua funzione di controllo, facilitando così la possibilità di ricambio del ceto di governo e il pieno svolgimento del principio della responsabilità politica e del controllo da parte dei rappresentati sui rappresentanti e sulle strutture dello Stato apparato in generale. La effettiva realizzazione di tale modello risulta, tuttavia, subordinata alla condivisione da parte dei soggetti politici, al di là della loro contingente collocazione parlamentare (maggioranza o opposizione), delle regole fondamentali e della loro disponibilità a scambiarsi alternativamente i ruoli istituzionali.

La nozione di sistema elettorale

In via generale, quando si parla di **sistema elettorale** ci si riferisce al "**meccanismo elettorale in senso stretto**", vale a dire alla tecnica prescelta dal legislatore per la trasposizione dei voti in seggi, secondo la tradizionale distinzione tra **sistemi maggioritari** e **sistemi proporzionali**.

In un'accezione più ampia, il sistema elettorale non si limita solo a regolamentare la fase successiva alla manifestazione del voto, vale a dire alle modalità di attribuzione dei seggi, ma comprende anche le precedenti fasi del procedimento elettorale che riguardano, ad esempio, le condizioni di ineleggibilità e incompatibilità, la presentazione delle candidature e delle liste, le pari opportunità, la regolamentazione e il finanziamento della campagna elettorale, e più in generale la disciplina della *par condicio* (c.d. legislazione elettorale di contorno). Si tratta, come è evidente, di profili che contribuiscono a qualificare il circuito della rappresentanza politica, lo stesso carattere democratico delle elezioni e che hanno una profonda incidenza sulla determinazione del risultato elettorale.

Sistemi maggioritari e sistemi proporzionali

Limitandoci all'analisi del sistema elettorale in senso stretto, occorre innanzitutto richiamare le due grandi categorie a cui vengono ricondotti i principi su cui storicamente si classificano i sistemi di elezione: **maggioritario** e **proporzionale**.

Con tali denominazioni si indicano innanzitutto le diverse **formule elettorali**, ossia i meccanismi attraverso i quali si distribuiscono i seggi tra tutti i soggetti che abbiano partecipato alle elezioni.

Un altro aspetto importante da tenere presente nello studio dei sistemi elettorali è costituito dal tipo di **collegio** adottato (si parla anche di *circoscrizione elettorale*). Con tale termine si indica l'ambito preso in considerazione nella distribuzione dei seggi. Può aversi un collegio unico o più collegi e, in questo secondo caso, possono darsi **collegi uninominali**, che sono quelli in cui risulta eletto un solo candidato, e **collegi plurinominali**, nei quali sono eletti più candidati.

In via di principio, il sistema elettorale maggioritario opera nell'ambito di collegi uninominali e, attraverso una alterazione della piena rappresentanza delle forze politiche presenti nella competizione elettorale, privilegia il perseguimento di maggioranze ampie nelle assemblee rappresentative al fine di garantire la formazione di governi stabili.

Il sistema proporzionale, invece, opera prevalentemente nell'ambito di circoscrizioni plurinominali più o meno ampie, all'interno delle quali competono liste concorrenti, e tende a realizzare negli organismi elettivi una *rappresentanza proiettiva* (proporzionale), espressione quanto più fedele del voto espresso dal corpo elettorale. Il valore preminente sotteso al principio proporzionale è quello di privilegiare il carattere proiettivo della **rappresentatività** e la trasposizione, a livello di istituzioni rappresentative, di tutte le posizioni politiche e ideologiche presenti nel sistema.

Il principio maggioritario privilegia, di contro, l'obiettivo della formazione di una maggioranza stabile al fine di garantire la cosiddetta **governabilità**. Più in particolare, rispetto alla funzione di legittimazione del sistema politico e dei soggetti che esercitano il potere che generalmente viene riconosciuto alle leggi elettorali, l'obiettivo sistemico che si richiede ai meccanismi di elezione fondati sul principio maggioritario è quello di assicurare la costituzione nel Paese e negli organi istituzionali di una maggioranza che governi contrapposta a una opposizione che svolga la sua funzione di controllo, facilitando per tale via la possibilità di alternanza e il pieno svolgimento del principio della responsabilità politica.

Va detto, tuttavia, come tale classificazione risulti molto generica, rinvenendosi all'interno di ciascuno dei due modelli alcune importanti variabili: taluni sistemi proporzionali possono avere effetti maggioritari in ragione della eventuale applicazione di **clausole di sbarramento** e/o della previsione di **premi di maggioranza** o ancora della **dimensione ridotta delle circoscrizioni**; di contro, il sistema maggioritario ha effetti rappresentativi diversi a seconda che preveda un **turno unico** (*plurality system*) o un **doppio turno con ballottaggio** (*majority system*), come previsto dalla legislazione francese o, per rimanere in Italia, dalla legge per l'elezione del Sindaco.

3. *Sistema elettorale e sistema partitico*

La dottrina costituzionalistica e quella politologica hanno da tempo rilevato che il sistema elettorale non è uno strumento neutrale, ma è espressione dei rapporti di forza tra i soggetti politici e istituzionali ed è strettamente legato alla configurazione del sistema politico e alla forma di governo.

Altro elemento di carattere generale che va evidenziato è che non esistono sistemi elettorali più efficaci o più democratici di altri: la loro legittimazione è correlata alla loro efficacia e alla rispondenza agli obiettivi sistemici che, attraverso la loro adozione, s'intendono perseguire. L'influenza del sistema elettorale sulle vicende istituzionali è strettamente connessa al sistema dei partiti protagonisti della vicenda politica di uno Stato; anzi, è stato sostenuto che è proprio la configurazione del sistema dei partiti a determinare e modificare in concreto gli effetti prodotti dal sistema elettorale sugli organi istituzionali. Secondo questa tesi, dunque non è la legge elettorale a influenzare e a esprimere l'assetto politico, ma il regime elettorale ad adattarsi e conformarsi al sistema dei partiti e alla "Costituzione materiale" da essi realizzata (D. Fisichella). Nell'esperienza costituzionale italiana, ad esempio, il sistema proporzionale ha corrisposto, per un lungo periodo di tempo, alle esigenze del sistema politico-istituzionale caratterizzatosi fin dall'Assemblea costituente per il ruolo quasi di "organi costituzionali sostanziali", assunto dai partiti politici. In sede di Assemblea costituente, infatti, in una fase storica caratterizzata dal c.d. "velo d'ignoranza" e cioè dalla profonda incertezza circa i reali rapporti di forza tra i partiti politici usciti da venti anni di dittatura fascista e protagonisti della Lotta di liberazione (R. Bin), la scelta proporzionale si conformava alla configurazione di un sistema politico-istituzionale che vedeva come protagonisti assoluti i grandi partiti di massa. Così il sistema proporzionale non era solo una scelta di tecnica elettorale, ma un dato storico, un elemento qualificante il nuovo sistema democratico che si stava instaurando e che aveva nei partiti politici il proprio centro di propulsione.

In una fase storica caratterizzata da una forte contrapposizione politica e ideologica tra blocchi che riproduceva la divisione a livello internazionale, il sistema proporzionale ha peraltro garantito, per un lungo periodo di tempo, la rappresentanza all'interno delle Assemblee elettive di tutte le correnti politiche e di pensiero, favorendo il processo d'integrazione all'interno delle istituzioni di forze politiche considerate antisistema e rafforzando di fatto il sistema democratico attraverso la partecipazione dei cittadini nei partiti politici di massa. All'inizio degli anni '80 tale "spinta propulsiva", svolta dal sistema dei partiti nell'ambito del circuito rappresentativo, tende a esaurirsi. Si accentua quella tendenza dei partiti politici a configurarsi come *catch-all parties* ("*partiti pigliatutto*", tendenti ad attrarre il massimo consenso elettorale, trascendendo le divisioni politiche tradizionali) e a porsi come elementi insostituibili ed esclusivi della rappresentanza degli interessi sociali. La crisi fiscale dello Stato e il progressivo smantellamento dello Stato sociale, che hanno investito negli ultimi decenni le democrazie contemporanee in genere, si ripercuotono principalmente proprio sui partiti politici quali organizzazioni che, pur assumendosi *in toto* la funzione rappresentativa, non sono più in grado di recepire, mediare e trasporre nelle istituzioni rappresentative e di governo l'articolazione di interessi sociali sempre più frammentati.

Le organizzazioni partitiche protagoniste del primo cinquantennio repubblicano vengono così travolte da una profonda crisi di legittimazione politica e rappresentativa, aggravatasi all'inizio degli anni '90, dopo la caduta del muro di Berlino, dallo svuotamento della contrapposizione ideologica tra DC e PCI e dagli scandali di Tangentopoli, che si trasforma anche in crisi di legittimazione morale. Ne discende un profondo processo di cambiamento politico-istituzionale che ha come obiettivo sistemico quello di una rivalutazione dell'istituto della rappresentanza politica, svilita dalla funzione di monopolio svolta dalla "forma partito", al di là della previsione dell'art. 49 Cost. (secondo cui tutti i cittadini hanno diritto di associarsi liberamente in partiti per concorrere, *con metodo de-*

mocratico, a determinare la politica nazionale) e di un rafforzamento del rapporto tra elettori e rappresentanti, sì da rendere vigente sia nel Governo centrale che nelle esperienze locali il principio cardine delle democrazie rappresentative contemporanee, vale a dire il principio di alternanza, e quello, a esso strettamente collegato, di responsabilità politica, attraverso l'attribuzione al cittadino/elettore di un reale potere di scelta.

Le riforme istituzionali/elettorali, avviate con l'approvazione della legge n. 81/1993 (che ha introdotto l'elezione diretta del sindaco nei comuni), producono un effetto a catena che coinvolge anche il meccanismo di elezione del Parlamento nazionale, con l'adozione nel 1993 di un sistema prevalentemente maggioritario (75% dei seggi attribuito con meccanismo maggioritario in collegi uninominali, con sistema *plurality*, e il 25% con sistema proporzionale e liste bloccate all'interno di circoscrizioni) e la formazione di coalizioni di partiti alternativi.

La legge elettorale n. 270/2005 e la sent. n. 1/2014 della Corte costituzionale

La legge elettorale n. 270/2005, per buona parte dichiarata incostituzionale dalla Corte costituzionale con la sent. n. 1/2014, metteva da parte il sistema maggioritario e reintroduceva il **principio proporzionale corretto**, prevedendo sia per l'elezione della Camera dei deputati che per l'elezione del Senato della Repubblica una competizione tra **liste bloccate** di candidati di partito (o di coalizione) in circoscrizioni molto ampie, con livelli di sbarramento diversi tra Camera (4%) e Senato (8%), indicazione nella scheda dei candidati Premier e l'attribuzione al partito (o alla coalizione dei partiti collegati) che avesse conseguito il maggior numero di voti di un **premio di maggioranza** pari al 55% dei seggi. Gli obiettivi sistemici dichiarati erano quelli di incentivare la formazione di maggioranze stabili e di governi duraturi.

Tale meccanismo, pur realizzando l'alternanza tra coalizioni, non è riuscito, tuttavia, ad assicurare stabilità politica e istituzionale, in ragione dell'alto livello di frammentazione del sistema partitico, dell'accentuato *transfughismo parlamentare* (il passaggio, nel corso della legislatura, di un deputato o senatore da un partito all'altro e la conseguenziale afferenza al relativo gruppo parlamentare) e, soprattutto, a causa del carattere preminentemente elettorale e non politico-programmatico delle coalizioni. Inoltre, in ragione del diverso criterio di distribuzione del premio di maggioranza tra Camera dei deputati e Senato della Repubblica, in più legislature le elezioni hanno dato luogo a maggioranze politiche disomogenee tra una camera e l'altra, producendo notevoli difficoltà sul piano della stabilità di governo. A ciò si aggiungano, da un lato, gli effetti di dispersione nel rapporto tra elettore ed eletto, dovuti alla competizione in circoscrizioni molto ampie e, dall'altro, lo svilimento del potere di decisione e di scelta del cittadino derivante dalla previsione del voto senza possibilità di esprimere preferenze, essendo previste liste bloccate di candidati indicati secondo un ordine di lista stabilito dai vertici dei partiti politici, i quali si sono visti così riconoscere non solo una delega in bianco, ma quasi un potere di designazione/cooptazione dei parlamentari che ha messo in discussione il tradizionale concetto di rappresentanza politica e lo stesso principio di sovranità popolare.

La legge elettorale n. 165/2017

La sent. n. 1/2014 della Corte costituzionale, che ha dichiarato l'illegittimità costituzionale della legge elettorale n. 270/2005, ha costretto le Camere a riformare il sistema elettorale. Tuttavia, anche la prima riforma approvata nel 2015 dal Parlamento (legge n. 52/2015, c.d. *Italicum*) è caduta sotto i magli della Corte costituzionale (sent. n. 35/2017) e solo nell'ultimo scorcio della XVII legislatura il Parlamento è riuscito, infine, ad approvare una nuova legge elettorale, strutturata secondo un **sistema misto a prevalenza proporzionale**, ma corretto con una rilevante quota di parlamentari da eleggere nell'ambito di collegi uninominali con meccanismo maggioritario (legge n. 165/2017).

4. *La riforma costituzionale del 2020 e gli effetti sul sistema elettorale*

La **legge cost. n. 1/2020** che ha ridefinito il numero dei parlamentari, riducendolo a **400 per la Camera dei deputati** e a **200 per il Senato della Repubblica** (ai quali devono aggiungersi i **5 senatori a vita**), ha prodotto alcuni "effetti collaterali" che, da un lato, rendono indispensabili ulteriori interventi legislativi per adeguare l'organizzazione delle Assemblee rappresentative alla nuova composizione delle Camere ma, dall'altro, suggeriscono un'azione di riforma che affronti sistematicamente il nodo dell'attuale crisi della rappresentanza politica.

La modifica degli artt. 56, 57 e 59 Cost., suggellata dal referendum costituzionale del settembre 2020, richiede innanzitutto interventi legislativi di tipo ordinario (legge elettorale e ridefinizione delle circoscrizioni), ma anche modifiche dei regolamenti parlamentari e, per certi versi, la necessità del ricorso a una ulteriore revisione costituzionale. In tale quadro, un primo intervento riguarda la riforma elettorale e il ritaglio delle circoscrizioni, al fine di adeguare la ripartizione territoriale dei seggi alla riduzione del numero dei parlamentari. In effetti, pur non essendo obbligatoria, una riforma del sistema elettorale risulterebbe quanto meno auspicabile in quanto con meno seggi a disposizione «occorreranno più voti per essere eletti e quindi vi sarà una maggiore selezione delle forze politiche in grado di ottenere rappresentanza parlamentare (c.d. sbarramento implicito)» e, in caso di mantenimento dell'attuale sistema misto, nei collegi uninominali con elezione maggioritaria si avrebbe una sovra-rappresentazione dei partiti maggiori, i quali verrebbero favoriti soprattutto nell'elezione del Senato dove in alcune Regioni il numero dei seggi da attribuire sarà così ridotto «da impedire di fatto al metodo proporzionale di poter dispiegare i suoi effetti» (S. Curreri). Sarà inoltre necessario disegnare circoscrizioni elettorali molto ampie nell'ambito delle quali si accrescerà notevolmente il rapporto tra ciascun parlamentare e il numero degli elettori. Lo stesso sistema elettorale in senso stretto non sembra possa essere escluso da un processo di ridefinizione, sia per quanto riguarda l'adozione di un meccanismo di trasformazione dei voti in seggi che garantisca il pluralismo e la rappresentanza delle minoranze, sia nel senso di accrescere in capo ai cittadini/elettori l'esercizio del potere di scelta dei propri rappresentanti, ponendo fine al meccanismo di cooptazione partitica della rappresentanza parlamentare, garantito negli ultimi decenni dal sistema delle liste bloccate. A fronte della riduzione del numero dei parlamentari, tale meccanismo – se mantenuto – finirebbe infatti per accrescere ulteriormente l'incidenza dei vertici dei partiti nella selezione dei candidati.

5. *I caratteri del voto*

Il voto come diritto e come dovere civico

Nell'ordinamento costituzionale italiano, il voto corrisponde a un ***diritto politico fondamentale*** (come ha riconosciuto anche la Corte costituzionale: ad es. nella sent. n. 1/2014), ma, data l'importanza che il suo esercizio ha per il corretto funzionamento delle istituzioni rappresentative, l'art. 48, comma 2, Cost. lo definisce anche come l'adempimento di un ***dovere civico***. Con tale espressione i Costituenti non intesero introdurre un autentico obbligo giuridico di voto: l'espressione scelta fu il frutto del compromesso tra chi riteneva che al dovere in questione si sarebbe potuto riconoscere soltanto un valore morale e chi sosteneva, invece, l'opportunità di introdurre una specifica sanzione in caso di mancato esercizio del voto. La formula "dovere civico" sottolinea il carattere etico di tale atto, ma, al tempo stesso, ha una portata normativa, in quanto rimette al legislatore la decisione se introdurre o meno misure sanzionatorie in caso di mancato adempimento del dovere stesso (E. Bettinelli). Al momento non sono previste misure del genere: in passato, l'art. 115, ultimo comma, del Testo Unico delle leggi recanti norme per la elezione della Camera dei deputati (d.P.R. n. 361/1957) prevedeva che sul certificato di buona condotta (un tempo richiesto per l'accesso ai pubblici impieghi) di chi non avesse votato senza giustificato motivo fosse iscritta, per il periodo di cinque anni, la menzione «*non ha votato*». Tale disposizione, tuttavia, è stata abrogata dalla legge n. 277/1993. Qualora il voto fosse qualificato soltanto come un diritto, sanzioni come questa non potrebbero essere introdotte dal legislatore.

Quanto ai caratteri del diritto di voto, l'art. 48, comma 2, Cost. prevede che esso è «*personale ed eguale, libero e segreto*».

La personalità del voto

Il carattere **personale** del voto comporta che questi non possa essere esercitato per procura, ma direttamente dall'elettore. La normativa vigente, tuttavia, prevede la possibilità per le persone disabili di esercitare il proprio diritto di voto con il soccorso di un elettore della propria famiglia o di un altro elettore, volontariamente scelto come accompagnatore.

Eguaglianza del voto

L'**eguaglianza** del voto implica che, a prescindere dalle condizioni personali e sociali in cui si trova l'elettore, ciascun voto ha lo stesso valore degli altri. Sono, pertanto, vietati sia il voto *plurimo* sia il voto *multiplo*. Si ha il primo quando al voto di determinati elettori, che si trovino in certe condizioni (es. proprietari di immobili, laureati, ecc.), si attribuisce un valore superiore all'unità; il secondo, quando a determinati elettori è riconosciuta la facoltà di votare in più collegi.

La libertà del voto

La **libertà** del voto è un carattere che sollecita i pubblici poteri a eliminare e a impedire ogni forma d'indebita limitazione dell'autonomia di giudizio dell'elettore. Si tratta evidentemente di un principio la cui attuazione è condizionata anche, e soprattutto, dalla garanzia di un effettivo pluralismo dell'informazione, necessario affinché possa formarsi un'opinione pubblica consapevole.

La segretezza del voto

Al requisito della libertà si lega strettamente quello della **segretezza**, che serve a preservare la prima da illegittime interferenze esterne. La condizione di segretezza nell'esercizio di voto è salvaguardata dalla predisposizione delle schede di Stato, uguali per tutti, e delle cabine elettorali, nelle quali ci si isola per votare.

6. *La verifica dei poteri. Ineleggibilità, incompatibilità e incandidabilità*

Con l'espressione "**verifica dei poteri**" (o anche "verifica delle elezioni" o "verifica dei titoli di ammissione") si intende il procedimento mediante il quale le Camere controllano la regolarità delle elezioni e la sussistenza di eventuali cause d'*ineleggibilità*, *incompatibilità* e *incandidabilità* dei loro componenti. Ai due rami del Parlamento è riconosciuta la competenza a svolgere tale controllo per salvaguardarne l'autonomia e l'indipendenza costituzionalmente garantite.

L'art. 66 Cost. prevede, infatti, che «*ciascuna Camera giudica dei titoli di ammissione dei suoi componenti e delle cause sopraggiunte di ineleggibilità e di incompatibilità*».

Gli organi competenti

La verifica dei poteri è esercitata da una commissione permanente costituita presso ognuna delle due Camere: si tratta della **Giunta delle elezioni** alla Camera e della **Giunta delle elezioni e delle immunità parlamentari** al Senato.

Il procedimento: il controllo di delibazione e il giudizio di contestazione

Il procedimento si articola in due fasi: il **controllo di delibazione**, che costituisce un primo passaggio obbligato e ha lo scopo di verificare la validità delle consultazioni elettorali sotto i profili anzidetti; il **giudizio di contestazione**, seconda fase eventuale, che prende avvio se la Giunta non convalida ma "contesta" l'elezione. Tale giudizio si svolge dapprima dinanzi alla Giunta, attraverso una discussione pubblica alla quale partecipano i promotori delle contestazioni, il parlamentare della cui elezione si dibatte e i rispettivi rappresentanti. La Giunta delibera a favore o contro la convalida e viene investita così l'intera Assemblea, che discute la deliberazione della Giunta e decide, a scrutinio segreto, sulla convalida dell'elezione.

Se il controllo di delibazione ha natura amministrativa, il giudizio di contestazione presenta, invece, natura giurisdizionale, incidendo sul diritto di voto degli eletti e sviluppandosi in contraddittorio tra le parti.

Una particolare attenzione va ora riservata alle diverse figure la cui sussistenza deve, tra l'altro, essere accertata durante la verifica dei poteri: **ineleggibilità**, **incompatibilità**, **incandidabilità**.

Ineleggibilità

Per **ineleggibilità** si intende *la condizione di chi, sulla base della disciplina legislativa vigente, non può essere eletto a causa di un impedimento giuridico preesistente all'elezione stessa*. La *ratio* delle previsioni di cause d'ineleggibilità sta nell'esigenza di assicurare, per quanto possibile, la condizione di parità di *chances* tra i candidati e, quindi, indirettamente la libertà stessa del voto. Le ipotesi d'ineleggibilità riguardano, infatti, soggetti che si trovano in posizioni nelle quali potrebbero esercitare influenze indebite sulla competizione elettorale. La figura dell'ineleggibilità determina l'invalidità delle elezioni. La disciplina è contenuta nel T.U. delle leggi recanti norme per l'elezione della Camera dei deputati (d.P.R. n. 361/1957), più volte modificato.

Una prima categoria di soggetti ineleggibili sono i titolari di cariche pubbliche presso gli enti locali, nonché funzionari e alti ufficiali: presidenti delle giunte provinciali, sindaci di Comuni con popolazione superiore ai 20.000 abitanti, capi e vicecapi della polizia, capi di gabinetto dei ministeri, viceprefetti e funzionari di pubblica sicurezza, ufficiali generali, ammiragli, ufficiali generali delle Forze armate dello Stato, ecc. (art. 7, T.U.). Tra gli ineleggibili erano inclusi anche i consiglieri regionali ma la Corte costituzionale ha dichiarato l'illegittimità di tale previsione (sent. n. 344/1993). Le suddette cause d'ineleggibilità non hanno effetto se le funzioni esercitate siano cessate almeno centottanta giorni prima della data di scadenza del quinquennio di durata della Camera dei deputati. Si precisa, inoltre, che per cessazione dalle funzioni si intende l'effettiva astensione da ogni atto inerente all'ufficio, preceduta, nei casi di cariche politiche elettive dalla formale presentazione delle dimissioni e, negli altri casi, dal trasferimento, dalla revoca dell'incarico o del comando o dal collocamento in aspettativa.

Per quanto riguarda i magistrati, fatta eccezione per quelli in servizio presso le giurisdizioni superiori, anche in caso di scioglimento anticipato della Camera dei deputati e di elezioni suppletive, essi non sono eleggibili nelle circoscrizioni sottoposte, in tutto o in parte, alla giurisdizione degli uffici ai quali si sono trovati assegnati o presso i quali hanno esercitato le loro funzioni in un periodo compreso nei sei mesi antecedenti la data di accettazione della candidatura. Non sono in ogni caso eleggibili se, all'atto dell'accettazione della candidatura, non si trovino in aspettativa. Si prevede, inoltre, che i magistrati che sono stati candidati e non sono stati eletti non possono esercitare per un periodo di cinque anni le loro funzioni nella circoscrizione nel cui ambito si sono svolte le elezioni (art. 8).

Una seconda categoria comprende i diplomatici, i consoli, i viceconsoli, eccettuati gli onorari e, in generale, gli ufficiali, retribuiti o no, addetti alle ambasciate, legazioni e consolati esteri, tanto residenti in Italia quanto all'estero, nonché tutti coloro che abbiano un impiego da governi esteri (art. 9).

Una terza categoria include i soggetti che hanno particolari rapporti di natura economica con lo Stato: concessionari di pubblici servizi, rappresentanti, amministratori, dirigenti e consulenti di società e imprese volte al profitto di privati e sussidiate dallo Stato con sovvenzioni continuative o con garanzia di assegnazioni o di interessi, quando questi sussidi non siano concessi in forza di una legge generale dello Stato (art. 10).

Incompatibilità

Per **incompatibilità** si intende, invece, la condizione nella quale l'eletto non può rivestire il ruolo di parlamentare contemporaneamente a un'altra carica. La *ratio* dell'istituto è diversa da quella dell'ineleggibilità. Le ipotesi d'incompatibilità, infatti, sono previste allo scopo di assicurare le condizioni di un esercizio *imparziale* delle funzioni parlamentari, che può essere impedito od ostacolato dalla sussistenza di eventuali conflitti d'interessi o dal sovrapporsi di funzioni tra loro inconciliabili.

Alcune ipotesi d'incompatibilità sono previste dalla Costituzione: così l'art. 65, dopo aver rinviato alla legge il compito di determinare i casi d'ineleggibilità e d'incompatibilità con l'ufficio di deputato o senatore, stabilisce che non si può appartenere contemporaneamente alle due Camere; l'art. 84, comma 2, prevede che l'ufficio di Presidente della Repubblica è incompatibile con qualsiasi altra carica, compresa, dunque, quella di parlamentare; l'art. 104, ultimo comma, sancisce l'incompatibilità tra membro delle Camere e componente del Consiglio superiore della magistratura; l'art. 135, comma 6, contiene un divieto di cumulo delle cariche di parlamentare e di giudice della Corte costituzionale.

Altre cause d'incompatibilità sono previste dalla legge n. 60/1953, a norma della quale i parlamentari non possono ricoprire: cariche o uffici in enti pubblici o privati, per nomina o designazione del Governo o di organi dell'Amministrazione dello Stato (art. 1); l'ufficio di componente di assemblee legislative o di organi esecutivi, nazionali o regionali, in Stati esteri (art. 1-*bis*); cariche di amministratore, presidente, liquidatore, sindaco, revisore, direttore generale o centrale, consulente legale o amministrativo, con prestazioni di carattere permanente, in associazioni o enti che gestiscono servizi di qualunque genere per conto dello Stato o della P.A., o ai quali lo Stato contribuisca in via ordinaria, direttamente o indirettamente (art. 2) o ancora in istituti bancari o in società per azioni che abbiano, come scopo prevalente, l'esercizio di attività finanziarie, a eccezione degli istituti di credito a carattere cooperativo, i quali non operino fuori della loro sede (art. 3).

A differenza delle cause d'ineleggibilità, le ipotesi d'incompatibilità non determinano l'invalidità delle elezioni ma la *decadenza del parlamentare*, a meno che quest'ultimo non rimuova la causa dell'incompatibilità. Da notare che le cause d'ineleggibilità sopravvenuta, che subentrano successivamente all'elezione, seguono, di regola, il regime giuridico dell'incompatibilità.

Incandidabilità

Una diversa figura è, infine, quella della **incandidabilità**, prevista ora anche per le elezioni politiche dal d.lgs. n. 235/2012, attuativo della legge delega n. 190/2012 (c.d. *legge "anticorruzione"*). Si tratta, in questo caso, di una forma d'inidoneità assoluta, che non può essere rimossa dal soggetto interessato e che colpisce coloro che hanno riportato condanne definitive per reati di particolare gravità (associazione di tipo mafioso, delitti relativi al traffico di armi e di droga, alcuni delitti dei pubblici ufficiali, ecc.). Gli effetti dell'incandidabilità sono la nullità dell'elezione e, se la causa è sopravvenuta, la decadenza dell'eletto.

7. *La struttura del Parlamento: il bicameralismo*

Il Parlamento italiano ha una **struttura bicamerale**: l'art. 55 Cost. prevede, infatti, che esso si compone della **Camera dei deputati** e del **Senato della Repubblica**.

La presenza di due camere è una caratteristica comune agli organi legislativi di numerose democrazie contemporanee, ma tale organizzazione risponde a esigenze diverse. Negli **Stati federali**, infatti, la seconda camera ha la funzione di consentire la rappresentanza territoriale degli Stati membri della federazione: si pensi, per esempio, al Senato negli Stati Uniti d'America o al *Bundesrat* nella Repubblica federale tedesca. Negli Stati che non hanno una struttura federale, come l'Italia, invece, la seconda camera risponde a esigenze diverse, come quella di consentire il "raffreddamento" del dibattito politico, grazie alla consapevolezza che gli "sconfitti" nella contesa svoltasi in un ramo del Parlamento potranno sempre sperare in una rivincita nell'altro, e quella di consentire una maggiore ponderazione sui contenuti degli atti legislativi che si stanno approvando.

Pochi sono gli Stati che hanno parlamenti *monocamerali*, secondo una scelta che storicamente si giustifica in base all'esigenza di attribuire maggior peso e autorevolezza all'organo legislativo (così in Portogallo, Svezia e Danimarca).

Nei Parlamenti dotati di una struttura bicamerale, le due camere possono avere una composizione e poteri diversi: in questo caso si parla di *bicameralismo imperfetto* (così, per esempio, in Francia, Germania, Regno Unito, Irlanda e Spagna).

Il bicameralismo perfetto

Il bicameralismo italiano, invece, si definisce **perfetto (o paritario)** poiché le due Camere hanno le stesse funzioni e sono poste in una condizione di parità nel loro esercizio, anche se presentano alcune differenze relative alle modalità di formazione e alla composizione. Sul primo versante, l'art. 57, comma 1, Cost. prevede che il Senato «*è eletto a base regionale*», formula ambigua che non fa certo dell'attuale secondo ramo del Parlamento una Camera delle Regioni, ma che però richiede l'instaurazione, soprattutto tramite il sistema elettorale, di un effettivo collegamento tra gli enti regionali e il Senato. Un collegamento che non dovrebbe tradursi semplicemente nell'adozione, ai fini della distribuzione dei seggi, di circoscrizioni territoriali regionali.

Sempre riguardo alle modalità di formazione, un'altra significativa differenza attiene ai **requisiti richiesti per l'elettorato attivo e passivo**: quanto alla Camera dei deputati, per votare è sufficiente la maggiore età mentre per essere eletti occorre avere raggiunto i 25 anni (art. 56, commi 1 e 3); per il Senato occorre aver raggiunto i 25 anni per votare e i 40 anni per essere eletti (art. 58).

La composizione numerica delle due Camere dopo la legge cost. n. 1/2020

Camera e Senato hanno poi una **diversa consistenza numerica**. Come si è già anticipato, in seguito all'entrata in vigore della legge cost. n. 1/2020 (*Modifiche agli articoli 56, 57 e 59 della Costituzione in materia di riduzione del numero dei parlamentari*), sul cui testo si è svolto con esito positivo, il 20 e il 21 settembre 2020, un referendum costituzionale, l'attuale art. 56 Cost. stabilisce che il **numero dei deputati è di 400**, 8 dei quali eletti nella circoscrizione Estero (in precedenza erano 630, 12 dei quali eletti nella circoscrizione Estero); il **numero dei senatori elettivi, invece, è di 200**, 4 dei quali eletti nella circoscrizione Estero (in precedenza erano 315, 6 dei quali eletti nella circoscrizione Estero). A questi ultimi si aggiungono, inoltre, i 5 senatori di diritto e a vita: gli *ex* presidenti della Repubblica e i senatori nominati dal Capo dello Stato per aver illustrato la Patria in ragione di «*altissimi meriti nel campo sociale, scientifico, artistico e letterario*» (art. 59 Cost.). La legge costituzionale n. 1/2020 ha anche introdotto in quest'ultimo articolo una previsione secondo cui il numero complessivo dei senatori in carica nominati dal Presidente della Repubblica non può in alcun caso essere superiore a cinque.

Esistono, dunque, alcune differenze ma non appaiono particolarmente rilevanti. La durata delle Camere, innanzitutto, è la stessa: 5 anni (periodo denominato "legislatura"). In precedenza, anche sotto tale profilo i due rami del Parlamento si differenziavano (la durata in carica per la Camera era di 5 anni e per il Senato di 6), ma la legge costituzionale n. 2/1963 ha eliminato tale differenza.

Dal punto di vista funzionale, Camera e Senato hanno le stesse competenze: entrambe concedono e revocano la fiducia al Governo (art. 94 Cost.); ed esercitano collettivamente la funzione legislativa, nel senso che ogni testo di legge deve essere approvato, nella stessa formulazione, da entrambe le Camere (art. 70 Cost.).

> Si è tentato più volte di promuovere riforme volte a superare il bicameralismo perfetto, la più recente delle quali è stata quella promossa dal Governo Renzi, bocciata dal referendum costituzionale del 4 dicembre 2016. La condizione paritaria delle due Camere è stata criticata da molti in quanto appesantirebbe eccessivamente l'esercizio delle funzioni parlamentari.

Il Parlamento in seduta comune

Un'eccezione al principio del bicameralismo è il **Parlamento in seduta comune**, organo collegiale composto da deputati e senatori (rispetto al cui numero complessivo si calcola, quindi, la maggioranza) e presieduto dal Presidente della Camera. Per il suo funzionamento si applicano le norme del regolamento della Camera.

L'art. 55, comma 2, Cost. prevede che il Parlamento si riunisce in seduta comune dei membri delle due Camere nei soli casi stabiliti dalla Costituzione, ossia nelle seguenti ipotesi:

a) in occasione dell'elezione del Presidente della Repubblica (art. 85 Cost.);
b) quando occorre **eleggere i cinque giudici costituzionali** di designazione parlamentare (art. 135 Cost.);

c) per l'elezione di un terzo dei componenti del Consiglio superiore della magistratura (art. 104 Cost.);
d) per la votazione sull'elenco di cittadini aventi i requisiti per l'eleggibilità a senatore, tra i quali si estraggono a sorte sedici membri chiamati a partecipare ai giudizi d'accusa contro il Presidente della Repubblica (art. 135 Cost.);
e) per la messa in stato di accusa del Presidente della Repubblica (art. 90 Cost.).

8. *L'organizzazione e il funzionamento delle Camere*

La disciplina inerente all'organizzazione e al funzionamento delle Camere si rinviene nella Costituzione e nei regolamenti parlamentari, i quali, come si è visto, sono fonti normative primarie.

I regolamenti parlamentari

Della natura giuridica dei regolamenti si è già detto. Si deve aggiungere ora che ciascuna Camera, a norma dell'art. 64 Cost., approva il suo regolamento a maggioranza assoluta dei propri componenti. La previsione di tale maggioranza dovrebbe servire a garantire stabilità e adeguata condivisione delle regole inerenti all'organizzazione e al funzionamento degli organi parlamentari.

Oltre ai regolamenti maggiori ne esistono anche di *minori*, dei quali si dotano alcuni organi interni alle Camere (come, per esempio, le commissioni) per regolare la propria organizzazione.

All'interno dei due rami del Parlamento operano diversi organi, i più importanti dei quali sono: il *Presidente* e l'*Ufficio di presidenza*, i *Gruppi parlamentari*, le *Commissioni*, le *Giunte*.

Il Presidente

Ciascuna Camera elegge, innanzitutto, un suo **Presidente**, il quale rappresenta l'Assemblea, assicura il buon andamento dei suoi lavori e dell'amministrazione interna, facendo osservare il regolamento, sovrintende alle funzioni attribuite ai questori e ai segretari. Inoltre, nello svolgimento dei lavori dà la parola, dirige e modera la discussione, mantiene l'ordine, pone le questioni, stabilisce l'ordine delle votazioni, chiarisce il significato del voto e ne annunzia il risultato (art. 8 del Regolamento della Camera e, con previsioni analoghe, art. 8 del Regolamento del Senato).

L'Ufficio di presidenza

L'**Ufficio di presidenza**, che ha come compito quello di coadiuvare il Presidente nell'esercizio delle sue funzioni, è composto dai **vicepresidenti**, dai **questori** e dai **segretari**, tutti eletti dall'Assemblea dopo l'elezione del Presidente.

I Gruppi parlamentari

I **Gruppi parlamentari** consistono in associazioni di parlamentari generalmente appartenenti al medesimo partito o movimento politico. La

Costituzione fa riferimento ai gruppi nell'art. 72, dove prevede che le commissioni permanenti competenti a esaminare e ad approvare i disegni di legge siano composte in modo da rispecchiare la proporzione dei gruppi, e nell'art. 82, a norma del quale anche le commissioni d'inchiesta devono essere formate rispettando il medesimo criterio di proporzionalità in relazione ai gruppi parlamentari.

La disciplina di tali organi è, dunque, contenuta nei regolamenti parlamentari.

Alla Camera, per costituire un gruppo occorre un numero minimo di 20 deputati. L'Ufficio di presidenza può autorizzare la costituzione di un gruppo con un numero inferiore di iscritti purché questo rappresenti un partito organizzato nel Paese che abbia presentato, con il medesimo contrassegno, in almeno 20 collegi, proprie liste di candidati, le quali abbiano ottenuto almeno un quoziente in un collegio e una cifra elettorale nazionale di almeno trecentomila voti di lista validi. Entro due giorni dalla prima seduta, i deputati devono dichiarare al Segretario generale della Camera a quale gruppo appartengono. I deputati i quali non abbiano fatto la suddetta dichiarazione o non appartengano ad alcun gruppo costituiscono un unico gruppo misto (art. 14 del Regolamento della Camera).

Al Senato, ogni senatore, entro tre giorni dalla prima seduta, è tenuto a indicare alla Presidenza del Senato il gruppo del quale intende fare parte. Lo stesso devono fare i senatori che subentrano nel corso della legislatura: essi devono indicare alla Presidenza il gruppo al quale intendono aderire, entro tre giorni dalla proclamazione o dalla nomina. La disciplina relativa alla formazione dei gruppi in questo ramo del Parlamento è stata modificata, da ultimo, il 30 dicembre 2017. A seguito di tale riforma si prevede ora che ciascun gruppo deve essere composto da almeno dieci senatori *e deve rappresentare un partito o movimento politico, anche risultante dall'aggregazione di più partiti o movimenti politici, che abbia presentato alle elezioni del Senato propri candidati con lo stesso contrassegno, conseguendo l'elezione di senatori* (art. 14 del Regolamento del Senato). Si è, inoltre, stabilito che nuovi gruppi parlamentari possano costituirsi nel corso della legislatura solo se risultanti dall'unione di gruppi già costituiti (art. 15 del Regolamento del Senato).

Si è, dunque, affiancato al requisito numerico (10 senatori), necessario per la formazione di un gruppo parlamentare, anche un *requisito politico-elettorale* (il gruppo deve rappresentare un partito o movimento che abbia presentato candidati alle ultime elezioni del Senato con lo stesso contrassegno); e ciò allo scopo di combattere il fenomeno del "transfughismo", ossia, come si è già detto, il passaggio di senatori, nel corso della legislatura, da un partito, e dunque da un gruppo parlamentare, a un altro.

Tali previsioni, tuttavia, non sono risultate efficaci poiché non hanno impedito, subito dopo la loro introduzione, che si formassero, all'interno del Senato stesso, nuovi gruppi parlamentari, sfruttando i contrassegni di partiti che si erano presentati alle precedenti elezioni al Senato all'interno di un'unica lista o che facessero parte di una coalizione che aveva supportato candidati uninominali (collegati) poi eletti: sono stati questi i casi dei gruppi Italia Viva-PSI e MAIE-Italia 23.

Il Regolamento del Senato prevede, inoltre, che nel caso in cui più partiti o movimenti politici abbiano presentato alle elezioni congiuntamente liste di candidati con il medesimo contrassegno, con riferimento a tali liste, può essere costituito un solo gruppo, che rappresenta complessivamente tutti i medesimi partiti o movimenti politici. È ammessa la costituzione di gruppi autonomi, composti da almeno dieci senatori, purché corrispondenti a singoli partiti o movimenti politici che si siano presentati alle elezioni uniti o collegati. I senatori che non abbiano dichiarato di voler appartenere a un gruppo formano, anche al Senato, il *gruppo misto*.

I senatori di diritto e a vita e i senatori a vita, infine, possono non entrare a far parte di alcun gruppo (art. 14).

I gruppi parlamentari sono, dunque, le proiezioni dei partiti all'interno delle due Camere, ma rimangono articolazioni di queste ultime e seguono, pertanto, le regole di organizzazione e di funzionamento dei regolamenti parlamentari. I partiti politici possono anche prevedere, nei propri statuti, che i gruppi siano vincolati a rispettare gli indirizzi provenienti dai loro organi nazionali, ma non dispongono di strumenti giuridici utili a imporre le proprie direttive. Vige, infatti, come si è più volte ricordato, il *divieto di mandato imperativo*, che consente un eventuale distanziamento delle decisioni dei gruppi rispetto agli indirizzi dei partiti di riferimento. D'altro canto, a differenza dei parlamenti dello Stato liberale ottocentesco, i cui componenti agivano individualmente (come "atomi": R. Bin-G. Pitruzzella), nelle odierne Camere sono soprattutto i gruppi a promuovere l'esercizio delle funzioni parlamentari. La loro presenza, oltre ad assicurare il legame tra istituzione parlamentare e partiti, espressione del pluralismo politico riconosciuto dalla Costituzione, dovrebbe agevolare un efficiente svolgimento delle stesse funzioni parlamentari.

La Conferenza dei presidenti dei gruppi parlamentari

I regolamenti riconoscono, poi, un ruolo notevole alla **Conferenza dei presidenti dei gruppi parlamentari**, la cui più importante prerogativa è quella di approvare il programma dei lavori dell'Assemblea (art. 23 del Regolamento della Camera; art. 53 del Regolamento del Senato). I presidenti dei gruppi, inoltre, sono ascoltati, per prassi, dal Presidente della Repubblica durante le **consultazioni** utili alla risoluzione delle crisi di governo.

Le **Commissioni** sono organi collegiali ai quali la Costituzione e i regolamenti parlamentari attribuiscono importanti funzioni. Si distinguono, innanzitutto, **commissioni permanenti** e **commissioni temporanee**.

Le Commissioni parlamentari

Le *commissioni permanenti* sono organi indispensabili delle Camere e svolgono, innanzitutto, come si è già avuto modo di vedere, un importante ruolo nell'ambito del procedimento legislativo. A tali competenze affiancano funzioni di indirizzo, di controllo, di informazione e consultive.

Alcune commissioni permanenti svolgono funzioni, per così dire, "trasversali", non riconducibili a una specifica materia: così, per esempio, alla Camera, la *Commissione affari costituzionali* e la *Commissione del bilancio, tesoro e programmazione*, che nel procedimento legislativo sono chiamate a esprimere pareri sui progetti assegnati alle commissioni competenti per materia.

Le *commissioni temporanee*, invece, sono create appositamente per lo svolgimento di specifici compiti e durano in carica per periodi delimitati. Rientrano in tale categoria le **commissioni d'inchiesta**, previste dall'art. 82 Cost., a norma del quale esse possono essere istituite «*su materie di pubblico interesse*». Devono essere formate «*in modo da rispecchiare la proporzione dei vari gruppi*» e procedono «*alle indagini e agli esami con gli stessi poteri e le stesse limitazioni dell'autorità giudiziaria*».

Oltre alle commissioni monocamerali, possono essere istituite anche **commissioni bicamerali**, formate da componenti delle due Camere rispecchiando sempre la proporzione dei gruppi parlamentari. L'unica prevista dalla Costituzione è la **Commissione bicamerale per le questioni regionali**, chiamata a esprimere parere sul decreto di scioglimento del Consiglio regionale e di rimozione del Presidente della giunta per atti contrari alla Costituzione, gravi violazioni di legge o ragioni di sicurezza nazionale (art. 126).

Altre commissioni bicamerali istituite con leggi sono: il *Comitato parlamentare per la sicurezza della Repubblica* (Copasir) e la *Commissione parlamentare per l'indirizzo generale e la vigilanza dei servizi radiotelevisivi*.

Le Giunte

Vanno, infine, menzionate le **Giunte**, organi collegiali ai quali i regolamenti parlamentari attribuiscono specifiche funzioni di garanzia: così la *Giunta per il regolamento*, nonché la *Giunta delle elezioni* e la *Giunta delle autorizzazioni a procedere* alla Camera e la *Giunta delle elezioni e delle immunità parlamentari* al Senato, alle quali si è fatto già cenno parlando della verifica dei poteri.

La legislatura

Per quanto riguarda il **funzionamento** delle Camere, come si è detto la loro durata in carica è di cinque anni (**legislatura**), prorogabili soltanto con legge e in caso di guerra (art. 60, comma 2, Cost.).

La *prorogatio*

Le elezioni delle nuove Camere hanno luogo entro settanta giorni dalla fine delle precedenti e la prima riunione si deve svolgere non oltre il ventesimo giorno dalle elezioni. La Costituzione stabilisce che fino a quando non siano riunite le nuove Camere, sono prorogati i poteri delle precedenti (art. 61). È questo l'istituto della c.d. ***prorogatio***, che serve a salvaguardare la continuità funzionale del Parlamento. Si discute su quali atti e provvedimenti possano essere adottati, in concreto, in regime di *prorogatio*, posto che la sola cosa che la Costituzione vieta espressamente di fare in tale periodo è eleggere il Presidente della Repubblica (art. 85, comma 3). Si usa dire che l'attività delle Camere in *prorogatio* dovrebbe limitarsi all'**ordinaria amministrazione**, dovendosi quindi approvare soltanto gli atti costituzionalmente necessari. Com'è evidente, tuttavia, la decisione è rimessa all'apprezzamento discrezionale delle forze politiche di maggioranza e, del resto, nella prassi sono stati approvate, oltre a leggi di conversione di decreti-legge (ipotesi ammessa espressamente dall'art. 77, comma 2, Cost.) anche, tra le altre, leggi di bilancio, di autorizzazione alla ratifica di trattati internazionali e leggi costituzionali.

Le sedute parlamentari sono pubbliche; ciascuna delle due Camere e il Parlamento in seduta comune possono però deliberare di adunarsi in seduta segreta (art. 64, comma 2, Cost.). La pubblicità è assicurata anche dalla stesura e dalla messa a disposizione dei resoconti sommari e stenografici delle discussioni parlamentari.

Le maggioranze richieste per la validità delle sedute e delle deliberazioni

Per la validità delle sedute è richiesta la maggioranza assoluta dei componenti delle Camere (c.d. ***quorum* strutturale**), mentre per la validità delle singole deliberazioni è sufficiente la maggioranza relativa dei presenti (c.d. ***quorum* funzionale**), salvo che la Costituzione prescriva una maggioranza speciale. Il numero legale si presuppone, ma può sempre esserne richiesta la verifica da parte di un gruppo di parlamentari o del Presidente dell'Assemblea. In base a quanto previsto dal Regolamento della Camera e ora, dopo la riforma intervenuta nel 2017, anche dal Regolamento del Senato, gli *astenuti* sono considerati presenti ai fini del calcolo del numero legale, nelle votazioni per la cui validità è necessaria la sua constatazione, e assenti ai fini del computo della maggioranza necessaria a tutte le altre deliberazioni (artt. 46 e 48 del Regolamento della Camera e artt. 107 e 108 del Regolamento del Senato).

In genere il voto è palese; al voto segreto, che rimane l'eccezione, si ricorre per le deliberazioni riguardanti persone e, su richiesta di un determinato numero di parlamentari, su alcune materie di particolare importanza previste dai regolamenti.

9. *Lo* status *di parlamentare*

Nell'esame dello *status* del parlamentare rilevano profili relativi, da un lato, alla sua **responsabilità giuridica** e, dall'altro lato, a quella **politica**.

Le prerogative parlamentari

Prendendo le mosse dall'analisi della prima, occorre analizzare le *prerogative (o guarentigie) parlamentari*, che consistono in istituti di garanzia funzionali a salvaguardare l'autonomia del Parlamento da indebite ingerenze da parte di altri poteri dello Stato e, in particolare, dall'intento persecutorio (*fumus persecutionis*) che potrebbe riscontrarsi in talune iniziative giudiziarie promosse nei confronti di uno o più parlamentari. Non si tratta, dunque, di privilegi di casta, anche se in passato si è fatto abuso di tali garanzie, ma di istituti posti a presidio dell'indipendenza del Parlamento e del principio di separazione dei poteri.

L'art. 68 Cost. è stato oggetto di un'importante revisione a opera della legge cost. n. 3/1993: nella sua formulazione originaria, tale articolo prevedeva l'istituto dell'*autorizzazione a procedere*, stabilendo, al primo comma, che i membri del Parlamento non potessero essere perseguiti per le opinioni espresse e i voti dati nell'esercizio delle loro funzioni e, al secondo comma, che essi non potessero essere sottoposti a processo penale senza autorizzazione della Camera di appartenenza. La riforma ha eliminato tale previsione, per cui ormai può svolgersi un processo nei confronti di un parlamentare senza alcuna previa autorizzazione da parte della Camera di appartenenza.

Più specificamente, l'articolo prevede due diverse prerogative: l'**insindacabilità** e l'**immunità penale**.

L'insindacabilità per le opinioni e i voti

Per quanto riguarda l'*insindacabilità*, il primo comma dell'art. 68 Cost. recita adesso: «*I membri del Parlamento non possono essere chiamati a rispondere delle opinioni espresse e dei voti dati nell'esercizio delle loro funzioni*». Tre sono i caratteri principali di tale prerogativa:

a) essa copre soltanto ***opinioni*** e ***voti***, non azioni;
b) si estende a **tutte le ipotesi di responsabilità giuridica** (civile, penale, amministrativa, disciplinare) nelle quali potenzialmente il parlamentare potrebbe incorrere a causa delle opinioni e dei voti espressi;
c) può essere fatta valere, infine, anche **dopo** che sia scaduto il mandato, riguardo alle attività **svolte durante l'esercizio delle funzioni di parlamentare**.

La giurisprudenza della Corte costituzionale ha chiarito che l'autorità giudiziaria non deve attendere una delibera parlamentare in merito alla sindacabilità del deputato o senatore, ma può eventualmente procedere;

deve però arrestarsi quando intervenga la delibera parlamentare in questione, restando nella disponibilità della stessa autorità giudiziaria la facoltà di sollevare conflitto di attribuzione tra poteri dello Stato dinanzi alla Corte costituzionale (sent. n. 1150/1988).

L'insindacabilità può essere fatta valere soltanto in riferimento alle opinioni e ai voti resi **nell'esercizio delle funzioni parlamentari**: la stessa giurisprudenza ha chiarito che affinché possa farsi valere la prerogativa è necessario che si riscontri un «*nesso funzionale*» tra l'esternazione resa e la stessa attività istituzionale (sentt. n. 10 e 11/2000).

L'immunità penale

Per quanto riguarda, invece, l'**immunità penale**, i restanti commi dell'art. 68 Cost. prevedono che «*senza autorizzazione della Camera alla quale appartiene, nessun membro del Parlamento può essere sottoposto a perquisizione personale o domiciliare, né può essere arrestato o altrimenti privato della libertà personale, o mantenuto in detenzione, salvo che in esecuzione di una sentenza irrevocabile di condanna, ovvero se sia colto nell'atto di commettere un delitto per il quale è previsto l'arresto obbligatorio in flagranza*». E che «*analoga autorizzazione è richiesta per sottoporre i membri del Parlamento ad intercettazioni, in qualsiasi forma, di conversazioni o comunicazioni e a sequestro di corrispondenza*».

I caratteri propri di questa seconda prerogativa sono i seguenti:

a) essa attiene esclusivamente all'adozione di misure limitative della libertà personale, della libertà e della segretezza delle comunicazioni e della corrispondenza;
b) impedisce l'adozione di misure restrittive delle libertà del parlamentare senza la previa **autorizzazione della Camera di appartenenza**;
c) cessa **al termine del mandato** di parlamentare.

Il divieto di mandato imperativo

Sul versante della responsabilità politica, invece, come si è già avuto modo di vedere, vige il **divieto di mandato imperativo**: l'art. 67 Cost. prevede, infatti, che «*ogni membro del Parlamento rappresenta la Nazione ed esercita le sue funzioni senza vincolo di mandato*». Non esiste, pertanto, alcun meccanismo istituzionale (come la decadenza o la revoca del mandato) che possa essere utilizzato dagli elettori nei confronti di un parlamentare in carica.

A quanto si è già detto parlando della rappresentanza politica si può aggiungere che tale principio, oggi al centro di un acceso dibattito orientato verso un suo sensibile ridimensionamento, mantiene una duplice funzione: da un lato, quella di consentire lo stesso funzionamento del Parlamento, la cui attività potrebbe essere paralizzata dall'intransigenza di rappresentanti che, sotto la minaccia della revoca del mandato, potrebbero sentirsi posti nell'impossibilità di discostarsi dalle indicazioni dei propri elettori; dall'altro lato, quella di salvaguardare l'autonomia di giudizio del parlamentare rispetto al proprio partito o movimento politico di appartenenza, nei casi in cui il parlamentare stesso ritenesse che quest'ultimo non persegua più l'interesse nazionale.

10. *L'autonomia e l'indipendenza delle Camere e il principio dell'insindacabilità degli* interna corporis acta

Autonomia normativa e contabile e autodichia

Al fine di salvaguardare l'autonomia e l'indipendenza delle Camere, sono state riconosciute a ciascuna di esse diverse forme di **autonomia**:

a) **normativa**, consistente nella potestà di darsi regole in merito alla propria organizzazione e al proprio funzionamento (tramite soprattutto i regolamenti parlamentari);
b) **contabile**, consistente nella possibilità di gestire il proprio bilancio;
c) **autodichia**, ossia l'esercizio da parte delle stesse Camere del controllo giurisdizionale sui ricorsi inerenti ai rapporti di lavoro con i dipendenti delle stesse.

L'insindacabilità degli *interna corporis acta*

Nella stessa prospettiva, continua ad applicarsi il principio dell'**insindacabilità degli *interna corporis acta***, in base al quale gli atti che hanno luogo all'interno delle assemblee legislative non possono essere sottoposti al controllo di organi esterni (compresa la Corte costituzionale). Si tratta di un principio legato storicamente alla lotta che, agli albori dello Stato liberale di diritto, i Parlamenti dovettero combattere rispetto ai Monarchi e agli altri poteri per affermare la propria autonomia e indipendenza. Un principio che, tuttavia, oggi, secondo buona parte della dottrina, non troverebbe più giustificazione nella dimensione dell'odierno Stato costituzionale. L'insindacabilità dei regolamenti parlamentari e l'impossibilità di usare le regole in essi contenuti come "norme interposte" nel procedimento legislativo (nonostante l'espresso rinvio ad esse, contenuto nell'art. 72 Cost.), nell'ambito del giudizio di legittimità costituzionale delle leggi, sono state più volte ribadite dalla Corte costituzionale (a partire dalle sentt. n. 9/1959 e n. 154/1985). Si è, tuttavia, ammesso che possano sollevarsi, riguardo agli stessi regolamenti parlamentari, conflitti di attribuzione tra poteri dello Stato, ove ne ricorrano i presupposti.

Quanto, infine, all'*autodichia*, nonostante qualche apertura registratasi nella giurisprudenza, è stata comunque fatta salva finora la competenza giurisdizionale in capo alle Camere relativamente ai ricorsi dei propri dipendenti (sentt. nn. 120/2014 e 262/2017).

11. *La funzione legislativa (*rinvio*)*

Secondo la peculiare organizzazione del Parlamento italiano, caratterizzato come si è detto dal bicameralismo perfetto, le Camere esercitano la funzione legislativa in posizione paritaria.

Del relativo procedimento si è già parlato nella parte relativa al sistema delle fonti, alla quale pertanto si rinvia (v. Cap. IV, sez. II, par. 2.1).

12. *La legge di bilancio*

Tra le leggi approvate dal Parlamento, un ruolo di particolare importanza occupa quella di **bilancio**, che trova la sua prima disciplina nell'art. 81 Cost., sul quale è intervenuta un'incisiva revisione apportata dalla legge cost. n. 1/2012 (*Introduzione del principio del pareggio di bilancio nella Carta costituzionale*).

Il c.d. *Fiscal compact*

Nel contesto della crisi finanziaria esplosa in Europa nel 2011 e dinanzi al rischio che alcuni Stati non riuscissero a onorare il proprio debito pubblico, si è adottato il **Trattato sulla stabilità, il coordinamento e la *governance* nell'unione economica a monetaria** (noto come ***Fiscal compact***), approvato il 2 marzo 2012 ed entrato in vigore il 1° gennaio 2013, che ha imposto il principio del **pareggio di bilancio**.

Il principio di equilibrio di bilancio

L'art. 81, nella sua attuale formulazione, prevede adesso, al primo comma, che «*lo Stato assicura l'equilibrio tra le entrate e le spese del proprio bilancio, tenendo conto delle fasi avverse e delle fasi favorevoli del ciclo economico*».

Nel testo costituzionale si è preferito introdurre il termine "**equilibrio**" anziché "pareggio" di bilancio, facendosi riferimento, in linea con i principi dell'ordinamento europeo, a un concetto più flessibile, che adotta come parametro di riferimento l'**indebitamento netto strutturale**, calcolato senza considerare gli effetti prodotti dal ciclo economico, nonché le misure straordinarie. Il principio di equilibrio di bilancio consente, pertanto, un ricorso all'indebitamento quando ciò sia necessario per contrastare le fasi negative del ciclo economico.

Nella medesima prospettiva, il secondo comma dell'art. 81 Cost. prevede che «*il ricorso all'indebitamento è consentito solo al fine di considerare gli effetti del ciclo economico e, previa autorizzazione delle Camere adottata a maggioranza assoluta dei rispettivi componenti, al verificarsi di eventi eccezionali*».

L'ultimo comma del medesimo articolo prevede, inoltre, che il contenuto della legge di bilancio, le norme fondamentali e i criteri volti ad assicurare l'equilibrio tra le entrate e le spese dei bilanci e la sostenibilità del debito del complesso delle pubbliche amministrazioni siano stabiliti con una **legge approvata a maggioranza assoluta dei componenti di ciascuna Camera** (si tratta, dunque, di una legge "rinforzata"), nel rispetto dei principi definiti con legge costituzionale. La legge cost. n. 1/2012 disciplina nel dettaglio il contenuto di tale legge (art. 5).

La revisione ha riguardato anche gli artt. 97, 117 e 119 Cost., in merito ai quali si rinvia ai Capitoli sulla Pubblica amministrazione (Cap. XIV) e sulle Regioni e gli enti locali (Cap. IX).

La legge n. 243/2012

In attuazione dell'ultimo comma dell'art. 81 è stata approvata la legge n. 243/2012, la quale ha introdotto una serie di regole relative al bilancio delle amministrazioni pubbliche, stabilendo, altresì, i casi in cui è possibile effettuare scostamenti temporanei del saldo strutturale dall'obiettivo programmatico. Tale eventualità è consentita al verificarsi di eventi eccezionali, consistenti in periodi di grave recessione economica relativi anche all'area dell'euro o all'intera Unione europea e in eventi straordinari, al di fuori del controllo dello Stato, ivi incluse le gravi crisi finanziarie nonché le gravi calamità naturali, con rilevanti ripercussioni sulla situazione finanziaria generale del Paese (art. 6).

L'art. 5 della legge n. 243 disciplina il contenuto della legge di bilancio, introducendo alcune importanti novità. Si prevede, in particolare, che il disegno di legge di bilancio contenga disposizioni in materia di entrata e di spesa aventi a oggetto misure quantitative, funzionali a realizzare gli obiettivi programmatici indicati dai documenti di programmazione economica e finanziaria e le previsioni di entrata e di spesa formate sulla base della legislazione vigente.

I contenuti della legge di bilancio

Il disegno di legge di bilancio, che costituisce la base per la gestione finanziaria dello Stato, è ora articolato in **due sezioni** (corrispondenti grosso modo ai contenuti delle precedenti leggi di stabilità e di bilancio): la **prima sezione** contiene, per il periodo compreso nel triennio di riferimento, le disposizioni in materia di entrata e di spesa, con effetti finanziari aventi decorrenza nel triennio considerato dal bilancio; la **seconda** contiene le previsioni di entrata e di spesa, espresse in termini di competenza e di cassa, formate sulla base della legislazione vigente, tenuto conto dei parametri economici indicati nei documenti di programmazione finanziaria e di bilancio e delle proposte di rimodulazioni da introdurre alle condizioni e nei limiti previsti dalla legge dello Stato, apportando a tali previsioni, alle quali viene in ogni caso assicurata autonoma evidenza contabile, le variazioni determinate dalla prima sezione del disegno di legge.

Alle previsioni contenute nell'art. 5 della legge n. 243 ha dato attuazione la legge n. 163/2016.

L'iniziativa *riservata* e *vincolata* della legge di bilancio

Quella di bilancio è una legge **a iniziativa riservata** (al solo Governo) e **vincolata**, in quanto la presentazione dell'iniziativa stessa non è esercizio di una facoltà ma adempimento di un obbligo. L'art. 81, comma 4, Cost. prevede, infatti, che «*le Camere ogni anno approvano con legge il bilancio e il rendiconto consuntivo presentati dal Governo*».

Il processo di bilancio

Analizzando più ampiamente il **processo di bilancio** si deve notare, innanzitutto, che già prima della revisione costituzionale del 2012, la disciplina in materia era stata aggiornata dalla legge n. 196/2009 (successivamente modificata dalla legge n. 39/2011 e poi dalla legge n. 163/2016), al fine di contenere il disavanzo e l'indebitamento e di fare in modo che i vincoli europei non fossero disattesi a causa della molteplicità dei centri di spesa dovuta alla pluralità dei livelli territoriali di governo.

Sulla base di tale disciplina, il ciclo di bilancio si sviluppa in una serie di fasi:

1. **entro il 10 aprile** di ogni anno deve essere presentato alle Camere, per le conseguenti deliberazioni parlamentari, il **Documento di economia e finanza (DEF)**, sentita la Conferenza permanente per il coordinamento della finanza pubblica;
2. **entro il 27 settembre** deve essere presentata alle Camere la **Nota di aggiornamento del DEF (NADEF)**, per le conseguenti deliberazioni parlamentari;
3. **entro il 20 ottobre** deve essere presentato alle Camere il **disegno di legge di bilancio**;
4. **entro il 30 giugno** deve essere presentato alle Camere il **disegno di assestamento**;
5. entro il mese di gennaio di ogni anno devono essere presentati alle Camere i **disegni di legge collegati alla manovra di finanza pubblica**.

I contenuti del DEF

Il DEF si compone di *tre sezioni*.

La prima sezione reca lo schema del *Programma di stabilità*, contenente gli elementi e le informazioni richieste dai regolamenti dell'Unione europea vigenti in materia e dal Codice di condotta sull'attuazione del patto di stabilità e crescita, con specifico riferimento agli obiettivi da conseguire per accelerare la riduzione del debito pubblico.

La seconda sezione ha diversi contenuti, tra cui l'analisi del conto economico e del conto di cassa delle amministrazioni pubbliche nell'anno precedente e degli eventuali scostamenti rispetto agli obiettivi programmatici indicati nel DEF e nel NADEF; le previsioni tendenziali a legislazione vigente, almeno per il triennio successivo; un'indicazione delle previsioni a politiche invariate per i principali aggregati del conto economico delle amministrazioni pubbliche riferite almeno al triennio successivo; le previsioni tendenziali, almeno per il triennio successivo, del saldo di cassa del settore statale e le indicazioni sulle correlate modalità di copertura; le informazioni di dettaglio sui risultati e sulle previsioni dei conti dei principali settori di spesa, almeno per il triennio successivo, con particolare riferimento a quelli relativi al pubblico impiego, alla protezione sociale e alla sanità.

La terza sezione reca lo schema del *Programma nazionale di riforma*, contenente gli elementi e le informazioni previsti dai regolamenti dell'Unione europea e dalle specifiche linee guida per il Programma nazionale di riforma.

Con la legge di bilancio le Camere autorizzano il Governo, per tutto l'**anno finanziario** (che va dal 1° gennaio al 31 dicembre), a reperire e impiegare i mezzi finanziari indispensabili all'esercizio delle sue attività; più specificamente essa consente all'Esecutivo di riscuotere le imposte e di impegnare e pagare le spese.

Bilancio di previsione e bilancio di cassa

Occorre distinguere tra il **bilancio di previsione**, che quantifica le entrate e le spese che si prevede di effettuare nel corso dell'esercizio finanziario, dal **bilancio di cassa**, che invece registra le entrate e le spese che si avranno effettivamente.

L'esercizio provvisorio del bilancio

Nel caso in cui le Camere non facciano in tempo ad approvare il bilancio di previsione entro il 31 dicembre, con una legge possono concedere al Governo l'**esercizio provvisorio del bilancio** (per periodi non superiori complessivamente a quattro mesi: art. 81, comma 5, Cost.). Il che significa che il Governo può riscuotere le entrate ed effettuare le spese nella misura di tanti dodicesimi delle relative previsioni indicate nel disegno di legge di bilancio per i mesi per i quali è consentito l'esercizio provvisorio.

L'art. 81, comma 3, Cost. prevede, infine, che ogni legge che importi nuove o maggiori spese deve indicare i mezzi per farvi fronte. Si tratta di una previsione che serve a impedire stanziamenti privi di copertura finanziaria.

13. *La funzione parlamentare di indirizzo e controllo politico*

Oltre alla funzione legislativa, le Camere esercitano anche altre funzioni, tra le quali merita di essere ricordata quelle di **indirizzo politico**, alla quale si lega strettamente la **funzione di controllo** nei confronti del potere esecutivo. Sono, queste, attività di grande importanza in una forma di governo parlamentare come quella italiana, caratterizzata, come si è visto, dal rapporto fiduciario che lega il Governo al Parlamento. Proprio in ragione di tale legame si giustifica la titolarità in capo alle Camere di funzioni volte a far valere la responsabilità politica dell'Esecutivo.

La mozione di fiducia

Il rapporto di fiducia si instaura, come si è detto (v. Cap. II), attraverso l'approvazione di un atto denominato **mozione di fiducia**. In base a quanto previsto dall'art. 94, comma 2, Cost., tale mozione deve essere «*motivata e votata per appello nominale*». La motivazione è richiesta perché le Camere devono indicare espressamente le ragioni per le quali esse intendono esprimere il proprio consenso nei confronti delle **dichiarazioni programmatiche** che il Governo è chiamato a esporre dinanzi a entrambi i rami del Parlamento, entro dieci giorni dalla sua formazione (come prevede il terzo comma dell'art. 94 Cost.), ossia dalla prestazione del giuramento da parte dei componenti del Governo stesso nelle mani del Presidente della Repubblica. Occorre rilevare, tuttavia, che nella prassi la mozione viene motivata in genere *per relationem*, rinviando semplicemente al contenuto delle dichiarazioni programmatiche esposte dal Governo. Per l'approvazione della mozione di fiducia è previsto, inoltre, l'appello nominale, che è una forma di votazione palese, in quanto si ritiene necessario che, in un momento così importante per la vita istituzionale dell'ordinamento come l'atto instaurativo del rapporto fiduciario, risulti pubblica a tutti la responsabilità politica di ciascun parlamentare per il voto espresso.

La mozione di sfiducia

Atto speculare alla mozione di fiducia è la **mozione di sfiducia**, con cui le Camere possono interrompere il rapporto con il Governo, obbligando quest'ultimo a dimettersi. Tale atto deve essere motivato e votato per appello nominale per le stesse ragioni per cui deve esserlo la mozione di fiducia. La mozione, inoltre, **deve essere firmata da almeno un decimo** dei componenti della Camera e non può essere messa in discussione prima di **tre giorni** dalla sua presentazione (art. 94, comma 4), al fine di evitare votazioni a sorpresa e di garantire che la sua approvazione sia il frutto di un'effettiva scelta della maggioranza parlamentare. In ogni caso, in base a quanto prevede il terzo comma dell'art. 94, il voto contrario di una o d'entrambe le Camere su una proposta del Governo non importa obbligo di dimissioni.

Sia la mozione di fiducia che quella di sfiducia possono essere approvate con la maggioranza dei presenti e ciò in forza della regola generale contenuta nell'art. 64, comma 3, Cost., a norma del quale le deliberazioni parlamentari non sono valide se non è presente la maggioranza dei loro componenti (il c.d. *numero legale* che, però, secondo quanto previsto dai regolamenti parlamentari, è sempre presunto, a meno che non ne sia richiesta la verifica), e se non sono adottate a maggioranza dei presenti, salvo che la Costituzione prescriva una maggioranza speciale.

L'instaurazione del rapporto di fiducia dà avvio all'attività di indirizzo politico, di cui si è parlato a proposito dell'attività di direzione politica dello Stato, che è stata distinta dalle funzioni pubbliche tradizionalmente attribuite ai diversi poteri (funzione legislativa, esecutiva-amministrativa e giudiziaria). Nell'attività di indirizzo politico rientrerebbero, infatti, diversi momenti: la **determinazione dei fini dell'azione statale**, la **predisposizione dei mezzi** utili alla realizzazione dei primi e l'adozione degli **atti funzionali all'attuazione** dei fini stessi. Dal momento che sia la definizione sia l'attuazione dell'indirizzo politico si svolgono con atti riconducibili alla funzione legislativa e a quella amministrativa (ma non a quella giudiziaria, che rimane fuori dal circuito dell'indirizzo politico), più che di un'autonoma funzione si è preferito parlare di un'*attività*, intcsa come una sequenza di atti produttivi di effetti sulla realtà giuridica, diretti e coordinati al conseguimento di determinati fini (T. Martines).

Nella forma di governo parlamentare l'attività di indirizzo politico è svolta, quindi dal Parlamento e dal Governo, legati dal rapporto fiduciario (sulle cui forme e modalità d'instaurazione si rinvia al Cap. 2, par. 3, e al Cap. VII, par. 4). Lo svolgimento dell'attività d'indirizzo politico comporta, pertanto, l'impiego da parte del Parlamento di una serie di strumenti utili all'acquisizione di informazioni, all'espressione di indirizzi e all'esercizio di un controllo politico sul Governo. Si tratta, in particolare, dei seguenti istituti: l'**interrogazione**, l'**interpellanza**, la **mozione**, la **risoluzione**, l'**inchiesta** (sulla quale si rinvia a quanto già detto a proposito delle commissioni previste dall'art. 82 Cost.) e l'**ordine del giorno**.

L'*interrogazione* è una domanda rivolta da un parlamentare, per iscritto, al Governo o a un ministro per sapere se un determinato fatto sia vero. La risposta, orale o scritta, può anche essere data in commissione. (L'interrogazione)

L'*interpellanza* è una domanda rivolta al Governo per iscritto riguardo a un fatto o a una situazione la cui sussistenza si dà per scontata, al fine di apprendere quali siano le intenzioni dell'Esecutivo in merito. (L'interpellanza)

La *mozione*, che può essere presentata, alla Camera, da un presidente di un gruppo parlamentare o da dieci deputati e, al Senato, da otto senatori, è un atto attraverso il quale si mira a promuovere una deliberazione assembleare su una questione rilevante per l'attività del Governo. (La mozione)

La *risoluzione*, che può essere presentata anche in commissione, mira a sollecitare l'Assemblea a manifestare un preciso orientamento o indirizzo relativamente a un determinato argomento. (La risoluzione)

L'*ordine del giorno* è, infine, un atto politico di indirizzo avente carattere *accessorio*, poiché viene presentato nell'ambito della discussione relativa a un altro atto per dare direttive al Governo. (L'ordine del giorno)

CAPITOLO VI

IL PRESIDENTE DELLA REPUBBLICA

Patrizia Vipiana

SOMMARIO: 1. Caratteri generali. – 2. I profili strutturali. – 3. Le competenze. – 4. Le responsabilità. – 5. Il ruolo del Presidente nel sistema costituzionale.

1. *Caratteri generali*

Il Presidente della Repubblica (artt. 83 segg. Cost.) è un **organo costituzionale**, e, quindi, essenziale, non eliminabile per l'ordinamento italiano quindi non eliminabile; inoltre è un organo **monocratico**, in quanto il titolare della carica è una sola persona fisica. La monocraticità dell'organo comporta che l'esercizio delle relative competenze sia influenzato dalla personalità di chi ricopre la carica presidenziale; invero hanno espresso ciascuno un proprio stile i vari Presidenti succedutisi al Quirinale dal 1948 a oggi: Einaudi, Gronchi, Segni, Saragat, Leone, Pertini, Cossiga, Scalfaro, Ciampi, Napolitano, Mattarella.

Finora si sono avuti Presidenti della Repubblica solo di sesso maschile, ma in futuro anche una donna potrebbe diventare Capo dello Stato dato che l'art. 51, comma 1, Cost. prevede l'accesso dei cittadini di entrambi i sessi alle cariche elettive in condizioni di uguaglianza.

Il Presidente della Repubblica, massima carica istituzionale italiana, è il **Capo dello Stato**, in quanto l'Italia è una Repubblica, e **rappresenta l'unità nazionale** collocandosi in una posizione *super partes*: al fine di garantire tale neutralità deve essere caratterizzato da indipendenza rispetto alle parti politiche, per cui chi assume la carica presidenziale, anche se proviene da un partito o comunque ha un suo orientamento ideologico, deve agire con imparzialità.

2. *I profili strutturali*

Elezione

L'elezione del Presidente della Repubblica (art. 83 Cost.) è compiuta **dal Parlamento in seduta comune**, integrato **con i delegati regionali** che sono cinquantotto (tre per ognuna delle venti Regioni salvo la Valle d'Aosta che ne ha uno solo): essi vengono eletti in ogni Regione dal Consiglio regionale, in modo che sia assicurata la rappresentanza delle minoranze; il collegio elettorale per l'elezione del Capo dello Stato è dunque un'assemblea molto ampia, rappresentativa del corpo elettorale a livello nazionale e dei maggiori enti territoriali substatali. Peraltro a seguito della riduzione del numero dei parlamentari prevista dalla legge cost. n. 1/2020 (*supra*, Cap. V, par. 7) ci si chiede se sia opportuno ridurre anche il numero dei delegati regionali per l'elezione del Presidente della Repubblica, numero però non modificato dalla suddetta legge costituzionale.

L'elezione del Presidente della Repubblica viene effettuata a scrutinio segreto, con una **maggioranza qualificata**: per i primi tre scrutini occorre la maggioranza dei due terzi dei membri della suddetta assemblea, a partire dal quarto scrutinio è richiesta la maggioranza assoluta cioè metà più uno dei membri di essa; alcuni Presidenti (Cossiga e Ciampi) sono stati eletti al primo scrutinio, altri dopo numerosi scrutini (ad esempio, Leone al ventitreesimo scrutinio e Saragat al ventunesimo).

Per l'assunzione della carica di Presidente della Repubblica sono prescritti solo tre **requisiti**: il possesso della cittadinanza italiana, il godimento dei diritti civili e politici, il compimento di cinquanta anni d'età; per garantire l'indipendenza del Capo dello Stato è prevista l'**incompatibilità** di tale carica con qualsiasi altra (art. 84 Cost.).

Prima di assumere le sue funzioni il Capo dello Stato presta, dinanzi al Parlamento in seduta comune ma senza i delegati regionali, **giuramento** di fedeltà alla Repubblica e di osservanza della Costituzione (art. 91 Cost.).

Durata in carica

La durata in carica del Presidente della Repubblica è di **sette anni** (settennato presidenziale): trenta giorni prima che scada questo termine, il Presidente della Camera dei deputati convoca il Parlamento in seduta comune e i delegati regionali per eleggere il nuovo Capo dello Stato; però se le Camere sono sciolte o mancano meno di tre mesi alla loro cessazione, l'elezione del Presidente della Repubblica ha luogo entro quindici giorni dalla riunione delle Camere neoelette e nel frattempo sono prorogati i poteri del Presidente in carica (art. 85 Cost.).

Riguardo alla **rieleggibilità** del Capo dello Stato, tra gli studiosi in passato era prevalsa la tesi contraria, anche a motivo della lunghezza del mandato presidenziale; nella prassi però si è verificato un caso di rielezione: Napolitano, eletto nel 2006, è stato rieletto nel 2013 (ma si è dimesso nel gennaio 2015).

Alla cessazione della carica il Presidente della Repubblica diventa senatore di diritto e a vita, salvo rinuncia.

Il settennato presidenziale viene ridotto se ha luogo la **cessazione anticipata** dalla carica (art. 86 Cost.), che può essere determinata da cause volontarie cioè le dimissioni, oppure involontarie ossia l'impedimento permanente (grave malattia che impedisca al Capo dello Stato di svolgere le sue funzioni) e la morte; al verificarsi di ciascuna di queste ipotesi, il Presidente della Camera indice l'elezione del nuovo Presidente della Repubblica entro quindici giorni, salvo il maggior termine previsto se le Camere sono sciolte o mancano meno di tre mesi alla loro cessazione.

Supplenza

Qualora il Presidente della Repubblica non possa svolgere le sue funzioni, queste vengono esercitate dal Presidente del Senato (che è la seconda carica istituzionale, dopo il Capo dello Stato): si distinguono due tipi di **supplenza** in base al motivo, più o meno grave, che la determina e alla durata, più o meno lunga, di essa; nei due tipi di supplenza i poteri del Presidente del Senato che supplisce il Presidente della Repubblica hanno diversa ampiezza.

La **supplenza *sede plena*** è determinata da un'impossibilità temporanea del Capo dello Stato, che comunque rimane in carica, a svolgere le sue funzioni (ad esempio breve malattia, viaggio all'estero) e ha durata circoscritta (si conclude con la fine della malattia o il ritorno dal viaggio): il Presidente del Senato deve esercitare, tra le funzioni attribuite al Capo dello Stato, solo quelle urgenti come l'emanazione di un decreto-legge, mentre dovrebbe evitare di svolgere quelle il cui esercizio può essere rimandato (in attesa che il Capo dello Stato guarisca o torni dall'estero) come la nomina di un senatore a vita.

La **supplenza *sede vacante*** è determinata dalla cessazione definitiva dalla carica del Capo dello Stato per morte o impedimento permanente (grave malattia che impedisca l'esercizio delle sue funzioni) o dimissioni, eventi che comportano la necessità di eleggere un altro Presidente della Repubblica, e ha durata più lunga (si conclude con l'entrata in carica del Presidente neoeletto): il Presidente del Senato può esercitare tutte le funzioni attribuite al Capo dello Stato, che abbiano carattere più o meno urgente, in quanto occorrono parecchi giorni o addirittura parecchie settimane per giungere all'elezione del nuovo Presidente della Repubblica.

3. *Le competenze*

Le funzioni del Presidente della Repubblica possono essere classificate secondo vari criteri.

Riguardo all'ordinamento internazionale

Riguardo all'ordinamento internazionale, il Presidente della Repubblica: rappresenta l'Italia nei rapporti con gli altri Stati; accredita e riceve i rappresentanti diplomatici; ratifica i trattati internazionali, previa autorizzazione delle Camere nei casi costituzionalmente previsti; dichiara lo stato di guerra deliberato dalle Camere (art. 87, comma 8 e 9, Cost.).

Nell'ambito dell'ordinamento interno

Nell'ambito dell'ordinamento interno, il Capo dello Stato esercita funzioni molto rilevanti fra cui: la presidenza di due organi collegiali, il Consiglio superiore della Magistratura (art. 87, comma 10, Cost.: *infra*, Cap. VIII, par. 4) e il Consiglio supremo di difesa (art. 87, comma 9, Cost.); la promulgazione delle leggi e l'emanazione degli atti normativi del Governo cioè atti con forza di legge e regolamenti (art. 87, comma 5, Cost.).

Gli atti emanati dal Presidente della Repubblica hanno la stessa denominazione (decreti presidenziali), ma diversa natura a seconda che siano preceduti o meno da una delibera del Consiglio dei ministri: si distinguono atti sostanzialmente governativi e atti sostanzialmente presidenziali.

Atti sostanzialmente governativi

Gli **atti sostanzialmente governativi** o atti d'indirizzo governativo sono proposti dal Ministro competente per materia, **adottati dal Governo** mediante deliberazione del Consiglio dei ministri, **emanati** e firmati **dal Presidente della Repubblica**, controfirmati dal Ministro proponente.

Appartengono a tale categoria moltissimi – la stragrande maggioranza degli – atti presidenziali, fra cui i decreti di nomina degli alti funzionari statali (art. 87, comma 7, Cost.), e altresì i c.d. atti esecutivi di prescrizioni costituzionali, come l'indizione delle elezioni delle Camere e dei referendum popolari (art. 87, comma 3 e 6, Cost: invero le date in cui si svolgeranno le elezioni e i referendum sono decise dal Consiglio dei ministri).

Atti sostanzialmente presidenziali

Gli **atti sostanzialmente presidenziali** o atti d'indirizzo presidenziale non sono preceduti da una proposta ministeriale né da una delibera governativa, bensì vengono **decisi** nel loro contenuto, **emanati** e firmati **dal Presidente della Repubblica**, controfirmati dal Ministro competente per materia.

Appartengono a tale categoria pochissimi (una decina di) atti presidenziali, ma di notevole rilevanza politica tra cui i seguenti, relativi ad altri organi costituzionali.

Un atto d'indirizzo presidenziale, ma riferito agli individui è innanzitutto la concessione della grazia (art. 87, penultimo comma, Cost. su cui v. Corte costituzionale sent. n. 200/2006). Gli altri atti possono distinguersi in base ai poteri con i quali il Presidente di volta in volta interagisce.

Atti relativi alle Assemblee parlamentari:

- rinvio di una legge alle Camere – in alternativa alla promulgazione – con messaggio motivato (art. 74 Cost.: *supra*, Cap. IV, sez. II, par. 2.1.);
- invio di messaggi alle Camere, c.d. messaggi liberi cioè diversi da quelli relativi a leggi rinviate (art. 87, comma 2, Cost.);
- convocazione in via straordinaria di ciascuna delle Camere (art. 62, comma 2, Cost.);
- scioglimento anticipato delle Camere: art. 88 Cost.

Fra gli atti presidenziali lo **scioglimento anticipato delle Camere** è uno dei più importanti perché incide su organi aventi legittimazione democrati diretta. Il Presidente della Repubblica può sciogliere anticipatamente (cioè prima della fine della legislatura) entrambe le Assemblee parlamentari o solo una di esse, come si è verificato nel 1953 e nel 1958 quando fu sciolto solo il Senato affinché potesse essere eletto contestualmente alla Camera (secondo il testo originario della Costituzione, infatti, la Camera durava cinque anni e il Senato sei, poi una revisione costituzionale del 1958 ha parificato la durata delle Assemblee parlamentari a cinque anni).

I motivi dello scioglimento anticipato non sono indicati dalla Costituzione: potrebbero essere tecnici (come nel caso dei due suddetti scioglimenti del Senato) o politici (ravvicinate crisi governative le quali dimostrino l'inesistenza di una maggioranza che sostenga il Governo).

Il potere presidenziale di scioglimento è esercitabile con due **limiti** costituzionalmente previsti:

- uno di natura **procedurale**, per cui il Capo dello Stato prima di sciogliere le Camere deve sentire i Presidenti di esse: si tratta di un parere obbligatorio (deve essere chiesto, perché così prescrive la Costituzione), ma non vincolante (perché il Capo dello Stato può disattendere il parere decidendo in senso opposto a quanto gli avevano consigliato i Presidenti delle Assemblee parlamentari cioè sciogliere le Camere anche se i Presidenti erano contrari allo scioglimento o viceversa);
- uno di natura **temporale**, secondo cui il Capo dello Stato non può sciogliere le Camere negli ultimi sei mesi del suo mandato cioè nel cosiddetto "semestre bianco" (in cui la rappresentatività del Presidente della Repubblica è depotenziata), salvo che – situazione definita "ingorgo

istituzionale" – tale semestre coincida in tutto o in parte con gli ultimi sei mesi della legislatura: in tale caso il Capo dello Stato può sciogliere le Camere, in modo che le Assemblee parlamentari neoelette procedano all'elezione del nuovo Presidente della Repubblica.

Atti relativi al Governo:

- nomina del Presidente del Consiglio dei ministri (art. 92, secondo comma, Cost.: *infra*, Cap. VII, par. 4): alcuni studiosi ritengono che tale nomina dovrebbe definirsi non atto sostanzialmente presidenziale, ma atto "duumvirale" (vocabolo che ricorda i duumviri dell'antica Roma) in quanto deriva dalla fusione delle volontà di due organi, Presidente della Repubblica e Presidente del Consiglio (*infra*, Cap. VII, par. 4);
- autorizzazione alla presentazione alle Camere dei progetti di legge d'iniziativa governativa (art. 87, comma 4, Cost.: *supra*, cap. IV, sez. II, par. 2.1.).

Atti di nomina dei membri non elettivi di due organi costituzionali (Senato e Corte costituzionale):

- nomina di cinque senatori a vita per alti meriti (art. 59, comma 2, Cost.: *supra*, Cap. V, par. 7);
- nomina di un terzo, cioè cinque, dei quindici giudici costituzionali (art. 135, comma 1, Cost.: *infra*, Cap. X, par. 2).

4. *Le responsabilità*

A parte i casi in cui la persona fisica che ricopre la carica di Capo dello Stato risulterebbe responsabile come privato cittadino (ad esempio, se commettesse un omicidio), il Presidente della Repubblica è caratterizzato dalla **irresponsabilità politica**, cioè non è responsabile per gli atti compiuti nell'esercizio delle sue funzioni (art. 90, comma 1, Cost.). Per l'esattezza, ciò vale per gli atti sostanzialmente governativi, la responsabilità dei quali ricade sul Governo che ne ha deciso il contenuto, mediante l'istituto della controfirma ministeriale previsto dall'art. 89 Cost.: nessun atto del Presidente della Repubblica è valido se non è controfirmato dai ministri proponenti, e in alcuni casi anche dal presidente del Consiglio, che ne assumono la responsabilità politica.

Irresponsabilità politica

Fanno **eccezione** alla irresponsabilità politica del Capo dello Stato gli **atti sostanzialmente presidenziali**: siccome il contenuto di essi è stato deciso dal Presidente della Repubblica, quest'ultimo ne è responsabile, ma si tratta di una responsabilità di tipo diffuso (cioè non istituzionalizzata come quella del Governo nei confronti delle Assemblee parlamentari) che potrebbe esplicarsi ad esempio come contrarietà a rieleggere per un secondo mandato il Presidente in carica. Anche gli atti sostanzialmente presidenziali necessitano per la loro validità della controfirma ministeriale, che però ha solo la funzione di accertare l'autenticità della firma del Capo dello Stato e la regolarità del procedimento.

Controfirma ministeriale

La **controfirma ministeriale** agli atti del Presidente della Repubblica ha dunque una diversa valenza a seconda degli atti presidenziali su cui viene apposta: valore sostanziale, di assunzione di responsabilità in capo al Governo, negli atti sostanzialmente governativi; valore formale, di controllo della regolarità procedurale, negli atti sostanzialmente presidenziali. Sono esentati dall'obbligo di controfirma solo gli atti personalissimi cioè riguardanti la persona del Presidente, come le dimissioni dalla carica.

Responsabilità penale

Il Capo dello Stato ha **responsabilità penale** (art. 90, comma 1, Cost.) per i due reati cosiddetti "presidenziali", che possono essere commessi solo dal Presidente della Repubblica, di **alto tradimento** (che si realizzerebbe, nell'ipotesi in cui l'Italia fosse in guerra, se il Capo dello Stato si accordasse segretamente con i Paesi nemici tradendo il proprio Paese) **e attentato alla Costituzione** (il quale avrebbe luogo qualora il Presidente della Repubblica compisse deliberatamente un'azione volta a sovvertire l'ordinamento costituzionale ad esempio partecipasse a un tentativo di colpo di Stato).

Nel caso in cui abbia attuato comportamenti che possano integrare gli estremi di un reato presidenziale, il Presidente della Repubblica è **messo in stato d'accusa dal Parlamento in seduta comune** a maggioranza assoluta dei suoi membri (art. 90, comma 2, Cost.) e **giudicato dalla Corte costituzionale** in composizione allargata, cioè comprendente i quindici giudici ordinari e sedici membri aggregati (artt. 134 e 135, ultimo comma, Cost.: *infra*, Cap. X, par.11).

ATTI DEL PRESIDENTE DELLA REPUBBLICA E VALORE DELLA CONTROFIRMA

Atti formalmente presidenziali (D.P.R. Decreto del Presidente della Repubblica) si distinguono in:

atti sostanzialmente governativi	atti (anche) sostanzialmente presidenziali
– proposta del Ministro competente	
– adozione con delibera del Consiglio dei ministri	– decisione del contenuto dell'atto da parte del Presidente della Repubblica
– emanazione del Presidente della Repubblica	– emanazione del Presidente della Repubblica
– firma del Presidente della Repubblica	– firma del Presidente della Repubblica
– *controfirma* ministeriale, che *ha valore sostanziale*, cioè indica che **responsabile dell'atto** è il **Governo**	– *controfirma* ministeriale, che *ha valore formale*, cioè di controllo riguardo all'autenticità della firma del Presidente e alla regolarità del procedimento, mentre **responsabile dell'atto** è il **Presidente della Repubblica**

5. *Il ruolo del Presidente nel sistema costituzionale*

La Costituzione delinea il ruolo del Presidente della Repubblica secondo una configurazione intermedia fra quella di massima carica istituzionale ma senza poteri effettivi e quella di organo che, oltre a ricoprire tale carica, ha notevoli poteri nel definire e attuare l'indirizzo politico del Paese (configurazioni denominabili rispettivamente come Capo di Stato "in posizione" e Capo di Stato "in comando": Esposito).

Il Presidente della Repubblica non è né l'autorità che taglia il nastro alle cerimonie di inaugurazione, né l'organo di vertice del potere esecutivo, bensì l'organo che effettua, dalla sua **posizione di neutralità**, una serie di interventi significativi, talvolta nella forma della *moral suasion* (esercitando la sua autorevole persuasione morale), nei confronti degli altri organi costituzionali (soprattutto il Governo).

In particolare, il Capo dello Stato ha un **ruolo rilevante** riguardo al funzionamento della forma di governo; quanto più articolata si presenta la situazione politico-partitica, tanto più incisivi risultano i poteri presidenziali, ad esempio riguardo: alla decisione di sciogliere anticipatamente le Assemblee parlamentari; all'individuazione della persona da nominare Presidente del Consiglio; alla scelta se accettare le dimissioni libere del Governo (cioè non conseguenti a un voto contrario delle Camere), avallando così una crisi di governo extraparlamentare, o invece respingere le suddette dimissioni, invitando il medesimo a presentarsi alle Camere che eventualmente potranno sfiduciarlo, sicché si avrebbe la parlamentarizzazione della crisi di governo nata come extraparlamentare (al riguardo si parla di potere presidenziale nelle crisi di governo: su queste ultime *infra*, Cap. VII, par. 4).

Ruolo rilevante

Si dice perciò che il Presidente della Repubblica esplica una funzione di **garanzia politica della Costituzione**, mentre il compito di fornire una garanzia giuridica a quest'ultima è svolto dalla Corte costituzionale (*infra*, Cap. X, par. 1): non a caso tali due organi hanno sede a Roma in due palazzi collocati sulla stessa Piazza del Quirinale.

CAPITOLO VII

IL GOVERNO

Alessandro Morelli

1. *La struttura del potere esecutivo: gli organi governativi necessari*

Il potere esecutivo si compone di diversi organi, tra i quali occupa un ruolo centrale il **Governo**, posto al vertice dell'amministrazione statale e titolare della funzione amministrativa. Quest'ultima consiste in un'attività diretta, in modo concreto ed effettivo, alla realizzazione dei fini dello Stato (nel suo ambito rientrano attività di primaria importanza come la *difesa del territorio*, la *gestione delle relazioni internazionali*, la *salvaguardia dell'ordine pubblico*, ecc.). Il Governo svolge anche un ruolo decisivo nell'attività di direzione politica dello Stato ed esercita, altresì, importanti funzioni normative, adottando decreti-legge, decreti legislativi e regolamenti, tutti atti che, peraltro, oggi hanno un peso notevole nel sistema delle fonti del diritto (v. *supra*, Cap. IV).

Organi governativi necessari e non necessari

Secondo quanto prevede l'art. 92, comma 1, Cost., il Governo «*è composto del Presidente del Consiglio e dei Ministri, che costituiscono insieme il Consiglio dei Ministri*». Da questa disposizione si ricava, innanzitutto, che il Governo è costituito da una serie di **organi necessari**: il **Presidente del Consiglio**, i **ministri** e il **Consiglio dei ministri**. La Costituzione non vieta, tuttavia, che si affianchino a questi anche altri organi, a condizione che essi non ostacolino o usurpino le funzioni assegnate ai primi dalla stessa Costituzione. Nella compagine governativa possiamo trovare, pertanto, anche **organi non necessari** come i **vicepresidenti del Consiglio**, i **ministri senza portafoglio**, i **sottosegretari di Stato**, i **viceministri**, i **commissari straordinari**, i **comitati interministeriali**, i **comitati di ministri** e il **Consiglio di gabinetto**.

Per quanto riguarda la struttura, il Governo è un organo *complesso*, formato da più organi individuali o monocratici (il Presidente del Consiglio e i ministri) e un organo collegiale (il Consiglio dei ministri).

La formulazione dell'art. 92 Cost. è il frutto della mediazione tra le diverse posizioni che furono sostenute in Assemblea costituente in merito ai rapporti intercorrenti tra gli organi governativi necessari: da una parte, vi era chi promuoveva il *principio monocratico*, sostenendo l'opportunità di riconoscere al Presidente del Consiglio una posizione di supremazia; dall'altra, invece, chi propendeva per l'affermazione di un *principio di collegialità*, in ossequio al quale la posizione di preminenza sarebbe dovuta spettare al Consiglio dei ministri. Al riguardo, anche la dottrina si è divisa: secondo alcuni studiosi, infatti, la Costituzione riconoscerebbe una posizione di supremazia o un ruolo di *primus inter pares* al Presidente del Consiglio, il che si evincerebbe soprattutto da quanto statuito dall'art. 95 Cost., a norma del cui primo comma «*il Presidente del Consiglio dei Ministri dirige la politica generale del Governo e ne è responsabile. Mantiene l'unità di indirizzo politico ed amministrativo, promuovendo e coordinando l'attività dei Ministri*» (C. Mortati, T. Martines); in base a una diversa opinione, tuttavia, proprio la circostanza che al Presidente del Consiglio spetterebbe il compito di *dirigere* la politica generale del Governo, mentre al Consiglio quello di *determinarla*, indicherebbe l'avvenuta costituzionalizzazione del principio di collegialità (F. Cuocolo, L. Paladin); secondo una terza opinione, infine, nelle reali dinamiche di funzionamento dell'istituzione governativa sarebbe prevalso il ruolo dei singoli ministri, soprattutto nei governi di coalizione della prima fase dell'esperienza repubblicana (si è parlato, in tal senso, di «*feudalesimo ministeriale*» e di governi «*a direzione multipla*» o a «*multipolarità diseguale*»: E. Cheli, L. Ventura).

Il Presidente del Consiglio dei ministri

Al Presidente del Consiglio dei ministri la legge n. 400/1988 (*Disciplina dell'attività di Governo e ordinamento della Presidenza del Consiglio dei Ministri*) ha comunque attribuito compiti importanti, che si legano alle diverse funzioni dallo stesso svolte di rappresentante del Governo e di organo preposto, come si è visto, alla direzione della politica generale dell'Esecutivo e al mantenimento dell'unità di indirizzo politico e amministrativo (art. 95, comma 1, Cost.).

In particolare, ai sensi dell'art. 5 di tale legge, il Presidente, *a nome del Governo*, comunica alle Camere la composizione del Governo e ogni mutamento in essa intervenuto, chiede la fiducia e pone (anche a mezzo di un ministro espressamente delegato) la questione di fiducia; sottopone al Presidente della Repubblica le leggi per la promulgazione e, a seguito della deliberazione del Consiglio dei ministri, i disegni di legge per la presentazione alla Camere e, per l'emanazione, i testi dei decreti aventi forza di legge, dei regolamenti governativi e degli altri atti indicati dalle leggi; controfirma gli atti di promulgazione delle leggi e ogni atto per il quale sia intervenuta una deliberazione del Consiglio dei ministri, nonché gli atti aventi forza di legge e, insieme con il ministro proponente, gli altri atti indicati dalla legge; presenta alle Camere i disegni di legge d'iniziativa governativa e, anche attraverso il ministro espressamente delegato, può richiedere la rimessione di un disegno di legge alla Camera per l'esame e l'approvazione con il procedimento ordinario (secondo quanto previsto dall'art. 72, comma 3, Cost.); esercita le attribuzioni conferitegli dalla disciplina relativa ai giudizi costituzionali e promuove gli adempimenti di competenza governativa conseguenti alle decisioni della Corte costituzionale.

In base, invece, al *ruolo riconosciuto dal primo comma dell'art. 95 Cost.*, l'art. 5 della legge n. 400/1988 prevede che il Presidente del Consiglio, tra le altre cose, indirizza ai ministri le direttive politiche e amministrative in attuazione delle deliberazioni del Consiglio dei ministri e quelle connesse alla responsabilità di direzione della politica generale del Governo; coordina e promuove l'attività dei ministri in ordine agli atti che riguardano la politica generale del Governo; può sospendere l'adozione di atti da parte dei ministri competenti in ordine a questioni politiche e amministrative, sottoponendoli al Consiglio dei ministri nella riunione immediatamente successiva.

I compiti affidati al Presidente del Consiglio possono ricondursi, pertanto, alla triplice funzione di **direzione**, **impulso** e **coordinamento** affidatagli dalla Costituzione, alla quale si connette la responsabilità politica gravante sull'organo.

I ministri e il Consiglio dei ministri

Altri organi governativi necessari, secondo un modello di derivazione francese, sono i **ministri**, i quali sono contemporaneamente *organi politici*, facenti parte del **Consiglio dei ministri** e, in tale veste, partecipano alla determinazione della politica generale del Governo, e *vertici amministrativi* di dicasteri, aventi il compito di dare attuazione all'indirizzo politico-amministrativo definito dal Consiglio stesso. Se i ministri costituiscono il punto di congiunzione tra politica e amministrazione, l'organizzazione ministeriale si basa al contrario sul **principio di separazione** tra queste due dimensioni, posto che ai *dirigenti amministrativi* spetta il compito di adottare tutti i provvedimenti necessari a realizzare i programmi e gli obiettivi posti dal Consiglio dei ministri, oltre che l'attività di gestione finanziaria, tecnica e amministrativa.

In base a quanto prevede l'art. 4 della legge n. 400/1988, il Consiglio dei ministri è convocato dal Presidente del Consiglio, che ne fissa l'ordine del giorno. Il **sottosegretario di Stato alla Presidenza del Consiglio**, designato nel decreto di nomina, è il segretario del Consiglio ed esercita le relative funzioni, cura la verbalizzazione e la conservazione del registro delle deliberazioni.

Il Consiglio dei ministri può adottare, inoltre, un **regolamento interno**, emanato con decreto del Presidente del Consiglio, previa deliberazione del Consiglio dei ministri, e pubblicato sulla Gazzetta ufficiale. Tale regolamento disciplina gli adempimenti necessari per l'iscrizione delle proposte di iniziativa legislativa e di quelle relative all'attività normativa del Governo all'ordine del giorno del Consiglio dei ministri; i modi di comunicazione dell'ordine del giorno e della relativa documentazione ai partecipanti alle riunioni del Consiglio dei ministri; i modi di verbalizzazione, conservazione e conoscenza delle deliberazioni adottate e le modalità di informazione sui lavori del Consiglio. La Costituzione non prevede il numero esatto dei ministeri, che è invece previsto dal più volte modificato d.lgs. n. 300/1999 (*Riforma dell'organizzazione del Governo, a norma dell'articolo 11 della legge 15 marzo 1997, n. 59*). Attualmente in Ministri sono, in tutto, *ventitré*: 1) Rapporti con il Parlamento; 2) Innovazione tecnologica e transizione digitale; 3) Pubblica Amministrazione; 4) Affari regionali e Autonomie; 5) Sud e Coesione territoriale; 6) Politiche giovanili; 7) Pari opportunità e Famiglia; 8) Disabilità; 9) Coordinamento di iniziative nel settore del Turismo; 10) Affari esteri e Cooperazione internazionale; 11) Interno; 12) Giustizia; 13) Difesa; 14) Economia e Finanze; 15) Sviluppo economico; 16) Politiche agricole alimentari e forestali; 17) Ambiente e Tutela del territorio e del mare; 18) Infrastrutture e trasporti; 19) Lavoro e Politiche sociali; 20) Istruzione; 21) Università e ricerca; 22) Beni e attività culturali e turismo; 23) Salute.

2. *Gli organi governativi non necessari*

I vicepresidenti del Consiglio

Accanto agli organi necessari, come si è detto, il Governo si compone anche di **organi non necessari**.

Una prima figura è quella dei **vicepresidenti del Consiglio**, previsti dall'art. 8 della legge n. 400/1988, a norma del quale il Presidente del Consiglio può proporre al Consiglio dei ministri l'attribuzione a uno o più ministri delle funzioni inerenti a tale carica. Al vicepresidente spetta la supplenza del Presidente del Consiglio, in caso di sua assenza o impedimento temporaneo; qualora siano nominati più vicepresidenti, il compito spetta al più anziano secondo l'età. Nel caso in cui non sia stato nominato il vicepresidente del Consiglio, la supplenza spetta, in assenza di diversa disposizione da parte del Presidente del Consiglio dei ministri, al ministro più anziano secondo l'età.

I ministri senza portafoglio

Altri organi non necessari sono i **ministri senza portafoglio**, che sono organi direttivi posti a capo di settori dell'amministrazione centrale non organizzati in ministeri e, quindi, privi di un dicastero (es. Affari europei, Rapporti con il Parlamento, ecc.).

I sottosegretari di Stato

I **sottosegretari di Stato**, secondo quanto prevede l'art. 10 della legge n. 400/1988, sono nominati con decreto del Presidente della Repubblica, su proposta del Presidente del Consiglio dei ministri, di concerto con il ministro che il sottosegretario è chiamato a coadiuvare, sentito il Consiglio dei ministri. Prima di assumere le funzioni, i sottosegretari prestano giuramento nelle mani del Presidente del Consiglio dei ministri. I sottosegretari coadiuvano il ministro ed esercitano i compiti a essi delegati con decreto ministeriale pubblicato nella Gazzetta Ufficiale. Essi possono intervenire, come rappresentanti del Governo, alle sedute delle Camere e delle Commissioni parlamentari, sostenere la discussione in conformità alle direttive del ministro e rispondere a interrogazioni e interpellanze.

Un ruolo importante, come si è detto, è riconosciuto al **sottosegretario alla Presidenza del Consiglio dei ministri**, al quale sono affidate le funzioni di segretario dello stesso Consiglio, cui assiste senza diritto di voto; egli è, inoltre, preposto al Segretariato generale della Presidenza del Consiglio.

Presso la stessa Presidenza del Consiglio possono essere nominati, infine, altri sottosegretari per lo svolgimento di determinati compiti e servizi.

I viceministri

Il medesimo articolo della legge n. 400 prevede che a non più di dieci sottosegretari di Stato possa essere attribuito il titolo di **viceministro**, qualora siano loro conferite deleghe relative ad aree o progetti di competenza di una o più strutture dipartimentali ovvero di più direzioni generali. In questo caso la delega, conferita dal ministro competente, è approvata dal Consiglio dei ministri, su proposta del Presidente del Consiglio. I viceministri possono essere invitati dal Presidente del Consiglio, d'intesa con il ministro competente, a partecipare alle sedute del Consiglio dei ministri, senza diritto di voto, per riferire su argomenti e questioni attinenti alla materia loro delegata.

I commissari straordinari del Governo

La legge n. 400, all'art. 11, prevede, poi, i **commissari straordinari del Governo**, che possono essere nominati, ferme le attribuzioni dei ministeri, fissate per legge, al fine di realizzare specifici obiettivi determinati in relazione a programmi o indirizzi deliberati dal Parlamento o dal

Consiglio dei ministri o per particolari e temporanee esigenze di coordinamento operativo tra amministrazioni statali. La loro nomina è disposta con decreto del Presidente della Repubblica, su proposta del Presidente del Consiglio dei ministri, previa deliberazione del Consiglio dei ministri. Con il medesimo decreto sono determinati i compiti del commissario e le dotazioni di mezzi e di personale. L'incarico è conferito per il tempo indicato nel decreto di nomina, salvo proroga o revoca. Del conferimento dell'incarico è data immediata comunicazione al Parlamento e notizia nella Gazzetta Ufficiale. Sull'attività del commissario straordinario riferisce al Parlamento il Presidente del Consiglio dei ministri o un ministro da lui delegato.

I comitati interministeriali e i comitati di ministri

Altri organi governativi non necessari sono i **comitati interministeriali** e i **comitati di ministri**. I primi hanno il compito di preparare e coordinare, in alcuni specifici settori, l'attività del Consiglio dei ministri. In alcuni casi, tuttavia, tali comitati esercitano poteri non meramente istruttori ma decisionali, ipotesi che hanno suscitato dubbi di legittimità costituzionale in considerazione del fatto che, in questo modo, le decisioni governative non vengono assunte collegialmente dal Consiglio dei ministri ma solo da parte di alcuni ministri. Tra i comitati interministeriali va ricordato soprattutto il **Comitato interministeriale di programmazione economica** (CIPE), che svolge funzioni di coordinamento in materia di programmazione e di politica economica nazionale, nonché di coordinamento della politica economica nazionale con le politiche comunitarie.

A differenza dei comitati interministeriali che possono svolgere anche funzioni aventi rilevanza esterna, i **comitati di ministri** sono, invece, organi che hanno soltanto un *rilievo interno*, esercitando attività di carattere istruttorio. L'art. 5, comma 2, lett. *h*) della legge n. 400 prevede, infatti, che il Presidente del Consiglio può disporre, con proprio decreto, l'istituzione di particolari comitati di ministri, con il compito di esaminare in via preliminare questioni di comune competenza, di esprimere parere su direttive dell'attività del Governo e su problemi rilevanti da sottoporre al Consiglio dei ministri.

Il Consiglio di gabinetto

L'art. 6 della legge n. 400 prevede la possibilità di istituire un **Consiglio di gabinetto**, che coadiuva il Presidente del Consiglio nello svolgimento delle funzioni previste dall'art. 95, comma 1, Cost. ed è composto dai ministri da lui designati, sentito il Consiglio dei ministri. Il Presidente del Consiglio può invitare a singole sedute del Consiglio di Gabinetto altri ministri in ragione della loro competenza. Da diversi anni tale organo non è più istituito per scelta dei Presidenti del Consiglio.

3. *Le funzioni del Governo: amministrativa, di direzione politica e normativa (*rinvio*)*

Il Governo, come si è detto, esercita diverse funzioni: quella **amministrativa**, quella di **direzione politica** e, infine, quella **normativa**.

La titolarità della prima funzione in capo al Governo deriva dalla già richiamata duplice natura dell'organo: politica e amministrativa.

Sulla funzione amministrativa si rinvia all'ampia trattazione fattane nel Cap. XIV, mentre della funzione normativa dell'Esecutivo ci si è occupati nella parte relativa alle fonti del diritto.

Si svolgeranno, ora, soltanto alcune sintetiche osservazioni sulla funzione di direzione politica.

Al riguardo, si è detto che l'attività d'indirizzo politico, nella forma di governo parlamentare vigente in Italia, è esercitata congiuntamente dal Parlamento e dal Governo e che quest'ultimo partecipa alle varie fasi in cui si articola tale attività: quella di definizione degli obiettivi da perseguire, quella della predisposizione dei mezzi e, infine, quella di attuazione degli obiettivi programmati.

Al Consiglio dei ministri, come prescrive l'art. 2 della legge n. 400, spetta il compito di determinare la politica generale del Governo e, ai fini della sua attuazione, l'indirizzo generale dell'azione amministrativa. Tale organo delibera, inoltre, su ogni questione relativa all'indirizzo politico fissato dal rapporto fiduciario con le Camere e dirime i conflitti di attribuzione tra i ministri. Si è già detto, inoltre, che al Presidente del Consiglio compete la direzione della politica generale del Governo, funzione i cui contenuti specifici sono indicati nell'art. 5 della legge n. 400.

Il principio di collegialità nella determinazione della politica generale del Governo

Il principio che dovrebbe orientare l'esercizio delle funzioni del Consiglio dei ministri è quello della **collegialità**; nei fatti, tuttavia, sovente tale principio non viene rispettato, soprattutto perché il Presidente del Consiglio, pur disponendo, come si è visto, di poteri di direzione, impulso e coordinamento, si trova ad avere a che fare con ministri che egli non ha effettivamente scelto, ma che risultano espressione dei diversi partiti della maggioranza. Si tratta di una situazione normale nei governi di coalizione, che tuttavia determina una condizione d'incertezza e precarietà, considerato che sovente è capitato che i ministri si siano sottratti alle direttive del Presidente del Consiglio, seguendo una propria linea politica, anche in disaccordo con la politica generale fissata dallo stesso Consiglio dei ministri.

4. *Il procedimento di formazione e le cause di cessazione del Governo. Crisi parlamentari ed extraparlamentari*

Riguardo al procedimento di formazione del Governo la Costituzione fornisce poche, scarne prescrizioni. In particolare, l'art. 92, comma 2, Cost. prevede soltanto che «*il Presidente della Repubblica nomina il Presidente del Consiglio dei Ministri e, su proposta di questo, i Ministri*».

Da tale articolo si evince che:

a) il Presidente del Consiglio non è eletto dal corpo elettorale o dal Parlamento ma **nominato dal Capo dello Stato**;
b) lo stesso Presidente della Repubblica procede alla **nomina dei ministri proposti** dal Presidente del Consiglio incaricato.

Le modalità di formazione del Governo dipendono, pertanto, anche dalle specifiche caratteristiche del sistema politico-partitico, dalla legge elettorale vigente e da una serie di regole non scritte (consuetudini, convenzioni, ecc.), la cui applicazione varia a seconda dei contesti che di volta in volta si presentano.

Il Presidente della Repubblica, nella scelta della personalità alla quale conferire l'incarico di Presidente del Consiglio, ha un margine di discrezionalità variabile, a seconda della situazione nella quale egli si trovi: la formazione del Governo può avere luogo, infatti, subito dopo le consultazioni elettorali o successivamente all'apertura di una *crisi di governo* nel corso della legislatura. Anche il sistema elettorale vigente incide sull'ambito di discrezionalità del Capo dello Stato: se, infatti, esso agevola la formazione di coalizioni in sede elettorale, con la contestuale indicazione del candidato alla carica di Presidente del Consiglio, il Presidente della Repubblica, dopo le elezioni, non potrà che conferire l'incarico al candidato della coalizione vincitrice (ipotesi verificatasi in Italia con il bipolarismo prodottosi successivamente all'adozione di un sistema elettorale prevalentemente maggioritario). Se, al contrario, il sistema elettorale è proporzionale, le maggioranze politiche si formeranno in Parlamento, soltanto dopo le elezioni e, in un siffatto contesto, il ruolo del Capo dello Stato risulta centrale, al pari di quanto accade al verificarsi di una crisi di governo (come si vedrà più avanti).

In ogni caso, il Presidente della Repubblica deve affidare l'incarico di Presidente del Consiglio a una personalità che abbia le maggiori possibilità di ottenere la fiducia da parte delle Camere. Il limite più consistente alla sua discrezionalità è rappresentato proprio da tale finalità verso la quale deve tendere il suo intervento.

Le consultazioni

Il procedimento di formazione del Governo prende avvio con le **consultazioni** del Presidente della Repubblica. Nessuna disposizione costituzionale prescrive tale passaggio né indica le personalità che devono essere ascoltate; si è detto, in dottrina, che il ricorso alle consultazioni sarebbe, dunque, prescritto da una **consuetudine costituzionale**.

Nell'ambito delle consultazioni, il Capo dello Stato incontra i *capigruppo parlamentari*, i *segretari* e i *presidenti dei partiti*, i *Presidenti delle Camere* e gli *ex Presidenti della Repubblica*; può ascoltare, inoltre, anche altre personalità istituzionali e politiche e rappresentanti delle forze sociali, che ritenga opportuno incontrare per acquisire elementi utili alla formazione del nuovo Governo.

Il mandato esplorativo e il preincarico

Nei casi in cui non vi sia una maggioranza politica predefinita e una personalità indicata dalla maggioranza stessa per l'incarico di Presidente del Consiglio, il Capo dello Stato può fare uso di alcuni strumenti (anch'essi affermatisi in via di prassi), utili alla risoluzione della crisi e alla formazione del Governo: il **mandato esplorativo** e il **preincarico**. Il primo viene attribuito dal Presidente della Repubblica a una figura istituzionale (solitamente uno dei Presidenti delle Camere) al di sopra delle parti, allo scopo di proseguire e integrare l'attività istruttoria già svolta dal Presidente della Repubblica. Il preincarico, invece, viene conferito a chi il Capo dello Stato ritenga di dover poi affidare il vero e proprio incarico di Presidente del Consiglio, qualora si confermi la sussistenza delle condizioni necessarie alla formazione del Governo. Il preincaricato, nella veste di candidato *in pectore*, potrà svolgere, infatti, consultazioni più ristrette e acquisire elementi utili allo scopo di formare il nuovo Governo.

L'incarico

Nel momento in cui individua una personalità che sia nelle condizioni di poter dare vita a un Governo in grado di ottenere la fiducia delle Camere, il Presidente della Repubblica gli conferisce l'**incarico**, che solitamente viene accettato *con riserva* di rifiutare la nomina (nel caso in cui si riscontrasse l'impossibilità di formare una maggioranza).

L'incaricato svolge una serie di consultazioni più ristrette, funzionali, innanzitutto, a verificare se, in concreto, si possa aggregare una maggioranza intorno a un programma comune e, in secondo luogo, se sia possibile costituire una compagine governativa. Al termine delle consultazioni l'incaricato torna dal Capo dello Stato e scioglie la riserva, rinunciando. nel caso in cui l'istruttoria svolta abbia avuto esito negativo; oppure sottoponendo al Presidente la lista dei ministri e dichiarandosi pronto a presiedere il nuovo Governo, qualora le consultazioni abbiano avuto un risultato positivo.

Nel caso in cui il tentativo non sia andato a buon fine e il Presidente della Repubblica non lo abbia già fatto, può rinviare il Presidente dimissionario (che però non sia stato formalmente sfiduciato) in Parlamento affinché i rappresentanti dei diversi partiti e delle forze politiche chiariscano ufficialmente la loro posizione (in questo caso si parla di *parlamentarizzazione* di una crisi extraparlamentare). Qualora, invece, egli riscontri l'oggettiva impossibilità di formare un nuovo Governo, procede allo scioglimento delle Camere, sentiti i Presidenti delle stesse (art. 88 Cost.).

La nomina del Presidente del Consiglio dei ministri

Il procedimento di formazione del Governo si conclude con la **nomina del Presidente del Consiglio**, che ha luogo mediante un decreto del Presidente della Repubblica. Tale atto, a norma dell'art. 1 della legge n. 400/1988, è controfirmato dal nuovo Presidente del Consiglio.

Il giuramento

Dopo la nomina, il Presidente del Consiglio e i ministri, prima di assumere le funzioni, prestano **giuramento** nelle mani del Presidente della Repubblica (art. 93 Cost.).

La fiducia

Il passaggio successivo consiste nella **richiesta della fiducia**: come si è già visto (*supra* Cap. V, par. 13, al quale si rinvia), in base a quanto prevede l'art. 94, comma 3, Cost., entro dieci giorni dalla sua formazione, ossia dal giuramento, il Governo si presenta alle Camere per ottenerne la fiducia. Queste ultima accordano e revocano la fiducia mediante una mozione motivata e votata per appello nominale (art. 94, comma 2).

La mozione di fiducia (*rinvio*)

Le cause di cessazione del Governo

Passando alle vicende estintive del Governo, si deve premettere che quest'ultimo *non è un organo a termine*. Dura in carica fino a quando non subentri una causa di cessazione che ne comprometta irrimediabilmente la possibilità di continuare a svolgere le sue funzioni o venga meno il sostegno della maggioranza parlamentare.

Cause di cessazione di carattere non politico

Il Governo può venir meno, innanzitutto, per alcune vicende che non toccano la sua "formula politica": così, ad esempio, nel caso di morte del Presidente del Consiglio o di cessazione dalla carica per motivi riguardanti la sua persona, dato il carattere infungibile di tale figura, o per l'osservanza di norme di correttezza costituzionale, come, ad esempio, quella che prescrive che il Presidente del Consiglio debba dimettersi in caso di elezione di un nuovo Presidente della Repubblica, il quale, tuttavia, in ossequio a un'altra regola di correttezza, dovrebbe respingere le dimissioni una volta insediatosi.

Crisi parlamentari

Le cause politiche di cessazione del Governo danno origine a quelle che si usano chiamare **crisi di governo**. Queste si distinguono in **parlamentari** ed **extraparlamentari**. Le prime si verificano quando viene approvata una **mozione di sfiducia** o si ha un **voto contrario su una questione di fiducia**.

Anche della mozione di sfiducia si è già parlato nel Cap. V (par. 13), al quale, dunque, si rinvia. Qui si deve aggiungere soltanto che la Corte costituzionale ha riconosciuto, inoltre, la legittimità della **mozione di sfiducia individuale**, promossa dalle Camere nei confronti del singolo ministro per farne valere la responsabilità politica (sent. n. 7/1996).

La *questione di fiducia*, a differenza della mozione (che è presentata dai parlamentari), è posta dallo stesso Governo su atti la cui approvazione sia considerata fondamentale per l'azione di governo. Si tratta di uno strumento sovente impiegato per superare l'ostruzionismo delle opposizioni.

La sfiducia anche solo di una delle Camere determina l'insorgenza dell'obbligo giuridico delle dimissioni da parte dell'Esecutivo. Il primo comma dell'art. 94, infatti, prevede, come si è detto, che il Governo deve avere la fiducia delle due Camere. Solo un voto di sfiducia, nelle modalità che si sono dette, importa tale obbligo, poiché il quarto comma del medesimo art. 94 prevede che «*il voto contrario di una o d'entrambe le Camere su una proposta del Governo non importa obbligo di dimissioni*».

Crisi extra-parlamentari

In tutti i casi nei quali le dimissioni del Presidente del Consiglio, pur dipendendo dalla rottura del rapporto di fiducia tra Governo e maggioranza parlamentare, siano presentate in mancanza di un previo voto di sfiducia, si ha una **crisi di governo extraparlamentare**.

Nell'esperienza repubblicana tutte le crisi di governo sono state extraparlamentari, fatta eccezione per quelle che hanno determinato la caduta dei due Governi Prodi (nel 1998 e nel 2008), determinate, in entrambi i casi, dal rigetto di questioni di fiducia.

Il rimpasto

Dalla crisi di governo occorre distinguere l'ipotesi del **rimpasto**, che si ha allorché il Presidente del Consiglio sostituisca qualche ministro (poiché questi non condivide più l'indirizzo politico-amministrativo del Governo o per l'esigenza di mantenere l'equilibrio tra le forze politiche di maggioranza), senza tuttavia interrompere il rapporto fiduciario con il Parlamento.

5. *La responsabilità dei ministri*

In ragione della loro doppia natura – di organi politici e di vertici di interi rami della pubblica amministrazione – i ministri, come prevede il secondo comma dell'art. 95 Cost., «*sono responsabili collegialmente degli atti del Consiglio dei Ministri, e individualmente degli atti dei loro dicasteri*». A ciò deve aggiungersi che, a norma dell'art. 89 Cost., «*nessun atto del Presidente della Repubblica è valido se non è controfirmato dai ministri proponenti, che ne assumono la responsabilità. Gli atti che hanno valore legislativo e gli altri indicati dalla legge sono controfirmati anche dal Presidente del Consiglio dei Ministri*».

La controfirma ministeriale

Con il termine "**controfirma**" si intende la firma che il ministro o il Presidente del Consiglio appongono a un atto del Presidente della Repubblica, in mancanza della quale l'atto stesso è considerato **invalido**.

L'istituto della **controfirma ministeriale** ha costituito storicamente lo strumento attraverso il quale, nell'ambito dell'esperienza istituzionale inglese, si è cominciato a far valere la responsabilità politica del Governo nei confronti del Parlamento, ponendo le premesse per la nascita della forma di governo parlamentare. Originariamente, infatti, nel contesto dell'ordinamento britannico, la controfirma degli atti del Capo dello Stato si legava, per un verso, al principio in base al quale *il Re non potesse sbagliare* (*The King can do no wrong*) e, per altro verso, a quello per cui *il Re non potesse agire da solo* (*The King cannot act alone*) e, pertanto, i suoi atti dovevano essere prodotti congiuntamente a un altro soggetto, un esponente del Governo che se ne assumesse la responsabilità. Ben presto la controfirma divenne lo strumento attraverso il quale il Parlamento cominciò a far valere la responsabilità dell'Esecutivo per gli atti controfirmati, consentendo così l'affermazione del rapporto fiduciario, elemento caratterizzante – come si è detto – la stessa forma di governo parlamentare.

La controfirma assume oggi, nell'ordinamento italiano, una funzione peculiare. La maggior parte degli atti formalmente presidenziali sono, infatti, determinati nel contenuto dal Governo (si pensi soltanto ai diversi atti normativi approvati dall'Esecutivo ed emanati dal Capo dello Stato: decreti-legge, decreti legislativi, ecc.). In questi casi, la controfirma implica un'assunzione da parte del Governo di una responsabilità per atto proprio, anche se il Presidente della Repubblica esercita sempre un'attività di controllo, nell'ambito della quale può chiedere all'Esecutivo un riesame dell'atto e proporre rilievi.

Se, oltre che formalmente, l'atto è anche sostanzialmente presidenziale (si pensi ai decreti di nomina dei senatori a vita o dei cinque giudici costituzionali designati dal Capo dello Stato), le parti, in un certo senso, si invertono ed è il ministro controfirmante a svolgere una funzione di controllo sulla validità formale dell'atto, considerato che, nel caso d'illegittimità dello stesso, sarebbe lo stesso ministro a essere chiamato a rispondere.

Non tutti gli atti presidenziali, peraltro, hanno un ministro proponente, ragion per cui si è ritenuto che, in questi casi, la controfirma debba essere apposta dal ministro competente per materia o dal Presidente del Consiglio (secondo un'interpretazione avallata anche dalla Corte costituzionale: sent. n. 200/2006).

Si distingue, anche in questo caso, tra una **responsabilità politica** e una **giuridica**.

La responsabilità politica

La **responsabilità politica** dei ministri, come si è detto, può essere fatta valere collegialmente, nei confronti dell'intero Consiglio dei ministri, attraverso il voto di sfiducia, oppure nei confronti del singolo ministro, tramite la sfiducia individuale.

La responsabilità giudica

Sul versante della **responsabilità giuridica**, si distingue, invece, tra una responsabilità **civile**, una **penale** e una **amministrativa**. Per quanto riguarda quest'ultima si rinvia, in particolare, a quanto si dirà nel Cap. XV.

Per quanto riguarda la **responsabilità civile**, anche ai ministri si applica quanto previsto dall'art. 28 Cost., a norma del quale «*i funzionari e i dipendenti dello Stato e degli enti pubblici sono direttamente responsabili, secondo le leggi penali, civili e amministrative, degli atti compiuti in violazione di diritti*» e «*in tali casi la responsabilità civile si estende allo Stato e agli enti pubblici*».

Quanto alla **responsabilità penale**, i ministri rispondono per i c.d. *reati ministeriali*, commessi nell'esercizio delle loro funzioni. A tal riguardo, l'art. 96 Cost., modificato dalla legge cost. n. 1/1989, prevede che «*il Presidente del Consiglio dei Ministri ed i Ministri, anche se cessati dalla carica, sono sottoposti, per i reati commessi nell'esercizio delle loro funzioni, alla giurisdizione ordinaria, previa autorizzazione del Senato della Repubblica o della Camera dei deputati, secondo le norme stabilite con legge costituzionale*». In tali casi, la competenza è del "tribunale dei ministri", un collegio istituito presso il tribunale del capoluogo di distretto della Corte d'appello.

L'autorizzazione della Camera di appartenenza può essere negata qualora si ritenga, con valutazione insindacabile, che il Presidente del Consiglio o il ministro abbiano agito per la tutela di un interesse dello Stato costituzionalmente rilevante o per il perseguimento di un preminente interesse pubblico nell'esercizio della funzione di governo.

I componenti del Governo sono **amministrativamente** responsabili, infine, per i danni alla Pubblica amministrazione, dei quali rispondono eventualmente dinanzi alla Corte dei conti (v. Cap. XV).

CAPITOLO VIII

LA MAGISTRATURA

Giovanni Moschella

1. *Caratteri del potere giudiziario*

Nell'ambito dell'attuale forma di Stato democratico-sociale sussiste una obiettiva difficoltà a inquadrare la magistratura e la funzione giurisdizionale secondo la rigida, tradizionale teoria della separazione dei poteri. In via generale, l'ordinamento affida alla magistratura il compito di giudicare e risolvere le controversie, in una posizione di terzietà e di autonomia e indipendenza dagli altri poteri dello Stato, pronunciandosi a favore di una delle parti del processo ovvero assolvendo o condannando l'imputato, attraverso decisioni giurisdizionali (sentenze).

L'art. 104, comma 1, Cost. prevede che «*la magistratura costituisce un ordine autonomo e indipendente da ogni altro potere*», dovendosi così ritenere che l'utilizzazione del termine "ordine" ponga la magistratura in una posizione diversa rispetto agli altri poteri.

La magistratura come ordine autonomo e indipendente

La differenziazione tra **potere giudiziario** e **ordine giudiziario** rende tuttavia più comprensibile il principio dell'unicità della giurisdizione, che trova il suo fondamento nella specificità dello *status* dei magistrati e nella struttura organizzativa collegata alla loro posizione soggettiva (ordine), mentre per quanto riguarda i profili organizzativi generali, la competenza è demandata a un apparato amministrativo del Governo, il Ministero della giustizia.

La magistratura come potere diffuso

La magistratura costituisce, dunque, **un potere diffuso**, in quanto ogni organo giurisdizionale nel momento in cui emette una pronuncia, finisce di appartenere al potere e si identifica esso stesso con il potere. La giurisdizione *si identifica* così nel singolo organo giurisdizionale nel momento in cui, in posizione di indipendenza, emette la sua decisione. Il problema che si pone è quello di inquadrare teoricamente e sistematicamente, nell'ambito di una concezione gerarchica dell'organizzazione dei poteri statali, un potere quale quello giudiziario, strutturato secondo un criterio orizzontale e diffuso, in cui appare difficile individuare il vertice, a causa della già rilevata separazione tra attività connesse ai servizi relativi alla giustizia e quelle più strettamente riconducibili allo *status* dei magistrati.

Sotto questo profilo, con l'entrata in vigore della Costituzione del 1948 la Corte di Cassazione ha perso la funzione di verifica della costituzionalità delle norme ed essendosi affermato il principio di divieto di ogni gerarchia tra magistrati, non può più sostenersi fondatamente che la stessa Suprema Corte costituisca organo di vertice della magistratura, ormai distinguendosi dagli altri organi giudiziari solo per la particolarità delle funzioni svolte, vale a dire il controllo di legittimità separato dal merito, nonché per la definitività delle sue sentenze.

La Corte di Cassazione può quindi correttamente definirsi organo supremo, ma non perché posto al vertice, ma perché ultimo a poter essere adito.

2. *Giudici ordinari e giudici speciali*

Nell'ordinamento italiano i caratteri della funzione giurisdizionale si evincono dalla combinazione della previsione costituzionale con la disciplina normativa dell'ordinamento giudiziario.

Il principio di unicità della giurisdizione

La Costituzione italiana stabilisce all'art. 102 che *la funzione giurisdizionale deve essere esercitata da magistrati ordinari (giudici e pubblici ministeri) istituiti e regolati dalle norme sull'ordinamento giudiziario.*

Le nomine dei magistrati hanno luogo per pubblico concorso (art. 106, comma 1, Cost.) e dunque essi fondano la loro legittimazione sulla loro formazione tecnico-giuridica. Si afferma così nella Costituzione il **principio di unicità della giurisdizione**, il quale prescrive che l'amministrazione della giustizia, in qualsiasi materia (civile, penale e amministrativa), deve essere affidata esclusivamente a organi previsti e disciplinati dalla legge sull'ordinamento giudiziario, cioè ai giudici ordinari (P. Calamandrei).

Tale principio risulta strettamente collegato a quello di **indipendenza dei giudici soggetti soltanto alla legge** (art. 101, comma 2, Cost.), principio che si esplica attraverso l'esercizio di una funzione, quella giurisdizionale appunto, svolta secondo forme e garanzie di indipendenza non riscontrabili nell'ordinamento in nessun altro soggetto titolare di uffici pubblici.

L'eventuale previsione di *status* diversi in relazione alla giurisdizione configurerebbe una situazione incompatibile con il principio di cui all'art. 101 Cost.

I Costituenti intendevano, in tal modo, vietare l'istituzione di giudici straordinari, vale a dire di organi giudiziari *ad hoc*, creati in seguito al reato commesso e in coincidenza con lo svolgimento del processo, al fine di giudicare, per un periodo limitato, su uno specifico fatto o su una determinata categoria di persone (ad es. imputati di reati politici). Nel contempo, la disposizione costituzionale era volta a impedire la creazione di nuovi giudici speciali, competenti a decidere su controversie relative a determinate materie (sul punto si rinvia al Cap. XIV, Sez. VI).

In tal modo la Costituzione ha inteso garantire al meglio l'applicazione uniforme della legge e l'indipendenza della magistratura, anche se lo stesso testo costituzionale deroga a tale previsione prevedendo alcuni organi di giurisdizione speciale, quali il Consiglio di Stato e i Tribunali amministrativi regionali, la Corte dei conti e i tribunali militari, a cui occorre aggiungere altri giudici speciali già esistenti prima dell'entrata in vigore della Costituzione (VI Disp. trans. e fin. Cost.)

Peraltro, l'equiparazione tra giudici ordinari e giudici speciali ha posto una serie di problemi sul piano sistematico, rendendo necessaria la distinzione tra ordine giudiziario, riferito ai giudici penali e civili, e potere giudiziario (nozione comprensiva oltre che dei giudici ordinari anche dei giudici speciali).

3. *I principi di autonomia e indipendenza della magistratura*

L'autonomia della magistratura

La Costituzione italiana ha sancito all'art. 104, comma 1, che la magistratura costituisce un **ordine autonomo e indipendente da ogni altro potere**. Tale previsione ha indotto a identificare l'espressione «*autonomia e indipendenza*» come un'endiadi e a ritenere il concetto di autonomia del tutto corrispondente a quello di indipendenza. Tuttavia, nel diritto pubblico, la nozione di autonomia, se identificata nel potere di un organo o di un ente di fissare da sé le regole che disciplinano la propria azione, anche attraverso l'emanazione di norme, mal si concilia con l'autonomia costituzionalmente riconosciuta all'ordine giudiziario.

La magistratura, infatti, non ha il potere di emanare le norme che disciplinano la sua stessa organizzazione e la funzione giurisdizionale che essa svolge. A questo proposito, si ricorda solo che, in ossequio al principio della separazione dei poteri, ai giudici non è riconosciuto alcun potere normativo e che l'art. 108 Cost. prevede una riserva di legge in capo al Parlamento per la disciplina dell'ordinamento giudiziario. La disposizione dell'art. 101 Cost. secondo la quale «*la giustizia è amministrata in nome del popolo*» deve intendersi, inoltre, nel senso che la funzione giurisdizionale si lega strettamente alla sovranità popolare e non è esercitata per conto di un Governo, così come avviene per l'attività amministrativa. Conseguentemente, la previsione di cui all'art. 101 Cost. «*i giudici sono soggetti soltanto alla legge*» sancisce il carattere diretto e immediato del rapporto in cui il giudice si pone rispetto alla legge, prefigurando che l'attuazione della norma in via contenziosa possa avvenire esclusivamente attraverso la mediazione del giudice nell'esercizio dell'attività giurisdizionale.

L'indipendenza della magistratura

In tale quadro si inserisce il **principio dell'indipendenza** (art. 104 Cost.), che attribuisce alla magistratura – ordine autonomo e indipendente da ogni altro potere – una piena tutela finalizzata a preservarla da ingerenze esterne e a garantirne l'indipendenza all'interno dell'ordine e per ciascuno dei magistrati, i quali ai sensi dell'art. 107, comma 3, Cost., si distinguono fra loro soltanto *per diversità di funzioni* e non per gradi.

In Assemblea costituente il problema principale era stato quello di approntare un sistema di garanzie istituzionali che salvaguardasse il potere giudiziario da interferenze e condizionamenti da parte del potere politico, così come invece si era verificato nel periodo fascista (caratterizzatosi per la sospensione del principio della separazione dei poteri), senza tuttavia relegare la magistratura in una sorta di splendido isolamento istituzionale, che potesse alimentare tendenze corporative e configurarla come un potere forte, in grado di contrapporsi agli "organi democratico-rappresentativi", rimanendo del tutto irresponsabile.

La scelta, peraltro saggia, dei Costituenti è stata quella di separare la funzione giurisdizionale in senso stretto dall'*amministrazione della giurisdizione* e ancora dall'*amministrazione per la giurisdizione* (A. Pizzorusso, G. Silvestri). Un sistema integrato sotto il profilo interno, ma anche sul piano esterno, che mantiene la magistratura in relazione istituzionale con tutti gli organi costituzionali.

4. *Il Consiglio superiore della magistratura*

Le attribuzioni del CSM

L'organo posto a garanzia dell'ordine giudiziario, il Consiglio Superiore della magistratura, è disciplinato dagli artt. 104 e 105 Cost. La competenza sulle decisioni più rilevanti sulla **carriera** e sullo ***status*** dei magistrati (le **assunzioni**, le **assegnazioni** e i **trasferimenti**, le **promozioni** e i **provvedimenti disciplinari** nei confronti dei magistrati), la sua natura di organo svincolato dal potere politico e composto prevalentemente da magistrati sono elementi che tendono ad assicurare l'autonomia della magistratura e a escludere condizionamenti e abusi che finirebbero per incidere sull'indipendenza stessa della funzione giurisdizionale. Attualmente il CSM è composto da **tre membri di diritto**, il Presidente della Repubblica, che lo presiede, il Primo Presidente e il Procuratore generale della Corte di Cassazione, nonché **da otto componenti** eletti dal Parlamento in seduta comune e **sedici componenti** eletti da tutti i magistrati ordinari tra gli appartenenti alle varie categorie, per un totale di **ventisette membri**. La sua composizione, modificata nel corso degli anni fino alla più recente riforma del 2002, è tale da stemperare l'influenza e l'eventuale condizionamento politico ascrivibile alla provenienza parlamentare dei giudici non togati, tenuto conto che la riserva parlamentare è – come detto – limitata all'elezione di 1/3 dei componenti e che comunque i membri non togati devono essere in possesso di particolari requisiti tecnico-professionali (professori ordinari di università in materie giuridiche e avvocati dopo quindici anni di esercizio). L'elezione di **1/3 dei componenti** da parte del Parlamento in seduta comune contribuisce a conciliare l'autonomia del CSM con il raccordo necessario con gli altri poteri dello Stato e a ridurre i rischi di una "separazione" dell'ordine giudiziario.

La composizione del CSM

La natura democratica della componente togata, non articolata per gradi, ma espressa da tutti i magistrati secondo un principio derogato solo dalla riserva ai magistrati di Cassazione di una quota limitatissima di seggi, accresce l'indipendenza interna del Consiglio. In tale quadro, poiché la Costituzione delinea un rapporto di separazione tra CSM e magistrati, la sua funzione può così più opportunamente configurarsi di "amministrazione della giurisdizione", dovendosi preferire nella definizione del rapporto tra CSM e magistratura un rapporto di separazione piuttosto che di immedesimazione, che renderebbe meno efficace la funzione di garanzia attribuita al CSM. La stessa composizione bilanciata e integrata tra membri togati e non togati è a ciò finalizzata, dovendosi ritenere che essa debba rispondere a criteri pluralistici che escludono un indirizzo politico-consiliare dell'organo.

Il Capo dello Stato è il Presidente dell'organo e dispone del potere di convocare le sedute e di predisporne l'ordine del giorno. Tuttavia, non potendo il Presidente di persona e materialmente curarsi dell'esercizio delle suddette funzioni, è prevista dalla Costituzione la figura del Vicepresidente, eletto dal Consiglio tra i componenti laici, sì da assicurare le finalità sottese all'attribuzione della presidenza al Capo dello Stato e al quale quest'ultimo delega le sue competenze. L'attribuzione della carica di Presidente al Capo dello Stato rafforza, da un lato, l'indipendenza esterna dell'organo, rappresentando un presidio costituzionale rispetto a eventuali interferenze da parte di altri poteri dello Stato e, dall'altro, contribuendo a raccordare l'ordine giudiziario con il circuito politico.

Come già accennato, per prassi (o in caso di supplenza), il Presidente delega per intero le sue funzioni al Vicepresidente, anche perché una sua eventuale partecipazione attiva ai lavori e all'attività del Consiglio potrebbe inficiare la sua funzione di garanzia (attribuitagli sia come Capo dello Stato sia come Presidente del CSM), dovendosi pertanto privilegiare quella interpretazione che tende a definire la sua funzione come magistratura di influenza che non partecipa alle contrapposizioni e alle divisioni che naturalmente possono determinarsi.

Lo scioglimento del Consiglio spetta al Presidente, che lo esercita esclusivamente nel caso di impossibilità di funzionamento in quanto – come ha rilevato la Corte costituzionale – «*gli organi costituzionali o di rilevanza costituzionale non possono essere esposti alla eventualità, anche teorica, di paralisi di funzionamento*» (sent. n. 29/1987).

5. *Le garanzie a tutela dell'indipendenza della magistratura*

La Costituzione italiana contempla alcune garanzie formali di **indipendenza esterna e interna** dei magistrati, che li differenziano dai funzionari amministrativi e dagli altri soggetti che esercitano funzioni pubbliche. Essi non sono subordinati ad alcuna autorità o potere esterno alla struttura giudiziaria e, nello stesso tempo, al loro interno non sono legati da alcun rapporto di natura gerarchica, che potrebbe configurare una subordinazione del singolo magistrato ovvero dell'organo giudiziario nel suo complesso a ordini, direttive, indirizzi emanati da altri magistrati di grado più elevato.

L'articolazione dell'ordine giudiziario è ispirata, come si è detto, a un modello di tipo orizzontale, tale da escludere una strutturazione verticistica e piramidale, così come avviene invece nell'apparato amministrativo, all'interno del quale – di norma – i vertici istituzionali sono soggetti politicamente responsabili nei confronti del Parlamento o del popolo.

La figura del magistrato, così, non appare in alcun modo riconducibile a quella di un funzionario dello Stato, come peraltro conferma l'istituzione del CSM che ha sottratto lo *status* del magistrato al potere del Ministro della giustizia.

La differenza tra magistrato e funzionario non va individuata nell'appartenenza di quest'ultimo all'apparato burocratico dello Stato, ma nel diverso *status,* essendo il magistrato vincolato nell'esercizio della sua funzione esclusivamente al rispetto della legge e all'applicazione del diritto.

L'adozione di un sistema di Costituzione rigida e l'adozione del controllo di costituzionalità delle leggi ha inoltre affrancato il giudice dal dovere di applicare la legge se in contrasto con la Costituzione. L'indipendenza riguarda, dunque, il profilo funzionale dell'attività giurisdizionale e, in particolare, il magistrato nell'esercizio della giurisdizione. Rispetto al principio dell'autonomia dell'ordine giudiziario nel suo complesso, garantito secondo le modalità illustrate nel precedente paragrafo, il valore dell'indipendenza è riconducibile al principio della soggezione del giudice soltanto alla legge, attraverso il quale si fonda il legame esistente tra giurisdizione e principio democratico.

6. *L'inamovibilità*

L'istituto della **inamovibilità**, presente già nello Statuto albertino e in altri ordinamenti del XIX secolo, costituisce la più tradizionale delle garanzie di indipendenza del magistrato ed è contemplato dall'art. 107, comma 1, Cost. L'inamovibilità attiene sia all'**indipendenza esterna** che **all'indipendenza interna** del magistrato, che potrebbe essere gravemente compromessa dalla possibilità di dispensa dal servizio o di trasferimento da una sede all'altra. È pertanto previsto che il magistrato non possa essere dispensato, sospeso, né destinato ad altre funzioni o trasferito ad altra sede, se non previa decisione del CSM per i motivi e secondo le procedure di garanzia di difesa contemplate dall'ordinamento giudiziario ovvero con il consenso del magistrato.

Sono così presenti nel vigente ordinamento:

- una **riserva assoluta di competenza** del CSM con riguardo a tutti i provvedimenti che comportino mutamento di sede o di funzione, anche in presenza del consenso o della richiesta del magistrato;

– una **riserva assoluta di legge**, relativa alla individuazione dei casi che possono determinare l'intervento del CSM finalizzato alla rimozione dal posto, dalla sede, dalle funzioni;
– la **necessità di un giusto procedimento**, oggetto di riserva assoluta di legge, che il CSM deve osservare per emettere i suddetti provvedimenti.

Di norma, il magistrato può essere trasferito in un'altra sede o essere chiamato a svolgere altre funzioni solo con il suo consenso, su deliberazione del Consiglio superiore della magistratura. I casi in cui, invece, il CSM può disporre eccezionalmente il trasferimento d'ufficio sono tassativi e riguardano:

a) la prima assegnazione delle funzioni ai magistrati ordinari in tirocinio, ovvero i casi di cui agli artt. 3 e 4 della legge n. 321/1991 e succ. mod. (relativi al trasferimento d'ufficio nelle sedi vacanti non richieste) e all'art. 1 della legge n. 133/1998 e succ. mod. (relativo alla copertura delle sedi disagiate);
b) il caso in cui i magistrati «*per qualsiasi causa indipendente da loro colpa non possono, nella sede occupata, svolgere le proprie funzioni con indipendenza ed imparzialità*» (art. 2, comma 2, R.d.lgs. n. 511/1946, così come modificato dall'art. 26, comma 1, d.lgs. n. 109/2006).

In tale fattispecie particolare, la deroga al principio di inamovibilità si fonda sulla necessità preminente di assicurare l'esercizio indipendente e imparziale della giurisdizione da parte del magistrato nella sede ove egli svolge le sue funzioni, qualora si ritenga che la sua permanenza nella stessa sede potrebbe, invece, pregiudicarlo.

Come detto, tale tipo di trasferimento d'ufficio prescinde dalla eventuale colpa del magistrato, dovendosi rinvenirne la *ratio* solo nella situazione oggettiva dell'impedimento all'esercizio indipendente e imparziale delle funzioni in una determinata sede. La finalità dell'istituto è quella di tutelare l'indipendenza oggettiva del magistrato nel momento in cui le fattispecie ora richiamate si configurino, anche in assenza di qualsiasi comportamento concludente che si sostanzi in un esercizio parziale della funzione o che sia contrario alla deontologia professionale. Si vuole garantire in tal modo la fiducia dei cittadini nell'imparzialità della giustizia e nella credibilità della funzione giurisdizionale. Va rilevato, tuttavia, che il principio della inamovibilità non costituisce un privilegio del magistrato, ma è funzionale al corretto e indipendente esercizio della giurisdizione.

L'art. 13, comma 1, d.lgs. n. 109/2006 prevede, invece, il trasferimento d'ufficio ad altra sede o ufficio, quando, per la condotta tenuta, la permanenza del magistrato nella stessa sede o nello stesso ufficio appare in contrasto con il buon andamento dell'amministrazione della giustizia.

Come misura cautelare, invece, il comma 2 dello stesso art. 13 dispone che «*nei casi di procedimento disciplinare per addebiti punibili con una sanzione diversa dall'ammonimento, su richiesta del Ministro della Giustizia o del Procuratore generale presso la Corte di Cassazione, ove sussistano gravi elementi di fondatezza dell'azione disciplinare e ricorrano motivi di particolare urgenza, la Sezione disciplinare del Consiglio Superiore della Magistratura, in via cautelare e provvisoria, può disporre il trasferimento ad altra sede o la destinazione ad altre funzioni del magistrato incolpato*». Il trasferimento d'ufficio del magistrato come sanzione disciplinare è effetto di un «accertamento di responsabilità colpevole» nell'ambito di un procedimento giurisdizionale a suo carico, che si conclude con una sentenza della sezione disciplinare del CSM.

Il trasferimento d'ufficio di cui all'art. 13, comma 2, del d.lgs. n. 109/2006 si ricollega sempre al procedimento disciplinare nei confronti del magistrato, ma costituisce una misura cautelare decisa prima della conclusione del procedimento e di una eventuale condanna.

7. *L'imparzialità del giudice*

Per quanto riguarda l'**imparzialità**, il presupposto è che la definizione stessa di giudice escluda necessariamente dalla funzione giurisdizionale chi possa aver un interesse di qualsiasi natura alla definizione di una controversia in un certo senso e che, quindi, possa essere parte.

Imparzialità soggettiva e oggettiva

L'imparzialità costituisce, pertanto, una caratteristica fondamentale della funzione giurisdizionale, ma anche dello *status* del magistrato. In tal senso, il concetto di imparzialità attiene sia alla c.d. **imparzialità oggettiva** o **funzionale**, riconducibile al fatto che il magistrato deve giudicare in modo imparziale, sia alla **imparzialità soggettiva**, che riguarda la condizione soggettiva del giudice e, per certi versi, la sua onestà intellettuale. In altri termini, l'elemento soggettivo dell'imparzialità, che è stato individuato nell'atteggiamento personale dei singoli magistrati nei confronti delle parti, è una precondizione dell'imparzialità istituzionale dell'organo giurisdizionale. Sul piano costituzionale, il fondamento del principio di imparzialità va ricondotto, in primo luogo, al principio di eguaglianza di tutti i cittadini di fronte alla legge (di cui all'art. 3 Cost.) che, sul piano dell'esercizio della funzione giurisdizionale, presuppone che la decisione del giudice deve essere scevra da condizionamenti che possano in astratto determinare una diseguale posizione degli interessi delle parti del processo. Per altro verso, la *ratio* del principio di imparzialità va rinvenuta nella combinazione dell'art. 3 Cost. con l'art. 24 Cost., che prevede il **diritto di difesa**, interpretazione che prefigurerebbe l'imparzialità come diritto soggettivo delle parti.

Va fatto riferimento, tuttavia, anche al **principio del giudice naturale** contenuto nell'art. 25 Cost. («*nessuno può essere distolto dal giudice naturale precostituito per legge*»), che trova applicazione nella individuazione preventiva del giudice competente in ragione di criteri astratti e obiettivi che escludono che l'assegnazione dei processi avvenga sulla base dell'identità delle parti. Più di recente, in seguito alla revisione dell'art. 111 Cost. operata dalla legge cost. n. 1/1989, la giurisprudenza costituzionale si è orientata a ricondurre il principio dell'imparzialità al principio del giusto processo, vale a dire a una nozione più ampia che sintetizza e assorbe tutti i princìpi di riferimento prima richiamati in ordine tanto ai caratteri della giurisdizione quanto ai diritti di azione e difesa in giudizio. Il primo comma dell'art. 111 Cost. stabilisce, infatti, che la giurisdizione si attua mediante il **giusto processo** regolato per legge, mentre il secondo comma prevede che ogni processo debba svolgersi nel **contraddittorio tra le parti**, in **condizioni di parità**, davanti a un **giudice terzo** e **imparziale**.

Risulta chiaro l'intento del legislatore costituzionale di inquadrare il principio di imparzialità **non** come **diritto soggettivo** riconosciuto alle parti, ma come **garanzia oggettiva** del processo.

Incompatibilità, astensione, ricusazione, rimessione

L'ordinamento contempla altresì una serie di istituti finalizzati a garantire il principio d'imparzialità del giudice. Essi sono l'**incompatibilità**, l'**astensione**, la **ricusazione** e la **rimessione** del processo per legittimo sospetto.

L'incompatibilità consiste in una astratta predeterminazione prevista dalla legge di fatti oggettivi al cui verificarsi consegue una carenza di imparzialità del giudice nella presunzione che determinati atti o situazioni possano di per sé provocare un pregiudizio. Allorché si verifichi una delle cause di incompatibilità, la decisione sarà demandata ad altro giudice.

L'astensione è l'istituto attraverso il quale il giudice, qualora si realizzino determinate condizioni, ha l'obbligo o la facoltà di astenersi dallo svolgimento della funzione in un determinato procedimento.

La ricusazione è invece l'istituto che consente alle parti di richiedere la sostituzione del giudice qualora – verificatesi determinate situazioni previste dalla legge – il giudice che ne abbia obbligo non si astenga.

La *remissione* del processo per legittimo sospetto è prevista quando «*gravi situazioni locali, tali da turbare lo svolgimento del processo e non altrimenti eliminabili*», pregiudichino «*la libera determinazione delle persone che partecipano al processo ovvero la sicurezza o l'incolumità pubblica, o determinino motivi di legittimo sospetto*» (art. 45 c.p.p., così come modificato dalla legge n. 248/2002). La rimessione del processo per legittimo sospetto è finalizzata, quindi, a garantire le parti che ritengano che sussistono dubbi sull'imparzialità dell'organo giudiziario (e non del singolo giudice), allorché esso svolga la sua funzione in condizioni che non ne garantiscano l'imparzialità.

Un profilo particolarmente delicato relativo al principio dell'imparzialità del giudice riguarda il comportamento del magistrato al di fuori del processo, con particolare riferimento alle eventuali manifestazioni concernenti l'orientamento politico. I valori che in tal caso devono essere soggetti a un bilanciamento sono la libertà del magistrato nella sua qualità di cittadino e il principio di imparzialità, inteso non come garanzia nell'esercizio delle sue funzioni, ma come necessità che egli *appaia* imparziale anche nella vita pubblica e sociale. Sotto tale profilo va detto che la giurisprudenza della Corte costituzionale (ma anche quella della Corte europea dei diritti dell'uomo) tende a non considerare rilevante processualmente l'orientamento politico del magistrato a meno che non influisca sulle decisioni giurisdizionali.

Appare opportuno, a tal proposito, anche al fine di completare il quadro interpretativo, un riferimento alle disposizioni relative alle limitazioni per i magistrati rispetto al diritto di iscriversi a partiti politici. Su questo tema è intervenuto il d.lgs. n. 109/2006, che, con l'art. 3, comma 1, lett. *h*) dà attuazione all'art. 98, comma 2, Cost. («*si possono con legge stabilire limitazioni al diritto di iscriversi ai partiti politici per i magistrati*»), attraverso la previsione di una sanzione disciplinare comminata in caso di iscrizione o partecipazione «*sistematica e continuativa*» del magistrato a partiti politici ovvero quando il suo coinvolgimento in attività di soggetti che operano nel settore economico o finanziario possa condizionare in qualche modo l'esercizio delle sue funzioni o comunque comprometterne l'immagine. Pur riconoscendo il diritto del magistrato a partecipare alla vita politica, l'ordinamento si preoccupa, in ogni caso, di impedire che lo stesso instauri rapporti e vincoli di natura stabile con una determinata parte politica. Nel bilanciamento tra opposte e delicate esigenze, quali l'indipendenza esterna del magistrato e il suo diritto come cittadino a non essere totalmente estromesso dalla vita politica, la prevalenza della garanzia dell'indipendenza si desume anche dalla legislazione sulla partecipazione dei magistrati alle elezioni politiche e amministrative oltre che dalla giurisprudenza costituzionale. Con particolare riferimento alle elezioni politiche, l'art. 8, comma 2, d.P.R. n. 361/1957 e succ. mod., prevede che i magistrati, anche in caso di scioglimento anticipato delle Camere, non sono eleggibili nelle circoscrizioni sottoposte, in tutto o in parte, alla giurisdizione degli uffici ai quali si sono trovati assegnati o presso i quali hanno esercitato le loro funzioni in un periodo compreso nei sei mesi antecedenti alla data di accettazione della candidatura. Tale previsione è finalizzata ad assicurare la libertà di voto e a escludere condizioni di *captatio benevolentiae e metus potestatis* nei confronti degli elettori.

In ogni caso, i magistrati non sono eleggibili se al momento di accettare la candidatura non si trovino in aspettativa. La norma prevede inoltre che i magistrati, in caso di mancata elezione, non possono esercitare le loro funzioni per un periodo di cinque anni nella circoscrizione in cui hanno presentato la candidatura.

Il fine è quello sia di escludere anche il *fumus* che il magistrato risultato soccombente nella competizione elettorale possa in qualche modo essere condizionato nell'esercizio della sua funzione da un sentimento di ritorsione per l'esito negativo dell'elezione sia di allontanare ogni sospetto che la sua attività possa essere in qualche modo condizionata dalle relazioni e dai rapporti che inevitabilmente si sono instaurati nel corso della campagna elettorale.

Un discorso a parte riguarda, infine, il divieto di adesione ad associazioni segrete o caratterizzate da una organizzazione gerarchica o forti vincoli interni da parte dei magistrati. Si fa riferimento all'incompatibilità tra l'adesione alla massoneria e l'esercizio indipendente e imparziale della funzione giurisdizionale. L'art. 3, comma 1, lett. *g*), d.lgs. n. 109/2006 prevede, infatti, quale illecito disciplinare la partecipazione ad associazioni segrete o i cui vincoli siano oggettivamente incompatibili con l'esercizio delle funzioni giudiziarie. La finalità di tale previsione è impedire che il magistrato possa essere condizionato da eventuali stringenti obblighi derivanti dalla sua adesione ad associazioni le cui caratteristiche risultino tali da pregiudicare la necessaria indipendenza dello stesso magistrato.

8. *La parità dei magistrati*

Il principio della **parità**, contenuto nell'art. 107, comma 3, Cost., secondo il quale «*i magistrati si distinguono fra loro soltanto per diversità di funzioni*», esclude il criterio gerarchico e va interpretato nel senso di una sua assoluta vigenza nel rapporto tra i singoli magistrati (nel quadro del carattere orizzontale che caratterizza la struttura del potere giudiziario), ma non con riferimento agli organi o agli uffici.

L'uguaglianza tra i magistrati, infatti, non attiene all'esercizio della funzione giurisdizionale, prevedendo la stessa Costituzione la distinzione tra giudice e pubblico ministero e l'esistenza di una carriera dei magistrati, il cui avanzamento è attribuito alla competenza del CSM secondo modalità che, in ossequio all'art. 107, comma 3, non prefigurino alcun vincolo gerarchico. La stessa articolazione del processo in diversi gradi di giudizio (primo grado, processo di appello ed eventuale impugnazione innanzi alla Corte di Cassazione) non implica alcun rapporto di natura gerarchica tra i vari giudici, ma una diversa graduazione delle funzioni svolte, in relazione al rilievo che queste assumono nell'ambito del processo.

La concreta applicazione del principio della parità dei magistrati all'interno dell'ordinamento giudiziario ha incontrato, tuttavia, una serie di problemi riscontrandosi una certa difficoltà a conciliare la professionalità dei magistrati e l'uguaglianza tra gli stessi.

Dall'approvazione della legge n. 570/1996 che ha segnato il passaggio dal sistema della carriera "a ruoli chiusi" al sistema "a ruoli aperti", la disciplina legislativa in materia di carriera dei magistrati si è ispirata, almeno fino alle recenti riforme degli anni 2005-2007, al principio dell'automatismo nella progressione in carriera che ha ostacolato un incisivo sistema di controllo sulla capacità e professionalità del giudice e ha svilito, per certi versi, il livello di qualità della funzione giurisdizionale, contribuendo a ridurre progressivamente la fiducia dei cittadini nell'amministrazione della giustizia.

La riforma intervenuta con la legge n. 150/2005 e il d.lgs. n. 106/2006 (così come modificato dalla legge n. 111/2007) ha modificato la disciplina precedente, in particolare, sotto due diversi profili: quello della corrispondenza tra promozione ed effettivo conferimento della funzione e quello dell'integrazione, ai fini della promozione, del criterio della anzianità con quello del merito, verificato attraverso una valutazione per concorso a titoli.

Rispetto al vecchio sistema che, alla scadenza di un certo numero di anni e in assenza di note di demerito, attribuiva le promozioni automaticamente per anzianità, anche indipendentemente che vi fosse in organico la disponibilità del posto (sistema a ruoli aperti), l'attuale disciplina prevede che il CSM, nel caso vi siano posti vacanti, bandisca un concorso a titoli aperto ai magistrati che abbiano già conseguito una valutazione di professionalità positiva in relazione alla funzione per la quale è stata bandita la procedura.

9. *Il principio del giudice naturale*

Il giudice naturale precostituito per legge

L'art. 25 Cost. stabilisce, come si è detto, che «*nessuno può essere distolto dal* ***giudice naturale precostituito per legge***». La disposizione in parola predispone una norma di carattere organizzativo volta, da un lato, a individuare il giudice naturale e dall'altro a stabilire che nessuno può essere sottratto alla sua competenza. Particolare rilievo assume la **riserva di legge**, vincolata nel suo contenuto alla finalità di precostituire il giudice, vale a dire a far sì che il giudice competente sia individuato prima che la controversia si realizzi, attraverso la definizione di un ordine preciso di competenze stabilito dalla legge, in genere sulla base di una competenza territoriale o per valore.

L'affermazione del principio della precostituzione del giudice soddisfa una esigenza di natura organizzativa propria dell'ordinamento giudiziario che si concreta, nel contempo, anche nel diritto fondamentale del singolo a non essere distolto dal giudice naturale, garanzia irrinunciabile in uno Stato di diritto.

Sotto il profilo soggettivo, va detto che la garanzia posta dall'art. 25, comma 1, Cost., non si limita solo al cittadino, ma riguarda anche lo stesso giudice, *melius* lo stesso organo giudiziario, in quanto preclude al legislatore o agli organi deputati all'organizzazione dell'attività giudiziaria di "espropriare" il giudice dalle cause che rientrano nella propria giurisdizione. In tale quadro si inscrive l'adozione del sistema tabellare che stabilisce sia la ripartizione dei magistrati tra i vari uffici e ai fini della formazione dei collegi giudicanti sia la definizione dei criteri per l'assegnazione degli affari penali e per la sostituzione dei giudici impediti.

La finalità di tale sistema va rinvenuta nella piena attuazione del principio costituzionale del giudice naturale di cui all'art. 25 Cost., interpretato non solo in ragione di una predeterminazione astratta (precostituzione) della competenza a giudicare dei singoli organi della giurisdizione, ma anche in ragione dell'assoluta oggettività nella composizione degli uffici e dei collegi giudicanti. Tale meccanismo tende così a conciliare, in via generale, la garanzia costituzionale a favore dei cittadini e degli stessi magistrati contemplata dall'art. 25, comma 1, Cost., con il valore dell'efficienza della funzione giurisdizionale.

10. *Funzione giudicante e funzione requirente. Il pubblico ministero*

La funzione giurisdizionale è esercitata da magistrati che svolgono funzioni diverse: i giudici a cui è attribuita la **funzione giudicante** e i pubblici ministeri a cui è invece attribuita la **funzione requirente**. Come già detto, i giudici hanno il compito di giudicare e risolvere, in una posizione di terzietà, le controversie pronunciandosi a favore di una delle parti del processo ovvero assolvendo o condannando l'imputato.

L'affermazione all'interno dell'ordinamento italiano del principio della terzietà del giudice ha reso indispensabile la distinzione tra il soggetto che promuove la garanzia e il soggetto legittimato ad applicarla. Così nel processo penale la pretesa punitiva dello Stato si avvia su impulso del PM, il quale – ai sensi dell'art. 112 Cost. – ha l'obbligo di esercitare l'azione penale. Il pubblico ministero, pertanto, non assume la qualifica di giudice, ma è parte del processo e svolge un ruolo fondamentale nell'ambito del processo penale, conducendo le indagini nella fase preliminare e rappresentando e sostenendo la pubblica accusa nella fase dibattimentale, nell'ambito del processo. In ragione di tale peculiare funzione, gli uffici del pubblico ministero sono strutturati organizzativamente in modo molto diverso rispetto agli uffici della magistratura giudicante.

Al fine di evitare che in sede processuale il PM possa costituire il terminale di un ufficio impersonale, con una evidente lesione del principio della parità, l'art. 53, comma 1, cod. proc. pen. stabilisce che in udienza il magistrato del PM eserciti le sue funzioni in piena autonomia e che possa essere sostituito solo nei casi di grave impedimento, per rilevanti esigenze di servizio o nei casi di astensione obbligatoria. Nello stesso tempo, l'art. 3 delle disposizioni attuative del cod. proc. pen. dispone che i capi dell'ufficio del PM devono assicurare che alla trattazione del procedimento nelle sue diverse fasi provvedano, ove possibile, i magistrati originariamente designati. L'esigenza di unitarietà collegata alla necessità di garantire il principio di obbligatorietà dell'azione penale rende tuttavia compatibile con il sistema costituzionale un'attenuazione del principio di indipendenza.

Se per la figura del PM, infatti, rimane ferma la garanzia dell'indipendenza esterna, è anche vero che i suoi uffici si caratterizzano per una organizzazione interna che risente della tradizionale impostazione gerarchica della Procura della Repubblica in cui, ai fini dell'organizzazione dell'esercizio dell'azione penale, appare centrale il ruolo del dirigente dell'ufficio (Procuratore della Repubblica nei tribunali o Procuratore generale nelle Corti di appello o nella Corte di Cassazione).

L'accoglimento nel nostro ordinamento del processo penale accusatorio (d.P.R. n. 447/1988) e l'introduzione in Costituzione del principio del giusto processo (avvenuta con la revisione dell'art. 111 Cost.) con l'inclusione nel vigente ordinamento dei principi di terzietà del giudice e della parità delle parti ha alimentato negli ultimi anni, sia a livello politico-istituzionale sia sul piano della riflessione scientifica, il dibattito sulla c.d. "separazione delle carriere" tra magistrati inquirenti e magistrati giudicanti.

Sotto tale profilo, ci sembra costituiscano una risposta equilibrata talune disposizioni contenute nella riforma dell'ordinamento giudiziario di cui alla legge n. 150/2005 e al d.lgs. n. 160/2006 (così come modificato dalla legge n. 111/2007). La disciplina in parola ha adottato un sistema di differenziazione delle funzioni che senza precludere al magistrato il passaggio da una carriera all'altra (regime di separazione) prevede a tal fine una serie di vincoli e di limitazioni.

11. *Il Ministro della giustizia*

L'art. 110 Cost. attribuisce al **Ministro della Giustizia** i compiti relativi all'organizzazione e al funzionamento dei servizi relativi alla giustizia.

Così nell'ambito del potere giudiziario possiamo individuare tre diverse, ma complementari attività:

a) la **giurisdizione** in senso proprio affidata ai magistrati;
b) l'**amministrazione della giurisdizione**, di competenza del CSM;
c) la **gestione dei servizi** strumentali all'esercizio della giurisdizione affidati al Ministro (c.d. amministrazione *per* la giurisdizione).

In particolare, il riferimento è all'art. 107, comma 2, Cost., che prevede in capo al Ministro la facoltà di promuovere l'azione penale, nell'ambito del circuito proprio del principio della sovranità popolare, del suo collegamento alla giurisdizione e del controllo politico democratico sulla magistratura.

In tale contesto, si inserisce anche la previsione di legge che affida al Ministro l'alta sorveglianza su tutti gli uffici giudiziari, su tutti i giudici e su tutti i magistrati del P.M. e che prevede la facoltà di richiedere ai capi delle corti informazioni sul conto dei magistrati, nonché l'istituzione dell'Ispettorato generale istituito presso il Ministero per esercitare la sua funzione di sorveglianza.

La politica della giustizia – vale a dire la determinazione dei mezzi e delle risorse strumentali al perseguimento dei fini di giustizia posti dall'ordinamento –, del resto, non può che spettare al Governo e per esso al

Ministro della Giustizia, il quale non potrebbe correttamente essere individuato come soggetto politicamente responsabile di indirizzi scelti e adottati da altri. Se, invece, per politica della giustizia si intende la predeterminazione dei fini di giustizia, la competenza non è attribuibile né al Ministro, né al Governo, né al CSM, in quanto si tratta di applicazione imparziale della legge che non può essere vincolata a direttive o a indirizzi sull'esercizio della giurisdizione.

12. *La responsabilità penale e civile dei magistrati*

L'insussistenza di forme di responsabilità politica non esclude, tuttavia, l'attivazione di forme di responsabilità giuridica quale quella **penale**, **civile**, **disciplinare** e anche **amministrativa**.

La responsabilità penale del magistrato

Il giudice è soggetto alla **responsabilità penale**, alla stregua di tutti i cittadini sia come privato, sia nell'esercizio delle sue funzioni.

La sottoposizione del magistrato alla responsabilità penale non incide, peraltro, sul piano della sua autonomia e indipendenza, essendo tale tipo di processo regolato da un sistema di garanzia e improntato al principio della tassatività dei comportamenti illeciti.

La responsabilità civile del magistrato

La **responsabilità civile** del magistrato, derivante dal rapporto professionale instaurato con lo Stato, vale nei confronti delle parti nel processo o di altri soggetti che ricevono un danno ingiusto (patrimoniale o non patrimoniale) che consegue a un comportamento (anche omissivo), a un atto o a un provvedimento giudiziario riconducibile al magistrato e posto in essere con dolo o colpa grave. La disciplina di tale materia è contenuta adesso nella legge n. 117/1988, emanata in seguito al referendum del 1987 che ha abrogato la vecchia disciplina sulla responsabilità civile dei magistrati (artt. 55 e 56 del cod. proc. civ. del 1940), che stabiliva che i giudici potevano essere chiamati a rispondere civilmente solo in caso di dolo, frode e concussione (previsione estesa ai pubblici ministeri ai sensi dell'art. 74 cod. proc. civ.) e per denegata giustizia. La nuova normativa prevede che, analogamente a qualsiasi altro pubblico impiegato, la responsabilità civile è imputata allo Stato, cosicché il cittadino deve agire direttamente nei suoi confronti, salva l'azione di rivalsa dello Stato nei confronti del magistrato. La legge n. 117/1988 si riferisce a tutti i magistrati e l'art. 2 prevede la possibilità di richiedere il risarcimento dei danni patrimoniali (e non patrimoniali) derivanti dalla privazione della libertà personale per coloro che hanno subito il danno a causa di un comportamento, di un atto o di un provvedimento giudiziario posto in essere dal magistrato con dolo o colpa grave nell'esercizio delle sue funzioni ovvero per diniego di giustizia. Al fine di tutelare la garanzia dell'indipendenza funzionale esterna del magistrato ed escludere qualsiasi forma di condizionamento che possa turbarne la serenità di giudizio, il richiamato art. 2 stabilisce che nell'esercizio della funzione giurisdizionale «*non può dare luogo a responsabilità l'attività di interpretazione di norme di diritto né quella di valutazione del fatto e delle prove*». A ulteriore garanzia, per evitare una sovrapposizione di giudizi, è previsto che l'azione di risarcimento possa essere proposta solo quando siano stati esperiti tutti i mezzi di impugnazione e che essa preliminarmente sia soggetta a una dichiarazione di ammissibilità da parte del tribunale.

Va detto che tali ultime previsioni hanno costituito un filtro formidabile rispetto all'ammissibilità delle azioni di responsabilità civile, il più delle volte dichiarate inammissibili perché aventi come oggetto l'attività di interpretazione delle norme di diritto o di valutazione dei fatti o delle prove da parte del magistrato, contribuendo a rendere per buona parte inefficace la disciplina legislativa.

13. *La responsabilità disciplinare*

Come già accennato, è prevista nei confronti dei magistrati una **responsabilità disciplinare** che l'ordine giudiziario fa valere nei confronti dei suoi componenti al fine di sanzionare comportamenti personali estranei all'esercizio della funzione giurisdizionale, considerati lesivi del prestigio dell'ordine giudiziario. Il rispetto dei doveri derivanti dallo *status* di magistrato è connaturato all'imparzialità e all'indipendenza della giurisdizione. Inoltre, non può non rilevarsi come il carattere di probità personale si ricolleghi anche alla capacità di astrazione del giudice da conflitti e da contrapposizioni tra diversi interessi organizzati di varia natura.

Il tema della responsabilità disciplinare assume, così, un rilievo particolare dovendosi contemperare due valori costituzionali: lo svolgimento corretto, competente e professionale della funzione giurisdizionale, perseguito attraverso l'applicazione di sanzioni al magistrato per la sua condotta illecita, e il valore della autonomia e dell'indipendenza dei singoli appartenenti all'ordine giudiziario nell'applicazione della legge. La relativa disciplina ha subìto negli ultimi anni una profonda revisione che, in primo luogo, ha introdotto una tipizzazione delle fattispecie di illecito, definite anche sulla scorta della giurisprudenza della Sezione disciplinare del CSM. Nel tentativo di procedere se non a una individuazione tassativa degli illeciti quantomeno a una loro tipizzazione, al fine di rendere quanto più oggettiva possibile l'attività del giudice disciplinare, il legislatore, con legge n. 150/2005, ha delegato il Governo a individuare le fattispecie tipiche di illecito disciplinare dei magistrati, le relative sanzioni e la procedura per la loro applicazione, nonché a modificare la disciplina in tema di incompatibilità, dispensa dal servizio e trasferimento d'ufficio (art. 1 lett. *f*). In attuazione della delega, il Governo ha emanato il d.lgs. n. 109/2006 (parzialmente modificato dalla legge n. 269/2006) che sancisce, preliminarmente, il dovere del magistrato di esercitare le funzioni attribuitegli «*con imparzialità, correttezza, diligenza, laboriosità, riserbo e equilibrio*» e nel rispetto della dignità della persona.

Nello stesso tempo la nuova disciplina ha proceduto a una distinzione tra illeciti compiuti nell'esercizio delle funzioni e illeciti compiuti al di fuori dell'esercizio delle funzioni.

Per quanto riguarda la prima delle classificazioni ora richiamate, il legislatore delegato ha proceduto a un'articolata elencazione dei comportamenti che, in violazione dei doveri imposti al magistrato, realizzano le ipotesi di illecito disciplinare.

Per semplificare, possiamo distinguere i comportamenti che violano il dovere di imparzialità e correttezza del magistrato, quali quelli che arrecano ingiusto danno o indebito vantaggio a una delle parti, ovvero l'omissione della comunicazione al CSM della sussistenza di una delle situazioni di incompatibilità, la consapevole inosservanza dell'obbligo di astensione nei casi previsti dalla legge e tutti quei comportamenti abitualmente o gravemente scorretti nei confronti delle parti, dei loro difensori, dei testimoni ovvero nei confronti di altri magistrati. Rientra ancora in tale categoria l'ingiustificata interferenza (e l'omessa comunicazione al capo dell'ufficio) nell'attività giudiziaria di altro magistrato.

Sono invece considerati illeciti per violazione del dovere di diligenza e laboriosità la reiterata o grave inosservanza delle norme regolamentari o delle disposizioni sul servizio giudiziario adottate dagli organi competenti; l'indebito affidamento ad altri di attività rientranti nei propri compiti; il reiterato, grave e ingiustificato ritardo nel compimento degli atti relativi all'esercizio delle funzioni; il sottrarsi in modo abituale e ingiustificato all'attività di servizio; l'inosservanza dell'obbligo di rendersi reperibile per esigenze di ufficio quando esso sia imposto dalla legge o da disposizione legittima dell'organo competente. La normativa in vigore, nonostante la difficoltà di distinguere tra sindacato sul comportamento e sindacato sul provvedimento, prevede un insieme di illeciti disciplinari che pongono un controllo sul comportamento del giudice senza tuttavia sindacare l'atto giudiziario, sì da garantirne l'indipendenza funzionale. In tal senso, rilevano, ad esempio, la grave violazione di legge determinata da ignoranza o negligenza inescusabile, il travisamento dei fatti causato da negligenza inescusabile, l'emissione di provvedimenti privi di motivazione. Tali ipotesi esprimono la volontà di punire il comportamento, caratterizzato da scarsa diligenza, approssimazione o frettolosità, sotteso all'adozione del provvedimento che, si ribadisce, non può essere oggetto di giudizio, sebbene tecnicamente o giuridicamente inesatto, carente di motivazione o adottato in violazione di legge. Qualora l'adozione del provvedimento derivi da «*errore macroscopico o da grave e inescusabile diligenza*», la responsabilità disciplinare del magistrato risulta inequivocabilmente dall'evidenza dell'errore stesso. Le stesse considerazioni valgono nell'ipotesi di emissione di provvedimenti restrittivi della libertà personale al di fuori dei casi consentiti dalla legge e determinata da negligenza grave e inescusabile.

Una clausola di garanzia dell'indipendenza funzionale del magistrato si riscontra nell'art. 2, comma 2, del d.lgs. n. 109/2006 che statuisce che «*non può dar luogo a responsabilità disciplinare l'attività di interpretazione di norme di diritto e quella di valutazione del fatto e delle prove*». Con riferimento ai comportamenti posti in essere "al di fuori" dell'esercizio delle funzioni, ai fini disciplinari rilevano esclusivamente quelle fattispecie che possono compromettere l'indipendenza del magistrato, reputandosi inopportuno imporre una condotta prestabilita in relazione alla vita privata del cittadino-magistrato. Sotto questo profilo possono essere oggetto di sanzione disciplinare, in base all'art. 3 del d.lgs. n. 109/2006, tutti i comportamenti finalizzati all'utilizzo della qualità di magistrato per il conseguimento di vantaggi ingiusti per sé o per altri, nonché l'intrattenimento di rapporti con persone sottoposte a procedimento penale, salvo sia intervenuta la riabilitazione.

14. *La partecipazione popolare all'amministrazione della giustizia*

La partecipazione diretta del popolo all'amministrazione della giustizia

L'ordinamento italiano, all'art. 102, comma 3, Cost., prevede forme di **partecipazione diretta del popolo** all'amministrazione della giustizia («*La legge regola i casi e le forme della partecipazione diretta del popolo all'amministrazione della giustizia*»).

La formula prescelta è il risultato di una mediazione rispetto a posizioni contrapposte presenti in Assemblea costituente e stabilisce, da un lato, un obbligo legislativo di istituzione di giurie popolari e, dall'altro, rinvia alla legge la determinazione delle modalità con cui regolamentarle.

La normativa vigente prevede un organo di primo grado, la Corte d'assise, con competenza di natura esclusivamente penale, composta da magistrati ordinari e da giudici popolari, sorteggiati tra cittadini italiani in possesso delle normali capacità di diritto pubblico, di età compresa tra 30 e 65 anni, e in possesso di un titolo di studio di scuola media inferiore.

Il collegio giudicante è composto da sei giudici popolari e da due magistrati, uno avente funzione (o qualifica) di magistrato di appello che presiede il collegio e l'altro con funzione di magistrato di tribunale.

L'organo di secondo grado, la Corte d'assise di appello, ha la medesima composizione; tuttavia, il Presidente deve essere un magistrato con funzioni di Presidente di sezione della Corte di appello (o, in carenza, magistrato di appello idoneo ai fini della nomina a magistrato di Cassazione) e il giudice *a latere* deve essere un magistrato di Corte di appello, mentre i giurati popolari devono essere in possesso del titolo di studio di scuola media superiore.

Sia nell'ambito delle Corti di assise, sia nell'ambito della Corte di assise d'appello (organo giudicante che si pronuncia sugli appelli proposti avverso le sentenze della Corte di assise), i giudici e la giuria popolare formano un unico collegio, sebbene la redazione delle sentenze spetti, di norma, ai magistrati di carriera.

La competenza della Corte di assise e della Corte di assise di appello è individuata sulla base di criteri riconducibili al tipo di pena comminata, o al tipo di delitto.

In Italia, l'istituto del giudice popolare non esaurisce, tuttavia, le modalità di partecipazione democratica dell'amministrazione della giustizia. L'art. 106, comma 2, Cost., prevede, infatti, che la legge sull'ordinamento giudiziario possa disciplinare la nomina, anche elettiva, di giudici onorari per tutte le funzioni attribuite ai giudici singoli, mentre il terzo comma dello stesso articolo stabilisce che, su designazione del CSM, possano essere chiamati a far parte della Corte di cassazione giudici laici scelti sulla base di particolari requisiti di professionalità.

15. *Magistratura e legittimazione democratica*

Sussiste una apparente contraddizione tra il carattere prevalentemente professionale della magistratura, che la renderebbe priva di rappresentatività, almeno secondo i canoni propri del circuito di rappresentanza politica che lega gli organi del potere politico al soggetto titolare della sovranità, e il principio della giustizia amministrata in nome del popolo. Come è stato sostenuto, convivono nell'ordinamento italiano regole e principi per certi versi contraddittori che rendono sotto molti profili disomogeneo il disegno costituzionale.

Possono evidenziarsi i seguenti profili problematici:

- ai sensi dell'art. 101, comma 1, Cost., la giustizia è amministrata in nome del popolo, principio dal quale discenderebbe un legame tra funzione giurisdizionale e sovranità popolare, ma di norma i magistrati vengono nominati per concorso (art. 106, comma 1, Cost.), e pertanto non sono responsabili politicamente innanzi al popolo;
- l'art. 101, comma 2, Cost., sancisce che i giudici sono soggetti soltanto alla legge, atto principe della volontà politica del Parlamento, ma nello stesso tempo l'art. 104, comma 1, Cost., afferma che la magistratura costituisce un ordine autonomo e indipendente da ogni altro potere;
- i magistrati si distinguono soltanto per diversità di funzioni (art. 107, comma 3, Cost.), ma il CSM delibera sulle loro promozioni (art. 105 Cost.);
- infine, il pubblico ministero ha uno *status* differenziato da quello della magistratura giudicante (art. 107, comma 3, Cost.), ma in più articoli la Costituzione lo ricomprende insieme ai giudici nella nozione di autorità giudiziaria.

In ogni caso, l'interpretazione del rapporto tra giudice e sovranità popolare in relazione alle previsioni dell'art. 101 Cost. sembra ricondursi alla qualificazione della legge come espressione della sovranità popolare.

La sua applicazione da parte del giudice non farebbe altro, così, che dare attuazione alla volontà (sovranità) popolare, dando altresì fondamento e giustificazione alla previsione costituzionale dell'art. 101, comma 1, Cost., secondo la quale la giustizia è amministrata in nome del popolo.

Il giudice, pertanto, lungi dall'essere disgiunto dal soggetto titolare della sovranità, rappresenta, nell'esercizio delle sue funzioni, il *trait d'union* tra società e istituzioni, configurandosi la decisione giurisdizionale una delle forme di espressione della sovranità popolare.

Sotto questo profilo non sembra possa costituire un ostacolo il carattere non elettivo del giudice, in quanto la legittimazione non è necessariamente riconducibile al sistema di investitura del potere, essendo essa anche espressione delle modalità del suo esercizio e soprattutto del suo contenuto. Indispensabile, a questo proposito, il richiamo alla previsione dell'art. 1 Cost., secondo cui «*la sovranità appartiene al popolo che la esercita nelle forme e nei limiti previsti dalla Costituzione*». La disposizione costituzionale di cui all'art. 101, comma 1, Cost., esclude una emanazione diretta della giustizia da parte del soggetto titolare della sovranità, il popolo, pur essendo previste, come abbiamo visto, talune modalità di partecipazione diretta dei cittadini all'amministrazione della giustizia.

Paradossalmente, la locuzione *in nome del popolo* sembra segnare una soluzione di continuità tra popolo sovrano e giurisdizione, al contrario di quanto avviene per gli altri poteri costituzionali che promanano direttamente o indirettamente dal popolo-corpo elettorale, attraverso l'articolazione dei circuiti della rappresentanza politica e istituzionale. Il fondamento della legittimazione del giudice e della funzione giurisdizionale va rinvenuto, pertanto, su un piano diverso rispetto al *locus* in cui si svolge il rapporto di rappresentanza che lega gli organi politici al popolo sovrano, fondato sulla legittimazione democratica di ogni "funzione politica rilevante". Tale diversa collocazione della funzione giurisdizionale non implica affatto una sua carenza di democraticità, configurandosi anzi la soggezione soltanto alla legge e la sua applicazione da parte del giudice come espressioni tipiche della sovranità popolare, pur nell'ambito delle forme e dei limiti previsti dalla Costituzione. Ne discende che la funzione giurisdizionale rientra a pieno titolo tra quelle che, pur riconducibili all'interesse generale, non vengono esercitate direttamente dal popolo, ma dallo Stato soggetto che le amministra in suo nome, senza che per questo venga meno la sua legittimazione e il suo collegamento con la sovranità popolare. In altri termini, il livello di legittimazione delle funzioni (e delle decisioni) giurisdizionali non è rapportato al consenso popolare, così come avviene per gli organi politici rappresentativi.

Così, la scelta costituzionale è stata quella di qualificare la funzione giurisdizionale in rapporto al livello di indipendenza, da cui discende una limitazione della responsabilità dei giudici per gli atti giurisdizionali. Tale irresponsabilità trova, tuttavia, una giustificazione nel fatto che tali atti sono finalizzati alla realizzazione di "valori primari irrinunciabili" della collettività e che – come già rilevato – nell'esercizio delle sue funzioni il giudice non esprime scelte autonome, ma esegue e si rende garante di scelte del popolo sovrano. Può dunque concludersi che l'ordine giudiziario e la funzione giurisdizionale, pur con modalità e forme diverse rispetto ai soggetti della rappresentanza politica, sono pienamente riconducibili al principio democratico e a quello della sovranità popolare.

CAPITOLO IX

LE AUTONOMIE TERRITORIALI

Patrizia Vipiana

SOMMARIO: 1. I livelli territoriali substatali: Regioni ed enti subregionali (Province, Città metropolitane e Comuni). – 2. Le fonti delle Regioni e degli enti subregionali. – 3. Gli organi delle Regioni. – 4. Gli organi degli enti subregionali. – 5. L'autonomia legislativa delle Regioni. – 6. L'autonomia amministrativa delle Regioni e degli enti subregionali. – 7. L'autonomia finanziaria delle Regioni e degli enti subregionali. – 8. I rapporti fra Stato, Regioni ed enti subregionali.

1. *I livelli territoriali substatali: Regioni ed enti subregionali (Province, Città metropolitane e Comuni)*

Attuando il principio autonomista sancito dall'art. 5, la Costituzione disciplina l'articolazione territoriale della Repubblica nel Titolo V della Parte seconda (artt. 114 e ss.) che è stato incisivamente modificato dalle leggi cost. n. 1/1999 e n. 3/2001.

Autonomie locali

Per **autonomie territoriali** s'intendono gli enti territoriali substatali aventi almeno un organo rappresentativo dei cittadini che vivono sui rispettivi territori: tali sono, da un lato, le Regioni, dotate di un'autonomia più ampia poiché hanno anche potestà legislativa; dall'altro lato, gli enti subregionali (detti anche enti locali) cioè le Province, le Città metropolitane e i Comuni, che non possiedono autonomia legislativa.

Le **Regioni** sono state previste per la prima volta dalla Costituzione repubblicana (in precedenza, esse non esistevano come enti, ma solo come zone geografiche) e sono state istituite tra il 1948 e il 1970. Le **Province e** i **Comuni** sono menzionati dalla Costituzione, ma esistevano già nell'ordinamento prerepubblicano, risultando disciplinati in particolare da atti legislativi del 1915 e del 1934. Le **Città metropolitane**, che risultano equiparate alle Province, sono enti di recente previsione e istituzione in quanto sono state previste a livello legislativo nel 1990 e successivamente menzionate nella Costituzione a seguito della revisione compiuta dalla legge cost. n. 3/2001; esse sono state istituite solo negli ultimi anni.

L'art. 114 Cost. revisionato prevede che la Repubblica è costituita dai Comuni, dalle Province, dalle Città metropolitane, dalle Regioni e dallo Stato: tale disposizione considera gli enti territoriali menzionati come mattoni costitutivi dell'edificio dei pubblici poteri e codifica la distinzione concettuale fra Stato-ordinamento ("Repubblica" come insieme dei livelli istituzionali) e Stato-apparato ("Stato" come apparato centrale: *supra*, Cap. II, par. 1).

Regioni

Le **Regioni** italiane, elencate nell'art. 131 Cost., risultano venti:

- cinque Regioni **a statuto speciale**, cioè Sicilia, Sardegna, Valle d'Aosta, Trentino-Alto Adige – articolato nelle Province autonome di Trento e Bolzano – e Friuli-Venezia Giulia, di cui quest'ultima istituita nel 1963, le altre già nel 1948;
- quindici Regioni **a statuto ordinario**, istituite solo nel 1970.

Le Regioni a statuto speciale hanno forme e condizioni particolari di autonomia, delineate dai rispettivi statuti speciali che sono fonti di rango costituzionale (*supra*, Cap. IV, sez. II, 1.3.): ogni statuto disciplina gli organi della rispettiva Regione, e inoltre l'autonomia legislativa, amministrativa e finanziaria di essa, con modalità potenzialmente diverse da quelle seguite dagli altri quattro statuti; tali forme di autonomia sono più ampie rispetto a quelle di cui godevano le Regioni a statuto ordinario fino al 2001.

Le Regioni a statuto ordinario sono regolate dalla Costituzione (artt. 117 ss.), che ne disciplina gli organi e le forme di autonomia in modo uniforme per tutte, anche se viene prevista la possibilità di introdurre differenziazioni tra esse in base al procedimento previsto dall'art. 116, comma 3, Cost.; la legge cost. n. 3/2001 ha ampliato le competenze di tali Regioni.

Enti subregionali

Riguardo agli **enti subregionali** esistenti nelle Regioni a statuto speciale, la disciplina di essi è dettata dalle leggi di tali Regioni, che sul punto hanno competenza legislativa in base ai rispettivi statuti speciali: da ultimo sono state istituite con legge reg. Sicilia n. 15/2015 le Città metropolitane di Palermo, Catania e Messina, con legge reg. Sardegna n. 2/2016 la Città metropolitana di Cagliari.

Riguardo agli enti subregionali ricompresi nelle Regioni a statuto ordinario, la Costituzione (art. 117, comma 2, lett. p): tale disposto elenca le materie di legislazione esclusiva statale: *infra*, in questo Cap., par. 5) prevede che la disciplina dei principali aspetti di essi ("legislazione elettorale, organi di governo e funzioni fondamentali") venga dettata dalle leggi dello Stato. Tra queste rilevano soprattutto la legge n. 142/1990, che ha riformato la disciplina legislativa previgente su Province e Comuni e ha, inoltre, previsto le Città metropolitane, nonché la legge n. 81/1993, che ha introdotto l'elezione diretta degli organi esecutivi monocratici, confluite con altre leggi nel Testo unico dell'ordinamento degli enti locali approvato con d.lgs. n. 267/2000. Più recentemente la legge n. 56/2014 ha modificato gli organi della Provincia e la disciplina delle Città metropolitane e altresì ha individuato queste ultime: Torino, Milano, Venezia, Genova, Bologna, Firenze, Roma, Bari, Napoli e Reggio Calabria, che dal 1° gennaio 2015 sono subentrate alle Province omonime.

2. *Le fonti delle Regioni e degli enti subregionali*

Le Regioni e gli enti subregionali, nell'ambito della loro autonomia normativa, possono adottare atti normativi efficaci nei rispettivi territori e collocati in una diversa posizione della gerarchia delle fonti del diritto: si richiamano le fonti create dagli enti locali (*supra*, Cap. IV, sez. II, 3 e 5).

Fonti del diritto delle Regioni

Le Regioni adottano fonti del diritto sia di grado primario sia di grado secondario.

Le fonti regionali di rango primario sono:

- gli **statuti regionali ordinari** (*supra*, Cap. IV, sez. II, par. 3.1), mentre gli statuti regionali speciali sono, malgrado il nome, atti statali in quanto adottati dalle Assemblee parlamentari con il procedimento di cui all'art. 138 Cost. e risultano fonti di grado costituzionale (*supra*, Cap. IV, sez. II, par. 1.3); quindi solo le Regioni a statuto ordinario hanno autonomia statutaria;
- le **leggi regionali** approvate sia dalle Regioni a statuto speciale sia da quelle a statuto ordinario (*supra*, Cap. IV, sez. II, par. 3.2), nelle materie a esse rispettivamente attribuite (*infra*, in questo cap., par. 5).

Le **fonti** regionali **di grado secondario** sono i **regolamenti regionali** sia delle Regioni a statuto speciale sia di quelle a statuto ordinario (*supra*, Cap. IV, sez. II, par. 5.1).

Fonti del diritto degli enti subregionali

Gli enti subregionali invece adottano fonti del diritto soltanto di grado secondario:

- gli **statuti** di Province, Città metropolitane e Comuni: sono gli atti organizzativi fondamentali di tali enti (*supra*, Cap. IV, sez. II, par. 5.2);
- i **regolamenti** di Province, Città metropolitane e Comuni: disciplinano l'esercizio delle funzioni di tali enti (*supra*, Cap. IV, sez. II, par. 5.3).

3. *Gli organi delle Regioni*

Gli organi essenziali della Regione sono tre, sia nelle Regioni a statuto speciale che in quelle a statuto ordinario: due organi risultano collegiali, cioè il Consiglio (detto anche Assemblea legislativa) regionale e la Giunta regionale, un organo è monocratico, cioè il Presidente della Giunta regionale.

Organi delle Regioni a statuto speciale

Gli organi delle Regioni a statuto speciale sono disciplinati (riguardo agli aspetti strutturali e funzionali) dai rispettivi statuti e dalle leggi regionali cui questi ultimi rinviano: a seguito della modifica degli statuti speciali effettuata con la legge cost. n. 2/2001 (per assimilarne la disciplina a quella dettata per le altre Regioni) il Consiglio regionale e il Presidente della Giunta regionale sono ora eletti a suffragio popolare, mentre la Giunta regionale è formata dal Presidente e da membri da lui nominati.

Organi delle Regioni a statuto ordinario

Gli organi delle Regioni a statuto ordinario sono disciplinati dalla Costituzione (artt. 121 e 122. come modificati dalla legge cost. n. 1/1999) nonché dagli statuti ordinari e dalle leggi (statali e regionali) cui la Costituzione fa rinvio.

Aspetti strutturali

Il **Consiglio regionale** è formato da un numero di membri diverso a seconda della consistenza demografica della Regione, eletti a suffragio popolare secondo il sistema disciplinato con legge regionale nei limiti dei principi fondamentali stabiliti dalla legge statale (tale disciplina è esplicazione della legislazione concorrente Stato-Regioni: *infra*, par. 5): tutte le Regioni hanno scelto il sistema elettorale proporzionale, ma con diversi correttivi. Tale organo ha un'articolazione interna, in particolare un Presidente, un ufficio di presidenza, gruppi consiliari e commissioni consiliari cioè raggruppamenti di consiglieri in base rispettivamente all'appartenenza partitica e alla competenza per materie.

Il **Presidente della Giunta regionale** è eletto a suffragio popolare salvo che lo statuto regionale disponga diversamente (tutti gli statuti hanno confermato questa scelta); l'elezione è contestuale a quella dei consiglieri e avviene secondo le modalità stabilite dalla suddetta legge regionale.

La **Giunta regionale** è formata dal Presidente e da un numero di membri nominati dal Presidente e da lui revocabili.

Aspetti funzionali

Il **Consiglio** regionale approva lo statuto della Regione e le leggi regionali nonché ha le funzioni a esso conferite dalla Costituzione e dalle leggi statali; inoltre esercita competenze con riguardo all'ordinamento dello Stato: ogni Consiglio regionale può presentare proposte di legge alle Camere (*supra*, Cap. IV, sez. II, par. 2.1), mentre cinque Consigli regionali possono chiedere il referendum abrogativo e il referendum previsto riguardo al procedimento di revisione costituzionale (*supra*, Cap. IV, sez. II, rispettivamente par. 2.3 e par. 1.2).

Il **Presidente** della Giunta regionale esercita due tipi di funzioni: rappresenta la Regione, promulga le leggi ed emana i regolamenti regionali (funzioni in parte analoghe a quelle svolte a livello statale dal Presidente della Repubblica); dirige la politica della Giunta e ne è responsabile (funzione assimilabile a quella esercitata a livello statale dal Presidente del Consiglio).

La **Giunta** regionale è l'organo esecutivo della Regione.

Oltre ai tre suddetti organi aventi rilevanza politica, è costituzionalmente previsto il **Consiglio delle autonomie locali**, la cui composizione dev'essere disciplinata dallo statuto regionale: la Costituzione definisce tale Consiglio come organo di consultazione fra la Regione e gli enti locali ricompresi in essa.

Rapporto tra gli organi della Regione

Tra il Consiglio regionale e il Presidente della Giunta non intercorre un rapporto fiduciario poiché entrambi gli organi hanno legittimazione democratica diretta, essendo eletti a suffragio universale. Tuttavia è prevista la **sfiducia del Consiglio regionale nei confronti del Presidente della Giunta**, mediante mozione motivata, sottoscritta da almeno un quinto dei suoi membri, messa in votazione non prima di tre giorni dalla presentazione, votata per appello nominale a maggioranza assoluta dei componenti del Consiglio (salvo quest'ultimo requisito, non previsto a livello statale, gli altri sono quasi uguali a quelli previsti dall'art. 94 Cost. per la sfiducia al Governo). L'approvazione della sfiducia al Presidente della Giunta eletto a suffragio popolare comporta le dimissioni della Giunta, ma anche lo scioglimento del Consiglio: poiché il Presidente della Giunta è eletto contestualmente al Consiglio, se cade l'uno deve cadere anche l'altro (*aut simul stabunt aut simul cadent*) in modo che sia possibile effettuare, tramite le elezioni, il rinnovo di entrambi.

Forma di governo regionale

La **forma di governo regionale** (la cui scelta è rimessa allo statuto ordinario) è di non facile definizione poiché assomma caratteri propri della forma di governo presidenziale (elezione popolare dell'organo di vertice dell'ente, assenza della distinzione tra organo di vertice dell'ente e capo dell'esecutivo) e caratteri tipici della forma di governo parlamentare (rapporto fiduciario tra organo legislativo e organo esecutivo): si parla di forma di governo ibrida o neoparlamentare.

4. *Gli organi degli enti subregionali*

Nelle Regioni a statuto speciale la disciplina degli organi degli enti subregionali è dettata dalle rispettive leggi regionali.

Nelle Regioni a statuto ordinario, cui ci si riferisce di seguito, la disciplina degli organi degli enti subregionali è contenuta nella legislazione statale, in base all'art. 117, comma 2, lett. p), Cost. ("legislazione elettorale, organi di governo").

Organi del Comune

Gli organi essenziali del Comune sono il Consiglio comunale, il Sindaco e la Giunta comunale.

Aspetti strutturali

Il **Consiglio comunale** è composto da un numero di membri diverso a seconda della consistenza demografica dell'ente, eletti a suffragio universale contestualmente all'elezione del sindaco.

Il **Sindaco** è eletto a suffragio diretto insieme all'elezione dei consiglieri comunali, con modalità diverse a seconda che il Comune abbia fino a 15.000 abitanti o più di 15.000 abitanti:

- nei Comuni aventi fino a 15.000 abitanti, è eletto sindaco il candidato che ha ottenuto il maggior numero di voti rispetto agli altri candidati; i seggi del Consiglio sono per due terzi attribuiti alla lista collegata con il candidato eletto sindaco, per un terzo ripartiti proporzionalmente fra le altre liste;
- nei Comuni aventi più di 15.000 abitanti, è eletto sindaco il candidato che ha ottenuto la metà più uno dei voti validi, ma se nessun candidato raggiunge tale soglia si svolge un ballottaggio tra i due candidati più votati; i seggi del Consiglio sono per il sessanta per cento attribuiti alle liste collegate con il candidato eletto sindaco, per la parte restante ripartiti proporzionalmente fra le altre liste.

La **Giunta comunale** è formata dal sindaco, che la presiede, e da membri nominati dal sindaco e revocabili dal medesimo.

Aspetti funzionali

Riguardo alle competenze degli organi comunali, il **Consiglio** è l'organo d'indirizzo e di controllo politico-amministrativo: esso adotta atti fondamentali del Comune come lo statuto e i regolamenti, i bilanci annuali e pluriennali, i piani territoriali e urbanistici.

Il **Sindaco** rappresenta il Comune, convoca e presiede la Giunta, sovrintende al funzionamento degli uffici comunali, esercita le competenze conferitegli dalle leggi, dallo statuto e dai regolamenti.

La **Giunta** collabora con il sindaco nell'attuazione degli indirizzi del Consiglio, svolge attività propositiva nei confronti di quest'ultimo ed esercita le competenze non spettanti agli altri organi del Comune.

Il Sindaco esercita le suddette competenze come organo del Comune, ma sono previste **altresì competenze del Sindaco in qualità di ufficiale**

del Governo cioè come organo statale, gerarchicamente sottoposto al prefetto:

- sovraintendere ai servizi di rilevanza statale ad esempio in materia elettorale, di stato civile e anagrafe, nonché ad ogni attività rilevante ai fini della sicurezza e dell'ordine pubblico;
- adottare ordinanze contingibili e urgenti per prevenire ed eliminare gravi pericoli che minacciano l'incolumità pubblica e la sicurezza urbana.

Rapporto tra organi del Comune

Tra il Consiglio comunale e il Sindaco non intercorre un rapporto fiduciario poiché entrambi gli organi hanno legittimazione democratica diretta, essendo eletti a suffragio universale. Tuttavia è prevista la **sfiducia del Consiglio comunale nei confronti del Sindaco**: la mozione di sfiducia dev'essere motivata, sottoscritta da almeno due quinti dei consiglieri assegnati, messa in discussione non prima di dieci giorni e non oltre trenta giorni dalla presentazione, votata per appello nominale; se essa viene approvata dalla metà più uno dei membri del Consiglio, il Sindaco e la Giunta cessano dalla carica, ma viene sciolto anche il Consiglio in modo da procedere al contestuale rinnovo dei due organi elettivi comunali.

Nel Comune si delinea dunque una **forma di governo ibrida**, analogamente a quanto avviene per la Regione.

Organi della Provincia

Gli organi essenziali della Provincia, mentre fino a pochi anni fa erano il Consiglio provinciale, il Presidente della Provincia e la Giunta provinciale (disciplinati in modo simile ai corrispondenti organi del Comune), in base alla legge n. 56/2014 sono il Presidente della Provincia, il Consiglio provinciale e l'Assemblea dei sindaci.

Aspetti strutturali

Il **Presidente della Provincia** è eletto dai sindaci e dai consiglieri dei Comuni compresi nella Provincia, tra i sindaci di tali Comuni: si tratta dunque di una elezione di secondo grado.

Il **Consiglio provinciale** è composto dal Presidente della Provincia e da un numero di consiglieri variabile in base alla consistenza demografica della Provincia, eletti dai sindaci e dai consiglieri dei Comuni compresi nella Provincia, tra i sindaci e i consiglieri comunali: anche per i consiglieri provinciali è prevista un'elezione indiretta.

L'**Assemblea dei sindaci** è composta dai sindaci dei Comuni ricompresi nella Provincia.

Aspetti funzionali

Riguardo alle competenze, il **Presidente della Provincia** rappresenta l'ente, convoca e presiede il Consiglio provinciale e l'Assemblea dei sindaci, sovrintende al funzionamento dei servizi e all'esecuzione degli atti, svolge le funzioni conferitegli dalla legge.

Il **Consiglio provinciale** è l'organo d'indirizzo dell'ente, in particolare adotta regolamenti, piani e programmi e predispone il testo dello statuto provinciale.

L'**Assemblea dei sindaci** approva o respinge lo statuto provinciale nonché ha poteri propositivi e consultivi.

Organi della Città metropolitana

Simili agli organi della Provincia risultano gli organi essenziali della Città metropolitana, che sono il Sindaco metropolitano, il Consiglio metropolitano e la Conferenza metropolitana.

Aspetti strutturali

Il **Sindaco metropolitano** è di diritto il sindaco del Comune capoluogo, ma lo statuto della Città metropolitana può prevedere l'elezione diretta di tale organo.

Il **Consiglio metropolitano** è formato dal Sindaco metropolitano e da un numero di consiglieri variabile a seconda della consistenza demografica della Città metropolitana: essi sono eletti dai sindaci e dai consiglieri dei Comuni compresi nella Città metropolitana tra i sindaci e i consiglieri medesimi, quindi con un'elezione di secondo grado, ma lo statuto di quest'ultima può prevedere l'elezione diretta dei consiglieri metropolitani.

La **Conferenza metropolitana** è formata dal Sindaco metropolitano e dai sindaci dei Comuni appartenenti alla Città metropolitana.

Aspetti funzionali

Gli organi della Città metropolitana esercitano competenze analoghe a quelle svolte dai corrispondenti organi della Provincia.

Il **Sindaco metropolitano** rappresenta la Città metropolitana, convoca e presiede Consiglio e Conferenza metropolitani, svolge le funzioni conferitegli dalla legge.

Il **Consiglio metropolitano** è l'organo d'indirizzo dell'ente, in particolare adotta regolamenti, piani e programmi e predispone il testo dello statuto metropolitano.

La **Conferenza metropolitana** approva o respinge lo statuto suddetto nonché ha poteri propositivi e consultivi.

5. *L'autonomia legislativa delle Regioni*

L'autonomia legislativa delle Regioni, intesa come idoneità ad adottare leggi regionali cioè fonti di grado primario gerarchicamente equiparate alle leggi statali, si configura come la forma più rilevante di autonomia degli enti locali e infatti è posseduta solo dalle Regioni: essa è delineata in modo differente per le Regioni a statuto speciale e per quelle a statuto ordinario, cha hanno diversi tipi di potestà legislativa.

Nelle Regioni a statuto speciale

Le **Regioni a statuto speciale**, sulla base dei rispettivi statuti, esercitano tre tipi di **competenza legislativa: primaria, concorrente e inte-**

grativa, nelle materie elencate da tali statuti e nel rispetto dei limiti ivi previsti, mentre allo Stato spetta legiferare in tutte le altre materie.

Le **Regioni a statuto ordinario**, in base all'**art. 117 Cost.** modificato nel 2001, esercitano due tipi di **competenza legislativa: concorrente e residuale** (*infra*); rispetto alla disciplina costituzionale anteriore alla revisione, la legge cost. n. 3/2001 ha quindi ampliato la potestà legislativa regionale.

Nelle Regioni a statuto ordinario

Il suddetto articolo traccia un **riparto delle competenze legislative** tra Stato e Regione, a seconda che intervenga solo la legge statale o (tendenzialmente) solo quella regionale o entrambe.

Il comma 2 dell'art. 117 Cost. contiene un lungo elenco di materie nelle quali soltanto lo Stato può legiferare (**legislazione esclusiva statale**): tra esse compaiono le materie connesse alla sovranità dello Stato, come la politica estera, la difesa, la moneta (politica economica), la giurisdizione e la configurazione degli organi dello Stato.

Il comma 3 dell'art. 117 Cost. contiene un altro lungo elenco di materie in cui possono legiferare sia lo Stato che la Regione (**legislazione concorrente Stato-Regioni**) secondo il criterio (concorso vincolato di fonti) in base a cui in ciascuna delle suddette materie al legislatore statale spetta stabilire i principi fondamentali, valevoli per tutte le Regioni, mentre ai legislatori regionali compete adottare le discipline di dettaglio, appropriate alle specifiche esigenze delle rispettive Regioni (*supra*, Cap. IV, sez. I, par. 3): tra queste materie come la tutela della salute, la protezione civile, il governo del territorio; a esse deve aggiungersi l'elezione degli organi regionali alla luce dell'art. 122, comma 1, Cost. (*supra* in questo capitolo, par. 3).

Il quarto comma dell'art. 117 Cost. prevede che spetta alle Regioni la potestà legislativa su ogni materia non espressamente riservata allo Stato (**legislazione residuale regionale**): il rilievo della clausola di residualità, che gioca a favore delle Regioni, è però attenuato dalla lunghezza dell'elenco delle materie attribuite al legislatore statale.

Riguardo ai due elenchi di materie contenuti nell'art. 117 Cost., può osservarsi che:

- alcune materie (ad es. ambiente) comprendono aspetti attribuiti alla legislazione esclusiva statale ("tutela dell'ambiente") e aspetti demandati alla legislazione concorrente ("valorizzazione dei beni ambientali");
- a seguito della legge cost. n. 1/2012 la materia "armonizzazione dei bilanci pubblici" è stata trasferita dall'elenco delle materie di legislazione concorrente a quello delle materie di legislazione esclusiva: ciò ha causato un depotenziamento dell'autonomia legislativa regionale;
- la materia indicata dall'art. 117, comma 2, lett. m), cioè "determinazione dei livelli essenziali delle prestazioni concernenti i diritti civili

e sociali che devono essere garantiti su tutto il territorio nazionale" opera, al fine di garantire un minimo di omogeneità nel godimento dei diritti summenzionati, come clausola trasversale: ciò consente al legislatore statale di incidere sulle materie anche di legislazione residuale delle Regioni, determinando una compressione dell'autonomia legislativa regionale.

L'equiparazione gerarchica tra leggi statali e leggi regionali non esclude che le seconde siano soggette a limiti previsti dalle prime, per cui sostanzialmente si può parlare di una parità solo tendenziale tra esse.

Strettamente **connesso al riparto delle competenze legislative** tra Stato e Regioni è il **riparto delle competenze regolamentari** (cui si è già accennato riguardo alle fonti secondarie: *supra*, Cap. IV, sez. II, par. 5.1): la potestà regolamentare spetta allo Stato nelle materie di legislazione esclusiva statale, salvo che lo Stato deleghi l'esercizio di tale potestà alle Regioni, mentre spetta alle Regioni nelle materie di legislazione concorrente e residuale.

6. *L'autonomia amministrativa delle Regioni e degli enti subregionali*

Mentre l'autonomia legislativa è propria soltanto delle Regioni, quella amministrativa spetta sia alle Regioni sia agli enti subregionali e si estrinseca nello svolgimento dell'attività amministrativa (*infra*, Cap. XIV, sez. IV) a livello substatale.

Nelle Regioni a statuto speciale

Nelle **Regioni a statuto speciale**, l'autonomia amministrativa della Regione e degli enti locali in essa compresi è disciplinata dai rispettivi statuti speciali e dalle leggi regionali a cui questo rinvia.

Nelle Regioni a statuto ordinario

Nelle **Regioni a statuto ordinario**, l'autonomia amministrativa regionale e degli enti subregionali è disciplinata dall'art. **118 Cost.**, come modificato dalla legge cost. n. 3/2001: quest'ultima, mentre ha ampliato l'autonomia legislativa regionale, ha accentuato l'autonomia amministrativa degli enti subregionali.

Criterio generale

In linea generale, le **funzioni amministrative** devono essere **esercitate dai Comuni salvo che**, per assicurarne l'esercizio unitario, siano **conferite agli enti territoriali superiori** cioè alle Province, alle Città metropolitane, alle Regioni e allo Stato **sulla base di tre principi**:

adeguatezza, per cui la funzione che un ente è inidoneo a svolgere viene conferita all'ente di livello superiore che garantisce l'esercizio adeguato di essa;

differenziazione, secondo il quale il conferimento di funzioni comporta un esercizio differenziato di esse (non è detto che una certa funzione sia svolta dai Comuni in tutto il territorio nazionale, bensì una funzione che in alcune parti di quest'ultimo è esercitata dal Comune può in altre parti essere svolta dalla Provincia);
sussidiarietà (in senso verticale, cioè esplicantesi nel rapporto tra i livelli istituzionali), in base a cui il livello superiore non può intervenire se quello inferiore è in grado di svolgere una funzione, mentre deve intervenire (per dare aiuto: *subsidium*) se quello inferiore non è idoneo ad esercitare tale funzione: è dunque suscettibile di aver luogo un meccanismo "ascensionale", volto a conferire le funzioni dal livello inferiore a quelli via via superiori e idoneo ad introdurre un elemento di flessibilità nel riparto delle funzioni amministrative.

L'art. 118 Cost. prevede altresì che tutti gli enti territoriali (dallo Stato ai Comuni) favoriscono l'autonoma iniziativa dei cittadini, singoli e associati, per lo svolgimento di attività d'interesse generale, sulla base del principio di sussidiarietà (in senso orizzontale, cioè esplicantesi nel rapporto fra il complesso dei pubblici poteri, da un lato, e i soggetti privati, dall'altro).

In particolare, è costituzionalmente previsto che i Comuni, le Province e le Città metropolitane sono titolari di funzioni amministrative proprie e di altre conferite a tali enti dalla legge statale o regionale (della Regione in cui essi sono ricompresi). Funzioni

Il Testo unico delle leggi sugli enti locali approvato con d.lgs. n. 267/2000 e la legge n. 56/2014 prevedono le funzioni fondamentali degli enti subregionali.

Al **Comune** spettano tutte le funzioni amministrative che riguardano la popolazione e il territorio comunale, precipuamente nei settori organici dei servizi alla persona e alla comunità, dell'assetto ed utilizzazione del territorio e dello sviluppo economico, salvo quanto non sia espressamente attribuito ad altri soggetti dalla legge statale o regionale.

Il Comune svolge anche compiti per servizi di competenza statale come in materia elettorale, di stato civile e di anagrafe (*supra*, par. 4).

Alla **Provincia** spettano numerose funzioni (alcune di carattere gestionale, altre di tipo pianificatorio) tra cui:

- la difesa del suolo e la tutela delle risorse idriche ed energetiche qualora riguardino vaste zone intercomunali o l'intero territorio provinciale;
- l'organizzazione dello smaltimento dei rifiuti a livello provinciale;
- l'approvazione del piano territoriale di coordinamento riguardo all'assetto del territorio;
- l'adozione di propri programmi pluriennali di carattere sia generale che settoriale (es. riguardo ai servizi di trasporto).

Alla **Città Metropolitana** sono attribuite le funzioni della Provincia e altre funzioni tra cui:

- l'adozione e l'aggiornamento annuale di un piano strategico triennale del territorio metropolitano;
- la strutturazione di sistemi coordinati di gestione dei servizi pubblici, organizzazione dei servizi pubblici di interesse generale di ambito metropolitano;
- la promozione e il coordinamento dello sviluppo economico e sociale;
- la promozione e il coordinamento dei sistemi di informatizzazione e di digitalizzazione in ambito metropolitano.

7. *L'autonomia finanziaria delle Regioni e degli enti subregionali*

Nelle Regioni a statuto speciale

Nelle **Regioni a statuto speciale**, l'autonomia finanziaria della Regione e degli enti locali in essa compresi è disciplinata dal rispettivo statuto speciale: a tali Regioni sono garantite cospicue risorse finanziarie.

Nelle Regioni a statuto ordinario

Nelle **Regioni a statuto ordinario**, l'autonomia finanziaria regionale e degli enti subregionali è disciplinata dall'art. **119 Cost.**, come modificato dalla legge cost. n. 3/2001 e altresì dalla legge cost. n. 1/2012 (che ha introdotto il principio dell'equilibrio di bilancio, valevole anche per le Regioni a statuto speciale e per lo Stato: *supra*, Cap. V, par. 12).

Autonomia finanziaria

Le Regioni, le Città metropolitane, le Province e i Comuni hanno autonomia finanziaria di entrata e di spesa, nel rispetto dell'equilibrio dei relativi bilanci e concorrono ad assicurare l'osservanza dei vincoli economici e finanziari derivanti dall'ordinamento dell'Unione europea.

Entrate

Riguardo al versante delle entrate, gli enti territoriali substatali hanno **risorse autonome**:

- applicano tributi ed entrate propri, in armonia con la Costituzione e secondo i principi di coordinamento della finanza pubblica e del sistema tributario: l'autonomia tributaria appartiene propriamente solo agli enti che hanno potestà legislativa cioè alle Regioni, in quanto l'art. 23 Cost. pone una riserva di legge riguardo all'imposizione di prestazioni patrimoniali;
- dispongono di compartecipazioni al gettito di tributi erariali riferibile ai rispettivi territori;
- possono ricorrere all'indebitamento solo per finanziare spese di investimento con la contestuale definizione di piani di ammortamento e a condizione che per il complesso degli enti di ciascuna Regione sia rispettato l'equilibrio di bilancio.

Spese

Riguardo al versante delle spese, gli enti territoriali substatali devono essere in grado, con le risorse suddette, di **finanziare integralmente le funzioni** ad essi attribuite.

Interventi correttivi dello Stato

Poiché l'autonomia finanziaria è suscettibile di produrre notevoli disparità fra i vari enti territoriali substatali a seconda della cospicuità delle loro risorse, sono previsti interventi correttivi dello Stato:

- l'istituzione con legge statale di un **fondo perequativo**, senza vincoli di destinazione, per i territori con minor capacità fiscale per abitante;
- la destinazione di **risorse aggiuntive** e l'effettuazione di **interventi speciali** a favore di determinati Comuni, Province, Città metropolitane e Regioni per le seguenti finalità: promuovere lo sviluppo economico, la coesione e la solidarietà sociale; rimuovere gli squilibri economici e sociali; favorire l'effettivo esercizio dei diritti della persona; provvedere a scopi diversi dal normale esercizio delle rispettive funzioni.

Sull'autonomia finanziaria degli enti substatali, oltre all'art. 119 Cost. dispongono alcune leggi tra cui la legge n. 42/2009 (attuativa del suddetto disposto costituzionale) e la legge n. 243/2012 (attuativa della legge cost. n. 1/2012): in particolare la legge n. 42, in tema di "federalismo fiscale", ha inteso ampliare le risorse finanziarie degli enti substatali, accrescendone al contempo la responsabilità, ma a tutt'oggi l'autonomia finanziaria è la più debole delle forme di autonomia di tali enti.

8. *I rapporti fra Stato, Regioni ed enti subregionali*

La tematica dei rapporti fra lo Stato e gli enti substatali concerne tre aspetti: A) i controlli (per questo aspetto si esamineranno specificamente le Regioni a statuto ordinario e gli enti subregionali ivi compresi), B) i raccordi e C) l'eventuale contenzioso.

Controlli dello Stato sugli enti substatali

A) I controlli dello Stato sugli enti substatali in astratto possono riguardare sia gli atti sia gli organi di questi ultimi: i controlli sulle leggi e sugli atti amministrativi delle Regioni e i controlli sugli atti amministrativi degli enti subregionali sono stati soppressi dalla legge cost. n. 3/2001, mentre rimangono i controlli sugli organi degli enti substatali, che risultano lo scioglimento degli organi collegiali e la rimozione degli organi individuali.

I controlli statali **sugli organi delle Regioni** sono disciplinati dall'art. 126, comma 1, Cost.: lo scioglimento del Consiglio regionale e la rimozione del Presidente della Giunta, per compimento di atti contrari alla

Costituzione o gravi violazioni di legge o ragioni di sicurezza nazionale, sono disposti con decreto motivato del Presidente della Repubblica sentita la Commissione bicamerale per le questioni regionali.

I controlli statali **sugli organi degli enti subregionali** sono disciplinati dal Testo unico sugli enti locali. In particolare riguardo ai Comuni, i Consigli sono sciolti con decreto del Presidente della Repubblica su proposta del Ministro dell'interno per le seguenti ragioni: compimento di atti contrari alla Costituzione o gravi e persistenti violazioni di legge o gravi motivi di ordine pubblico, impossibilità di funzionamento, mancata approvazione dei bilanci; i sindaci nonché i membri dei Consigli e delle giunte possono essere rimossi con decreto del ministro dell'interno per il primo gruppo di ragioni.

Potere sostitutivo sugli enti subregionali

Inoltre allo Stato è attribuito dall'art. 120, comma 2, Cost. un potere sostitutivo sugli enti subregionali. Il Governo, nel rispetto dei principi di sussidiarietà e leale collaborazione, può sostituirsi a organi delle Regioni, delle Città metropolitane, delle Province e dei Comuni in tre ipotesi: mancato rispetto di norme e trattati internazionali o della normativa dell'Unione europea, pericolo grave per l'incolumità e la sicurezza pubblica, necessità di tutelare l'unità giuridica o economica e in particolare i livelli essenziali delle prestazioni concernenti i diritti civili e sociali prescindendo dai confini degli enti locali.

Raccordi tra Stato ed enti substatali

B) I raccordi tra Stato ed enti substatali mirano a prevenire i possibili contrasti fra essi e si attuano soprattutto attraverso Conferenze formate da organi statali (Presidente del Consiglio e alcuni ministri) e organi regionali (Presidenti delle Regioni) o/e esponenti rappresentativi degli enti subregionali.

La **Conferenza Stato-Regioni** (per l'esattezza Conferenza permanente per i rapporti tra lo Stato, le Regioni e le Province autonome di Trento e Bolzano) fu istituita nel 1983. È presieduta dal Presidente del Consiglio e formata: per parte statale, dal Ministro per gli affari regionali (vicepresidente) e da altri Ministri interessati agli argomenti all'ordine del giorno; per parte regionale, dai Presidenti delle Regioni e delle Province autonome. Essa ha numerose competenze, in particolare promuove e sancisce intese e accordi tra Governo e Regioni, nonché esprime parere obbligatorio sugli schemi di disegni di legge, decreti legislativi e regolamenti del Governo nelle materie di competenza regionale.

La **Conferenza Stato-città e autonomie locali** fu istituita nel 1997. È presieduta dal Presidente del Consiglio o, su sua delega, dal Ministro dell'interno o dal Ministro per gli affari regionali e formata: per parte statale, dai Ministri del tesoro, delle finanze, dei lavori pubblici e del-

la sanità; per parte degli enti locali, dal presidente dell'ANCI (Associazione Nazionale dei Comuni d'Italia), dal presidente dell'UPI (Unione Province d'Italia), da quattordici sindaci e sei presidenti di provincia. Essa viene convocata in relazione a tematiche rilevanti per gli enti subregionali.
La **Conferenza unificata** fu istituita nel 1997, quale unificazione delle due suddette; ha numerose competenze, in particolare promuove e sancisce intese e accordi tra Governo, Regioni ed enti subregionali, nonché esprime parere obbligatorio su alcuni atti interessanti il complessivo sistema delle autonomie locali, fra cui il documento di programmazione economica e finanziaria.

La necessità di raccordi fra la Regione e gli enti subregionali è soddisfatta da un organo, che dev'essere presente in ogni Regione (art. 123, ultimo comma, Cost.), denominato **Consiglio delle autonomie locali**, che è organo di consultazione tra la Regione e gli enti locali ricompresi nel territorio di essa.

Contenzioso tra enti territoriali

C) Qualora non si riesca a prevenire un contrasto tra gli enti territoriali nell'esercizio delle rispettive competenze, è possibile che si instauri fra gli stessi un contenzioso: tale aspetto segna una notevole disparità fra **Regioni** ed enti subregionali, in quanto **soltanto** le prime **possono attivare la Corte costituzionale** (art. 134 Cost.):

- per la tutela delle proprie competenze legislative, nel giudizio di costituzionalità delle leggi in via principale, impugnando una legge o atto con forza di legge dello Stato o una legge di un'altra Regione (*infra*, Cap. X, par. 6);
- per la tutela delle proprie competenze amministrative, nel giudizio sui conflitti di attribuzione intersoggettivo, impugnando un atto amministrativo dello Stato o di un'altra Regione (*infra*, Cap. X, par. 9).

La facoltà di instaurare ricorsi di fronte alla Corte costituzionale e la spettanza della funzione legislativa attribuiscono alla Regione un ruolo più rilevante rispetto agli enti subregionali, per cui l'autonomia regionale è maggiormente accentuata rispetto a quella degli enti locali.

CAPITOLO X
LA CORTE COSTITUZIONALE

Alessandro Morelli

1. *La giustizia costituzionale*

Legalità costituzionale e giustizia costituzionale

Con l'espressione "giustizia costituzionale" si indica *l'insieme degli strumenti giurisdizionali di garanzia della Costituzione*.

L'adozione di un sistema di giustizia costituzionale scaturisce dall'idea – già propria dello Stato di diritto – della limitazione giuridica del potere politico. È questo, come si è visto, il senso del principio di legalità. Nelle democrazie contemporanee dotate di una Costituzione rigida, la **legalità** è anche **di livello costituzionale**: essa deve essere rispettata pure dal legislatore, chiamato, al pari degli altri poteri, a svolgere le proprie funzioni «*nelle forme e nei limiti della Costituzione*» (come recita l'art. 1 Cost.).

Le funzioni degli organi di giustizia costituzionale

Ai sistemi di giustizia costituzionale sono attribuite, nei vari ordinamenti, diverse funzioni: il **controllo di legittimità delle leggi, degli atti aventi forza di legge ed eventualmente di altri atti dei poteri pubblici**; i giudizi sui **conflitti di attribuzione tra i poteri dello Stato e tra lo Stato centrale e gli enti periferici**; i giudizi sui **reati del Capo dello Stato, dei ministri ed eventualmente anche di altre personalità istituzionali.** In Italia, a tali competenze si aggiunge anche il **giudizio di ammissibilità del referendum abrogativo** (v. *infra*, par. 8).

Il *Judicial review of legislation* degli USA

Storicamente il primo modello di giustizia costituzionale nasce negli Stati Uniti d'America (si tratta del c.d. *Judicial review of legislation*). Quella americana è una Costituzione *rigida*, in quanto può essere modificata con una procedura aggravata (prevista dall'art. V), ma essa non prevede meccanismi di controllo del rispetto della Costituzione stessa da parte delle leggi. La Corte Suprema non era e non è un organo di giustizia costituzionale, non avendo quale suo compito istituzionale esclusivo il controllo di legittimità costituzionale degli atti dei pubblici poteri. Tuttavia, nel **1803**, la Corte Suprema, presieduta da John Marshall, nel noto caso **Marbury vs. Madison**, riconobbe a tutti i giudici (e, dunque, in ultima istanza anche a sé stessa) il compito di dichiarare l'incostituzionalità di una legge, impedendone di fatto l'applicazione. Nacque così il sistema di giustizia costituzionale statunitense, che è un modello *diffuso* perché appunto ogni giudice, nel corso di un giudizio, può disporre la disapplicazione di una norma di legge in contrasto con la Costituzione, con una pronuncia avente efficacia limitata al singolo caso.

Il dibattito sul «custode della Costituzione»

In Europa, tra la seconda metà del XIX secolo e i primi decenni del XX, cominciarono ad adottarsi – soprattutto nei Paesi germanofoni – diversi meccanismi di giustizia costituzionale. Notevole importanza ebbe e ha tuttora il confronto che si svolse, tra le due guerre mondali, tra due grandi teorici del diritto, **Carl Schmitt** e **Hans Kelsen**, su chi dovesse essere il «*custode della Costituzione*», ovvero su quale organo dovesse avere istituzionalmente il compito di garantire la Costituzione. Per Kelsen tale organo doveva essere un giudice *ad hoc*, un tribunale costituzionale; per Schmitt, invece, un organo politico, ossia il capo dello Stato. Le due soluzioni si basavano su concezioni diverse della Costituzione: Kelsen, infatti, intendeva la Costituzione come una fonte del diritto gerarchicamente superiore alle altre; Schmitt, invece, come la decisione politica fondamentale. Il modello kelseniano di un sistema di giustizia costituzionale *accentrato*, con un apposito tribunale preposto alla garanzia della legalità costituzionale, ebbe largo seguito negli ordinamenti europei, trovando un primo significativo riconoscimento nella Costituzione austriaca del 1920.

Come si vedrà, il sistema di giustizia costituzionale italiano presenta i caratteri propri di modelli diversi (quello diffuso americano e quello accentrato dell'originario sistema austriaco). Esiste un apposito organo di giustizia costituzionale, ma, per quanto riguarda, in particolare, il giudizio di legittimità costituzionale delle leggi, i singoli cittadini possono accedere al controllo della Corte costituzionale soltanto **in via incidentale**, ossia *nel corso di un giudizio comune* che si stia svolgendo dinanzi a un'*autorità giudiziaria*. Non è previsto, infatti, il ricorso diretto individuale del singolo alla Corte costituzionale, presente invece in altri ordinamenti (come, ad esempio, in Spagna). L'accesso diretto (*in via d'azione* o *in via principale*) è ammesso soltanto per gli enti territoriali dotati di potestà legislativa (Stato, Regioni e Province autonome).

In base a quanto prevede l'art. 134 Cost., la Corte costituzionale giudica sulle controversie relative alla legittimità costituzionale delle leggi e degli atti, aventi forza di legge, dello Stato e delle Regioni; sui conflitti di attribuzione tra i poteri dello Stato e su quelli tra lo Stato e le Regioni, e tra le Regioni; sulle accuse promosse contro il Presidente della Repubblica a norma della Costituzione. A queste competenze, la legge cost. n. 1/1953 ha aggiunto il giudizio di ammissibilità del referendum abrogativo.

2. *La Corte costituzionale: composizione,* status *del giudice costituzionale, funzionamento*

La composizione

Nella sua composizione ordinaria, la Corte costituzionale è formata da **quindici giudici**, nominati per **un terzo dal Presidente della Repubblica**, per **un terzo dal Parlamento in seduta comune** e per **un terzo dalle supreme magistrature ordinaria e amministrative**.

I giudici costituzionali sono scelti tra i magistrati anche a riposo delle giurisdizioni superiori ordinaria e amministrative, i professori ordinari di università in materie giuridiche e gli avvocati dopo venti anni di esercizio.

Nel solo caso dei giudizi d'accusa contro il Presidente della Repubblica, ai quindici giudici ordinari della Corte sono affiancati **sedici membri tratti a sorte** da un elenco di cittadini aventi i requisiti per l'eleggibilità a senatore. Il Parlamento compila tale elenco ogni nove anni mediante elezione con le stesse modalità stabilite per la nomina dei giudici ordinari (art. 135 Cost.).

Lo *status* di giudice costituzionale

I giudici della Corte sono nominati per nove anni, che decorrono per ciascuno dal giorno del giuramento. La nomina non è reiterabile.

Alla scadenza del termine il giudice costituzionale cessa dalla carica e dall'esercizio delle funzioni (art. 135 Cost.). L'art. 26, comma 5, legge n. 20/1962 (*Norme sui procedimenti e giudizi di accusa*) prevede che nei giudizi sui reati presidenziali «*i giudici ordinari e aggregati che costituiscono il Collegio giudicante continuano a farne parte sino all'esaurimento del giudizio, anche se sia sopravvenuta la scadenza del loro incarico*». Si tratta di un'ipotesi speciale di *prorogatio*.

La Corte elegge fra i suoi componenti, secondo le norme stabilite dalla legge, il Presidente, che rimane in carica per un triennio, ed è rieleggibile, fermi in ogni caso i termini di scadenza dall'ufficio di giudice.

Sono previste, poi, alcune ipotesi d'incompatibilità. In particolare, l'ufficio di giudice costituzionale è incompatibile con quello di membro del Parlamento, di un Consiglio regionale, con l'esercizio della professione di avvocato e con ogni carica e ufficio indicati dalla legge (art. 135 Cost.).

Il funzionamento

Occorre innanzitutto notare che la materia dell'organizzazione e del funzionamento del sistema di giustizia costituzionale è disciplinata da una molteplicità di fonti: oltre alle disposizioni contenute nella Sezione I del Titolo VI (artt. 134-137) della Costituzione, e dalla VII disp. trans., deve farsi riferimento alle leggi costituzionali n. 1/1948, n. 1/1953, n. 2/1967 e n. 1/1989, ad almeno quattro leggi ordinarie (n. 87/1953, n. 20/1962, n. 352/1970 e n. 219/1989), a un Regolamento parlamentare per i giudizi d'accusa (adottato nel 1989) e a una serie di atti di autonormazione, tra i quali vanno ricordati almeno il Regolamento generale del 1966 (più volte modificato) e altri regolamenti particolari, nonché due gruppi di Norme integrative (generali e per i giudizi d'accusa). Si tratta, com'è evidente, di un complesso confuso di norme, che richiederebbe una generale semplificazione e razionalizzazione.

Quanto ai principi di funzionamento della Corte, da segnalare, innanzitutto, che *le udienze sono pubbliche*, ma il Presidente può disporre che si svolgano a porte chiuse quando la pubblicità può nuocere alla sicurezza dello Stato o all'ordine pubblico o alla morale, ovvero quando avvengono, da parte del pubblico, manifestazioni che possano turbare la serenità (art. 15 della legge n. 87/1953).

I giudici costituzionali hanno obbligo d'intervenire alle udienze se non sono legittimamente impediti. La Corte funziona con l'intervento di *almeno undici giudici*. Le decisioni sono deliberate in Camera di consiglio dai giudici presenti a tutte le udienze in cui si sia svolto il giudizio e vengono prese con la maggioranza assoluta dei votanti. Nel caso di parità di voto prevale quello del Presidente (art. 16 della legge n. 87/1953).

Nei *giudizi sulle accuse*, devono partecipare tutti i giudici costituzionali, ordinari e aggregati, che non siano legittimamente impediti. Il Collegio giudicante deve, in ogni caso, essere costituito da *almeno ventuno giudici, dei quali i giudici aggregati devono essere in maggioranza*. Il giudice che non sia intervenuto a una udienza non può partecipare alle udienze successive. Chiuso il dibattimento, la Corte si riunisce in Camera di consiglio senza interruzione con la presenza dei giudici ordinari e aggregati intervenuti a tutte le udienze in cui si è svolto il giudizio. I giudici ordinari e aggregati che costituiscono il Collegio giudicante continuano a farne parte sino all'esaurimento del giudizio, anche se sia sopravvenuta la scadenza del loro incarico (art. 26 della legge n. 20/1962). In caso di parità di voti prevale l'opinione più favorevole all'accusato (art. 28 della legge n. 20/1962).

La Corte costituzionale può esercitare anche **poteri istruttori**: l'art. 13 della legge n. 87/1953 prevede, infatti, che essa «*può disporre l'audi-*

zione di testimoni e, anche in deroga ai divieti stabiliti da altre leggi, il richiamo di atti o documenti».

L'art. 14-*bis* delle *Norme integrative per i giudizi davanti alla Corte costituzionale*, introdotto dall'art. 3 della delibera della Corte in sede non giurisdizionale dell'8 gennaio 2020, prevede, infine, che la Corte, ove ritenga necessario acquisire informazioni attinenti a specifiche discipline, dispone con ordinanza che siano ascoltati esperti di chiara fama in apposita adunanza in camera di consiglio alla quale possono assistere le parti costituite. Con l'autorizzazione del Presidente, le parti possono formulare domande agli esperti.

3. *I giudizi di legittimità costituzionale: i vizi delle leggi*

Prendendo le mosse dai giudizi di legittimità costituzionale delle leggi e degli atti aventi forza di legge, occorre premettere, innanzitutto, che tali fonti possono essere dichiarate incostituzionali dalla Corte per **vizi formali** o per **vizi materiali** (o **sostanziali**).

I vizi formali

Si ha un vizio del primo tipo quando la legge o l'atto avente forza di legge sia stato approvato in violazione di una norma costituzionale che ne disciplini il procedimento di formazione.

Per quanto riguarda le leggi, la Corte ha affermato di poter sanzionare soltanto i vizi formali scaturenti dalla violazione di disposizioni costituzionali (come quelle contenute nell'art. 72 Cost.) ma non delle norme contenute nei regolamenti parlamentari (v. sentt. nn. 9/1959, 78/1984 e 154/1985).

I vizi materiali

I vizi materiali o sostanziali sono, invece, quelli che dipendono dalla violazione da parte del contenuto della legge (o dell'atto avente forza di legge) di una norma costituzionale. Analogamente a quanto previsto per i vizi degli atti amministrativi, l'invalidità delle leggi e degli atti equiparati per vizi materiali può manifestarsi in diverse forme.

Si ha un vizio d'**incompetenza** quando si riscontra una violazione di una norma costituzionale sulla competenza (per esempio, l'art. 117 Cost., che nei commi 2-4, definisce l'articolazione delle competenze legislative tra Stato e Regioni).

Si ha, comunque, una **violazione di Costituzione** in tutti i casi in cui la legge o l'atto avente forza di legge contiene norme che si pongano in contrasto con una o più disposizioni costituzionali.

Discussa è la possibilità di parlare di un vizio di **eccesso di potere legislativo**. L'eccesso di potere, come si vedrà quando si tratteranno i vizi degli atti amministrativi (i cui caratteri hanno ispirato, con gli ovvi e necessari adattamenti, l'elaborazione delle figure dei vizi degli atti legislativi), consiste in una violazione dei limiti non scritti della discrezionalità, in quanto il potere amministrativo è sempre funzionalizzato alla soddisfazione dell'interesse pubblico e non può mai dirsi del tutto libero, anche quando può essere esercitato in modo discrezionale (*infra*, Cap. XIV, Sez. IV, par. 11). Al contrario, la legge è tradizionalmente intesa come un atto "libero nel fine", anche se, in alcuni casi, la Costituzione pone limiti al contenuto di determinati atti legislativi (si pensi, ad esempio, ai casi di *riserva di legge "rinforzata"*, di cui si è parlato nel Cap. IV, Sez. I, par. 6). Un eccesso di potere, negli stessi termini in cui se ne parla per gli atti amministrativi, non è, dunque, configurabile anche per le leggi. Di *eccesso di potere legislativo*, tuttavia, si è parlato a proposito di alcuni vizi riscontrati nel c.d. **giudizio di irragionevolezza** delle leggi, un tipo di sindacato svolto dalla Corte costituzionale, che origina dal giudizio di eguaglianza e, quindi, dalla violazione dell'art. 3, comma 1, Cost. Nei casi in cui il parametro del giudizio di costituzionalità sia il principio di eguaglianza (formale), la Corte costituzionale non svolge, come solitamente accade, un giudizio dalla struttura binaria (confrontando la norma oggetto del sindacato con quella che integra il parametro), bensì **ternaria**: per verificare, infatti, che effettivamente a situazioni eguali siano stati destinati trattamenti eguagli o che situazioni diverse siano state regolate in modo ragionevolmente diverso, alla norma oggetto e a quella costituente il parametro si associa, infatti, un *terzo elemento*, costituito dal *termine di paragone* (*tertium comparationis*), ossia una diversa norma la cui fattispecie presenta elementi di analogia con quella della norma impugnata e in relazione alla quale si può verificare il rispetto del principio di eguaglianza.

Il giudizio di ragionevolezza ha però, nel tempo, assunto una connotazione sempre più autonoma rispetto al giudizio di eguaglianza, non seguendo più, in molti casi, lo schema ternario appena descritto. Spesso, infatti, la Corte ha dichiarato l'incostituzionalità di norme di legge (o di atti aventi forza di legge) per assoluta *illogicità*, *incoerenza*, *arbitrarietà*, *contraddittorietà* delle previsioni normative impugnate rispetto ai presupposti o per *incongruità tra i mezzi previsti e i fini perseguiti*. Si tratta di un tipo di controllo molto vicino al sindacato di merito sulle leggi, che però alla Corte è precluso dall'art. 28 della legge n. 87/1953, il quale prevede che «*il controllo di legittimità della Corte costituzionale su una legge o un atto avente forza di legge esclude ogni valutazione di natura politica e ogni sindacato sull'uso del potere discrezionale del Parlamento*».

In questi casi, tuttavia, la Corte non sindaca la bontà dei fini perseguiti ma la proporzionalità e la congruità dei mezzi rispetti ai fini o comunque la ragionevolezza delle prescrizioni in esame.

I vizi di merito

Occorre notare, infine, che dai vizi di legittimità si distinguono quelli di merito. Prima della riforma del Titolo V introdotta dalla legge costituzionale n. 3 del 2001, il vecchio art. 127, commi 3 e 4, Cost. prevedeva che il Governo potesse rinviare al Consiglio regionale ed eventualmente impugnare dinanzi alle Camere una legge regionale che contrastasse «*con gli interessi nazionali o con quelli di altre Regioni*». Il vizio di merito, oggi non più previsto dal testo costituzionale in seguito alla riforma del 2001, si distingue dal vizio di legittimità perché, a differenza di quest'ultimo, presuppone il compimento di valutazioni di carattere politico sulla compatibilità dell'atto legislativo con l'interesse nazionale.

I VIZI DELLE LEGGI

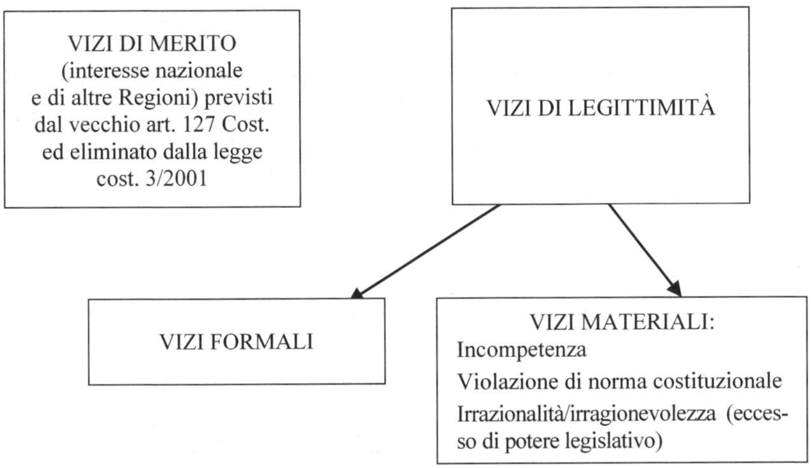

4. Segue. *Parametro e oggetto del giudizio*

In tutti i giudizi costituzionali (sia in quelli sulle leggi sia negli altri), il sindacato della Corte ha sempre quali suoi punti di riferimento un **parametro** e un **oggetto**. Il primo è l'elemento in relazione al quale si procede al sindacato sulla conformità a Costituzione del secondo.

Il parametro e gli atti sottoponibili al giudizio della Corte

Per quanto riguarda il **giudizio di legittimità costituzionale delle leggi**, il parametro è indicato – per i giudizi instaurati in via incidentale e per quelli in via principale – rispettivamente dagli artt. 23 e 34, comma 1, legge n. 87/1953 (quest'ultimo rinvia al precedente).

In entrambi i casi l'atto introduttivo del giudizio costituzionale deve indicare le «***disposizioni della Costituzione o delle leggi costituzionali, che si assumono violate***».

Per quanto concerne, invece, i **giudizi sui conflitti di attribuzione**

tra i poteri dello Stato, il parametro consiste, a norma dell'art. 37, comma 1, della legge n. 87 cit., nelle **norme costituzionali che delimitano la sfera di attribuzioni determinata per i vari poteri in conflitto**. Per i **conflitti tra Stato e Regioni**, l'art. 39, comma 1, legge n. 87 cit. fa riferimento, invece, a una «*sfera di competenza costituzionale*».

Il **parametro** può essere rappresentato, oltre che da espresse disposizioni costituzionali, anche da *norme inespresse*, ricavate dal *combinato disposto* di articoli della Costituzione (o di leggi costituzionali) oppure, *in via interpretativa*, da disposizioni costituzionali di principio.

Le "fonti interposte"

Qualche volta il parametro può essere integrato anche da disposizioni contenute in fonti primarie espressamente richiamate da norme costituzionali: in questo caso, si parla di "*fonti interposte*".

Per esempio, in base alla previsione contenuta nell'art. 76 Cost. la legge delega condiziona la validità del decreto legislativo, il quale non può contenere norme in contrasto con i principi e i criteri direttivi espressi dalla prima, né può eccedere dai limiti dell'oggetto in essa definito o essere adottato oltre il termine stabilito. La legge delega, dunque, funge da fonte interposta tra la Costituzione e il decreto legislativo, integrando il parametro di costituzionalità di quest'ultimo.

Un altro esempio è dato dalla "legge cornice" adottata dal legislatore statale nell'esercizio della potestà concorrente prevista dall'art. 117, comma 3, Cost.: le leggi regionali relative alle materie nelle quali può essere esercitata tale potestà devono rispettare i principi fondamentali contenuti nelle "leggi cornice", le quali fungono, pertanto, da "fonti interposte" rispetto alle prime.

L'oggetto

Quanto, invece, all'**oggetto** dei giudizi di legittimità costituzionale (per gli altri giudizi si rinvia ai paragrafi successivi), l'art. 134 Cost. fa riferimento alle «*leggi*» e agli «*atti, aventi forza di legge, dello Stato e delle Regioni*». Sono, quindi, escluse dal sindacato della Corte le fonti di rango secondario (in particolare, i regolamenti governativi) e, in base a un'interpretazione restrittiva prevalsa in giurisprudenza, anche i regolamenti parlamentari, nonostante siano pacificamente riconosciuti come fonti primarie (sent. n. 154/1985). La Corte ha anche escluso di poter giudicare sulle fonti dell'Unione europea (sentt. nn. 183/1973, 232/1975 e 170/1984), mentre ha ammesso di poter sindacare sulle leggi costituzionali (sent. n. 1146/1988).

5. Segue. *Il procedimento in via incidentale*

Nel sistema di giustizia costituzionale italiano non è previsto, come si è detto, il ricorso diretto individuale. Il procedimento attivabile dal singolo è quello **in via incidentale** o **d'eccezione**.

In base a quanto prevede l'art. 1 della legge cost. n. 1/1948, la questione di legittimità costituzionale di una legge o di un atto avente forza di legge della Repubblica può essere rilevata d'ufficio o sollevata da una delle parti **nel corso di un giudizio** e **non deve essere ritenuta** dal giudice manifestamente infondata.

L'autorità giurisdizionale e il giudizio

Come chiarisce ulteriormente l'art. 23, commi 1 e 4, legge n. 87/1953, la questione di costituzionalità può essere sollevata, dunque, dinanzi a un'**autorità giurisdizionale** e **nel corso di un giudizio**, da una delle parti, dal pubblico ministero o anche, **d'ufficio**, dalla stessa autorità giurisdizionale davanti alla quale si svolge il giudizio.

Occorre, dunque, sia un requisito soggettivo (la presenza di un'autorità giurisdizionale) sia uno oggettivo (lo svolgimento di un giudizio). La Corte costituzionale ha adottato, tuttavia, un'interpretazione estensiva in riferimento a entrambi i requisiti. Sul primo versante, infatti, ha ammesso che, oltre ai giudici ordinari e speciali, possano considerarsi "autorità giurisdizionali" ai fini dell'instaurazione di giudizi di legittimità costituzionale tutti gli organi dinanzi ai quali si svolgano procedimenti che abbiano i caratteri formali della giurisdizione, ammettendo tra questi, per esempio, la Corte dei conti (sia nel giudizio di parificazione del bilancio sia alla Sezione di controllo della stessa), la sezione disciplinare del CSM. Sul secondo versante (quello del requisito oggettivo), la Corte ha ammesso che la questione di costituzionalità possa sollevarsi nell'ambito dei più vari procedimenti: da quello che si svolge davanti al giudice di sorveglianza per la esecuzione della pena fino all'arbitrato rituale (sent. n. 376/2001). La Corte, in qualche caso, ha anche sollevato dinanzi a sé stessa la questione di legittimità costituzionale (per esempio, sent. n. 378/1992).

Nell'istanza delle parti o del PM o nell'ordinanza con cui l'autorità giurisdizionale solleva la questione devono essere indicate, come si è detto, le **disposizioni della legge o dell'atto avente forza di legge dello Stato o di una Regione**, viziate da illegittimità costituzionale e le **disposizioni della Costituzione o delle leggi costituzionali**, che si assumono violate.

I poteri del giudice *a quo*

L'autorità giurisdizionale, che prende il nome di **giudice *a quo*** (giudice *dalla cui iniziativa* prende avvio il giudizio della Corte), deve, innanzitutto, verificare che **il giudizio in corso non possa essere definito indipendentemente dalla risoluzione della questione di legittimità costituzionale**: è questa la c.d. **rilevanza** della questione; in secondo luogo, deve accertare che la questione sollevata **non sia manifestamente infondata**, palesemente inconsistente e pretestuosa. La Corte costituzionale, tuttavia, da tempo pretende che i giudici *a quibus*, prima di sollevare la questione di legittimità costituzionale tentino di dare un'interpretazione della disposizione in esame ***conforme* a Costituzione** (c.d. "**interpretazione adeguatrice**"). Soltanto nel caso in cui ciò non sia possibile (e tale impossibilità deve essere argomentata nell'ordinanza di rimessione), è possibile chiedere legittimamente l'intervento della giurisdizione costituzionale.

Se la questione è rilevante, non manifestamente infondata e se è impossibile effettuare un'interpretazione del testo di legge conforme a Costituzione, il giudice *a quo* emette un'ordinanza (detta appunto *di rimessione*) con la quale, riferiti i termini e i motivi dell'istanza con cui è stata sollevata la questione, dispone l'immediata trasmissione degli atti alla Corte costituzionale e sospende il giudizio in corso (art. 23, comma 2, legge n. 87/1953).

L'autorità giurisdizionale ordina che, a cura della cancelleria, l'ordinanza sia notificata, quando non se ne sia data lettura nel pubblico dibattimento, alle parti in causa e al PM quando il suo intervento sia obbligatorio, nonché al Presidente del Consiglio dei ministri o al Presidente della Giunta regionale a seconda che sia in questione una legge o un atto avente forza di legge dello Stato o di una Regione. L'ordinanza è comunicata dal cancelliere anche ai Presidenti delle due Camere del Parlamento o al Presidente del Consiglio regionale interessato (art. 23, comma 4, legge n. 87 cit.).

L'ordinanza che respinga l'eccezione d'illegittimità costituzionale per manifesta irrilevanza o infondatezza deve essere adeguatamente motivata. L'eccezione può essere riproposta all'inizio di ogni grado ulteriore del processo (art. 24 della legge n. 87 cit.).

Il Presidente della Corte, appena è pervenuta l'ordinanza di rimessione, ne dispone la pubblicazione nella Gazzetta Ufficiale e, quando occorra, nel Bollettino Ufficiale delle Regioni interessate. Entro il termine di venti giorni dall'avvenuta notificazione della ordinanza, le parti possono esaminare gli atti depositati nella cancelleria e presentare le loro deduzioni. Entro lo stesso termine, il Presidente del Consiglio dei ministri e il Presidente della Giunta regionale possono intervenire in giudizio e presentare le loro deduzioni (art. 25 della legge n. 87 cit.).

6. Segue. *Il procedimento in via principale*

Il secondo procedimento di instaurazione dei giudizi di legittimità costituzionale delle leggi e degli atti aventi forza di legge è quello **in via principale** (o **in via d'azione**). Come si è detto, tale meccanismo di accesso diretto al controllo della Corte costituzionale non è nella disponibilità dei singoli individui ma è attivabile soltanto dagli enti territoriali dotati di potestà legislativa (Stato, Regioni e Province autonome di Trento e di Bolzano).

In base a quanto prevede l'art. 127, comma 1, Cost., così come modificato dalla legge cost. n. 3/2001, il Governo, quando ritenga che una legge regionale *ecceda* la competenza della Regione, può promuovere la questione di legittimità costituzionale dinanzi alla Corte costituzionale entro sessanta giorni dalla sua pubblicazione. Lo stesso articolo, al secondo comma, stabilisce che la Regione, quando ritenga che una legge o un atto avente valore di legge dello Stato o di un'altra Regione *leda* la sua sfera di competenza, può promuovere la questione di legittimità costituzionale dinanzi alla Corte costituzionale entro sessanta giorni dalla pubblicazione dell'atto.

Prima della riforma costituzionale del 2001, l'art. 127 Cost. prevedeva che il controllo sulle leggi regionali avesse luogo in via preventiva: le leggi approvate dal Consiglio regionale, infatti, erano inviate a un apposito organo statale presente in ogni Regione, chiamato "Commissario del Governo", che entro trenta giorni dal ricevimento dell'atto, poteva rinviarlo al Consiglio regionale. Qualora quest'ultimo lo avesse riapprovato a maggioranza assoluta, il Commissario del Governo avrebbe potuto promuovere questione di legittimità dinanzi alla Corte costituzionale. Al contrario, le Regioni potevano impugnare le leggi statali soltanto successivamente all'entrata in vigore di queste ultime (entro il termine di trenta giorni) e potevano altresì impugnare le leggi di altre Regioni (entro sessanta giorni).

Con la novella del 2001, Stato e Regioni, sotto questo profilo, sono stati equiparati, poiché, come si è visto, sia che il ricorso sia esperito dallo Stato sia che provenga dalla Regione, esso è sempre successivo. Tuttavia, la Corte costituzionale ha mantenuto una disparità già presente sotto il precedente regime, precisando che mentre lo Stato può impugnare una legge regionale per qualunque vizio, la Regione può ricorrere contro una legge statale soltanto quando questa invada la sua sfera di competenza; e ciò in ragione della peculiare posizione che l'ordinamento riserverebbe allo Stato stesso nella funzione di salvaguardia dell'unità nazionale (sent. n. 274/2003).

Un particolare giudizio in via principale è quello previsto, infine, dall'art. 123, comma 2, Cost., a norma del quale il Governo può promuovere la questione di costituzionalità sugli statuti regionali entro trenta giorni dalla loro pubblicazione.

7. Segue. *Le decisioni della Corte costituzionale*

Sentenze e ordinanze

La Corte giudica in via definitiva con **sentenza**, mentre tutti gli altri suoi provvedimenti sono adottati con **ordinanza**. I provvedimenti del Presidente sono adottati con **decreto**. Le sentenze sono pronunciate in nome del popolo italiano e devono contenere, oltre all'indicazione dei motivi di fatto e di diritto, il dispositivo, la data della decisione e la sottoscrizione dei giudici e del cancelliere. Le ordinanze sono succintamente motivate (art. 18 della legge n. 87/1953).

Con specifico riguardo ai giudizi di legittimità costituzionale delle leggi (e degli atti aventi forza di legge), la Corte può accogliere l'istanza e, dunque, dichiarare fondata la questione di legittimità costituzionale, oppure respingere l'istanza stessa, pronunciandosi per l'infondatezza della relativa questione.

In ogni caso, quando accoglie una istanza o un ricorso relativo a una questione di legittimità costituzionale la Corte dichiara, nei limiti dell'impugnazione, quali sono le disposizioni legislative illegittime. Essa, inoltre, può anche pronunciare una decisione di illegittimità *conseguenziale*, dichiarando quali sono le altre disposizioni legislative la cui illegittimità deriva come conseguenza dalla decisione adottata (art. 27 della legge n. 87 cit.).

Decisioni processuali e di merito

Le decisioni della Corte costituzionale possono essere **processuali** o **di merito**: le prime non attengono alla questione di costituzionalità sottoposta all'attenzione del Giudice delle leggi ma definiscono il processo costituzionale senza entrare nel merito, a differenza di quanto fanno, invece, le seconde. Tra le decisioni processuali rientrano quelle di manifesta inammissibilità, di cessazione della materia del contendere e di restituzione degli atti al giudice *a quo*.

Sentenze di accoglimento e di rigetto

Le decisioni di merito si distinguono, invece, in pronunce **di accoglimento** e **di rigetto**: con le prime la Corte dichiara l'illegittimità costituzionale delle norme impugnate; con le seconde l'infondatezza delle questioni sottopostele.

L'efficacia delle sentenze di accoglimento

In base a quanto prevede l'art. 136 Cost., quando la Corte dichiara l'illegittimità costituzionale di una norma di legge o di atto avente forza di legge, *la norma cessa di avere efficacia dal giorno successivo alla pubblicazione della decisione*, che è pubblicata e comunicata alle Camere e ai Consigli regionali interessati, affinché, ove lo ritengano necessario, provvedano nelle forme costituzionali.

Tale disciplina va letta in combinato disposto con l'art. 30, comma 3, legge n. 87 cit., secondo il quale «*le norme dichiarate incostituzionali non possono avere applicazione dal giorno successivo alla pubblicazione della decisione*».

Da tali disposizioni si ricava, pertanto, che le sentenze di accoglimento della Corte costituzionale hanno **efficacia generale** (*erga omnes*) e **retroattiva**, impedendo l'applicazione della norma dichiarata illegittima in tutti i giudizi pendenti. L'efficacia retroattiva di tali pronunce incontra soltanto il limite dei cc.dd. "rapporti esauriti", ossia quelli ormai definitivamente regolati dalla legge incostituzionale. Si verifica una simile condizione quando in riferimento al rapporto considerato intervenga **una sentenza passata in giudicato**, emessa sulla base della disciplina poi annullata dalla Corte, un **atto amministrativo definitivo** o si verifichi un'ipotesi di **prescrizione** o **decadenza**. Tale regime incontra un'eccezione prevista dall'art. 30, comma 4, legge n. 87 cit., secondo cui «*quando in applicazione della norma dichiarata incostituzionale è stata pronunciata sentenza irrevocabile di condanna, ne cessano la esecuzione e tutti gli effetti penali*». Si tratta di una deroga ispirata dal principio del *favor libertatis*, dall'esigenza di tutelare, ove possibile, la libertà personale (che trova un solenne riconoscimento nell'art. 13 Cost.) e che, nell'ambito della successione delle leggi penali, trova già espressione nel comma 2 dell'art. 2 c.p., a norma del quale «*nessuno può essere punito per un fatto che, secondo una legge posteriore, non costituisce reato; e, se vi è stata condanna, ne cessano l'esecuzione e gli effetti penali*».

La Corte costituzionale ha escluso, inoltre, che l'eccezione prevista dal comma 4 dell'art. 30 della legge n. 87 cit. si applichi anche alle sanzioni amministrative (sent. n. 43/2017).

In alcuni casi la Corte ha limitato l'efficacia retroattiva delle sue pronunce di accoglimento. Talora la limitazione è dipesa dal fatto che l'incostituzionalità della legge non era originaria ma era stata determinata da un mutamento del parametro costituzionale (a causa di una revisione dello stesso) o del complessivo contesto normativo (in questo caso si parla di **incostituzionalità sopravvenuta**). In altri casi, la limitazione degli effetti temporali delle decisioni di accoglimento è dipesa, invece, da ragioni di opportunità, come l'esigenza di evitare che l'applicazione retroattiva della sentenza di accoglimento determinasse effetti deleteri sul piano sociale oppure oneri economici insostenibili (si veda, per esempio, la sent. n. 10/2015, con la quale è stata dichiarata l'illegittimità di una norma dal giorno successivo alla pubblicazione della sentenza, escludendone l'applicazione nello stesso giudizio *a quo*; e ciò al fine di evitare una violazione del principio dell'equilibrio di bilancio previsto dall'art. 81 Cost.).

Le sentenze di rigetto

Con le **sentenze di rigetto**, la Corte dichiara l'infondatezza della questione di legittimità costituzionale ritualmente sottopostale.

Tali pronunce non impediscono la proposizione della medesima questione in altri giudizi o anche negli altri gradi dello stesso giudizio, ma per vizi diversi da quelli precedentemente denunciati. Pertanto, tali pronunce non hanno efficacia generale ma limitata alle sole parti del giudizio *a quo* (*inter partes*).

Oltre alle sentenze di accoglimento e di rigetto *semplici*, la Corte costituzionale pronuncia anche decisioni più articolate e complesse.

Le sentenze interpretative

In alcuni casi, essa adotta **sentenze interpretative**, che possono essere, a loro volta, **di rigetto** o **di accoglimento**. Quando la Corte emette una sentenza di questo tipo si pronuncia sull'*interpretazione* della disposizione o delle disposizioni impugnate, adottata nell'atto introduttivo del giudizio. Quando, in particolare, pronuncia una **sentenza interpretativa di rigetto**, la Corte ricava dalla disposizione impugnata una norma diversa da quella individuata dal giudice *a quo* o dal ricorrente e reputa tale norma non incompatibile con il parametro costituzionale. Quando, invece, adotta una **sentenza interpretativa di accoglimento**, dichiara l'incostituzionalità della disposizione impugnata soltanto *se* da questa si ricavi una determinata norma, facendo presente che dalla disposizione medesima è comunque possibile ricavare almeno un'altra norma conforme a Costituzione. Queste ultime sono pronunce piuttosto rare, adottate in passato dalla Corte soprattutto quando i giudici comuni avevano "rifiutato" l'interpretazione suggerita dalla stessa Corte in precedenti decisioni interpretative di rigetto. Per quanto riguarda, infatti, l'efficacia di tali pronunce, la tesi prevalente è che la sentenza interpretativa di rigetto produca solo un "vincolo negativo" nei confronti del giudice *a quo*, nel senso che essa impedisce l'applicazione della norma dichiarata implicitamente illegittima, ma non vieta al giudice stesso di ricavare dal testo della disposizione impugnata altre norme, conformi a Costituzione, diverse sia da quella (illegittima) indicata nell'atto introduttivo del giudizio, sia da quella suggerita dalla Corte costituzionale. Quest'ultima, infine, ha chiarito che il suo potere di reinterpretare i testi normativi nella sede dei giudizi di legittimità costituzionale si arresta dinanzi al c.d. **diritto vivente**, ossia dinanzi all'attribuzione costante di un determinato significato al testo normativo impugnato, da parte della giurisprudenza.

Le sentenze manipolative

In altri casi, infine, la Corte non si limita a reinterpretare le disposizioni normative impugnate ma opera un'autentica manipolazione degli stessi testi normativi. In queste ipotesi si parla di **sentenze manipolative**. In tale categoria di decisioni troviamo:

a) le sentenze **additive** (che *aggiungono* una norma), con le quali la Corte dichiara l'incostituzionalità di una disposizione nella parte in cui non prevede una norma che invece dovrebbe esserci per rendere compatibile con la Costituzione il testo di legge; sono dette **additive**

di garanzia quando, attraverso l'addizione, riconoscono diritti; **additive di prestazione**, quando estendono prestazioni patrimoniali non previste dalle disposizioni impugnate; si distinguono, inoltre, le **additive di regole** dalle **additive di principio**, a seconda del tipo di norma (specifica o di principio) che viene aggiunta al testo;

b) le sentenze **riduttive** o **di accoglimento parziale** (che *eliminano* una norma o una parte di norma), con cui la Corte pronuncia l'incostituzionalità di una disposizione nella parte in cui prevede qualcosa che non dovrebbe prevedere;

c) le sentenze **sostitutive**, con le quali la Corte dichiara l'illegittimità di una disposizione nella parte in cui contiene una norma anziché un'altra, che viene così sostituita alla precedente.

In altri casi la Corte ha pronunciato **sentenze-indirizzo** o **sentenze-monito**, con le quali ha indicato al legislatore carenze normative incostituzionali, illustrando anche i criteri da seguire per predisporre una disciplina coerente con il testo costituzionale (si vedano, per esempio, le sentt. nn. 225/1974 e 826/1988 sul monopolio statale radiotelevisivo).

LE PRONUNCE DELLA CORTE COSTITUZIONALE

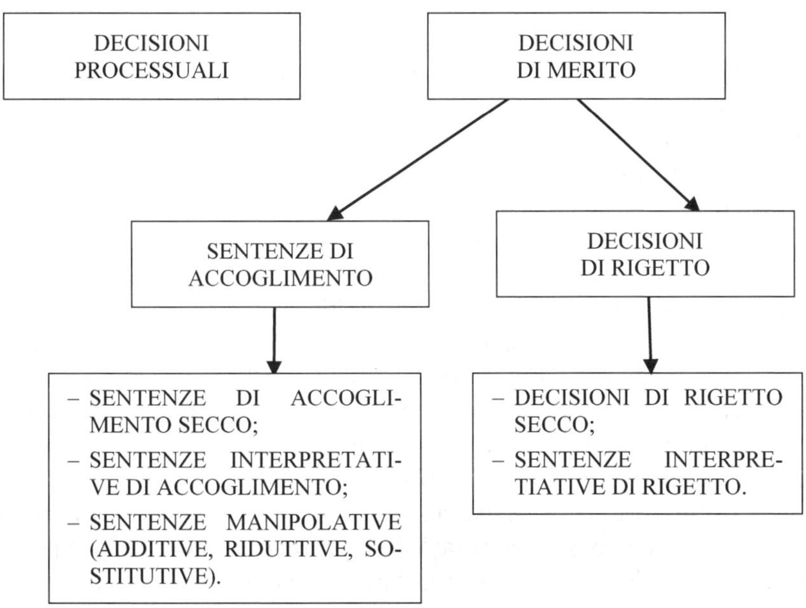

Di recente, infine, nel giudizio sul caso DJ Fabo-Cappato, la Corte, con l'ord. n. 207/2018, ha adottato una nuova tecnica decisoria, accertando in un primo tempo l'incostituzionalità parziale della norma che sanziona l'aiuto al suicido (art. 580 cod. pen.) e rinviando la causa a un anno di distanza per lasciare al legislatore il tempo di predisporre una disciplina conforme a Costituzione. Il tempo, tuttavia, è decorso inutilmente e la Corte ha infine pronunciato l'illegittimità della disciplina con un intervento additivo (sent. n. 242/2019).

8. *I conflitti di attribuzione tra poteri dello Stato*

Una seconda competenza attribuita alla Corte costituzionale è il **giudizio sui conflitti di attribuzione tra i poteri dello Stato**.

L'art. 37, comma 1, legge n. 87/1953 prevede che «*il conflitto tra poteri dello Stato è risoluto dalla Corte costituzionale se insorge tra organi competenti a dichiarare definitivamente la volontà del potere cui appartengono e per la delimitazione della sfera di attribuzioni determinata per i vari poteri da norme costituzionali*».

I "poteri dello Stato"

Per "potere dello Stato", come si è visto, deve intendersi *un organo o un insieme di organi funzionalmente collegati tra loro, cui la Costituzione riconosce una determinata sfera di attribuzioni*. Pertanto, accanto ai tradizionali "poteri", che possono sollevare conflitti di attribuzioni dinanzi alla Corte costituzionale, quali il Parlamento, il Governo e gli organi giudiziari, si pongono anche il Presidente della Repubblica e la stessa Corte costituzionale.

Per quanto riguarda, poi, il potere giudiziario, la sua peculiare conformazione ha posto qualche difficoltà nell'applicazione dell'art. 37 della legge n. 87 cit. Data la struttura "orizzontale" di tale potere (che, proprio per questo, è detto "diffuso"), non è risultato agevole individuare l'organo «*competente a dichiarare definitivamente la volontà del potere*». Al riguardo, tuttavia, la Corte costituzionale ha chiarito che, proprio per la particolare conformazione del potere giudiziario, ciascun giudice nell'esercizio delle sue funzioni può essere considerato un "potere dello Stato", legittimato a stare in giudizio dinanzi alla Corte (si vedano soprattutto le sentt. nn. 228 e 229/1974 e 231/1975).

La Corte costituzionale ha riconosciuto anche l'esistenza di poteri "esterni" allo stesso Stato-apparato: in particolare, ha ritenuto che possano essere considerati tali i sottoscrittori della richiesta di referendum abrogativo previsto dall'art. 75 Cost.; il comitato promotore del referendum, infatti, è stato qualificato come l'organo competente a dichiarare definitivamente la volontà del relativo potere (tra le altre, sentt. nn. 17 e 19/197, 169/2011).

Per quanto riguarda il requisito oggettivo, come si è detto, il conflitto può sorgere «*per la delimitazione della sfera di attribuzioni determinata per i vari poteri da norme costituzionali*». Il profilo oggettivo del conflitto

I conflitti possono sorgere per la **rivendicazione** di un'attribuzione che un potere ritenga essere stata usurpata da altro potere (ipotesi, in verità, piuttosto rara); per la lamentata **menomazione** delle competenze di un potere da parte di un altro (per esempio, attraverso l'**omissione** nell'esercizio delle competenze di quest'ultimo); per la necessità di distinguere le attribuzioni di due diversi poteri che si trovino in una condizione di **interferenza**. I tipi di conflitti

La Corte decide con ordinanza in camera di consiglio sull'ammissibilità del ricorso. Se la Corte ritiene che esista la materia di un conflitto la cui risoluzione spetti alla sua competenza dichiara ammissibile il ricorso e ne dispone la notifica agli organi interessati (art. 37, commi 3 e 4, della legge n. 87 cit.). Il procedimento

La Corte risolve il conflitto dichiarando il potere al quale spettano le attribuzioni in contestazione e, ove sia stato emanato un atto viziato da incompetenza, lo annulla (art. 38 della legge n. 87 cit.). La decisione

9. *I conflitti di attribuzione tra Stato e Regioni e tra Regioni*

Un altro tipo di giudizio che si svolge dinanzi alla Corte costituzionale è quello per la **risoluzione dei conflitti di attribuzione tra Stato e Regioni e tra Regioni**.

Se la Regione invade con un suo atto la sfera di competenza assegnata dalla Costituzione allo Stato o a un'altra Regione, lo Stato o la Regione rispettivamente interessata possono proporre ricorso alla Corte costituzionale per il regolamento di competenza. Il ricorso può essere esperito anche da una Regione la cui sfera di competenza costituzionale sia stata invasa da un atto dello Stato. *Non deve trattarsi di un atto legislativo*, poiché il rimedio per le invasioni delle sfere di competenza determinate da atti legislativi è il giudizio di legittimità costituzionale in via principale.

Il termine per produrre il ricorso è di sessanta giorni, che decorrono dalla notificazione, dalla pubblicazione o ancora dall'avvenuta conoscenza dell'atto impugnato.

Il ricorso è proposto per lo Stato dal Presidente del Consiglio dei ministri o da un Ministro da lui delegato e per la Regione dal Presidente della Giunta regionale in seguito a deliberazione della Giunta stessa.

Il ricorso deve indicare come sorge il conflitto di attribuzione e specificare l'atto dal quale sarebbe stata invasa la sfera di competenza nonché le disposizioni della Costituzione e delle leggi costituzionali che si ritengono violate (art. 39 della legge n. 87 cit.).

L'esecuzione degli atti che hanno dato luogo al conflitto può essere, in pendenza del giudizio, sospesa per gravi ragioni, con ordinanza motivata, dalla Corte (art. 40 della legge n. 87 cit.).

Anche in questo caso la Corte dichiara a quale ente spetti l'attribuzione oggetto di contestazione e annulla gli atti viziati d'incompetenza.

10. *Il giudizio di ammissibilità del referendum abrogativo*

Altro giudizio della Corte costituzionale, introdotto dalla legge cost. n. 1/1953, è quello di **ammissibilità del referendum abrogativo**.

Tale controllo è funzionale ad accertare che le richieste di referendum non riguardino le leggi per le quali l'art. 75, comma 2, Cost. esclude la possibilità di svolgere la consultazione popolare: le *leggi tributarie e di bilancio, di amnistia e di indulto, di autorizzazione a ratificare trattati internazionali.* A tali limiti, la Corte costituzionale, con una giurisprudenza estremamente creativa (a partire dalla sent. n. 16/1978), ne ha affiancati molti altri, ritenendo inammissibili, per esempio, i *quesiti referendari relativi a disposizioni costituzionali e a leggi approvate con il procedimento previsto dall'art. 138 Cost.*; i *quesiti* riguardanti una *pluralità eterogenea di disposizioni*, «*carenti di una matrice razionalmente unitaria*»; quelli inerenti a leggi che hanno una *copertura costituzionale*, in forza della quale risultano dotate di una *forza passiva maggiore rispetto a quella della altre leggi*; i quesiti concernenti disposizioni legislative «*a contenuto costituzionalmente vincolato*» riproduttive dei contenuti di disposizioni costituzionali o attuative di questi ultimi.

11. *Il giudizio sui reati presidenziali*

La Corte costituzionale giudica anche sulle **accuse penali mosse nei confronti del Presidente della Repubblica**.

Come si è già visto, infatti, il Capo dello Stato non è responsabile degli atti compiuti nell'esercizio delle sue funzioni, tranne che per alto tradimento o per attentato alla Costituzione. In questi casi è messo in stato di accusa dal Parlamento in seduta comune, a maggioranza assoluta dei suoi membri.

Sul procedimento si rinvia a quanto già detto in precedenza (*supra* Cap. VI, par. 4). Qui occorre aggiungere che la deliberazione sulla messa in stato di accusa del Presidente della Repubblica è adottata dal Parlamento in seduta comune su relazione di un comitato formato dai componenti della giunta del Senato e da quelli della giunta della Camera competenti per le autorizzazioni a procedere in base ai rispettivi regolamenti.

In questi casi la Corte costituzionale giudica con la composizione straordinaria di cui si è detto (*supra*, par. 2).

CAPITOLO XI

I PRINCIPI FONDAMENTALI

Patrizia Vipiana

1. *Generalità*

I primi dodici articoli della Costituzione sanciscono i principi fondamentali su cui si basa l'ordinamento italiano: tali principi non sono stati elencati in un preambolo distinto dal testo della Costituzione (come avviene ad esempio in Francia), ma risultano inseriti all'inizio della Carta costituzionale per sottolineare che fanno parte integrante di essa, in quanto inscindibilmente collegati con la restante disciplina ivi contenuta.

Di seguito si prenderanno in esame i principi sanciti nei primi cinque articoli della Costituzione, i quali concretano, potrebbe dirsi, i principi fondamentalissimi che reggono il nostro ordinamento.

Gli articoli successivi riguardano: la tutela delle minoranze linguistiche (art. 6), le relazioni tra lo Stato e la Chiesa cattolica (art. 7), i rapporti tra lo Stato e le confessioni acattoliche (art. 8), la promozione della cultura e della ricerca nonché la tutela del paesaggio e del patrimonio storico-artistico (art. 9), i rapporti con l'ordinamento internazionale (artt. 10, che dispone anche riguardo alla tutela dello straniero, e 11), la bandiera italiana (art. 12).

I principi fondamentali sono così rilevanti da non poter essere eliminati nemmeno da una legge volta a revisionare la Costituzione poiché risultano i principi supremi dell'ordinamento, come ha affermato la Corte costituzionale (in varie sentenze, in particolare sent. n. 1146/1988): essi dunque configurano limiti impliciti alla revisione costituzionale, accanto all'unico limite esplicito a quest'ultima, previsto dall'art. 139 Cost., cioè la forma repubblicana dello Stato.

2. *Il principio democratico*

Il comma 1 dell'art. 1 Cost. sancisce il principio democratico che connota la forma di Stato dell'Italia ossia la Repubblica, la quale era già stata scelta dal referendum istituzionale del 2 giugno 1946: perciò l'eventuale modifica della forma repubblicana non potrebbe essere effettuata mediante una revisione costituzionale (e neanche, secondo alcuni studiosi, attraverso un nuovo referendum istituzionale, che avrebbe solo la parvenza della legalità costituzionale, ma in realtà consisterebbe in un atto sovversivo); il medesimo disposto definisce la Repubblica italiana – oltre che democratica – altresì fondata sul lavoro, introducendo il principio lavorista (*infra*, par. 5).

Il comma 2 dell'art. 1 Cost. precisa il principio democratico disciplinando la sovranità nell'ordinamento italiano, mentre gli artt. 7 e 11 Cost. si riferiscono alla sovranità dell'Italia rispetto ad altri ordinamenti.

Titolarità della sovranità

Riguardo alla titolarità del potere sovrano, essa **spetta al popolo** inteso come insieme dei cittadini, per cui si parla di sovranità popolare (etimologicamente, democrazia significa potere del popolo); il progetto di Costituzione discusso in Assemblea costituente prevedeva "La sovranità emana dal popolo", disposizione la quale sembrava indicare che la sovranità avesse origine nel popolo ma poi se ne distaccasse, mentre la Costituzione stabilisce "La sovranità appartiene al popolo" ossia intende sottolineare che la sovranità è del popolo e rimane saldamente radicata nel medesimo.

Esercizio della sovranità

Riguardo all'esercizio della sovranità, esso spetta **al popolo** ma "nelle forme e nei limiti della Costituzione", poiché il potere sovrano, pur essendo supremo, non è arbitrario, bensì risulta sottoposto a regole giuridiche contenute nella Carta costituzionale.

Forme di esercizio

La sovranità può essere esercitata in varie forme: infatti esistono diversi tipi di democrazia previsti dalla Costituzione. Schematicamente, al fine di semplificare un tema che presenta notevole complessità, si distinguono:

– la **democrazia indiretta o rappresentativa**, in cui i cittadini eleggono i loro rappresentanti negli organi che adotteranno decisioni: si pensi, soprattutto, all'elezione dei membri delle Camere (artt. 56, comma 1 e 57, comma 1, Cost.), le quali poi approveranno le leggi ed altri atti; tale elezione conferisce legittimazione democratica ai parlamentari;

- la **democrazia diretta**, intesa in senso ampio, come comprendente gli istituti del referendum, dell'iniziativa legislativa popolare e della petizione, o – più correttamente – in senso stretto, come forma di democrazia in cui i cittadini decidono su determinati atti: referendum abrogativo su leggi e atti con forza di legge (art. 75 Cost.: *supra*, Cap. IV, sez. II, par. 2.3) e referendum confermativo su leggi costituzionali approvate con la maggioranza assoluta anziché dei due terzi (art. 138 Cost.: *supra*, Cap. IV, sez. II, par. 1.2);
- la **democrazia partecipativa** che si ricollega al principio di partecipazione sancito nell'art. 3, comma 2, Cost. (*infra*, par. 4): tale forma di espressione del principio democratico può esplicarsi come partecipazione istituzionale, esplicantesi negli istituti dell'iniziativa legislativa popolare e della petizione costituzionalmente previsti – qualora si intenda la democrazia diretta in senso restrittivo –, oppure come partecipazione non istituzionale, esercitantesi attraverso altre forme di coinvolgimento popolare non previste dalla Costituzione (ma una di tali forme, il dibattito pubblico, è stata recentemente introdotta a livello legislativo).

3. *I principi sanciti dall'art. 2 Cost.*

Previsione di diritti e doveri

L'art. 2 Cost. sancisce la tutela dei diritti e l'obbligo di adempiere doveri: l'una e l'altro sono correlati perché molto spesso l'esercizio di un diritto da parte di un soggetto richiede l'assolvimento di un dovere da parte di un altro soggetto, anche se non è possibile rinvenire un costante rapporto di corrispondenza biunivoca tra diritti e doveri.

Tale articolo afferma che la Repubblica (intesa come insieme dei pubblici poteri, ai vari livelli territoriali) riconosce e garantisce i diritti inviolabili dell'uomo (da intendersi come sinonimo di persona umana) e richiede l'adempimento dei doveri inderogabili di solidarietà politica, economica e sociale.

Da un lato deve sottolinearsi che la Repubblica non attribuisce i diritti alle persone, ma li riconosce come preesistenti a essa e li tutela qualificandoli come inviolabili: questo aggettivo significa che i diritti non possono essere soppressi dalla legge e, secondo una interpretazione, non sono eliminabili nemmeno con il procedimento di cui all'art. 138 Cost., per cui essi configurano un limite implicito alla revisione costituzionale.

La previsione generale della tutela dei diritti, il cui esercizio viene garantito all'individuo sia singolarmente sia nell'ambito delle formazioni sociali ove è collocato, anticipa la disciplina della Parte I della Costituzione elencante, negli artt. 13-51, numerosi diritti: civili, sociali, economici e politici (*infra*, Cap. XII).

Si è posto il quesito se l'art. 2 Cost. configuri una clausola chiusa, cioè riferita solo ai diritti espressamente previsti dai successivi artt. 13 e seguenti, oppure una clausola aperta, ossia rivolta a proteggere anche altri diritti, non menzionati in tali articoli: la seconda interpretazione è apparsa preferibile perché l'art. 2 Cost. quale clausola aperta fornirebbe una garanzia, sia pur generica, a quei diritti (si pensi ai cosiddetti "nuovi diritti" la cui rilevanza è emersa negli ultimi anni, come ad esempio il diritto alla protezione dei dati personali) che altrimenti risulterebbero non tutelati in quanto la Costituzione, che è del 1948, non li prevede (il diritto alla protezione dei dati di carattere personale è invece sancito dall'art. 8 della "Carta dei diritti fondamentali dell'Unione europea" del 2000).

Dall'altro lato deve notarsi che in base all'art. 2 Cost. la Repubblica esige, senza possibilità di deroghe, l'adempimento dei doveri in ambito politico, economico e sociale: tale disposto anticipa la disciplina dei doveri dettata dai successivi artt. 52-54.

Ulteriori principi

Dall'art. 2 Cost. affiorano anche tre importanti principi:

il principio **pluralista** cioè la garanzia dell'esistenza di numerose formazioni sociali (*infra*, Cap. XIII) che possono essere di varia natura (ad es. la famiglia riconosciuta dall'art. 29 Cost., le associazioni previste dall'art. 18 Cost., ecc.), in cui il singolo individuo è inserito (per nascita o per scelta);
il principio **personalista** ossia la valorizzazione della persona umana: esso emerge dall'accenno all'esercizio dei diritti dell'individuo nell'ambito delle formazioni sociali "ove si svolge la sua personalità", ma è evocato anche dall'art. 3, comma 2, laddove prevede l'abbattimento degli ostacoli che impediscono "il pieno sviluppo della persona umana" (*infra*, par. seg.);
il principio **solidarista** ossia il riconoscimento dell'importanza della solidarietà tra gli individui, della quale sono espressione i doveri da adempiere in ambito politico, economico e sociale.

4. *Il principio di uguaglianza*

L'art. 3 Cost., nei suoi due commi, sancisce il principio di uguaglianza in una duplice accezione, **formale** e **sostanziale**.

Il comma 1, dopo aver dichiarato che tutti i cittadini hanno pari dignità sociale, prevede l'uguaglianza formale cioè l'**uguaglianza** di tutti i cittadini (ma deve intendersi tutti gli individui, cittadini e stranieri) **davanti alla legge**: ciò significa che la legge deve disporre con la stessa efficacia per ogni soggetto, senza favorire alcuni e penalizzare altri (infatti nelle aule dei tribunali è scritta la frase: «La legge è uguale per tutti») ovvero le leggi dovrebbero avere le caratteristiche della generalità e dell'astrattezza cioè valere per tutti i soggetti dell'ordinamento che si trovino in una determinata situazione (*supra*, Cap. IV, sez. II, par. 2.1); invero alla luce del principio di uguaglianza formale la legge deve disciplinare in modo uguale situazioni uguali, ma altresì regolare in maniera diversa situazioni diverse, come ha sottolineato la Corte costituzionale (fin dalle sue prime sentenze, tra cui la sent. n. 3/1957). L'art. 3 dunque si rivolge anzitutto al legislatore, ponendo un criterio fondamentale da seguire nell'esercizio della sua funzione, mentre l'uguaglianza si manifesta più propriamente come imparzialità con riguardo alla pubblica amministrazione (art. 97, comma 1, Cost.) e come terzietà in riferimento ai giudici (art. 111, comma 2, Cost.).

Uguaglianza formale

L'uguaglianza formale più specificamente si esplica come divieto per il legislatore di introdurre discriminazioni **in base a**i seguenti **fattori**:

Divieto di discriminazioni

sesso: la legge deve trattare uomini e donne allo stesso modo nella vita familiare (uguaglianza morale e giuridica dei coniugi, art. 29, comma 2, Cost.), lavorativa (stessi diritti della lavoratrice rispetto al lavoratore, art. 37, comma 1, Cost.) e sociale (accesso dei cittadini dell'uno e dell'altro sesso agli uffici pubblici e alle cariche elettive in condizioni di eguaglianza, art. 51, comma 1, Cost.); il sesso può essere ammesso come requisito attitudinario per lo svolgimento di una mansione solo in pochi specifici casi (ad es. guardia carceraria uomo in carceri maschili e guardia carceraria donna in carceri femminili);

razza: non sono ammesse discipline legislative differenziate a seconda della razza (concetto, peraltro, ormai ritenuto scientificamente inapplicabile alla specie umana) ovvero dell'origine etnica delle persone (sarebbero inammissibili le leggi razziali contro gli ebrei promulgate nel 1938 durante il fascismo);

lingua: la legge non può fare distinzioni in base alla lingua (viene garantito un interprete all'imputato che non comprende o parla la lingua usata nel processo penale: art. 111, comma 3, Cost.);

religione: il legislatore non può discriminare i soggetti in base alla religione professata (l'art. 19 Cost. garantisce la libertà religiosa);

opinioni politiche: la legge non può favorire o penalizzare i soggetti a seconda del loro orientamento ideologico (l'art. 21, comma 1, Cost.

garantisce la libertà di manifestazione del pensiero e l'art. 49 Cost. il diritto di associarsi in partiti politici);
condizioni personali e sociali: si tratta di una clausola di chiusura per indicare altri fattori che, come i suddetti, non potrebbero giustificare discipline legislative differenziate; essa si collega al principio della pari dignità sociale di tutti gli individui proclamato all'inizio dell'art. 3 Cost.

Ragionevolezza

Deve sottolinearsi che il principio di uguaglianza è violato non solo quando il legislatore regola situazioni uguali in modo diverso, introducendo discriminazioni basate sui fattori suddetti, ma anche quando (all'inverso) la legge regola situazioni diverse in maniera uguale, parificando fattispecie differenti: l'**uguaglianza si esplica come ragionevolezza della disciplina dettata** ossia quale divieto sia di differenziazioni irragionevoli sia di parificazioni altrettanto irragionevoli.

La violazione del principio di uguaglianza da parte del legislatore può essere fatta valere dinanzi alla Corte costituzionale che, come si è detto (*supra*, Cap. X, par. 3), mentre solitamente svolge un giudizio di natura binaria, ossia basato su due elementi (oggetto e parametro, rispettivamente: la legge sospettata d'incostituzionalità e l'articolo della Costituzione che si sospetta di essere violato), nel caso sia denunciata la violazione dell'art. 3 Cost. svolge un giudizio di natura ternaria cioè basantesi su tre elementi, configurabili come vertici di un triangolo: la disposizione legislativa impugnata per violazione del principio di uguaglianza (norma-oggetto), l'art. 3 Cost. (norma-parametro) e una disposizione legislativa assunta come termine di paragone rispetto alla suddetta (*tertium comparationis*). La Corte costituzionale deve confrontare la disposizione censurata con quella assunta come termine di raffronto per verificare se esse contengano o meno discipline differenziate rispetto a situazioni uguali e, in caso affermativo, dichiara l'incostituzionalità della disposizione impugnata perché essa, introducendo appunto una disciplina diversa rispetto a quella della disposizione con cui è confrontata, contrasta con l'art. 3 Cost.

Come si è già avuto modo di vedere (Cap. X, par. 3), il sindacato della Corte costituzionale sulla ragionevolezza della disciplina legislativa è sorto nei giudizi ove si prospettava il contrasto con il principio di uguaglianza, ma in seguito ha acquisito autonomia rispetto ad essi, configurandosi come sindacato sulla ragionevolezza (o meglio, non irragionevolezza) della legge a prescindere dalla violazione dell'art. 3 Cost.

Uguaglianza sostanziale

Il secondo comma dell'art. 3 Cost. prevede invece l'uguaglianza sostanziale attribuendo alla Repubblica (intesa come l'insieme dei pubblici poteri) il **compito di rimuovere gli ostacoli** economici e sociali **che limitano di fatto** la libertà e **l'uguaglianza** dei cittadini (ma deve intendersi di tutti gli individui, cittadini e stranieri), impedendo il pieno sviluppo della persona umana (è qui evocato il principio personalista: *su-*

pra, par. 3) e l'effettiva partecipazione di tutti i lavoratori all'organizzazione politica, economica a sociale del Paese (è qui richiamato il principio partecipativo: *supra*, par. 2).

La Costituzione dunque riconosce che non è sufficiente proclamare in modo solenne l'uguaglianza davanti alla legge riguardo alla titolarità di un diritto (ad es., tutti hanno diritto all'istruzione, anche fino ai gradi più alti degli studi) se nella realtà sussistono ostacoli che rendono impossibile realizzare l'uguaglianza impedendo il godimento di quel diritto da parte di tutti (le persone povere non hanno i mezzi per raggiungere un livello elevato di istruzione) e quindi impegna la Repubblica a intervenire per eliminare i suddetti ostacoli (attraverso l'erogazione di borse di studio e altri benefici a favore degli studenti disagiati).

L'uguaglianza sostanziale non si contrappone all'uguaglianza formale, bensì la rende effettiva perché è rivolta a far sì che un diritto, astrattamente garantito a tutti su un piano di parità, possa essere concretamente esercitato da ogni individuo anche se si trova in condizioni sfavorevoli.

5. *Il principio lavorista*

Il principio lavorista è sancito dall'art. 1, comma 1, Cost., che pone il lavoro a fondamento della Repubblica, ed evocato, in connessione con il principio partecipativo, dall'art. 3, comma 2, Cost. che prevede la partecipazione dei lavoratori alla vita politica, economica e sociale del Paese; il principio lavorista viene poi sviluppato dall'art. 4 Cost. che considera il lavoro in due accezioni, come diritto e come dovere.

Lavoro come diritto

L'art. 4, comma 1, Cost. afferma che la Repubblica riconosce a tutti i cittadini il **diritto al lavoro** e promuove le condizioni per renderlo **effettivo**: la Costituzione non si limita a una proclamazione astratta di tale diritto, ma si impegna a garantirne l'effettività anche se quest'ultima dipende non tanto dall'intervento dei pubblici poteri quanto piuttosto da altri fattori (in fasi di crisi economica aumenta la disoccupazione).

Lavoro come dovere

L'art. 4, comma 2, Cost. stabilisce che ogni cittadino ha il **dovere di svolgere un'attività che concorra al progresso** materiale o spirituale **della società**, perciò la Costituzione esclude che il lavoro serva soltanto alle esigenze di sostentamento individuale (questa previsione si ricollega al principio solidarista); è significativa la precisazione che il cittadino deve svolgere la suddetta attività secondo le proprie possibilità e la propria scelta, quindi la Costituzione considera il lavoro anche come strumento di gratificazione personale (questa precisazione è connessa con il principio personalista).

L'art. 4 Cost. anticipa la disciplina di aspetti specifici del lavoro (diritti alla retribuzione nonché alle ferie, tutela del lavoro femminile e minorile) dettata dagli artt. 35 e seguenti, nell'ambito del Titolo III della Parte I della Costituzione, concernente i rapporti economici (infra, Cap. XII, sez. IV).

6. *Il principio autonomista*

Tutela e rafforzamento delle autonomie

L'art. 5 Cost. afferma il principio autonomista prevedendo anzitutto che la Repubblica, una e indivisibile, riconosce e promuove le autonomie locali cioè gli enti territoriali substatali, che sono esponenziali cioè rappresentativi delle collettività stanziate sui rispettivi territori: il **riconoscimento** e la **promozione delle autonomie locali** costituiscono la regola, con una eccezione indicata dai due aggettivi riferiti alla Repubblica.

Limite

Viene previsto un limite al principio autonomista: il rispetto dell'**unità e indivisibilità della Repubblica** ossia si deve favorire nella misura più ampia possibile lo sviluppo delle autonomie locali, purché però esso non provochi il frazionamento dell'Italia in parti distinte.

Le collettività locali sono caratterizzate dall'autonomia, intesa come facoltà di autodeterminazione riferibile appunto ai vari enti substatali, che si distingue dalla sovranità quale potere supremo e infrazionabile riferito solo allo Stato (*supra*, par. 2).

Per garantire il principio autonomista l'art. 5 Cost. impone alla Repubblica: sotto il profilo legislativo, di adeguare i principi e metodi della sua legislazione alle esigenze dell'autonomia e, sotto il profilo amministrativo, di attuare nei servizi che dipendono dallo Stato il più ampio decentramento.

L'art. 5 Cost. anticipa la disciplina delle autonomie locali contenuta nel Titolo V della Parte II della Costituzione, il quale individua come enti territoriali substatali i Comuni, le Province, le Città metropolitane e le Regioni (*supra*, Cap. IX).

CAPITOLO XII

DIRITTI E DOVERI COSTITUZIONALI

Stefania Baroncelli – Alessandro Morelli

SEZIONE I

DIRITTI E LIBERTÀ IN GENERALE

di *Alessandro Morelli*

1. *Le situazioni giuridiche soggettive*

Tutte le costituzioni contemporanee contengono norme relative ai diritti e alle libertà. Non fa eccezione la Costituzione italiana, la cui prima parte è appunto rubricata «*diritti e doveri dei cittadini*» e si divide in quattro titoli, rispettivamente dedicati ai «*rapporti civili*» (artt. 13-28), «*rapporti etico-sociali*» (artt. 29-34), «*rapporti economici*» (artt. 35-47), «*rapporti politici*» (artt. 48-54).

Le situazioni giuridiche soggettive attive

Il concetto di **diritto (soggettivo)** ha uno specifico significato giuridico. Con tale espressione si intende fare riferimento a una ***situazione giuridica soggettiva attiva***, ossia a una posizione di vantaggio giuridicamente protetta, volta a consentire il soddisfacimento di determinati interessi umani. Il diritto soggettivo è una situazione giuridica *concreta* e *attuale*, che può essere direttamente azionata dal titolare ed è tutelabile attraverso l'uso dei rimedi giurisdizionali previsti dall'ordinamento.

Tra le situazioni giuridiche soggettive attive, oltre al diritto soggettivo, rientrano il **potere giuridico** e l'**interesse legittimo**.

Il **potere** è una situazione giuridica *astratta* e *potenziale* riconosciuta dall'ordinamento per il soddisfacimento di un interesse al quale si intenda assicurare protezione attraverso gli strumenti del diritto. Tale situazione deve trovare però specificazione nell'attribuzione di ulteriori situazioni giuridiche. Così, per esempio, il potere astratto dei cittadini di eleggere i propri rappresentanti politici si concretizza nel diritto di elettorato attivo, che implica il diritto all'iscrizione nelle liste elettorali.

L'**interesse legittimo** è una situazione giuridica attiva funzionale alla protezione di un interesse la cui tutela è subordinata a quella di un altro interesse (generalmente di carattere pubblico). Esempio classico è quello dell'interesse legittimo di chi partecipa a un pubblico concorso a che quest'ultimo si svolga in modo regolare. Il concorrente ovviamente non può far valere un diritto a vincere il concorso, ma può eventualmente agire in giudizio nel caso in cui sia stato penalizzato per irregolarità procedurali; ciò in ragione dell'interesse (pubblico) a che la procedura stessa abbia luogo nel pieno rispetto delle regole, consentendo la selezione dei candidati più preparati e idonei all'impiego.

Le situazioni giuridiche soggettive passive

Alle situazioni giuridiche attive si correlano ***situazioni giuridiche soggettive passive***, consistenti in posizioni di svantaggio previste dall'ordinamento al fine di assicurare protezione giuridica a interessi pubblici o privati. Tra queste si distinguono il **dovere**, situazione di svantaggio speculare al potere e, allo stesso modo, *astratta* ed *eventuale*, in quanto riferita a categorie generali di soggetti, e l'**obbligo**, situazione di svantaggio gravante specificamente su un soggetto, vincolato all'osservanza di un dato comportamento nei confronti del titolare di un corrispettivo diritto soggettivo.

Libertà degli antichi e dei moderni

A differenza del concetto di diritto soggettivo, il termine "libertà" non ha una connotazione altrettanto tecnica e precisa, trattandosi di una parola dotata di un campo semantico molto ampio ed essendo diverse le concezioni della libertà prevalse nelle epoche passate nei vari ordinamenti. Anche nell'epoca attuale, peraltro, non esiste una visione univoca del concetto.

Una distinzione classica, proposta da Benjamin Constant in un suo celebre discorso tenuto a Parigi nel 1819, è quella tra *libertà degli antichi* e *libertà dei moderni*. La prima, secondo tale Autore, coincideva con l'idea di *partecipazione* diretta alla gestione della cosa pubblica, in una prospettiva nella quale però l'individuo era del tutto assoggettato alla comunità (era questa la concezione dominante nel periodo delle città-stato dell'antica Grecia e della Roma preclassica); la seconda, invece, si tradurrebbe nel riconoscimento di una *sfera di autonomia* che il cittadino può far valere rispetto ai pubblici poteri (secondo una visione che ha trovato pieno riconoscimento soprattutto con le rivoluzioni di fine '700 e nelle costituzioni liberali).

Libertà negative e libertà positive

La libertà dei moderni si presenta, dunque, innanzitutto come una **pretesa a che i pubblici poteri si astengano dall'invadere o dal limitare la sfera di autonomia dell'individuo nell'esercizio delle sue azioni**. In questo senso si parla di **libertà negative** (o "**dallo Stato**"), poiché esse possono farsi valere nei confronti dello Stato e, più in generale, dei pubblici poteri. Nella nostra Costituzione tali libertà assumono la forma giuridica dei «*diritti inviolabili dell'uomo*» che, ai sensi dell'art. 2 Cost., la Repubblica deve riconoscere e garantire. Inviolabilità non significa assolutezza o illimitatezza: i diritti di libertà incontrano, infatti, i limiti espressamente previsti dalla Costituzione (che verranno richiamati nell'analisi dei singoli diritti) e quelli impliciti, necessari a consentire la pacifica convivenza dei consociati e il rispetto delle reciproche sfere di autonomia nell'esercizio dei diritti medesimi. L'inviolabilità vieta, pertanto, al legislatore (anche quello costituzionale) di eliminare tali diritti e di sopprimerne il "contenuto essenziale".

Le forze dell'ordine possono limitare i suddetti diritti soltanto nei casi e nei modi previsti dalla legge e previo atto motivato dell'autorità giudiziaria. In alcune ipotesi, come si vedrà, quando ricorrono casi eccezionali di necessità e di urgenza (anch'essi indicati dalla legge), tali libertà possono essere limitate da provvedimenti dell'autorità di pubblica sicurezza anche senza l'autorizzazione dell'autorità giudiziaria, la quale, tuttavia, deve essere informata del provvedimento entro un limitato termine temporale ed è chiamata a convalidare il provvedimento stesso entro un altro breve termine. In caso di mancata convalida il provvedimento decadrà e rimarrà privo di qualunque effetto.

Alle libertà negative si contrappongono, secondo una distinzione tradizionale, le **libertà positive** (anche dette "**nello Stato**"), il cui esercizio presuppone l'esistenza di uno Stato e può svolgersi soltanto all'interno di esso. Le libertà positive consistono in **pretese giuridicamente riconosciute a che i pubblici poteri si attivino per creare le condizioni necessarie alla realizzazione di interessi dell'individuo**. In tale categoria rientrano i **diritti sociali**, che consistono per lo più in *pretese a prestazioni necessarie al soddisfacimento di bisogni primari del soggetto (salute, lavoro, istruzione ecc.)* e il cui riconoscimento è proprio della forma ordinamentale chiamata **Stato sociale** (*supra* Cap. II, par. 2).

La distinzione tra libertà negative e libertà positive è stata criticata da quanti hanno messo in luce come non sussista una netta cesura tra pretese a interventi attivi e pretese a comportamenti omissivi da parte dei pubblici poteri. E, infatti, se, da un lato, la tutela delle libertà negative come, per esempio, la libertà personale o di domicilio, richiede anche risorse e interventi da parte dello Stato, necessari a garantire la sicurezza, e dunque la libertà fisica e morale, dei cittadini (attraverso le forze dell'ordine, un sistema giudiziario efficiente e un sistema penitenziario adeguato), dall'altro lato le cosiddette libertà positive includono anche pretese a comportamenti omissivi da parte dei pubblici poteri (si pensi al diritto alla salute, che non si traduce soltanto nel diritto alle cure ma anche alla scelta e al rifiuto delle cure stesse, alle condizioni previste dall'art. 32 Cost.).

La distinzione tra libertà negative e libertà positive non può essere assunta, pertanto, in termini assoluti, ma, in questa diversa prospettiva, può ancora essere impiegata per distinguere i tipi di fattispecie ai quali *prevalentemente* si riferiscono i diritti di libertà previsti dalla Costituzione.

2. *Le garanzie costituzionali dei diritti*

Le garanzie fondamentali previste dalla Costituzione a tutela dei diritti di libertà sono la **riserva di legge**, la **riserva di giurisdizione**, la **tutela giurisdizionale** (art. 24 Cost.), la **responsabilità dei funzionari** (art. 28 Cost., su cui si rinvia al Cap. XIV) e, infine, il **controllo di legittimità costituzionale**, attraverso il quale, pur in assenza di un ricorso diretto individuale alla Corte (come si è visto nel Cap. X), possono trovare tutela anche diritti dei cittadini lesi da leggi o da atti aventi forza di legge.

La riserva di legge

La **riserva di legge** è funzionale a impedire abusi da parte degli altri poteri (e segnatamente di quello esecutivo) a danno delle libertà costituzionali; come si è già visto (v. Cap. IV, Sez. I, par. 6), tale garanzia consiste nell'*attribuzione alla legge della disciplina dei casi e dei modi in cui i diritti di libertà possono essere limitati con appositi provvedimenti restrittivi*. Le riserve di legge previste a tutela della libertà personale (art. 13, commi 2 e 3, Cost.), della libertà di domicilio (art. 14, comma 2, Cost.) e della libertà di stampa (art. 21, commi 2 e 3, Cost.) sono di carattere *assoluto*, il che comporta che in tali ambiti non possano intervenire atti normativi di secondo grado (fatta eccezione per i soli regolamenti esecutivi, che non apportano alcun elemento di novità alla disciplina legislativa ma ne specificano il contenuto consentendone l'applicazione). *Relativa* è invece la riserva di legge prevista dall'art. 16 a proposito della libertà di circolazione e soggiorno, che può essere limitata in via generale da leggi per motivi di sanità o di sicurezza (pertanto, la riserva, oltre a essere relativa, è anche rinforzata) e tali limiti possono essere specificati, nel dettaglio, da atti normativi di secondo grado, anche se nel rispetto delle disposizioni di legge.

La riserva di giurisdizione

La **riserva di giurisdizione** comporta, invece, la necessità che la limitazione sia assunta sulla base di un ***atto motivato dell'autorità giudi-***

ziaria; nel caso in cui, per ragioni d'urgenza, tale atto non possa essere previamente adottato, il provvedimento limitativo dovrà essere *convalidato*, entro un breve lasso di tempo, dalla stessa autorità giudiziaria, venendo revocato nell'ipotesi in cui ciò non si verificasse (si vedano, per esempio, le previsioni contenute negli artt. 13, commi 2 e 3; 14, comma 2; 15, comma 2; 21, commi 3 e 4, Cost.).

La tutela giurisdizionale

Il riconoscimento del **diritto di difesa** in giudizio per la tutela dei diritti è un elemento fondamentale e necessario del sistema di protezione di questi ultimi. La Carta repubblicana offre la più ampia tutela, sancendo, all'art. 24, comma 1, che «*tutti possono agire in giudizio per la tutela dei propri diritti e interessi legittimi*». Il secondo comma del medesimo articolo prevede che «*la difesa è diritto inviolabile in ogni stato e grado del procedimento*». Si stabilisce, inoltre, che «*sono assicurati ai non abbienti, con appositi istituti, i mezzi per agire e difendersi davanti ad ogni giurisdizione*» (comma 3) e che «*la legge determina le condizioni e i modi per la riparazione degli errori giudiziari*» (comma 4).

La responsabilità dei funzionari

Un'ulteriore garanzia (della quale si parlerà più diffusamente nel Cap. XV) è rappresentata dalla responsabilità del funzionario, prevista dall'art. 28 Cost., a norma del quale «*i funzionari e i dipendenti dello Stato e degli enti pubblici sono direttamente responsabili, secondo le leggi penali, civili e amministrative, degli atti compiuti in violazione di diritti*» (comma 1). In tali casi *la responsabilità civile è estesa anche allo Stato e agli enti pubblici* di appartenenza dei funzionari (comma 2), nel senso che lo Stato e gli enti pubblici sono responsabili solidalmente verso il danneggiato, potendo quest'ultimo chiedere l'intera somma sia al funzionario che all'ente pubblico.

Il controllo di legittimità costituzionale

Nel caso in cui un diritto di libertà sia leso da una legge o da un atto avente forza di legge, il privato cittadino, nelle forme e nelle modalità del procedimento incidentale d'instaurazione del giudizio di legittimità costituzionale (e, quindi, *nel corso di un giudizio* dinanzi a un'*autorità giudiziaria*), può avanzare un'eccezione d'incostituzionalità. Il giudizio dinanzi alla Corte costituzionale, come si è già avuto modo di vedere, può anche essere instaurato d'ufficio dalla stessa autorità giudiziaria, nel corso del processo (v. Cap. X). La funzione di garanzia svolta dalla Corte costituzionale nell'esercizio della propria giurisdizione, anche se non esclusivamente rivolta alla tutela dei diritti costituzionalmente riconosciuti ma, più in generale, alla salvaguardia della legalità costituzionale, rappresenta comunque uno dei più importanti mezzi di protezione degli stessi diritti.

3. *I diritti dei non cittadini*

Nonostante l'ampia formulazione dell'art. 2 Cost., che parla di «*diritti inviolabili dell'uomo*», alcune disposizioni costituzionali riguardanti l'eguaglianza e i diritti di libertà si riferiscono ai soli "cittadini": così, in particolare, l'art. 3, comma 1, prevede che «*tutti i cittadini hanno pari dignità sociale e sono eguali davanti alla legge, senza distinzione di sesso, di razza, di lingua, di religione, di opinioni politiche, di condizioni personali e sociali*»; gli artt. 16, 17, 18 e 38, comma 1, riguardanti rispettivamente le libertà di circolazione e soggiorno, di riunione, di associazione e i diritti al mantenimento e all'assistenza sociale per inabilità al lavoro e per mancanza dei mezzi necessari per vivere, fanno riferimento ai cittadini, al pari degli artt. 48-51 inerenti ai diritti politici.

Si deve aggiungere, inoltre, che ai sensi dell'art. 10, comma 2, Cost., «*la condizione giuridica dello straniero è regolata dalla legge in conformità delle norme e dei trattati internazionali*».

Corrisponde, tuttavia, a un'opinione piuttosto diffusa tra gli studiosi quella secondo cui l'individuazione esatta dei diritti e dei doveri dei non cittadini non possa avere luogo soltanto sulla base di quanto stabilito dall'art. 10, comma 2, poiché, se così fosse, si finirebbe con il riconoscere alle norme del diritto internazionale pattizio richiamate da tale previsione un'efficacia addirittura superiore a quella delle norme costituzionali, condizione attribuita, come si è visto, soltanto alle norme di diritto internazionale generalmente riconosciute (consuetudini internazionali). Pertanto, il problema deve essere affrontato sulla base di un'interpretazione sistematica della Costituzione (P. Caretti-G. Tarli Barbieri). In particolare, devono previamente individuarsi quegli interessi di carattere generale strettamente riconducibili alla cittadinanza, equiparando, per il resto, cittadini e stranieri nel godimento dei diritti (G. D'Orazio, C. Corsi).

Anche la giurisprudenza della Corte costituzionale si muove da tempo in questa direzione: sin dalla sentenza n. 120 del 1967, il Giudice delle leggi ha chiarito che «*se è vero che l'art. 3 si riferisce espressamente ai soli cittadini, è anche certo che il principio di eguaglianza vale pure per lo straniero quando trattisi di rispettare quei diritti fondamentali*» (nello stesso senso si vedano le sentenze n. 104 del 1969 e 144 del 1970). Successivamente la Corte ha ribadito tale indirizzo, riconoscendo agli stranieri pressoché tutti i diritti costituzionali e, tra questi, il diritto alla vita (sentenza n. 54 del 1979), i diritti del minore (sentenze n. 199 del 1986 e n. 198 del 2003), la libertà personale (sentenza n. 105 del 2001), il diritto alla salute, con riguardo alle «*cure ambulatoriali ed ospedaliere urgenti o comunque essenziali, ancorché continuative*» (sentenze n. 247 del

1992, n. 309 del 1999, n. 267 del 1998, n. 252 del 2001), il diritto di difesa (sentenze n. 198 del 2000 e n. 254 del 2007) ecc.

Fatti salvi, pertanto, i diritti politici, agli stranieri sono riconosciuti tutti i diritti di libertà, il che non impedisce, tuttavia, al legislatore di prevedere differenziazioni giustificate delle peculiari posizioni dei non cittadini, a patto che esse risultino ragionevoli e che non introducano discriminazioni ingiustificate.

SEZIONE II

I RAPPORTI CIVILI

di *Alessandro Morelli*

1. *I diritti di libertà*

Principi e regole

I diritti di libertà riconosciuti e garantiti dalla Costituzione sono espressi in **disposizioni di principio**. Queste ultime, a differenza degli enunciati contenenti **regole**, sono caratterizzate da un alto livello di genericità e non si riferiscono a fattispecie particolari (per esempio, l'art. 13, comma 1, Cost. prevede che «*la libertà personale è inviolabile*»; l'art. 14, comma 1, che «*il domicilio è inviolabile*»; l'art. 15, comma 1, che «*la libertà e la segretezza della corrispondenza e di ogni altra forma di comunicazione sono inviolabili*»). *In astratto* i principi costituzionali relativi ai diritti di libertà sono tutti conciliabili e non risultano in conflitto tra loro; le collisioni tra gli stessi possono verificarsi però *in concreto*. Così astrattamente non c'è conflitto tra il diritto alla salute tutelato dall'art. 32 Cost. e la libertà di religione garantita dall'art. 19, e, tuttavia, in concreto, il contrasto ha avuto luogo, per esempio, quando i genitori testimoni di Geova hanno rifiutato la trasfusione per i propri figli. E tanti altri esempi potrebbero farsi.

Il bilanciamento tra principi e diritti

In tutti questi casi, quando il conflitto arriva all'attenzione della Corte costituzionale, questa giudica secondo i canoni del **sindacato di ragionevolezza**, verificando che il **bilanciamento** operato dal legislatore non risulti sproporzionato e inadeguato, tale da comportare un sacrificio eccessivo o definitivo per uno dei beni costituzionali in campo (*supra* Cap. X, par. 3). In alcuni casi, peraltro, è la stessa Costituzione a porre **limiti espliciti** a determinati diritti di libertà, operando un bilanciamento di cui il legislatore deve tenere conto: così l'art. 14 prevede, a proposito della libertà di domicilio, che accertamenti e ispezioni «*per motivi di sanità e di incolumità pubblica o a fini economici e fiscali*» devono essere regolati da leggi speciali, limitando in tal modo la discrezionalità del legislatore; gli artt. 19 e 21, riguardanti rispettivamente la libertà di religione e quella di manifestazione del proprio pensiero, prevedono il limite del «*buon costume*».

I diritti di libertà nell'emergenza sanitaria

Occorre inoltre fare riferimento alle speciali limitazioni che alcuni diritti di libertà hanno subito a partire dalla dichiarazione dello stato di emergenza nazionale, ai sensi degli artt. 7, comma 1, lett. c) e 24, comma 1, del decreto legislativo 1 del 2018 (*Codice della protezione civile*), deliberata dal Consiglio dei ministri il 31 gennaio 2020 e poi prorogata diverse volte fino al 31 dicembre 2021, a causa della diffusione del virus Covid-19. Tale dichiarazione consente, ai fini del coordinamento dell'attuazione degli interventi da effettuare durante lo stato di emergenza, di adottare ordinanze di protezione civile, in deroga a ogni disposizione vigente ma nei limiti e con le modalità indicati nella stessa deliberazione dello stato di emergenza e nel rispetto dei principi generali dell'ordinamento giuridico e delle norme dell'Unione europea. Tali provvedimenti, tuttavia, non sono apparsi sufficienti, come si è visto, a gestire l'emergenza sanitaria, sicché, sulla base delle previsioni di alcuni decreti-legge (a partire dal n. 6 del 2020, convertito con modificazioni dalla legge n. 13 del 2020, e poi quasi integralmente abrogato e sostituito dal decreto-legge n. 19 del 2020, convertito dalla legge n. 35 del 2020), sono stati adottati numerosi decreti del Presidente del Consiglio che hanno introdotto restrizioni molto incisive alle libertà di circolazione, di riunione, all'iniziativa economica privata e perfino alla libertà di religione (imponendo la chiusura temporanea dei luoghi di culto).

La Corte costituzionale, pronunciandosi su una legge regionale della Valle d'Aosta che aveva introdotto una disciplina dello stato di emergenza incompatibile con quella statale, ha però affermato incidentalmente che il modello di regolazione imperniato sul tandem decreto-legge e d.p.c.m. è un'attuazione possibile del disegno costituzionale, ribadendo tuttavia che i d.p.c.m. rimangono assoggettati al sindacato dei giudici amministrativi (sentenza n. 37 del 2021).

2. *La libertà personale*

Avviando l'analisi dai diritti previsti nel Titolo I della Parte I della Costituzione («*rapporti civili*»), notiamo che si rinvengono in tale ambito situazioni giuridiche soggettive riconducibili per lo più alla categoria delle cosiddette libertà negative.

Il concetto di libertà personale e le garanzie costituzionali

La prima è la **libertà personale**, riconosciuta dall'art. 13 Cost.; con tale formula si intende fare riferimento alla *libertà della persona fisica e a quella della persona morale*. La Costituzione riconosce tale situazione giuridica soggettiva come inviolabile (art. 13, comma 1). Prevede, poi, che non è ammessa alcuna forma di detenzione, di ispezione o perquisizione personale, né qualsiasi altra restrizione della libertà personale, se non per atto motivato dell'autorità giudiziaria e nei soli casi e modi previsti dalla legge (comma 2). Ricorrono, come si vede, le due garanzie fondamentali poste a presidio delle libertà negative (*riserva di legge* e *riserva di giurisdizione*). Si prevede, tuttavia, che in casi eccezionali di necessità e urgenza (come quando sia possibile e, dunque, necessario intervenire in flagranza di reato), indicati tassativamente dalla legge, l'autorità di pubblica sicurezza può adottare provvedimenti provvisori, che devono essere comunicati entro quarantotto ore all'autorità giudiziaria e, se questa non li convalida nelle successive quarantotto ore, si intendono revocati e restano privi di ogni effetto (comma 3).

Le ulteriori garanzie costituzionali

Il quarto comma dell'art. 13 aggiunge che è punita ogni violenza fisica e morale sulle persone comunque sottoposte a restrizioni di libertà, mentre l'ultimo comma affida alla legge il compito di stabilire i limiti massimi della carcerazione preventiva. A tali garanzie devono aggiungersene altre, tra cui quella prevista dall'art. 32, comma 2, Cost., a norma del quale «*nessuno può essere obbligato a un determinato trattamento sanitario se non per disposizione di legge. La legge non può in nessun caso violare i limiti imposti dal rispetto della persona umana*», e quella di cui all'art. 111, comma 7, in base al quale «*contro le sentenze e contro i provvedimenti sulla libertà personale, pronunciati dagli organi giurisdizionali ordinari o speciali, è sempre ammesso ricorso in Cassazione per violazione di legge. Si può derogare a tale norma soltanto per le sentenze dei tribunali militari in tempo di guerra*».

3. *La libertà di domicilio*

La nozione costituzionalistica di "domicilio"

Altro diritto civile riconosciuto e garantito dalla Costituzione (art. 14) è la **libertà di domicilio**. Con quest'ultimo termine non si intende soltanto il luogo in cui il soggetto ha stabilito la sede principale dei propri affari e interessi (è questa la nozione civilistica di "domicilio", riconosciuta dall'art. 43 cod. civ.), ma *qualsiasi luogo in cui egli possa isolarsi dal mondo esterno, stando al riparo da interferenze esterne* (per es., una camera d'albergo, una tenda ecc.). La maggiore ampiezza della nozione costituzionalistica di domicilio è motivata dall'esigenza di assicurare la massima tutela possibile a tale libertà.

Nell'art. 14 Cost. la dottrina e la giurisprudenza hanno rinvenuto anche una delle norme che danno fondamento costituzionale al *diritto alla riservatezza* (*privacy*). Si è altresì sostenuto che da tale articolo sarebbe dato ricavare anche il "diritto alla casa", ossia la pretesa giuridicamente riconosciuta ad avere un'abitazione, idonea a consentire lo svolgimento pieno e libero della vita privata dell'individuo (T. Martines).

Il diritto alla riservatezza e il "diritto alla casa"

La Costituzione, dopo aver precisato che il domicilio è inviolabile (art. 14, comma 1), prescrive, per tale libertà, le stesse garanzie previste dall'art. 13 per la libertà personale, statuendo che non si possono eseguire ispezioni o perquisizioni o sequestri domiciliari, se non nei casi e modi stabiliti dalla legge secondo le garanzie prescritte per la tutela della libertà personale (comma 2). Gli accertamenti e le ispezioni per motivi di sanità e di incolumità pubblica o a fini economici e fiscali sono regolati da leggi speciali (comma 3).

Le garanzie costituzionali

4. *La libertà e la segretezza delle comunicazioni*

Altro diritto civile è la **libertà della corrispondenza** (ma più ampiamenti delle comunicazioni), della quale la Costituzione riconosce anche la **segretezza** (art. 15). Per "corrispondenza" si intende *il carteggio, lo scambio di lettere fra persone e, più in generale, ogni forma di comunicazione a distanza, come gli apparecchi portatili radioelettrici ricetrasmittenti, la posta elettronica, le chat e le altre forme di comunicazione tramite internet* (anche se non è sempre agevole l'applicazione delle garanzie costituzionali ai mezzi offerti da tali nuove tecnologie).

L'oggetto delle garanzie: il concetto di "corrispondenza"

L'art. 15 Cost., dopo aver sancito che la libertà e la segretezza della corrispondenza e di ogni altra forma di comunicazione sono inviolabili (comma 1), dispone che «*la loro limitazione può avvenire soltanto per atto motivato dell'autorità giudiziaria con le garanzie stabilite dalla legge*» (comma 2). Ricorrono, anche in questo caso, le garanzie costituzionali poste a presidio delle libertà negative (riserva assoluta di legge e riserva di giurisdizione).

Le garanzie costituzionali

5. *La libertà di circolazione e soggiorno*

L'art. 16 Cost. prevede la **libertà di circolazione** e **soggiorno**, consistente nella *facoltà di fissare liberamente il proprio domicilio o residenza nonché di dimorare e circolare in qualsiasi parte del territorio nazio-*

Il contenuto della libertà di circolazione e soggiorno

nale. La Costituzione prevede, al riguardo, che le limitazioni a tale libertà possano essere disposte soltanto da **una legge in via generale** per **motivi di sanità o di sicurezza**, aggiungendo che nessuna restrizione può essere determinata da ragioni politiche (art. 16, comma 1). Ricorre, pertanto, una **riserva di legge relativa e rinforzata**.

La libertà di espatrio

Riconosce, inoltre, la c.d. *libertà di espatrio*, stabilendo che «*ogni cittadino è libero di uscire dal territorio della Repubblica e di rientrarvi, salvo gli obblighi di legge*» (comma 2). A tale libertà si lega la previsione contenuta nel terzo comma dell'art. 35 Cost., a norma del quale la Repubblica «*riconosce la libertà di emigrazione, salvo gli obblighi stabiliti dalla legge nell'interesse generale, e tutela il lavoro italiano all'estero*».

I limiti alla libertà di circolazione nell'emergenza sanitaria

Come si è detto, importanti restrizioni alla libertà di circolazione sono state introdotte dai decreti-legge e dai d.p.c.m. (ma anche dalle ordinanze contingibili e urgenti dei presidenti di regione e dei sindaci) con cui si è affrontata l'emergenza determinata dalla diffusione del Covid-19: divieti di allontanamento dalla residenza, dal domicilio o dalla dimora se non per comprovati motivi di lavoro, per condizioni di necessità o urgenza e per ragioni di salute; il divieto di accesso a luoghi pubblici (parchi, strade, ecc.); divieti di allontanamento o di ingresso nei territori comunali, regionali o nazionale; e ancora la previsione della quarantena cautelare per i soggetti entrati in contatto con malati di Covid o che siano rientrati dall'estero (decreto-legge n. 19 del 2020). Si tratta di misure che sembrano soddisfare le condizioni previste dall'art. 16 Cost., essendo state adottate in via generale per ragioni di sanità e di sicurezza, ricorrendo una pandemia dichiarata dall'Organizzazione mondiale della sanità (OMS).

6. *La libertà di riunione*

La nozione di "riunione"

L'art. 17 Cost. prevede la **libertà di riunione**, sancendo, innanzitutto, al comma 1, che «*i cittadini hanno diritto di riunirsi pacificamente e senz'armi*». Per "riunione" si intende ogni raggruppamento di persone di carattere **non occasionale**, il che la distingue dal mero *assembramento*.

I tipi di riunione e le garanzie costituzionali

Le riunioni possono svolgersi in un **luogo privato**, **aperto al pubblico** o **pubblico**; la differenza consiste nel fatto che, mentre nei primi due casi le caratteristiche strutturali del luogo consentono la limitazione dell'ingresso, al luogo pubblico può accedere chiunque, il che pone problemi di sicurezza e incolumità per coloro che si trovassero a passare dal luogo nel quale si stia svolgendo la riunione, nell'ipotesi in cui questa cessasse di svolgersi in modo pacifico. La Costituzione prevede, al riguardo, che per le riunioni in luogo privato e in luogo aperto al pubblico, non è richiesto preavviso, che è invece necessario per le riunioni in luogo pubblico. In questo caso, il preavviso deve essere dato alle autorità di pubblica sicurezza, che possono vietare la riunione soltanto per «*comprovati motivi di sicurezza o di incolumità pubblica*» (art. 17, comma 3). Il preavviso non è una richiesta di autorizzazione, poiché non è nella discrezionalità delle autorità di pubblica sicurezza vietarne lo svolgimento, ma – come ha chiarito la Corte costituzionale – una "condizione" perché la riunione possa tenersi (sent. n. 90/1970). Una volta dato il preavviso, la riunione può svolgersi nel luogo, giorno e ora stabiliti: al fine di garantire la sicurezza e l'incolumità delle persone, l'autorità di pubblica sicurezza può predisporre, in questo caso, un servizio d'ordine ed eventualmente sciogliere la riunione nel momento in cui questa non si svolga pacificamente e senza armi. La riunione, inoltre, può anche essere vietata ma solo nel caso in cui sussistano, come si è detto, comprovati motivi di sicurezza o incolumità pubblica (si pensi proprio all'ipotesi di una pandemia, come quella provocata dalla diffusione del Covid).

Il preavviso per le riunioni in luogo pubblico

7. *La libertà di associazione*

La **libertà di associazione** comprende la possibilità di *costituire un'associazione, di aderire a essa o anche di non farvi parte*. Per **associazione** si intende una **formazione sociale stabile, dotata di un'organizzazione funzionale al perseguimento di interessi comuni agli associati**. L'art. 18, comma 1, Cost. prevede che i cittadini hanno diritto di associarsi liberamente, **senza autorizzazione**, per fini che non sono vietati ai singoli dalla legge penale. Aggiunge, al secondo comma, che «*sono proibite le associazioni segrete e quelle che perseguono, anche indirettamente, scopi politici mediante organizzazioni di carattere militare*».

La nozione di "associazione"

Diverse considerazioni si rendono necessarie.

Occorre, innanzitutto, rilevare che la precisazione per cui se si vuole creare un'associazione non occorre una previa autorizzazione esprime quanto già logicamente derivante dal pieno riconoscimento della libertà medesima. Non esiste, infatti, una "libertà autorizzata", che cioè dipenda dalla discrezionale valutazione di un'autorità (pubblica o privata): se è prevista un'autorizzazione, non si tratta di vera libertà. L'osservazione vale anche per gli altri diritti di libertà riconosciuti dalla Costituzione, compresa, come si è visto, la libertà di riunione, il cui esercizio nei luoghi pubblici incontra soltanto la condizione del preavviso (e il divieto opposto dalle autorità di pubblica sicurezza può avvenire, in casi eccezionali, soltanto per comprovati motivi di sicurezza o di incolumità pubblica).

Il divieto di autorizzazioni

La libertà di non associarsi

Una seconda notazione attiene ancora al contenuto della libertà di associazione, che comprende anche *la facoltà di non associarsi*. Un limite a tale espressione della libertà in esame deriva dalla possibilità, ammessa anche dalla Corte costituzionale, di istituire, da parte dello Stato, associazioni dirette al perseguimento di finalità di carattere pubblico (come gli ordini professionali). In questi casi può anche disporsi un obbligo di iscrizione (ad esempio, per l'esercizio di determinate attività professionali) quando occorra tutelare interessi costituzionalmente rilevanti (v. sentenza n. 40 del 1982). In ogni caso, il singolo, ricorrendo i presupposti di legge, può pretendere, anche in sede giudiziaria, l'iscrizione a un'associazione di diritto pubblico dalla quale dipenda lo svolgimento di attività costituzionalmente garantite (come appunto quella lavorativa). Il che non vale per le associazioni private, che possono sempre rifiutare l'iscrizione a soggetti che ne abbiano fatto richiesta ma che non si reputino possedere i requisiti necessari.

Le associazioni a delinquere

Per quanto riguarda, poi, le associazioni vietate, si rinviene nel primo comma dell'art. 18, come si è visto, un divieto di carattere generale: non si possono costituire associazioni funzionali alla commissione di reati (cc.dd. **associazioni a delinquere**). I commi successivi vietano le **associazioni segrete** e **quelle che perseguono, anche in modo indiretto, scopi politici mediante organizzazioni di carattere militare**.

Le associazioni segrete

Quanto alle prime, la legge n. 17 del 1982 (*Norme di attuazione dell'articolo 18 della Costituzione in materia di associazioni segrete e scioglimento della associazione denominata Loggia P2*) le definisce, all'art. 1, come quelle associazioni che, «*anche all'interno di associazioni palesi, occultando la loro esistenza ovvero tenendo segrete congiuntamente finalità e attività sociali ovvero rendendo sconosciuti, in tutto od in parte ed anche reciprocamente, i soci, svolgono attività diretta ad interferire sull'esercizio delle funzioni di organi costituzionali, di amministrazioni pubbliche, anche ad ordinamento autonomo, di enti pubblici anche economici, nonché di servizi pubblici essenziali di interesse nazionale*». Si tratterebbe, dunque, di formazioni sociali dirette a interferire in modo occulto nell'attività della pubblica amministrazione, in contrasto con i principi di democraticità e di trasparenza che, secondo Costituzione, devono conformarla. In questi casi, a seguito dell'accertamento della loro esistenza, con sentenza irrevocabile, si procede al loro scioglimento con decreto del Presidente del Consiglio dei ministri, previa deliberazione del Consiglio stesso.

Le associazioni che perseguono, anche indirettamente, scopi politici mediante organizzazioni aventi carattere militare

Sono, infine, vietate le associazioni che perseguono, anche indirettamente, scopi politici mediante organizzazioni aventi carattere militare. Per essere vietate, tali associazioni, devono presentare due requisiti: *a*) perseguire finalità di carattere politico; *b*) essere dotate di un'organizzazione militare o paramilitare (inquadramento dei componenti in corpi, reparti o nuclei; disciplina militare; ordinamento gerarchico interno; organizzazione diretta all'impiego collettivo in azioni di violenza o di minaccia: così dispone l'art. 1, comma 4, del d.lgs. n. 43/1948, abrogato dall'art. 2268, comma 1, n. 297, del d.lgs. n. 66/2010, recante il "*Codice dell'ordinamento militare*", poi ripristinato dalla lettera *q*) del comma 1 dell'art. 9 del d.lgs. n. 20/2012 e, dunque, oggi vigente).

Sono vietati, pertanto, i partiti politici armati, dediti all'azione violenta e all'intimidazione, inammissibili in un ordinamento democratico; del resto, l'art. 49 Cost., al quale va collegata la disposizione in esame, prevede che tutti i cittadini hanno diritto di associarsi liberamente in partiti per concorrere *con metodo democratico* a determinare la politica nazionale.

8. *La libertà di religione*

I contenuti della libertà di religione

La **libertà di religione**, riconosciuta e garantita dall'art. 19 Cost., comprende il «*diritto di professare liberamente la propria fede religiosa in qualsiasi forma, individuale o associata, di farne propaganda e di esercitarne in privato o in pubblico il culto, purché non si tratti di riti contrari al buon costume*». Tale articolo, pertanto, protegge:

a) la **libera professione di una fede religiosa**, intendendosi con tale espressione l'adesione a verità o a fatti soprannaturali, accettati in quanto dettati da un'entità superiore e non perché evidenti, razionali o scientificamente accertati, un'adesione manifestata sia in forma individuale che collettiva;
b) il **proselitismo**, ossia l'attività di propaganda volta a cercare e a formare proseliti;
c) l'esercizio del **culto**, ossia l'insieme delle pratiche devozionali e dei **riti religiosi**, con il solo limite del «*buon costume*», che dunque non vale per le altre manifestazioni di tale libertà (ossia la professione di fede e il proselitismo).

Il limite del «buon costume»

Il significato della formula «*buon costume*» è ovviamente controverso, trattandosi di uno di quei *concetti indeterminati*, presenti in Costituzione, la cui interpretazione varia a seconda della sensibilità sociale del tempo. Il medesimo limite compare anche nell'art. 21 Cost., a proposito della libertà di stampa; in riferimento all'uso fatto di tale espressione in quella sede, la Corte costituzionale ha chiarito che il buon costume non può essere fatto coincidere con la morale o con la coscienza etica, poiché «*la legge morale vive nella coscienza individuale e così intesa non può formare oggetto di un regolamento legislativo. Quando la legge parla di morale, vuole riferirsi alla moralità pubblica, a regole, cioè, di convi-*

venza e di comportamento che devono essere osservate in una società civile. Non diversamente il buon costume risulta da un insieme di precetti che impongono un determinato comportamento nella vita sociale di relazione, la inosservanza dei quali comporta in particolare la violazione del pudore sessuale, sia fuori sia soprattutto nell'ambito della famiglia, della dignità personale che con esso si congiunge, e del sentimento morale dei giovani, ed apre la via al contrario del buon costume, al mal costume e, come è stato anche detto, può comportare la perversione dei costumi, il prevalere, cioè, di regole e di comportamenti contrari ed opposti» (sent. n. 9/1965).

Nella libertà di religione, infine, si fanno rientrare anche la facoltà negativa di non professare alcuna fede, di non farne propaganda, di non esercitarne il culto, nonché la libertà di non essere sottoposti all'obbligo di compiere atti con significato religioso (come giuramenti processuali la cui formula faccia riferimento a entità superiori o a principi religiosi: in tal senso si è espressa la Corte costituzionale nelle sentenze n. 117/1979 e n. 334/1996).

9. *La libertà di manifestazione del pensiero*

Il contenuto della libertà di manifestazione del proprio pensiero

Tra i diritti civili un ruolo fondamentale è occupato dalla libertà riconosciuta dall'art. 21 Cost., il cui primo comma prevede che «*tutti hanno diritto di manifestare liberamente il proprio pensiero con la parola, lo scritto e ogni altro mezzo di diffusione*». La **libertà di manifestazione** del pensiero ha ovviamente un'importanza decisiva nell'ambito di una democrazia costituzionale, nella quale il funzionamento e lo sviluppo delle stesse istituzioni richiedono che le idee e le opinioni di tutti possano essere espresse senza limiti e costrizioni, se non quelli previsti dalla Costituzione o quelli, impliciti, derivanti dalla necessità di consentire la coesistenza dei beni costituzionali di pari grado e riconoscimento. Occorre precisare, inoltre, che, come ha chiarito la Corte costituzionale, la previsione secondo cui *tutti* hanno diritto di manifestare il proprio pensiero *con ogni mezzo* non significa che tutti debbano materialmente poter disporre di tutti i mezzi di espressione del pensiero esistenti – il che ovviamente sarebbe impossibile – bensì che «*a tutti la legge deve garantire la giuridica possibilità di usarne o di accedervi, con le modalità ed entro i limiti resi eventualmente necessari dalle particolari caratteristiche dei singoli mezzi o dalla esigenza di assicurare l'armonica coesistenza del pari diritto di ciascuno o dalla tutela di altri interessi costituzionalmente apprezzabili*» (sent. n. 105/1972).

Una particolare attenzione è riservata dalla disciplina costituzionale alla **stampa** (che, al tempo in cui fu scritta la Costituzione, era il principale strumento d'informazione), stabilendosi che essa «*non può essere soggetta ad autorizzazioni o censure*» (comma 2). Per **autorizzazione** si intende il consenso dato dall'autorità pubblica prima della pubblicazione di uno stampato; per **censura**, invece, un'approvazione preventiva di uno scritto, dopo che è stato stampato (ma prima della sua diffusione), che implica un controllo sui contenuti dello stesso.

La libertà di stampa

Il divieto di autorizzazioni e censure

Si ammette soltanto il **sequestro** «*per atto motivato dell'autorità giudiziaria nel caso di delitti, per i quali la legge sulla stampa espressamente lo autorizzi, o nel caso di violazione delle norme che la legge stessa prescriva per l'indicazione dei responsabili*» (comma 3). Il sequestro interviene dopo la pubblicazione, allo scopo di impedire la diffusione di uno stampato. In base a quanto prevede il quarto comma dell'art. 21, «*quando vi sia assoluta urgenza e non sia possibile il tempestivo intervento dell'autorità giudiziaria, il sequestro della stampa periodica può essere eseguito da ufficiali di polizia giudiziaria, che devono immediatamente, e non mai oltre ventiquattro ore, fare denunzia all'autorità giudiziaria. Se questa non lo convalida nelle ventiquattro ore successive, il sequestro s'intende revocato e privo d'ogni effetto*». Come si vede, anche in questo caso sono previste le garanzie proprie delle libertà negative: la **riserva (assoluta) di legge** e la **riserva di giurisdizione**.

Il sequestro

Le garanzie costituzionali

Per assicurare trasparenza riguardo alle fonti di finanziamento della stampa periodica e consentire la formazione di un'opinione pubblica consapevole, si prevede, inoltre, che «*la legge può stabilire, con norme di carattere generale, che siano resi noti i mezzi di finanziamento della stampa periodica*» (comma 5).

L'ultimo comma dell'art. 21 prevede, infine, che sono vietate le pubblicazioni a stampa, gli spettacoli e tutte le altre manifestazioni contrarie al «*buon costume*», limite previsto, come si è detto, anche dall'art. 19 Cost. a proposito della libertà di culto (sul cui contenuto si rinvia al paragrafo precedente). La legge stabilisce provvedimenti adeguati a prevenire e a reprimere le violazioni.

Il limite del «buon costume»: rinvio

10. *Il diritto alla difesa*

Tra i diritti civili si fa rientrare, come si è già visto, anche il **diritto alla difesa**, che non ha a oggetto una vera e propria libertà e consiste nella facoltà riconosciuta a tutti di «*agire in giudizio per la tutela dei propri diritti e interessi legittimi*» (art. 24, comma 1, Cost.). La difesa è ricono-

Il contenuto del diritto alla difesa

sciuta come oggetto di un «*diritto inviolabile in ogni stato e grado del procedimento*» (comma 2). Si stabilisce, inoltre, che sono assicurati ai non abbienti, con appositi istituti, i mezzi per agire e difendersi davanti a ogni giurisdizione (comma 3). La legge determina le condizioni e i modi per la riparazione degli errori giudiziari (comma 4).

I principi del «giusto processo»

Al riconoscimento del diritto alla difesa contenuto nell'art. 24 si ricollegano anche le previsioni contenute nell'art. 111 Cost., così come revisionato dalla legge cost. n. 2 del 1999. Tale articolo prevede, al primo comma, che «*la giurisdizione si attua mediante il giusto processo regolato dalla legge*». Il secondo comma del medesimo articolo prevede che «*ogni processo si svolge nel contraddittorio tra le parti, in condizioni di parità, davanti a giudice terzo e imparziale. La legge ne assicura la ragionevole durata*».

Si prevede, inoltre, che, nel processo penale, «*la legge assicura che la persona accusata di un reato sia, nel più breve tempo possibile, informata riservatamente della natura e dei motivi dell'accusa elevata a suo carico; disponga del tempo e delle condizioni necessari per preparare la sua difesa; abbia la facoltà, davanti al giudice, di interrogare o di far interrogare le persone che rendono dichiarazioni a suo carico, di ottenere la convocazione e l'interrogatorio di persone a sua difesa nelle stesse condizioni dell'accusa e l'acquisizione di ogni altro mezzo di prova a suo favore; sia assistita da un interprete se non comprende o non parla la lingua impiegata nel processo*».

SEZIONE III

I RAPPORTI ETICO-SOCIALI

di *Alessandro Morelli*

SOMMARIO: 1. Le formazioni sociali intermedie (*rinvio*). – 2. I diritti sociali. – 3. Il diritto al lavoro (*rinvio*). – 4. Il diritto alla salute. – 5. Il diritto all'ambiente. – 6. Le libertà dell'arte e della scienza e il diritto allo studio (*rinvio*).

1. *Le formazioni sociali intermedie (*rinvio*)*

La Repubblica, in base a quanto previsto dall'art. 2 Cost., riconosce e garantisce i diritti inviolabili dell'uomo, sia come singolo, *sia nelle formazioni sociali ove si svolge la sua personalità*. Il riferimento alla "Repubblica" impegna, innanzitutto, non soltanto lo Stato-apparato ma tutte le componenti dello Stato istituzione e anche gli altri ordinamenti minori che, ai sensi dell'art. 114 Cost., rappresentano elementi costitutivi della stessa Repubblica: Comuni, Province, Città metropolitane e Regioni.

Si deve notare, innanzitutto, che il fine indicato dall'art. 2 – lo svolgimento della personalità umana – non può essere imposto autoritativamente dallo Stato alle formazioni sociali. Così facendo, infatti, si finirebbe con il compromettere la stessa autonomia di tali formazioni, che è costituzionalmente garantita innanzitutto nei confronti dello Stato.

Si pone a questo punto il problema della possibile tutela che il singolo componente della formazione sociale può chiedere allo Stato verso eventuali lesioni di suoi diritti fondamentali a opera della formazione di cui egli faccia parte. Si tratta di una questione che non può essere risolta una volta per tutte, ma solo caso per caso, dovendosi verificare di volta in volta se le Costituzione preveda beni che debbano prevalere anche sull'autonomia di singole formazioni sociali.

La maggior parte delle norme costituzionali riguardanti le formazioni sociali sono contenute nel Titolo II e nel Titolo III della Parte I della Costituzione. Le formazioni sociali di rilievo costituzionale sono la **famiglia**, la **scuola**, le **confessioni religiose**, i **partiti politici**, le **minoranze linguistiche** e la **comunità del lavoro**, cui si aggiungono le **autonomie**

territoriali. Delle prime ci si occuperà nel Cap. XIII, sulle seconde ci si è già soffermati nel Cap. IX. Rinviando a tali parti per l'approfondimento dei suddetti argomenti, ci si soffermerà ora sui diritti disciplinati dal Titolo II della Parte I della Costituzione, dedicato ai rapporti etico-sociali. Si tratta, come si vedrà, prevalentemente di diritti sociali.

2. *I diritti sociali*

Si è già detto che i diritti sociali si sostanziano per lo più in pretese a prestazioni necessarie al soddisfacimento di bisogni primari del soggetto. Essi presentano generalmente la struttura di libertà positive (o nello Stato) ma, come si è visto, la stessa distinzione tra libertà positive e negative non può essere adottata in termini assoluti.

Rientrano in tale categoria innanzitutto il **diritto al lavoro** (art. 4), che si sviluppa a sua volta in una serie di ulteriori situazioni giuridiche soggettive (artt. 36, 37 e 38); il **diritto alla salute**, inteso come diritto alle cure (che, peraltro, si prevede debbano essere assicurate gratuitamente agli indigenti: art. 32), ma che – come si è già accennato e come si vedrà meglio più avanti – si traduce anche in altre libertà non soltanto positive, e il **diritto allo studio** (art. 34). Seguendo l'ordine del testo costituzionale, di alcuni di tali diritti si parlerà nella presente sezione, di altri in quella successiva.

3. *Il diritto al lavoro (*rinvio*)*

Il diritto il lavoro trova riconoscimento, innanzitutto, nell'art. 4 Cost., a norma del quale «*la Repubblica riconosce a tutti i cittadini il diritto al lavoro e promuove le condizioni che rendano effettivo questo diritto.*

Ogni cittadino ha il dovere di svolgere, secondo le proprie possibilità e la propria scelta, un'attività o una funzione che concorra al progresso materiale o spirituale della società».

Tale articolo trova la propria collocazione tra i principi fondamentali, legandosi alla previsione del fondamento giuslavoristico della Repubblica, contenuto nell'art. 1 Cost. («*L'Italia è una Repubblica democratica fondata sul lavoro*»). Com'è evidente, il lavoro esorbita dai confini dei Titoli II e III della Costituzione, trovando riconoscimento in tanti, diversi luoghi del testo costituzionale. Tuttavia, si rinvia per una sua trattazione, alla sezione dedicata ai rapporti economici, data la presenza in tale Titolo della maggior parte degli articoli che specificano il contenuto dell'art. 4.

4. *Il diritto alla salute*

L'art. 32, comma 1, Cost. riconosce il **diritto alla salute**, prevedendo che la Repubblica tutela la salute sia come ***fondamentale diritto dell'individuo*** sia come ***interesse della collettività***, garantendo cure gratuite agli indigenti. Al secondo comma, con particolare riguardo ai **trattamenti sanitari obbligatori**, sancisce che nessuno può esservi assoggettato «*se non per disposizione di legge*», la quale, in ogni caso, *non può violare i limiti imposti dal rispetto della persona umana.*

I contenuti del diritto alla salute

L'etichetta "diritto alla salute" comprende, in realtà, situazioni diverse. In particolare, con tale espressione si fa riferimento almeno ai seguenti contenuti:

a) **diritto all'integrità psico-fisica**, consistente nella pretesa, giuridicamente protetta nella forma di un diritto soggettivo, a che terzi non pregiudichino il benessere psico-fisico del soggetto, e ciò a prescindere da qualsiasi previsione legislativa e amministrativa (nel senso che tale garanzia discende direttamente dal riconoscimento costituzionale del bene salute);
b) **diritto al consenso informato** e, dunque, a prendere parte alle decisioni riguardanti la scelta dei trattamenti sanitari, un diritto che, secondo la Corte costituzionale, troverebbe il suo fondamento negli artt. 2, 13 e 32 Cost., risultando la "sintesi" del diritto all'autodeterminazione della persona e di quello alla salute (sent. n. 438/2008);
c) **diritto alle prestazioni sanitarie**, ossia a essere curati (e, a tale scopo, nel 1978 è stato istituito, con la legge n. 833, il Servizio sanitario nazionale, in base al quale le attività assistenziali sono prevalentemente gestite dalle Regioni, conformemente ora anche al riconoscimento della «*tutela della salute*» come materia di legislazione concorrente, ai sensi dell'art. 117, comma 3, Cost. e alla disciplina introdotta dal d.lgs. n. 229/1999);
d) **interesse della collettività**: è questa, come si è detto, la seconda declinazione della salute contenuta nell'art. 32 Cost., il cui riconoscimento legittima, alle condizioni che si sono sopra richiamate, anche l'adozione di trattamenti sanitari obbligatori.

La salute come interesse della collettività; i trattamenti sanitari obbligatori e la questione delle vaccinazioni

Nell'ambito della tematica relativa a tali trattamenti si pone la questione relativa alla possibilità di introdurre **vaccinazioni obbligatorie**, un problema affrontato da tempo in dottrina e in giurisprudenza ma che si è imposto all'attenzione dell'opinione pubblica, in termini particolarmente drammatici, con l'esplosione della pandemia da Covid-19. La Corte costituzionale ha chiarito, comunque, che la legge impositiva di un trattamento sanitario non è incompatibile con l'art. 32 Cost. se ricorrono tutte le seguenti condizioni:

a) il trattamento deve essere diretto «*non solo a migliorare o a preservare lo stato di salute di chi vi è assoggettato, ma anche a preservare lo stato di salute degli altri*»;
b) esso non deve incidere negativamente sullo stato di salute di colui che è obbligato, «*salvo che per quelle sole conseguenze che appaiano normali e, pertanto, tollerabili*»;
c) nell'ipotesi di «*danno ulteriore*», deve essere prevista comunque «*la corresponsione di una equa indennità in favore del danneggiato, e ciò a prescindere dalla parallela tutela risarcitoria*» (sentt. n. 5/1018, n. 258/1994 e n. 307/1990).

5. *Il diritto all'ambiente*

Tra i diritti sociali rientra anche il **diritto all'ambiente**, che non trova in Costituzione una espressa previsione. Solo l'art. 117, comma 2, lettera *s*), così come modificato dalla legge cost. n. 3/2001, menziona la «*tutela dell'ambiente, dell'ecosistema e dei beni culturali*» tra le materie di potestà legislativa esclusiva dello Stato.

In un primo momento, la dottrina ha sostenuto la vigenza di un diritto a vivere in un ambiente salubre, ricostruito in termini antropocentrici sulla base della declinazione individualista della salute come «*diritto fondamentale*» (art. 32 Cost.). Successivamente, si è affermata una ricostruzione del bene "ambiente" come valore di carattere oggettivo, legato alla tutela del paesaggio di cui all'art. 9 Cost.

Dopo la revisione dell'art. 117, comma 2, operata dalla legge cost. n. 3/2001, di cui si è sopra detto, la Corte costituzionale ha riconosciuto all'ambiente un valore costituzionale autonomo, che si traduce in una molteplicità di situazioni giuridiche soggettive. In tale nuova e diversa prospettiva, l'ambiente è rappresentato come un bene connesso alla salute come interesse della collettività (art. 32 Cost.).

6. *Le libertà dell'arte e della scienza e il diritto allo studio (*rinvio*)*

Le libertà dell'arte, della scienza e del loro insegnamento

Gli artt. 33 e 34 Cost. riconoscono, al contempo, diritti civili e sociali, situazioni giuridiche soggettive riconducibili tanto alla categoria delle libertà negative quanto a quella delle libertà positive. In particolare, l'art. 33, al primo comma, prevede che l'**arte e la scienza sono libere e libero ne è l'insegnamento**. Il che significa che non è ammissibile, in quanto incompatibile con i principi fondanti la liberaldemocrazia, un'arte o una scienza di Stato. Tale norma riconosce, inoltre, la massima libertà espressiva allo scienziato e all'artista, nessuno dei quali, nell'esercizio delle relative libertà, sottostà al limite del buon costume, previsto dall'art. 21.

L'art. 33 Cost. prevede, inoltre, che «*la Repubblica detta le norme generali sull'istruzione ed istituisce scuole statali per tutti gli ordini e gradi*» (secondo comma), riconoscendo a enti e privati il diritto di istituire scuole ed istituti di educazione, «*senza oneri per lo Stato*» (terzo comma). Di tali previsioni e di quelle inerenti al diritto allo studio si parlerà più avanti, quando si affronterà la scuola come formazione sociale (v. Cap. XIII, par. 5).

SEZIONE IV

I RAPPORTI ECONOMICI

di *Stefania Baroncelli*

1. *La Costituzione economica*

Cosa è la Costituzione economica

La parte della Costituzione che si occupa dei rapporti economici è chiamata "Costituzione economica". Essa contiene le disposizioni sui diritti e le libertà economiche (come la libertà sindacale, il diritto di sciopero, la libertà di iniziativa economica e la proprietà privata), e delinea il ruolo dello Stato e dei privati nei rapporti economici e nel mercato, fissando gli obiettivi da considerare prioritari. Si tratta di norme piuttosto generali, il cui contenuto è specificato dalle disposizioni legislative e regolamentari che costituiscono l'oggetto di discipline specifiche come il diritto privato, commerciale, del lavoro, tributario e bancario.

Il periodo liberale

Nelle Costituzioni liberali del 1800 le disposizioni dedicate ai rapporti economici erano limitate al riconoscimento del diritto di proprietà e del principio della riserva di legge in tema di imposizione fiscale. Fu la Costituzione tedesca successiva alla Prima guerra mondiale (la c.d. Costituzione di Weimar del 1919) la prima a prevedere principi più strutturati in tema di rapporti economici in Europa.

Le Costituzioni europee del dopoguerra

Seguirono le Costituzioni europee adottate dopo la Seconda guerra mondiale, in particolare quelle di Italia, Repubblica federale tedesca e Spagna. Il motivo della introduzione di queste disposizioni è da individuare nel fatto che lo Stato, rappresentante ormai di tutte le fasce della popolazione, deve soddisfare le esigenze di una società di massa: offrire servizi pubblici e prestazioni che hanno un contenuto economico e sociale e controllare le attività economiche che sono di interesse generale. La

Costituzione economica non è staccata dal resto della Costituzione ma deve essere inquadrata nel contesto dei principi costituzionali fondamentali, che tendono a proteggere la dignità delle persone in un sistema giuridico che assicura l'eguaglianza e la solidarietà economica, sociale e culturale delle persone (artt. 2 e 3 Cost.). Ciò significa che l'attività economica può essere limitata o modulata per assicurare il rispetto di questi principi.

La Costituzione italiana disciplina i rapporti economici agli artt. 35-47, prendendo in considerazione alcuni temi fondamentali: il lavoro e la tutela del lavoratore, i sindacati e lo sciopero, l'iniziativa economica e imprenditoriale, la proprietà, il credito e il risparmio. Gli artt. 35-47 Cost.

2. *Il lavoro: principi generali*

Il lavoro è una delle direttrici fondamentali della Costituzione. Non solo l'articolo 1 della Costituzione si apre dicendo che l'Italia è una *Repubblica democratica, fondata sul lavoro*, ma anche l'art. 4 definisce il lavoro come attività o funzione che concorre *al progresso materiale o spirituale della società*. Il lavoro è concepito in senso ampio, come strumento di elevazione sociale e morale non solo dell'individuo ma dell'intera società, tanto è vero che è riconosciuto anche l'apporto positivo del volontariato (vedi *supra*, sez. III.1-3). L'art. 1 Cost. L'art. 4 Cost.

Il lavoro è considerato la modalità principale attraverso la quale gli individui si integrano e partecipano alla società ed è valorizzato nei confronti di modalità più tradizionali e meno dinamiche, basate sulla proprietà terriera o sul capitale familiare. Per questo la Repubblica – non solo lo Stato, ma anche le Regioni e gli enti locali – deve riconoscere a tutti il diritto al lavoro e promuovere le condizioni che rendano effettivo questo diritto. Secondo una prima tesi, propugnata dopo l'entrata in vigore della Costituzione, l'art. 4 avrebbe una *portata meramente programmatica*, nel senso che l'articolo non creerebbe diritti verso lo Stato. Questa tesi è stata però abbandonata e sostituita dalla concezione che vede nel diritto al lavoro una *norma precettiva* che spinge lo Stato a promuovere maggiore o piena occupazione. La norma, però, non si spinge fino a riconoscere ai singoli un vero e proprio diritto al posto di lavoro, poiché la Costituzione garantisce la **libertà nella scelta del lavoro** (art. 4 Cost.) **e della professione** (art. 41 Cost.). Si applica così il principio del libero mercato anche nell'ambito lavorativo, sebbene il legislatore possa introdurre dei correttivi in senso solidaristico; ad esempio, obbligare le grandi aziende ad assumere un certo numero di lavoratori disabili, come vedremo a breve. L'efficacia dell'art. 4 Cost.

3. *Tutele a favore del lavoratore*

Il lavoratore dipendente

La Costituzione *tutela il lavoro in tutte le sue forme ed applicazioni* (art. 35 Cost.). Questa norma, come anche le successive, furono stabilite per tutelare il lavoratore dipendente considerato, in un'economia di mercato, la catena debole del rapporto di lavoro. Per questo motivo, il legislatore è chiamato a ristabilire una situazione di equilibrio nei suoi confronti.

Nuove forme di lavoro

In seguito al mutamento e alla globalizzazione del mercato economico, si sono diffuse altre forme di rapporto di lavoro "flessibile", con tutele ridotte rispetto a quelle garantite ai lavoratori dipendenti (lavoro a tempo determinato, formazione e lavoro, ecc.). Durante la pandemia, ad esempio, si è diffusa l'attività dei c.d. "*riders*" o ciclo-fattorini, ai quali era negata l'applicazione della normativa su malattie e permessi, complice anche un sistema informatizzato di controllo. Grazie all'intervento dei giudici – soprattutto, della Corte di Cassazione – anche a questi lavoratori è stato riconosciuto lo *status* di lavoratore dipendente quando le loro prestazioni sono personali, continuative e organizzate dal committente.

Le misure generali di tutela

Le misure generali di tutela previste dalla Costituzione sono:

a) la previsione di corsi di **formazione continua** per la valorizzazione professionale dei lavoratori;

b) il favore verso gli accordi e le **organizzazioni internazionali** che tutelano il lavoro;

c) la **libertà di emigrazione** per motivi lavorativi, salvi gli obblighi stabiliti dalla legge nell'interesse generale, e la tutela del lavoro italiano all'estero. Questa disposizione si aggiunge al principio di libera circolazione in Italia (stabilito dall'art. 16 della Costituzione) e nell'Unione europea. L'emigrazione per motivi lavorativi ha un'origine storica, ma si produce anche attualmente, nella mutata forma della "fuga dei cervelli" all'estero (laureati italiani che cercano un posto di lavoro all'estero a causa della mancanza di posti di lavoro competitivi nella madrepatria).

I diritti dei lavoratori

Garanzie più dettagliate si trovano nell'art. 36 Cost., che delinea i principali **diritti dei lavoratori**:

La retribuzione

a) *al lavoratore deve essere riconosciuta una **retribuzione proporzionata** al lavoro svolto, in base alla qualità e alla quantità fornita* (comma 1). Il corrispettivo dell'attività lavorativa deve, quindi, essere parametrato in base al tipo e all'orario dell'attività lavorativa. *In ogni caso, la retribuzione deve essere **sufficiente** a garantire al lavoratore stesso e alla sua famiglia un'**esistenza libera e dignitosa***, ossia deve assicurare al dipendente un tenore di vita decoroso. La misura minima del livello della retribuzione è stabilita nei contratti collettivi di lavoro. Lo stipendio, quindi, non ha una sola funzione contrattuale-sinallagmatica, ma adempie anche una funzione sociale;

b) *la* ***durata massima della giornata di lavoro*** *è stabilita dalla legge* (comma 2). Si tratta di una riserva di legge relativa, integrata dai contratti collettivi di lavoro;

Giornata di lavoro

c) *il lavoratore ha diritto al* ***riposo settimanale*** *e a* ***ferie annuali*** *retribuite e non può rinunciarvi* (comma 3). Si tratta di diritti irrinunciabili; ciò significa che eventuali clausole contrattuali contrarie sono nulle. Questi principi mirano a garantire la salute psico-fisica del lavoratore e a permettere la realizzazione della sua personalità anche al di fuori dell'orario lavorativo;

Riposo settimanale e ferie

d) i diritti riconosciuti dall'art. 36 della Costituzione sono affermati anche dall'art. 31 della **Carta dei diritti fondamentali dell'UE** («*Condizioni di lavoro giuste ed eque*»).

4. *La donna lavoratrice e il lavoro minorile*

Il divieto di discriminazione

Il principio secondo il quale «*la donna lavoratrice ha gli stessi di diritti e, a parità di lavoro, le stesse retribuzioni che spettano al lavoratore*» (art. 37 Cost.) ha costituito una delle novità più importanti della Costituzione repubblicana. Si tratta di una specificazione del più generale principio di eguaglianza fra i sessi, stabilito dall'art. 3 della Costituzione. La parità di trattamento lavorativo fra uomo e donna riguarda tutti gli aspetti del rapporto di lavoro (accesso, condizioni, progressione di carriera), inclusa la retribuzione. Dalle norme richiamate deriva un vero e proprio diritto soggettivo alla parità di trattamento della lavoratrice nei confronti del datore di lavoro, il quale non può adottare condizioni di lavoro e di retribuzione deteriori rispetto a quelle adottate verso la generalità dei lavoratori. Di conseguenza, sono state adottate leggi che hanno messo fine alla disparità di trattamento lavorativo fra i due sessi, dichiarando nulle le clausole discriminatorie inserite nei contratti collettivi e individuali.

Il Codice delle pari opportunità

Nel 2006 è stato adottato il Codice delle pari opportunità tra uomo e donna (d.lgs. n. 198/2006) che vieta qualsiasi tipo di discriminazione per quanto riguarda «*l'accesso al lavoro in forma subordinata, autonoma o in qualsiasi altra forma, compresi i criteri di selezione e le condizioni di assunzione, nonché la promozione, indipendentemente dalle modalità di assunzione e qualunque sia il settore o il ramo di attività, a tutti i livelli della gerarchia professionale, anche per quanto riguarda la creazione, la fornitura di attrezzature o l'ampliamento di un'impresa o l'avvio o l'ampliamento di ogni altra forma di attività autonoma*» (art. 27 del Codice).

La funzione familiare della lavoratrice

L'art. 37 ha anche un obiettivo protettivo, riconoscendo la tutela differenziata del lavoro femminile in ragione del suo ruolo familiare: *Le condizioni di lavoro, inoltre, devono consentire alla donna lavoratrice di adempiere alla sua essenziale* ***funzione familiare*** *e assicurare alla madre e al bambino una speciale adeguata protezione*. In base a tale disposizione il legislatore ha stabilito già da tempo una serie di norme di protezione che tutelano la salute e la sicurezza della donna nel rapporto di lavoro e che vietano alcuni comportamenti diffusi, come il licenziamento a causa del matrimonio, della gravidanza e della nascita di figli. Le modalità di tutela della maternità si sono modificate nel tempo in funzione dei cambiamenti sociali e dell'influenza del diritto europeo che si ispira al criterio della conciliazione tra vita familiare e lavoro; oggi si preferisce parlare di tutela della genitorialità invece che di sola maternità, riconoscendo a entrambi i genitori alcuni diritti lavorativi legati alla famiglia, come i congedi per la cura dei figli piccoli.

Il lavoro minorile

Ulteriori tutele sono previste per il **lavoro minorile**, per il quale l'art. 37 Cost. stabilisce i seguenti criteri:

a) ***l'età minima*** *per esercitare un lavoro retribuito è fissata dalla legge* (attualmente è stabilita a 16 anni, poiché occorre che il minore abbia concluso il periodo di istruzione obbligatoria di dieci anni, a eccezione dell'apprendistato, legge n. 296/2006);
b) il lavoro minorile è disciplinato da una **normativa speciale** (legge n. 977/1967) che si aggiunge a quella generale di tutela dei lavoratori e che vieta l'assunzione di minori per lavori che ne pregiudichino il pieno sviluppo fisico. Nel caso di lavori considerati rischiosi si prevede l'obbligo di una valutazione di idoneità alle mansioni, attraverso una visita medica prima dell'assunzione e visite successive obbligatorie.

5. *Assistenza e previdenza sociale*

Art. 38 Cost.

Per garantire una vita dignitosa ai cittadini, la Costituzione prevede un articolato sistema di sicurezza sociale, distinto nelle due categorie della assistenza e della previdenza sociale (art. 38 Cost.). Mentre l'**assistenza** è prestata nei confronti di coloro che sono inabili al lavoro o che non hanno un minimo vitale, la **previdenza** riguarda i lavoratori che siano colpiti da un evento imprevisto, come una malattia o un infortunio. Entrambi gli strumenti costituiscono una estrinsecazione del principio di solidarietà sociale previsto dall'art. 2 Cost. e sono previsti dall'art. 34 della Carta dei diritti fondamentali dell'UE. La Costituzione prevede che sia lo Stato a erogare tali servizi, attraverso organi e istituti creati appositamente o integrati dallo Stato (INPS, INAIL), ma *l'assistenza privata è libera* (art. 38, ultimo comma, Cost.). Si riconosce così un **sistema misto**, dove operano sia il pubblico sia il privato.

Sistema misto

*Ogni cittadino inabile al lavoro e sprovvisto dei mezzi necessari per vivere ha diritto al mantenimento e all'**assistenza sociale**.* Benché l'art. 38 Cost. riconosca l'assistenza sociale ai soli cittadini, tale protezione è riconosciuta anche ai lavoratori immigrati stranieri ritenuti inabili al lavoro, in virtù di alcune sentenze della Corte costituzionale (sent. n. 187/2010). L'assistenza sociale consiste in contributi periodici versati al fine di garantire a tutti un minimo vitale. Esempi recenti di misure di contrasto alla povertà sono il reddito di inclusione, previsto dal d.lgs. n. 147/2017, e il reddito di cittadinanza, introdotto dal d.l. n. 4/2019. In seguito alla pandemia, sono state introdotte provvidenze per i lavoratori autonomi e la Cassa integrazione guadagni per i lavoratori dipendenti sul territorio italiano.

Assistenza sociale

*I lavoratori hanno diritto che siano preveduti e assicurati mezzi adeguati alle loro esigenze di vita in caso di infortunio, malattia, invalidità e vecchiaia, disoccupazione involontaria (**previdenza sociale**).* La Costituzione obbliga lo Stato a prevedere modalità di intervento a favore di lavoratori che abbiano perso la capacità lavorativa, a causa di un evento legato alle attività stesse, come un **infortunio** o una **malattia sul lavoro**, o all'**età**. Le prestazioni hanno contenuto economico, come nel caso di pensioni e indennità, e sanitario, per la tutela dei rischi professionali e non professionali.

Previdenza sociale

L'importo delle pensioni e altre previdenze non può essere irrisorio poiché la Costituzione richiede che siano assicurati "**mezzi adeguati**" ad assicurare le esigenze di vita. La crescita dell'importo destinato alle pensioni di vecchiaia dovuto all'aumento delle aspettative di vita ha imposto, tuttavia, una riforma del sistema pensionistico per rendere sostenibile il debito pubblico e rispettare il principio dell'equilibrio di bilancio, di rango costituzionale.

Mezzi adeguati

Gli inabili e i minorati hanno diritto all'educazione e all'avviamento professionale. Si tratta di diritti previsti specificamente per questi soggetti per promuoverne l'inserimento e l'integrazione nella scuola e nel mercato del lavoro attraverso servizi di sostegno e di collocamento appositi. La disposizione è attuata dalla legge n. 68/1999, che impone alcuni obblighi ai datori di lavoro, pubblici e privati. Questi sono tenuti a garantire la conservazione del posto di lavoro a quei soggetti che, non essendo disabili al momento dell'assunzione, abbiano acquisito una disabilità per infortunio sul lavoro o malattia professionale. La legge pone anche l'obbligo di assumere un certo numero di disabili, in base alla grandezza dell'azienda (7% dei lavoratori disabili nel caso di aziende con più di 50 dipendenti; due lavoratori nel caso di aziende con 36-50 dipendenti; un solo lavoratore se l'azienda ha da 15 a 35 dipendenti).

Diritto al lavoro degli inabili e minorati

6. *La tutela attiva del lavoro: i sindacati e lo sciopero*

Ai lavoratori sono riconosciuti due diritti di partecipazione e di tutela: il **diritto di iscriversi ai sindacati**, che appartiene a tutti i lavoratori, e il **diritto di sciopero**, previsto per i lavoratori dipendenti. Inoltre, ai lavoratori è riconosciuto dall'art. 46 Cost. il **diritto di partecipare alle scelte aziendali e di politica economica delle imprese**.

I sindacati

Il **diritto di iscriversi a un sindacato** è riconosciuto dall'art. 39 Cost., secondo il quale «*L'organizzazione sindacale è libera*». Tale articolo stabilisce una procedura precisa attraverso la quale costituire i sindacati: è richiesta la registrazione, da effettuare presso uffici locali o centrali, una volta accertata la base democratica dell'ordinamento interno del sindacato. La registrazione è preordinata ad attribuire personalità giuridica ai sindacati, in virtù della quale essi possono, «*rappresentati unitariamente in proporzione dei loro iscritti, stipulare contratti collettivi di lavoro con efficacia obbligatoria per tutti gli appartenenti alle categorie alle quali il contratto si riferisce*».

Art. 39 Cost.

I contratti collettivi

In base al disegno costituzionale, i **contratti collettivi** stipulati dai rappresentanti dei lavoratori e dei datori di lavoro tramite i rispettivi sindacati avrebbero creato diritti e doveri *erga omnes*, con efficacia vincolante per tutti i lavoratori e datori di lavoro di un certo comparto. La realtà, però, si è rivelata molto diversa dalla teoria. Per non essere vincolati agli obblighi imposti dalla legge alle associazioni registrate, i sindacati hanno rifiutato di registrarsi, preferendo restare semplici associazioni di diritto privato. Questa scelta ha rischiato di limitare l'**efficacia dei contratti collettivi**: in quanto accordi di natura privata, la loro efficacia dovrebbe essere *inter partes*, ossia limitata ai soli lavoratori e datori di lavoro che hanno scelto di aderire al sindacato. Tuttavia, questi accordi collettivi **esplicano di fatto un'efficacia *erga omnes***: si applicano anche ai lavoratori che non hanno aderito al sindacato, in via di prassi o grazie alla giurisprudenza e la legislazione speciale, che hanno eliminato le disparità di trattamento fra i lavoratori. I contratti collettivi servono a stabilire il livello minimo dei diritti dei lavoratori, che devono poi essere rispettati nei contratti individuali e aziendali.

L'efficacia *erga omnes*

Il ruolo nelle politiche economiche

I sindacati, inoltre, svolgono un ruolo politico, inserendosi nella procedura decisionale governativa e nella progettazione delle politiche economiche, tramite la c.d. **concertazione,** che sfocia in accordi triangolari fra governo, parti sociali sindacali e rappresentanze imprenditoriali. In tal modo, i sindacati sono riusciti a incidere sul contenuto di riforme economico-sociali di importanza fondamentale. La prassi recente è orientata nel senso di sostituire la concertazione con il meno impegnativo "**dialogo sociale**" di derivazione UE, che prevede una consultazione delle parti sociali e che può condurre a relazioni contrattuali e accordi (artt. 154 e 155 TFUE).

Lo sciopero

Una seconda modalità di tutela attiva del posto di lavoro è costituita dallo **sciopero**, consistente nell'astensione collettiva dal lavoro da parte dei dipendenti a tutela dei propri interessi, con perdita dello stipendio. L'art. 40 Cost., che lo disciplina, si limita a stabilire che «*Il diritto di sciopero si esercita nell'ambito delle leggi che lo regolano*». Si tratta di un secondo caso di inattuazione, poiché manca una legge che disciplini in modo organico le modalità dello sciopero. Nel 1990 è intervenuta la legge n. 146, che disciplina solo in parte il fenomeno.

La serrata

La disciplina di questo istituto è stata dettata dalla giurisprudenza, che ha stabilito alcuni **limiti minimi**. Il primo limite è stato individuato nei confronti dei soggetti: mentre è possibile lo sciopero da parte dei lavoratori, non è invece riconosciuto il diritto di **serrata**, il diritto di sospendere il lavoro da parte del datore di lavoro. Lo sciopero, infatti, dovrebbe servire a riequilibrare il rapporto di lavoro, ove il lavoratore costituisce la parte subordinata. La serrata, inoltre, obbliga a non lavorare tutti i lavoratori, mentre lo sciopero è una scelta individuale di sospendere il lavoro e di non percepire la retribuzione. In secondo luogo, la giurisprudenza ha individuato la **motivazione** dello sciopero, identificandola nella volontà di conseguire un comune interesse economico da parte dei lavoratori. Tale finalità si è ampliata nel tempo, cosicché attualmente lo sciopero può essere usato anche per appoggiare un interesse economico di un'altra categoria di lavoratori, oppure per finalità economiche di tipo generale.

Motivazione dello sciopero

Lo sciopero nei servizi pubblici essenziali

Come si diceva sopra, nel 1990 è intervenuta la legge n. 146 che disciplina lo **sciopero nei servizi pubblici essenziali**. Questi sono elencati direttamente dalla legge. I principali sono i seguenti: trasporti pubblici, sanità, sistema di raccolta di rifiuti, protezione civile, istruzione, servizi bancari, poste e telecomunicazioni. Nell'ambito dei servizi pubblici definiti essenziali il diritto di sciopero può essere esercitato nel rispetto di misure dirette a garantire l'erogazione delle prestazioni ritenute indispensabili, con un preavviso minimo e l'indicazione della durata dell'astensione dal lavoro.

La partecipazione alle scelte aziendali

La Costituzione prevede anche modalità meno conflittuali di risolvere le divergenze fra lavoratori e patronato. L'art. 46 Cost. riconosce ai lavoratori il diritto di partecipare alle scelte aziendali e di politica economica delle imprese; tuttavia, questo articolo nella pratica non ha trovato applicazione. Le relazioni fra datori di lavoro e lavoratori sono oggetto del corso di diritto del lavoro.

7. *L'iniziativa economica e le nazionalizzazioni*

L'iniziativa economica privata è libera (art. 41 Cost.). Questa affermazione di tipo liberista è contenuta nel primo comma dell'art. 41 Cost., che riconosce a ogni individuo la libertà di aprire e gestire un'impresa di qualsiasi tipo, senza essere limitato dalla legge. Questa libertà, tuttavia, non è assoluta poiché può essere limitata dalla legge per perseguire l'interesse generale, come vedremo a breve.

La concorrenza

La **libertà dell'iniziativa privata** costituisce il principio cardine dell'economia di mercato, che si basa sulla libera concorrenza. Sebbene non previsto esplicitamente dalla Costituzione, il criterio della libera concorrenza fra le imprese entra nell'ordinamento costituzionale italiano tramite il diritto dell'Unione europea. Questa, infatti, instaura un mercato interno dove le merci, i lavoratori, le aziende, i capitali e i servizi circolano liberamente, basato su ***un'economia sociale di mercato*** *fortemente competitiva che mira alla piena occupazione e al progresso sociale, e su un elevato livello di tutela e di miglioramento della qualità dell'ambiente* (art. 3 TUE). I Trattati dell'UE disciplinano la concorrenza in modo minuzioso, vietando i comportamenti anticoncorrenziali delle imprese e interventi statali che ostacolino la concorrenza nel mercato unico, come nel caso degli aiuti di Stato.

L'UE e l'economia sociale di mercato

Anche la Corte costituzionale ha riconosciuto che la concorrenza costituisce un «*valore basilare della libertà di iniziativa economica [...] funzionale alla protezione degli interessi dei consumatori*» (sent. n. 241/1990). Questa lettura dell'art. 41 Cost., e in particolare del primo comma, evidenzia lo stretto collegamento logico e sistematico con il principio di eguaglianza (art. 3 Cost.). In seguito a questa evoluzione è stata adottata la normativa nazionale sulla concorrenza (l. n. 287/1990), la cui osservanza è affidata a un'apposita autorità amministrativa indipendente, l'**Autorità garante della concorrenza e del mercato**.

I limiti all'iniziativa privata

Il principio di libera iniziativa economica è temperato da una serie di limitazioni che possono essere apportate dal legislatore per le finalità elencate nei commi 2 e 3 dell'art. 41 Cost. L'iniziativa economica, infatti, *non può svolgersi:*

a) *in contrasto con l'utilità sociale.* Si tratta di una clausola generale che consente al legislatore di inserire limiti legislativi all'attività imprenditoriale e alla Corte costituzionale di effettuare un bilanciamento flessibile fra l'iniziativa economica e altri valori costituzionali. Ad esempio, essa legittima la legislazione di confisca e sequestro dei patrimoni e delle aziende di mafiosi e camorristi;
b) *o in modo da recare danno alla sicurezza, alla libertà e alla dignità*

umana. Questi limiti sono molto importanti, poiché consentono al legislatore di vietare o di disciplinare le imprese che, con la loro attività, possono recare danno alla sicurezza dei lavoratori, dei consumatori e dei cittadini. Si pensi alla normativa sulla sicurezza sul posto di lavoro, che tutela l'integrità psico-fisica e la salute (art. 32 Cost.) dei lavoratori per evitare incidenti sul lavoro. Oppure alla normativa sulla tutela dell'ambiente (art. 9 Cost.), che vieta l'attività imprenditoriale inquinante e impone adempimenti ambientali alle imprese (es. la legge n. 257/1992 vieta l'estrazione, l'importazione, l'esportazione, la commercializzazione e la produzione di amianto, di prodotti di amianto o di prodotti contenenti amianto). Si pensi anche alla normativa che tutela la salute dei consumatori e che sanziona la pubblicità ingannevole e alle norme sulla tutela del lavoro e a garanzia della dignità dei lavoratori. Infine, si consideri le norme che hanno limitato l'attività imprenditoriale durante la pandemia.

Indirizzo e coordinamento per fini sociali

Il legislatore può stabilire anche *programmi e controlli opportuni perché l'attività economica pubblica e privata possa essere indirizzata e coordinata a fini sociali* (art. 41, comma 3, Cost.). La legge può spingersi fino a indirizzare e coordinare le attività economiche per realizzare fini sociali, a salvaguardia di valori di rilievo costituzionale; fra questi rientra anche l'assetto competitivo dei mercati, a tutela delle stesse imprese e dei consumatori (Corte costituzionale, sent. n. 94/2013). La scelta per un'economia aperta e concorrenziale ha ormai delegittimato quelle interpretazioni emerse negli anni '60 del 1900 che auspicavano una subordinazione del diritto di impresa a finalità politiche atte a modificare gli equilibri sociali. Una programmazione politica di tipo dirigistico, che assegnasse specifiche finalità all'impresa o alla proprietà, sarebbe contraria ai principi della concorrenza. Invece, sono possibili interventi di tipo premiale che attribuiscono bonus o incentivi fiscali agli imprenditori che adottano decisioni dotate di utilità sociale. Ciò significa che le limitazioni all'autonomia privata sono possibili solo se strettamente proporzionali al rispetto di valori costituzionali primari, quali la salute, la sicurezza, l'ambiente, la dignità umana e il patrimonio culturale.

Un modello misto

L'art. 41 Cost. riconosce che l'impresa può essere pubblica o privata, recependo un modello misto di mercato. Lo Stato e gli enti territoriali possono, infatti, anche operare direttamente tramite la costituzione di imprese pubbliche o il controllo di imprese private (c.d. aziende a partecipazione statale). Il fenomeno dello Stato imprenditore si è diffuso in Italia dopo la Seconda guerra mondiale, ma ha conosciuto un declino negli anni '90, quando è iniziato il periodo delle privatizzazioni, attraverso le quali le aziende pubbliche e controllate dallo Stato sono state vendute ai privati.

Le nazionalizzazioni

L'art. 43 Cost. prevede anche la possibilità di ***nazionalizzare*** *le imprese a fini di utilità generale*, alle seguenti condizioni:

a) occorre una *legge* che espropri l'azienda o tutte le aziende di un settore;
b) l'esproprio deve essere giustificato da *fini di utilità generale;*
c) deve essere pagato un *indennizzo* all'impresa espropriata;
d) è possibile solo nel caso di *servizi pubblici essenziali, fonti di energia e situazioni di monopolio che abbiano carattere di preminente interesse generale.*

L'ENEL

Nella pratica, si è ricorso raramente alle nazionalizzazioni. L'unico caso che si ricordi è la nazionalizzazione dell'ENEL, che assoggettò alla proprietà pubblica tutte le aziende produttrici di energia elettrica, con la legge n. 1643/1962. L'art. 43 Cost. serve comunque a legittimare le ipotesi di monopolio statale, come nel caso della RAI-TV. Un'ipotesi simile alla nazionalizzazione, anch'essa prevista dall'art. 43, è la **collettivizzazione**, che si sostanzia nel trasferimento di aziende a comunità di lavoratori e utenti. Tale caso, tuttavia, non si è mai verificato.

La collettivizzazione

8. *Il diritto di proprietà*

L'art. 42 Cost.

Il diritto di proprietà occupa un posto di rilievo nella Costituzione economica. Nello Statuto albertino era definita inviolabile, senza eccezioni. Anche la Costituzione italiana la tutela in modo pieno all'art. 42, ma prevede la possibilità di limitarla per assicurarne la funzione sociale e renderla accessibile a tutti. Ecco i principi cardine previsti:

a) *la proprietà può essere pubblica o privata. I beni economici appartengono allo Stato, a enti o a privati*;

Riserva di legge

b) *la proprietà privata è riconosciuta e garantita dalla legge, che ne determina i modi di acquisto e di godimento*. L'art. 42 Cost. rinvia al codice civile per la disciplina delle modalità di acquisto e di godimento della proprietà. Specificatamente, l'art. 832 cod. civ. stabilisce che il proprietario ha il diritto di godere e disporre delle cose in modo pieno ed esclusivo;

Limiti per finalità sociali

c) tuttavia, il legislatore può limitare il diritto di proprietà per finalità sociali. L'art. 42 Cost. stabilisce infatti che «*la legge stabilisce i limiti al diritto di proprietà allo scopo di assicurarne la funzione sociale e di renderla accessibile a tutti*». Trovano fondamento nella «*funzione sociale*» tutte le disposizioni che limitano la proprietà privata per tutelare altri valori costituzionali riconosciuti prevalenti, come il lavoro, la salute, la tutela del paesaggio e del patrimonio storico e artistico, i diritti dei disabili, ecc. Il limite dell'accessibilità a tutti legittima le normative vincolistiche alle locazioni urbane (nel passato, la legge sul c.d. equo canone) e le disposizioni che garantiscono il diritto all'abitazione;

d) *la proprietà privata può essere, nei casi preveduti dalla legge, e salvo indennizzo, espropriata per motivi di interesse generale.* L'espropriazione, consistente nella privazione del diritto di proprietà e il trasferimento a un altro soggetto, solitamente pubblico, per motivi di interesse generale costituisce il limite più penetrante nei confronti della proprietà privata. Per l'espropriazione occorre un provvedimento amministrativo che specifichi l'interesse generale per il quale è emanato l'atto (es. costruzione di una strada o di una ferrovia); Espropriazione

e) in caso di espropriazione, lo Stato o l'ente pubblico devono versare un **indennizzo** al privato proprietario. La misura dell'indennizzo è stata oggetto di numerose sentenze della Corte costituzionale tese a valorizzare la posizione del proprietario espropriato, anche sulla base di varie sentenze della Corte europea dei diritti dell'uomo che criticavano l'inadeguatezza della somma versata. La Corte ha affermato che deve trattarsi di un «*serio ristoro*», ossia di una equa indennità. Di conseguenza, il T.U. delle disposizioni in materia di espropriazione per pubblica utilità del 2008 è stato modificato e adesso stabilisce che «*l'indennità di espropriazione di un'area edificabile è determinata nella misura pari al valore venale del bene*» a eccezione del caso in cui l'espropriazione serva ad attuare interventi di natura economico-sociale; in tal caso l'indennità si riduce del 25% (art. 37). Indennizzo

Alcune forme specifiche di proprietà privata

La Costituzione disciplina alcune forme specifiche di proprietà privata, come *la proprietà terriera* (art. 44 Cost.), *la proprietà diretta coltivatrice* (art. 47 Cost.), *la proprietà dell'abitazione* (art. 47 Cost.). La disciplina di queste forme di proprietà privata deve essere inquadrata alla luce degli artt. 2 e 3 della Costituzione. La disciplina costituzionale della **proprietà terriera** è particolarmente penetrante poiché *impone obblighi e vincoli alla proprietà terriera privata per conseguire il razionale sfruttamento del suolo e stabilire equi rapporti sociali.* Tale articolo riflette la situazione agraria esistente del dopoguerra, costituita da ampie proprietà latifondiste improduttive e una moltitudine di braccianti, mezzadri e coloni senza terra e in situazione di netta inferiorità socioeconomica nei confronti dei proprietari. Grazie all'art. 44 Cost., negli anni '50 è stata attuata un'ampia riforma agricola tesa alla trasformazione del latifondo e alla sua divisione in piccole unità produttive, per aiutare e incentivare l'attività dei piccoli agricoltori e migliorare lo stato dei terreni agricoli. In seguito

La proprietà terriera

all'urbanizzazione e alle grandi emigrazioni dal sud al nord, la situazione è mutata e l'attenzione si è spostata sulla qualità, la tecnica e la sostenibilità ambientale delle produzioni agroalimentari. L'art. 44 Cost. *impone la bonifica delle terre* e stabilisce che *la legge prenda provvedimenti a favore delle* ***zone montane***.

9. *Il credito e il risparmio*

La Costituzione all'art. 47 tutela e disciplina il credito e il risparmio, considerati attività connesse: «*La Repubblica incoraggia e tutela il risparmio in tutte le sue forme, disciplina, coordina e controlla l'esercizio del credito*».

Il risparmio

L'art. 47 Cost. considera il **risparmio** un bene in sé, che deve essere "incoraggiato" in modo attivo dallo Stato e "tutelato" contro ingiuste riduzioni di ricchezza. La formula «*in tutte le sue forme*» esprime un concetto di risparmio molto ampio, che include non solo il credito, ma anche le attività mobiliari e assicurative, anche se la dottrina fino a tempi recenti si è concentrata solo sul primo significato, a causa dell'inesistenza di un mercato finanziario sviluppato in Italia. La tutela del risparmio è da intendere quale disciplina delle modalità di garanzia degli investimenti, dal momento che il risparmio non va difeso come valore in quanto tale, ma per la sua funzione strumentale alla distribuzione della proprietà e della ricchezza, nel quadro dei principi espressi dagli altri articoli della Costituzione.

Il credito

La raccolta del risparmio è legata all'esercizio del credito e in particolare all'attività bancaria, il cui compito è di raccogliere il risparmio e destinarlo a coloro, famiglie e imprese, che ne hanno bisogno per investimenti e pagamenti. Per questo motivo, la Repubblica ha interesse a disciplinare e controllare il buon funzionamento del settore creditizio, tramite leggi che disciplinano l'attività bancaria e norme secondarie emanate dalla Banca d'Italia, la banca centrale italiana, che ha un potere di vigilanza.

Lo sviluppo del sistema bancario

Questa norma ha consentito allo Stato di esercitare un'influenza penetrante sul sistema bancario fino agli anni '90, attraverso l'esercizio di banche pubbliche e la sottoposizione delle banche private al potere di autorizzazione e revoca della Banca d'Italia. Nel 1993 era emanato il Testo Unico bancario, per impulso di due direttive europee. Queste applicavano al settore bancario i principi del mercato unico, in modo da consentire una situazione di concorrenza con le imprese provenienti dai paesi membri della Comunità europea. Nel 1998 era emanato il Testo Unico in materia di intermediazione finanziaria.

L'influenza del diritto UE si è fatta sentire anche per la struttura di *governance* monetaria e bancaria, attraverso l'istituzione dell'**Unione economica e monetaria europea** (UME). L'UME è concepita come completamento del mercato unico ed è prevista dai Trattati UE, in particolare dal Trattato di Maastricht. Il primo gennaio 1999 sono stati fissati in modo irrevocabile i tassi di cambio e le competenze di politica monetaria sono state trasferite alla Banca centrale europea (BCE), un'istituzione UE indipendente dalla politica sita a Francoforte sul Meno. Nel 2002 l'euro è entrato in circolazione.

L'Unione economica e monetaria europea

Infine, in seguito alla crisi economico-finanziaria del 2008, è stata istituita l'**Unione bancaria europea**, costituita dal Meccanismo di vigilanza unico (MVU) e dal Meccanismo di risoluzione unico (*Single Resolution Mechanism*, SRM). L'Unione bancaria ha costituito una svolta nel sistema del credito, poiché ha accentrato nella BCE sia il potere di supervisionare le banche più rilevanti a livello europeo sia la soluzione delle crisi finanziarie. In questi ambiti, la Banca d'Italia non opera più in modo indipendente, ma come parte del Sistema europeo di Banche centrali (SEBC) che fa capo alla BCE (vedi *supra*, cap. III, 5.11).

L'Unione bancaria europea

L'art. 47, comma 2, Cost. tutela il **risparmio popolare** e ne favorisce l'accesso *alla proprietà dell'abitazione, alla proprietà diretta coltivatrice e al diretto e indiretto investimento azionario nei grandi complessi produttivi del Paese*. Il risparmio popolare va inteso principalmente come il risparmio del lavoratore, in opposizione a quello del proprietario o dello speculatore. Questi risparmi sono tutelati poiché sono spesso raccolti con parsimonia durante la vita lavorativa e trovano più difficoltà a essere investiti rispetto ai grandi capitali. La Costituzione indica, in modo non esaustivo, le attività più meritevoli di investimento e di incentivazione a fini sociali: non solo investimento nella prima casa e nella proprietà terriera, ma anche investimenti azionari nelle grandi aziende del paese.

Il risparmio popolare

Sezione V

I RAPPORTI POLITICI

di *Alessandro Morelli*

Sommario: 1. I diritti politici: il diritto di voto e il diritto di associazione in partiti politici (*rinvio*). – 2. Il diritto di petizione. – 3. Il diritto di accedere agli uffici pubblici e alle cariche elettive. – 4. Doveri inderogabili di solidarietà.

1. *I diritti politici: il diritto di voto e il diritto di associazione in partiti politici (*rinvio*)*

Nell'ambito dei diritti politici rientrano una serie di situazioni giuridiche soggettive attraverso cui i cittadini partecipano all'esercizio della sovranità popolare. Di alcuni di tali diritti si è già parlato nei capitoli precedenti. Tra questi occorre ricordare: il **diritto di voto**, spettante a tutti i cittadini, uomini e donne, che hanno raggiunto la maggiore età (art. 48, primo comma, Cost.); il **diritto di associarsi liberamente in partiti** per concorrere con metodo democratico a determinare la politica nazionale (art. 49); il diritto di rivolgere **petizioni** alle Camere per chiedere provvedimenti legislativi o esporre comuni necessità (art. 50).

Del diritto di voto si è già parlato nel Capitolo relativo al Parlamento, al quale si rinvia. Il diritto di associarsi in partiti politici sarà affrontato, invece, nel Cap. XIII, dedicato alle formazioni sociali.

2. *Il diritto di petizione*

L'art. 50 Cost. prevede che «*tutti i cittadini possono rivolgere petizioni alle Camere per chiedere provvedimenti legislativi o esporre comuni necessità*». Si tratta di uno degli strumenti comunemente definiti di «*democrazia diretta*», che, tuttavia, non ha un impatto politico significativo.

L'art. 109 del Regolamento della Camera dei deputati prevede che le petizioni pervenute alla Camera sono esaminate dalle Commissioni competenti. L'esame in Commissione può concludersi con una risoluzione diretta a interessare il Governo alle necessità esposte nella petizione ovvero con una decisione di abbinamento con un eventuale progetto di legge all'ordine del giorno. Quando sia presentata una mozione su una o più petizioni, il testo della petizione è stampato e distribuito congiuntamente al testo della mozione relativa.

Ai sensi dell'art. 140 del Regolamento del Senato, pervenuta una petizione che richieda provvedimenti legislativi o esponga comuni necessità, il Presidente ha facoltà di disporre che venga accertata la sua autenticità e la qualità di cittadino del proponente, salvo che la petizione sia stata presentata di persona da un Senatore. La petizione viene quindi comunicata in sunto all'Assemblea e trasmessa alla Commissione competente per materia.

3. *Il diritto di accedere agli uffici pubblici e alle cariche elettive*

L'art. 51 Cost. prevede che tutti i cittadini dell'uno o dell'altro sesso possono accedere agli uffici pubblici e alle cariche elettive in condizioni di eguaglianza, secondo i requisiti stabiliti dalla legge. A seguito dell'approvazione e dell'entrata in vigore della legge costituzionale n. n. 1 del 2003, il primo comma del medesimo articolo prevede inoltre che, a tale fine, la Repubblica promuove con appositi provvedimenti le pari opportunità tra donne e uomini.

In base al secondo comma, la legge può, per l'ammissione ai pubblici uffici e alle cariche elettive, parificare ai cittadini gli italiani non appartenenti alla Repubblica. Chi è chiamato a funzioni pubbliche elettive ha diritto di disporre del tempo necessario al loro adempimento e di conservare il suo posto di lavoro (comma 4).

4. *Doveri inderogabili di solidarietà*

L'art. 2 Cost. prevede che la Repubblica, oltre a riconoscere e a garantire i diritti inviolabili dell'uomo, richiede anche «*l'adempimento dei doveri inderogabili di solidarietà politica, economica e sociale*».

I doveri costituzionali sono, dunque, strettamente correlati al principio di solidarietà, nella cui attuazione i Costituenti individuarono la condizione necessaria per la salvaguardia della coesione socioeconomica e della stessa unità nazionale (G. Lombardi).

I doveri costituzionali più importanti sono: i **doveri di fedeltà alla Repubblica e di osservanza della Costituzione e delle leggi**, gravanti su tutti i cittadini (art. 54, comma 1); il **dovere di adempiere le funzioni pubbliche con disciplina e onore** e il **dovere di prestare giuramento** nei casi stabiliti dalla legge (art. 54, comma 2); il **"sacro" dovere di difesa della Patria** (art. 52, comma 1); il **dovere di prestare servizio militare**, nei limiti e modi stabiliti dalla legge (art. 52, comma 2); il **dovere di lavoro** (che, come si è detto, è un diritto/dovere: art. 4); il **dovere tributario**, in base al quale tutti sono tenuti a concorrere alle spese pubbliche in ragione della loro capacità contributiva (art. 53); il **dovere civico di voto** (art. 48, comma 2).

Capitolo XIII

LE FORMAZIONI SOCIALI

Alessandro Morelli – Giovanni Moschella *

Sommario: 1. Le formazioni sociali nella Costituzione italiana. – 2. Le minoranze linguistiche. – 3. Le confessioni religiose. – 4. La famiglia. – 5. La scuola. – 6. I sindacati (*rinvio*). – 7. I partiti politici.

1. *Le formazioni sociali nella Costituzione italiana*

Riguardo al riconoscimento costituzionale delle formazioni sociali si rinvia, innanzitutto, a quanto già detto nella Sez. III del Cap. XII.

Si deve qui aggiungere che l'espressione «*formazione sociale*», impiegata nell'art. 2 Cost., ha un contenuto semantico estremamente ampio, tale da consentirle di includere ogni possibile comunità intermedia tra lo Stato e l'individuo: minoranze linguistiche, confessioni religiose, associazioni di vario genere, la famiglia, la scuola, i sindacati, le cooperative, i partiti politici, ecc. La Corte costituzionale ha precisato che per **formazione sociale** deve intendersi «*ogni forma di comunità, semplice o complessa, idonea a consentire e favorire il libero sviluppo della persona nella vita di relazione, nel contesto di una valorizzazione del modello pluralistico*» (sent. n. 138/2010).

I diversi tipi di formazioni sociali

Le formazioni alle quali fa espresso riferimento la Costituzione presentano, quindi, caratteri diversi e non compongono una categoria omogena. Esse, in primo luogo, perseguono finalità anche molto differenti tra loro. Per quanto concerne, poi, la natura del vincolo dei loro componenti, vi sono formazioni ***necessarie***, come le **minoranze linguistiche** (art. 6 Cost.) e la **famiglia** (art. 29 Cost.), la quale implica forme di appartenen-

* I paragrafi 1, 2, 3, 4, 5 e 6 sono stati scritti da A. Morelli, mentre il paragrafo 7 è stato scritto da G. Moschella.

za che, in gran parte, non sono nella libera disponibilità dei soggetti interessati (non si può scegliere di essere figli o fratelli, anche se è prevista la cessazione degli effetti civili del matrimonio); le altre formazioni sono, invece, ***volontarie***: la loro costituzione e la decisione di aderirvi o meno o anche quella di recedere dalle stesse sono del tutto libere. Tra queste ultime si pensi, in particolare, alle **confessioni religiose**, ai **partiti politici** e ai **sindacati**. Altre formazioni hanno una natura, per così dire, ***mista***: in particolare, la **scuola** si presenta come una comunità alla quale, per il periodo dell'istruzione obbligatoria, l'appartenenza è necessaria, poi facoltativa.

Data la diversa natura delle formazioni sociali, sono anche differenti i limiti imposti dalla Costituzione alle stesse: così, per esempio, per quanto riguarda le confessioni religiose diverse da quella cattolica, l'art. 8, secondo comma, prevede che esse hanno diritto di organizzarsi «*secondo i propri statuti, in quanto non contrastino con l'ordinamento giuridico italiano*»; ai sensi dell'art. 29, comma 2, il matrimonio, atto fondativo della famiglia, «*è ordinato sull'uguaglianza morale e giuridica dei coniugi*»; l'art. 49 prevede, per i partiti politici, il limite del «*metodo democratico*», e così via.

2. *Le minoranze linguistiche*

Un primo tipo di formazione sociale intermedia che trova un'esplicita menzione nel testo costituzionale è la **minoranza linguistica**, intendendosi con tale espressione *una comunità ridotta dal punto di vista numerico, che parla una lingua differente da quella ufficiale* (nel nostro caso, la lingua italiana).

L'art. 6 Cost. prevede che la Repubblica tutela con apposite norme le minoranze linguistiche. In attuazione di tale previsione è stata approvata la legge n. 482/1999, recante «*Norme in materia di tutela delle minoranze linguistiche storiche*», il cui art. 2 prevede che, *in armonia con i principi generali stabiliti dagli organismi europei e internazionali, la Repubblica tutela la lingua e la cultura delle popolazioni albanesi, catalane, germaniche, greche, slovene e croate e di quelle parlanti il francese, il franco-provenzale, il friulano, il ladino, l'occitano e il sardo.*

Ulteriori garanzie sono state previste in altri atti legislativi e negli Statuti e nelle relative norme di attuazione di alcune Regioni a statuto speciale: il Trentino-Alto Adige, dove si trovano minoranze di lingua tedesca e ladina; il Friuli-Venezia Giulia, in cui sono presenti minoranze di lingua slovena; la Valle d'Aosta, ove vivono minoranze di lingua francese.

3. *Le confessioni religiose*

La Costituzione italiana si occupa del fenomeno religioso non soltanto tutelando le libertà individuali di professare una fede, farne propaganda ed esercitarne il culto, diritti espressamente riconosciuti, come si è visto, dall'art. 19, ma prevedendo anche specifiche garanzie per i gruppi religiosi. L'art. 8 Cost. prevede, infatti, al primo comma che «*tutte le confessioni religiose sono egualmente libere davanti alla legge*».

La definizione di «confessione religiosa»

Manca, al momento, una definizione legislativa di «**confessione religiosa**» e, peraltro, quando si è provato a scriverne qualcuna in progetti di legge sulla libertà religiosa, si è finito con il proporre formule molto ampie e generiche, che contenevano elementi la cui individuazione non poteva che spettare, in ultimo, all'autorità giudiziaria (come il carattere religioso o di culto dei fini costitutivi o prevalenti del gruppo, l'autonomia della struttura organizzativa, la diffusione sul territorio nazionale, ecc.). A ben vedere, tuttavia, ciò è inevitabile poiché una formula legislativa eccessivamente dettagliata e precisa non consentirebbe di tenere conto del carattere multiforme del fenomeno associativo in ambito religioso.

In dottrina si è rilevato che, come tutte le formazioni sociali, anche le confessioni religiose si compongono di un *elemento materiale*, ossia un'organizzazione di più persone, e di uno *ideale*, consistente nello scopo religioso della formazione e nella coscienza dell'aderente alla confessione di perseguire gli scopi della stessa (N. Colaianni).

La giurisprudenza, al fine di identificare le confessioni religiose, ha invece applicato una serie piuttosto eterogena di criteri: uno "*giuridico*", in base al quale la natura della confessione potrebbe stabilirsi «*secondo i criteri che qualificano nell'ordinamento dello Stato i fini di religione e di culto*» (Corte costituzionale, sent. n. 467/1992); uno "*sociologico*", secondo cui la natura di confessione dipenderebbe anche dalla «*comune considerazione*» sociale (Corte costituzionale, sent. 195/1993); si è fatto riferimento anche ai «*precedenti riconoscimenti pubblici*» (Corte costituzionale, sent. n. 195/1993), che, come precisato dalla Corte di cassazione (sez. VI pen., sent. n. 1329/1997), sono desumibili dai provvedimenti emanati da qualsiasi autorità pubblica; si è tenuto conto, inoltre, delle *autoqualificazioni* presenti negli statuti delle confessioni, anche se tale criterio non è stato considerato di per sé sufficiente (Corte cost., sentenze n. 467/1992 e n. 195/1993, e ancora Cassazione, sez. VI pen., sent. n. 1329/1997).

L'eguale libertà delle confessioni religiose

Il primo comma dell'art. 8 afferma quindi il principio di **eguale libertà per tutte le confessioni religiose** (compresa, dunque, quella cattolica), che costituisce un limite alle eventuali differenze di trattamento, le quali devono anche risultare giustificate e, dunque, ragionevoli. Il secondo comma prevede che le confessioni religiose diverse dalla cattolica «*hanno diritto di organizzarsi secondo i propri statuti, in quanto non contrastino con l'ordinamento giuridico italiano*». Il terzo e ultimo comma del medesimo articolo stabilisce che «*i loro rapporti con lo Stato sono regolati per legge sulla base di intese con le relative rappresentanze*».

La Corte costituzionale ha precisato, al riguardo, che nel nostro ordinamento non è compito dell'intesa consentire la realizzazione dell'eguaglianza tra le confessioni, che troverebbe invece tutela negli artt. 3 e 8, commi 1 e 2, 19 e 20 Cost. Non sarebbe corretto affermare, pertanto, che l'art. 8, comma 3, Cost. sia una disposizione procedurale meramente servente dei primi due commi in quanto funzionale «*alla realizzazione dei principi di eguaglianza e pluralismo in materia religiosa in essi sanciti*». Il terzo comma, invece, avrebbe «*l'autonomo significato di permettere l'estensione del 'metodo bilaterale' alla materia dei rapporti tra Stato e confessioni non cattoliche, ove il riferimento a tale metodo evoca l'incontro della volontà delle due parti già sulla scelta di avviare le trattative*» (sent. n. 52/2016).

Il riconoscimento dell'eguale libertà di tutte le confessioni impedisce di attribuire al culto cattolico una posizione privilegiata rispetto a quella delle altre confessioni, anche se, nel territorio italiano, la religione cattolica ha una maggiore diffusione. Tale elemento, infatti, come ha chiarito la Corte costituzionale, di per sé non giustifica alcuna posizione di privilegio (sent. n. 925/1988).

I Patti lateranensi e la costituzionalizzazione del principio concordatario

Data la posizione geografica dello Stato Città del Vaticano e la lunga e travagliata storia dei rapporti tra lo Stato italiano e la Chiesa cattolica, i Costituenti decisero, tuttavia, di dedicare uno specifico articolo alla confessione cattolica. L'art. 7 prevede, al comma 1, che «*lo Stato e la Chiesa cattolica sono, ciascuno nel proprio ordine, indipendenti e sovrani*». Il secondo comma precisa che «*i loro rapporti sono regolati dai Patti Lateranensi*»; le modificazioni dei quali, «*accettate dalle due parti*», secondo quanto stabilisce il terzo e ultimo comma, «*non richiedono procedimento di revisione costituzionale*».

I Patti Lateranensi dell'11 febbraio 1929 comprendono un Trattato, una Convenzione finanziaria e un Concordato (modificato con un Accordo tra la Repubblica italiana e la Santa Sede nel 1984, corredato di un "Protocollo addizionale"). Al Trattato e al Concordato fu data esecuzione con la legge n. 810/1929.

Riguardo alla previsione contenuta nell'ultimo comma dell'art. 7, secondo l'opinione più accreditata, tale disposizione avrebbe costituzionalizzato il c.d. **principio concordatario**, che obbligherebbe lo Stato a disciplinare bilateralmente i rapporti con la Chiesa e, in caso di impossibilità di raggiungere l'accordo, a effettuare ogni modifica unilaterale dei

Patti stessi con legge costituzionale, approvata secondo la procedura aggravata prevista dall'art. 138 Cost.

4. *La famiglia*

La famiglia come «*società naturale fondata sul matrimonio*»

Formazione sociale primaria e necessaria è la **famiglia**, riguardo alla quale l'art. 29 Cost. prevede che la Repubblica ne riconosce i diritti; il medesimo articolo, sempre al primo comma, definisce la famiglia una «*società naturale fondata sul matrimonio*». I Costituenti intesero istituzionalizzare non già una specifica forma od organizzazione di famiglia ma soltanto riconoscere la rilevanza costituzionale di tale formazione che, come ogni altra, è soggetta ai mutamenti indotti dall'evoluzione sociale. Da tempo è in corso, peraltro, un ampio dibattito pubblico sul riconoscimento di famiglie "non tradizionali". Così, in particolare, sono state riconosciute diverse situazioni e rapporti giuridici fondati su forme di convivenza "*more uxorio*".

La Corte costituzionale inoltre ha precisato che nella nozione di «*formazioni sociali*» riconosciute dall'art. 2 Cost. è da annoverare anche l'unione omosessuale, «*intesa come stabile convivenza tra due persone dello stesso sesso, cui spetta il diritto fondamentale di vivere liberamente una condizione di coppia, ottenendone – nei tempi, nei modi e nei limiti stabiliti dalla legge – il riconoscimento giuridico con i connessi diritti e doveri*». Ha escluso, tuttavia, che «*l'aspirazione a tale riconoscimento – che necessariamente postula una disciplina di carattere generale, finalizzata a regolare diritti e doveri dei componenti della coppia – possa essere realizzata soltanto attraverso una equiparazione delle unioni omosessuali al matrimonio*». Ha, quindi, concluso che «*nell'ambito applicativo dell'art. 2 Cost., spetta al Parlamento, nell'esercizio della sua piena discrezionalità, individuare le forme di garanzia e di riconoscimento per le unioni suddette, restando riservata alla Corte costituzionale la possibilità d'intervenire a tutela di specifiche situazioni*» (sent. n. 138/2010).

Le unioni civili

La legge n. 76/2016 ha introdotto una disciplina sulle **unioni civili tra persone dello stesso sesso** e sulle **convivenze**. In base a tale normativa, due persone maggiorenni dello stesso sesso costituiscono un'unione civile mediante dichiarazione di fronte all'ufficiale di stato civile e alla presenza di due testimoni. L'ufficiale di stato civile provvede alla registrazione degli atti di unione civile tra persone dello stesso sesso nell'archivio dello stato civile (art. 1, commi 2 e 3). Mediante dichiarazione resa sempre all'ufficiale di stato civile le parti possono stabilire di assumere, per la durata dell'unione, un cognome comune scegliendolo tra i loro cognomi. La parte può anteporre o posporre al cognome comune il proprio, se diverso, facendone dichiarazione all'ufficiale di stato civile. Con la costituzione dell'unione civile tra persone dello stesso sesso le parti acquistano gli stessi diritti e assumono i medesimi doveri; dall'unione civile deriva l'obbligo reciproco all'assistenza morale e materiale e alla coabitazione. Entrambe le parti sono tenute, ciascuna in relazione alle proprie sostanze e alla propria capacità di lavoro professionale e casalingo, a contribuire ai bisogni comuni. Le parti concordano tra loro l'indirizzo della vita familiare e fissano la residenza comune; a ciascuna di esse spetta il potere di attuare l'indirizzo concordato (art. 1, commi 10, 11 e 12).

Diritti e doveri reciproci dei coniugi

Come si vede, escluso l'obbligo di fedeltà, si tratta degli stessi vincoli previsti dall'art. 143 cod. civ. per il matrimonio: «*il marito e la moglie acquistano gli stessi diritti e assumono i medesimi doveri. Dal matrimonio deriva l'obbligo reciproco alla fedeltà, all'assistenza morale e materiale, alla collaborazione nell'interesse della famiglia e alla coabitazione. Entrambi i coniugi sono tenuti, ciascuno in relazione alle proprie sostanze e alla propria capacità di lavoro professionale o casalingo, a contribuire ai bisogni della famiglia*».

Lo scioglimento del matrimonio civile

Il matrimonio al quale fa riferimento l'art. 29 Cost. è quello **civile**, *non quello religioso*; pertanto, come peraltro è stato confermato dalla Corte costituzionale in diverse pronunce (sentt. n. 169/1971, n. 176/1973 e n. 99/1976), il divorzio, introdotto e disciplinato dalla legge n. 898/1970, non può ritenersi illegittimo.

L'eguaglianza morale e giuridica dei coniugi e la riforma del diritto di famiglia

Il secondo comma dell'art. 29 Cost. prevede che «*il matrimonio è ordinato sull'uguaglianza morale e giuridica dei coniugi, con i limiti stabiliti dalla legge a garanzia dell'unità familiare*». Una prima importante attuazione del principio di uguaglianza dei coniugi ha avuto luogo con l'entrata in vigore della legge n. 151/1975 di **riforma del diritto di famiglia**, la quale, tra le altre cose, ha sostituito alla patria potestà quella coniugale, consistente nella «*responsabilità genitoriale che è esercitata di comune accordo tenendo conto delle capacità, delle inclinazioni naturali e delle aspirazioni del figlio*» (art. 316 cod. civ., così come modificato dalla legge n. 151), e ha cancellato diverse discriminazioni, anche sul piano dei diritti successori, dei figli naturali a vantaggio di quelli legittimi, pur senza equipararli completamente a questi ultimi. Anche in ciò, la legge di riforma del '75 ha attuato il dettato costituzionale.

La condizione dei figli

A norma dell'art. 30 Cost., infatti, *è dovere e diritto dei genitori mantenere, istruire ed educare i figli, anche se nati fuori del matrimonio* (comma 1). Nell'ipotesi di incapacità dei genitori, la legge provvede a che siano assolti i loro compiti (comma 2). Ai figli nati fuori del matrimonio è comunque assicurata «*ogni tutela giuridica e sociale, compati-*

bile con i diritti dei membri della famiglia legittima» (comma 3). Alla legge si attribuisce anche il compito di dettare le norme e i limiti per la ricerca della paternità (comma 4).

Data la rilevanza costituzionale della famiglia, l'art. 31 Cost. prevede, infine, che «*la Repubblica agevola con misure economiche e altre provvidenze la formazione della famiglia e l'adempimento dei compiti relativi, con particolare riguardo alle famiglie numerose*» (comma 1) e «*protegge la maternità, l'infanzia e la gioventù, favorendo gli istituti necessari a tale scopo*».

5. *La scuola*

La Costituzione dedica diverse disposizioni alla **scuola** come formazione sociale, dichiarando, innanzitutto, nel primo comma dell'art. 34, che essa è «*aperta a tutti*». Si tratta di un'affermazione che, per un verso, si lega al riconoscimento dell'istituzione scolastica come luogo primario di formazione del cittadino, dopo la famiglia e insieme a questa; per altro verso, intende sottolineare il carattere inclusivo, pluralista e non elitario degli stessi enti scolastici.

L'istruzione obbligatoria e il diritto allo studio

Per l'importanza dell'istruzione ai fini della formazione del cittadino, il secondo comma dell'art. 34 prevede che «*l'istruzione inferiore, impartita per almeno otto anni, è obbligatoria e gratuita*». È questo il periodo minimo, inderogabile per difetto ma ovviamente innalzabile, di istruzione obbligatoria in quanto socialmente ritenuta necessaria. Proprio tale previsione consente di qualificare lo studio come oggetto sia di un **diritto** sia di un **dovere civico**.

In base a quanto prevede il terzo comma del medesimo articolo, «*i capaci e meritevoli, anche se privi di mezzi, hanno diritto di raggiungere i gradi più alti degli studi*». L'ultimo comma dispone, infine, che «*la Repubblica rende effettivo questo diritto con borse di studio, assegni alle famiglie ed altre provvidenze, che devono essere attribuite per concorso*». Si tratta di previsioni che si legano al principio di eguaglianza sostanziale riconosciuto dal secondo comma dell'art. 3 Cost. e al carattere interventista della forma di Stato vigente in Italia; è cioè uno dei modi di attuare il compito istituzionale dei pubblici poteri di rimuovere gli ostacoli economico-sociali, che impediscono il pieno sviluppo della persona umana e la partecipazione dei lavoratori all'organizzazione politica, economica e sociale del Paese.

Le «*norme generali sull'istruzione*» sono adottate dal legislatore statale, secondo quanto dispongono il primo comma dell'art. 33 e l'art., 117, comma 2, lettera n), Cost.

Il regionalismo differenziato in materia di istruzione

In base però a quanto previsto dall'art. 116, comma 3, Cost., possono essere attribuite alle Regioni ordinarie, con il particolare procedimento ivi previsto, «*ulteriori forme e condizioni particolari di autonomia*», oltre che nelle materie di potestà legislativa concorrente, anche in alcune materie di potestà legislativa esclusiva dello Stato, tra cui appunto quella relativa alle «*norme generali sull'istruzione*». Occorre aggiungere, inoltre, che tra le stesse materie di potestà concorrente figura anche l'«*istruzione, salva l'autonomia delle istituzioni scolastiche e con esclusione della istruzione e della formazione professionale*». Il che significa che, in quest'ambito, attraverso l'attuazione del regionalismo differenziato, si potrebbero ampliare notevolmente le competenze legislative delle Regioni.

L'art. 33, comma 1, prevede, inoltre, che la Repubblica, oltre a dettare le suddette norme generali, «*istituisce scuole statali per tutti gli ordini e gradi*».

Il pluralismo scolastico e le scuole non statali

In base al carattere pluralista della scuola, riconosciuto, come si è detto, dal testo costituzionale, si prevede, tuttavia, che enti e privati hanno il diritto di istituire scuole e istituti di educazione, «*senza oneri per lo Stato*» (art. 33, comma 2). La legge, nel fissare i diritti e gli obblighi delle scuole non statali che chiedono la parità, deve comunque assicurare a esse «*piena libertà e ai loro alunni un trattamento scolastico equipollente a quello degli alunni di scuole statali*» (comma 3). In ogni caso, è previsto un esame di Stato per l'ammissione ai vari ordini e gradi di scuole o per la conclusione di essi e per l'abilitazione all'esercizio professionale (comma 4).

Alle istituzioni di alta cultura, università e accademie, è riconosciuto infine il diritto di darsi ordinamenti autonomi nei limiti stabiliti dalle leggi dello Stato (comma 5).

6. *I sindacati (*rinvio*)*

Dei sindacati, libere organizzazioni di lavoratori o datori di lavoro costituite allo scopo di salvaguardare gli interessi degli associati inerenti al mondo del lavoro, si è già detto nel Cap. XII, Sez. IV, al quale si rinvia.

7. *I partiti politici*

La "democrazia dei partiti"

L'art. 49 Cost. prevede che «*tutti i cittadini hanno diritto di associarsi liberamente in partiti per concorrere con metodo democratico a determinare la politica nazionale*».

Si è già visto (nel Cap. II, in particolare nel par. 2.2) come l'avvento dei grandi partiti di massa abbia profondamente modificato la forma di Stato, avendo posto le condizioni per l'affermazione e lo sviluppo dello "Stato democratico dei partiti". Tale modello, delineato dai Costituenti, presuppone un concetto di democrazia molto diverso da quello dello Stato liberale, che si basava su una visione accentuatamente individualistica della rappresentanza politica ed era caratterizzato da una forte diffidenza o addirittura da un'aperta contrarietà nei confronti delle formazioni sociali intermedie.

Al contrario, nel nuovo Stato democratico, i partiti politici trovano, come si è visto, un esplicito riconoscimento costituzionale, quali centri di propulsione e di organizzazione della stessa democrazia.

La natura giuridica dei partiti politici

Va precisato, tuttavia, che il riconoscimento costituzionale dei partiti incontra alcuni importanti limiti nell'assenza di controlli statali su tali formazioni sociali e nel rifiuto di soluzioni che implichino una sorta di *incorporazione* della "forma partito" nello Stato apparato. Il che significa che il partito non è considerato un organo dello Stato e non è, dunque, legittimato a esprimere la volontà di quest'ultimo. Nell'ordinamento italiano, i partiti politici sono **associazioni non riconosciute** e, quindi, strumenti regolati dal diritto privato, anche se indispensabili per la determinazione della politica nazionale.

In Assemblea costituente furono avanzate proposte volte a introdurre, sull'esempio dell'ordinamento tedesco, il riconoscimento della personalità giuridica ai partiti o di attribuire agli stessi funzioni di carattere costituzionale (come l'organizzazione delle elezioni e altre attività di pubblico interesse), ma alla fine si scelse di non adottare simili soluzioni. La decisione di riconoscere ai partiti la natura di semplici associazioni di diritto privato e di non "incorporarli" nell'apparato dello Stato ha certamente condizionato anche il tema della regolamentazione della democrazia interna dei partiti. In particolare, sempre in Assemblea costituente furono avanzate proposte volte a prevedere espressamente che i partiti politici dovessero dotarsi di una struttura interna democratica: alcuni giustificavano tale proposta sulla base dell'esigenza che i partiti trasfondessero un indirizzo democratico nelle istituzioni rappresentative e, più in generale, nell'ambito della vita politica; altri reputavano il riconoscimento costituzionale degli stessi partiti solo come un modo per rafforzare la tutela della libertà di associazione, ma ritenevano, al contempo, che l'affermazione del carattere democratico della loro organizzazione fosse comunque indispensabile per tutelare tutti i cittadini dallo strapotere degli apparati di partito. Tali proposte, tuttavia, furono respinte dalla maggioranza dei Costituenti, che si orientò verso una soluzione per certi versi compromissoria: da un lato, essa non adottò una visione, per così dire, "agnostica", di indifferenza costituzionale nei confronti dei partiti (come, invece, contestualmente si andava facendo nella Costituzione della IV Repubblica francese), ma, come si è detto, decise di riconoscere il ruolo costituzionale di tali formazioni sociali; dall'altro lato, però, escluse la previsione di strumenti di controllo, da parte dello Stato, sull'ideologia, sui programmi e sulla stessa organizzazione partitica, così come invece previsto dalla Legge fondamentale di Bonn (art. 21 G.G.).

Il «metodo democratico»

La formulazione "aperta" dell'art. 49 della Costituzione, pertanto, consente letture diverse della disposizione: se, infatti, per alcuni, il **metodo democratico** farebbe riferimento essenzialmente alla natura delle attività che i partiti potrebbero svolgere (e, quindi, per così dire, alla dimensione "esterna"), per altri – ed è questa la tesi che appare preferibile – il limite del metodo democratico non atterrebbe esclusivamente al rapporto tra partiti e modalità di svolgimento della competizione politica, ma si estenderebbe anche al loro ordinamento interno e ai processi decisionali dei partiti politici che, in ragione della funzione essenzialmente strumentale loro attribuita, in assenza di una struttura a carattere democratico, non sarebbero in grado di assicurare né il concorso alla determinazione della politica nazionale, né tantomeno la rappresentatività. Sebbene l'estensione del principio democratico dal livello statale a istituzioni della società civile come le associazioni partitiche non appaia in contrasto «*con la sfera di libertà coessenziale*» (P. Ridola) alla natura societaria degli stessi, non può trascurarsi che la previsione di interventi dello Stato nell'ambito della sfera organizzativa dei partiti per molto tempo sia stata ritenuta lesiva della loro autonomia, per le potenziali limitazioni alla loro libertà che avrebbe potuto determinare (fino a snaturare, secondo alcuni, lo stesso principio del concorso alla determinazione della politica nazionale). Cionondimeno, il carattere di funzionalità individuato dall'art. 49 Cost. in ordine al diritto di associazione in partiti legittima, a nostro avviso, uno spazio di intervento del legislatore per assicurare il rispetto del metodo democratico nella organizzazione interna, al fine di garantire non solo la selezione e il ricambio dei gruppi dirigenti a livello nazionale e locale, la definizione dei programmi, la rappresentanza e la tutela delle minoranze, ma anche la disciplina di quelle attività di partito che più direttamente incidono sul funzionamento delle istituzioni come, ad esempio, le procedure interne per la scelta dei candidati alle elezioni.

Le questioni del ruolo dei partiti politici, del carattere democratico e partecipativo della loro organizzazione interna e, più in generale, della loro rappresentatività, si sono ulteriormente complicate in ragione della crisi di legittimazione politica e rappresentativa dei partiti, acuitasi negli ultimi decenni, a causa della loro crisi ideologica, del tendenziale processo di personalizzazione e dell'influenza dei mass-media nell'ambito della competizione elettorale, fattori che hanno ridotto gli spazi di partecipazione e di democrazia dei e nei partiti politici.

Il finanziamento pubblico ai partiti e il rimborso per le spese elettorali

Ai suddetti temi si lega, poi, la questione del **finanziamento pubblico ai partiti**, che, previsto dalla legge n. 195 del 1974, fu eliminato a seguito dell'abrogazione referendaria di tale legge, avvenuta nel 1993. Successivamente, la legge n. 2 del 1997 introdusse la possibilità per il contribuente di destinare il 4 per mille dell'imposta sul reddito delle persone fisiche (IRPEF) ai partiti e ai movimenti politici, ma anche tale disciplina fu abrogata dalla legge n. 157 del 1999 (a sua volta modificata da atti successivi), che riconobbe soltanto la possibilità di ottenere il rimborso delle spese elettorali e alcune agevolazioni fiscali. Il decreto-legge n. 149 del 2013 (convertito dalla legge n. 13 del 2014), da un lato, ha eliminato il rimborso delle spese elettorali e, dall'altro, disciplinando la contribuzione volontaria e quella indiretta ai partiti politici, ha introdotto alcune norme volte ad assicurare la trasparenza e la democraticità dei partiti che vogliano accedere a tali forme di finanziamento. Ulteriori norme, in materia, sono state introdotte dalla legge n. 3 del 2019 e dal decreto-legge n. 34 del 2019 (convertito dalla legge n. 58/2019).

Partiti, democrazia rappresentativa e prospettive di riforma

È di certo incontestabile che, sin dalle sue origini, la vicenda del partito politico si sia indissolubilmente legata a quella della rappresentanza e alla stessa configurazione della forma di governo. Nella dottrina costituzionalistica, tale rapporto ha trovato la sua teorizzazione particolarmente in Germania (G. Leibholz) e in Italia (C. Mortati, L. Elia, T. Martines). Si deve, infatti, a questa dottrina il merito di aver individuato, sul piano interpretativo, la coessenzialità dei partiti al modo di essere della struttura fondamentale dello Stato e l'intuizione che anche l'equilibrio delle forme di governo contemporanee sia influenzato dal rapporto tra i soggetti protagonisti della competizione politica, dal loro numero, dalla forma e modalità della loro organizzazione. Tali teorie, che hanno mostrato tutta la loro validità ed efficacia ai fini dello studio delle forme di governo, consentendo di definire la dinamica dello sviluppo e delle trasformazioni nell'equilibrio tra i poteri costituzionali, sono state tuttavia utilizzate più di recente, da parte di certa dottrina, con finalità ben diverse rispetto a quelle dettate dal rigore della mera interpretazione, per sostenere, in ragione della crisi del partito politico, la crisi dello stesso istituto della rappresentanza politica e, dunque, delle costituzioni che a essa si ispirano. In altri termini, considerato il profondo intreccio tra sistema partitico e forma di governo, è stato sostenuto che a essere in crisi o addirittura in via di superamento non sarebbe la "forma partito" tradizionale ma lo stesso principio di rappresentanza politica. Tale orientamento è stato espresso, in particolare, nell'ambito di sistemi, come quello italiano, in cui più forte si è manifestata la crisi di identità dei partiti politici, sia per una pressocché totale assenza di una loro disciplina costituzionale e legislativa, sia per una palese debolezza delle istituzioni. In tale chiave interpretativa vanno ricondotte le ipotesi di superamento del vigente sistema parlamentare e di adozione di meccanismi di investitura diretta dell'organo di vertice dell'esecutivo, fondati su una forte personalizzazione del circuito della rappresentanza politica e su un tendenziale smantellamento degli istituti della rappresentanza e della democrazia dei partiti. Al contrario, l'esperienza costituzionale delle maggiori democrazie contemporanee ci sembra conforti il convincimento che le attuali difficoltà del sistema partitico e delle istituzioni rappresentative possano essere superate nell'ambito dello stesso circuito istituzionale della rappresentanza politica, attraverso una profonda ridefinizione dei modi e delle forme della sua qualificazione all'interno degli ordinamenti costituzionali. Storicamente, lo strumento per perseguire un *idem sentire* tra rappresentanti e rappresentati è stato quello elettorale, attraverso cioè elezioni libere e periodiche, per lo svolgimento delle quali hanno avuto fino a oggi un ruolo centrale i partiti politici. Tale meccanismo è divenuto per molti versi non più sufficiente, e appare di tutta evidenza la necessità di volgere l'attenzione verso soluzioni che – senza svilire il ruolo insostituibile del partito e quello delle elezioni – possano rafforzare il rapporto di rappresentanza politica che oggi appare limitato al rapporto elettorale. Si pensi, a questo proposito, a sistemi di elezione e anche ad alcune riforme dell'organizzazione costituzionale che, oltre a rendere più stretto il rapporto tra cittadini/elettori e rappresentanti, accrescano il potere decisionale di quest'ultimo; a criteri di selezione democratica delle candidature; a modelli organizzativi dei partiti politici ispirati al metodo della partecipazione democratica e non a quello della cooptazione; a una razionalizzazione, infine, degli strumenti di democrazia diretta, quali il referendum, che, evitando i rischi di strumentalizzazioni demagogiche e plebiscitarie, rivaluti comunque questi istituti come incisivi meccanismi di decisione del corpo elettorale su alcune questioni fondamentali. In tale quadro può certamente contemplarsi nell'ordinamento italiano una regolamentazione per legge del partito politico che garantisca in tutta la sua portata il rispetto del principio del concorso con metodo democratico di cui all'art. 49 Cost.

CAPITOLO XIV

PUBBLICHE AMMINISTRAZIONI E GARANZIE DEI PRIVATI

Piera Vipiana

SEZIONE I

REGOLE, PRINCIPI E NOZIONI DI BASE

1. *Il diritto amministrativo*

Definizione

Il diritto amministrativo è un **settore del diritto pubblico** che tratta della disciplina giuridica delle pubbliche amministrazioni (di seguito, p.a.), della loro organizzazione, delle loro attività e dei rapporti fra esse e i privati, da tempo specie nell'ottica delle garanzie di questi ultimi nei confronti delle p.a. Si tratta di un settore giuridico molto concreto, perché ha a che fare con esso sia ogni privato cittadino, sia ogni imprenditore.

Scopo

Lo **scopo del diritto amministrativo** è quello di **operare delle scelte** e quindi realizzare, sulla base della legge: sia un contemperamento dei vari interessi pubblici in gioco in un caso concreto (ad esempio, la realizzazione di un capannone industriale risponde all'interesse allo sviluppo economico, ma può configgere con l'interesse alla tutela dell'ambiente e del paesaggio); sia un contemperamento fra interessi pubblici e privati e fra i singoli interessi privati (ad esempio, nel caso di un concorso per un posto di impiego presso una p.a., occorre scegliere il concorrente migliore).

Un diritto amministrativo ben articolato sicuramente **"fa bene" all'economia**, tendendo a uno sviluppo economico compatibile con tutti gli altri interessi, pubblici e privati, coinvolti nel caso concreto.

2. *Punti salienti del diritto amministrativo e settori di esso*

Lo studio del diritto amministrativo comprende perlomeno **cinque profili**, tutti molto rilevanti.

I. In primo luogo, si tratta dell'approccio statico al diritto amministrativo, ossia dell'esame dell'**organizzazione**, in altri termini dei soggetti, della loro articolazione e dei rapporti reciproci.
II. In secondo luogo, dall'approccio statico si passa a quello dinamico e sarà oggetto di studio l'**attività** amministrativa, vale a dire ciò che i soggetti fanno.
III. Per agire le p.a., al pari dei soggetti privati, hanno bisogno di **risorse umane** e di **mezzi**: dai beni, alle finanze, ai contratti attraverso i quali ottengono forniture, servizi e lavori.
IV. Non di rado i privati sono lesi da atti amministrativi viziati oppure dall'illegittima inerzia della p.a.: in tali casi e in altri assimilabili, sono previsti rimedi che si collocano nella cosiddetta **giustizia amministrativa**.
V. Occorre infine prendere in esame le **responsabilità** delle p.a.

Attraverso lo studio, seppur sintetico, dei profili summenzionati si acquisiscono le basi del diritto amministrativo, che possono essere utilmente impiegate pure per approfondire i singoli settori di esso, non affrontabili in questa sede, ma di indubbia rilevanza: il diritto dell'ambiente, quello dei beni culturali e paesaggistici, il diritto sanitario e farmaceutico, il diritto urbanistico, il diritto delle opere pubbliche, il diritto pubblico e amministrativo dell'economia e così via.

3. *La regolamentazione del diritto amministrativo*

Caratteristiche del diritto amministrativo

La disciplina del diritto amministrativo, sebbene anch'essa sia frutto delle fonti del diritto già studiate (*supra* al Cap. IV), presenta talune **caratteristiche** rispetto a quella di altri settori del diritto, come il diritto privato:

a) innanzitutto, **non esiste un codice unitario**, come il codice civile per il diritto privato, ma i vari istituti del diritto amministrativo sono disciplinati da una miriade di leggi, altri atti aventi forza di legge, e atti posti in essere da fonti secondarie;
b) inoltre, mentre alcuni casi sono oggetto di una pluralità di disposizioni, non di rado difficilmente coordinabili fra loro, non mancano casi in ordine ai quali si ravvisa una **lacuna** normativa, nel senso che essi non sono regolati da apposite disposizioni;
c) parecchi aspetti del diritto amministrativo sono disciplinati non (solo) da fonti del diritto, ma (**anche**) da **atti diversi dalle fonti**, quali taluni dei decreti del Presidente del Consiglio dei ministri, gli atti amministrativi generali (ad esempio, i piani e i programmi) e atti di autorità amministrative, come quelle indipendenti (v. *infra* al par. 11 della sez. II) fra le quali l'Autorità nazionale anticorruzione;
d) nonostante tale affastellamento di fonti del diritto e di atti non costituenti fonti, restano privi di disciplina non pochi aspetti di una materia, oppure, proprio a causa di tale affastellamento, si creano antinomie da risolvere: di conseguenza, un ruolo rilevantissimo viene ricoperto, nel diritto amministrativo, dalla **giurisprudenza**, specie dei giudici amministrativi (v. *infra*, alla sez. VI);
e) per risolvere i casi concreti, spesso la giurisprudenza si rifà ai **principi** del diritto amministrativo, il quale, pertanto, è definibile come un diritto giurisprudenziale basato su principi.

4. *I principi del diritto amministrativo*

I principi che riguardano le pubbliche amministrazioni e le attività amministrative si trovano enunciati nella **Costituzione** o in **leggi**; oppure si ricavano dal **diritto dell'Unione europea**, perché una legge italiana molto importante per il diritto amministrativo, ossia la legge n. 241/1990, rinvia (all'art. 1) proprio ai principi del diritto dell'Unione europea; altri principi ancora sono il frutto delle elaborazioni della giurisprudenza.

Fra i più rilevanti principi del diritto amministrativo si annoverano:

1. il principio di **legalità** e il principio di **riserva di legge**, che in questo caso è relativa (art. 97 Cost.) (v. *supra*, al Cap. IV, sez. I, par. 6);
2. il principio di **buon andamento** dell'amministrazione (ivi sancito), che comprende i criteri di economicità (intesa come relazione fra i mezzi utilizzati e gli obiettivi da conseguire), di efficacia (riguardante la relazione fra risultati e obiettivi, nel senso che i risultati in concreto raggiunti devono essere congrui agli obiettivi prefissati) e di efficien-

za (attinente al rapporto fra mezzi e risultati, nel senso che i risultati devono essere conseguiti con mezzi sovente limitati, anche perché le risorse pubbliche sono scarse);
3. il principio di **imparzialità** (art. 97 Cost.), che comporta il trattamento uguale di situazioni identiche e il trattamento differenziato di situazioni diverse;
4. i principi di **pubblicità e trasparenza** dell'azione amministrativa, che si ricavano da buon andamento e imparzialità, sono disciplinati da leggi come la legge n. 241/1990 e trovano limiti nella necessità, ad esempio, che sia salvaguardata la riservatezza;
5. i principi di **ragionevolezza e logicità**, secondo i quali l'azione delle p.a. dev'essere logica e coerente;
6. il principio di **proporzionalità**, in virtù del quale i provvedimenti che la p.a. può adottare non devono essere eccessivamente gravosi per il destinatario e devono essere proporzionati al caso concreto, cosicché, per fare un esempio paradossale, per spostare fiammiferi non serve la gru: la sanzione (ad esempio, disciplinare per un dipendente della p.a.) dev'essere proporzionata al fatto commesso (dal dipendente stesso);
7. il principio della tutela del **legittimo affidamento**, in base al quale, ad esempio, in caso di concessione di contributi e sovvenzioni pubblici con provvedimenti illegittimi successivamente revocati, l'obbligo di restituzione trova un limite nella tutela dell'affidamento incolpevole di chi (imprenditore) abbia conseguito la somma o il beneficio nella legittima convinzione di averne diritto;
8. il principio del **giusto procedimento**, che consente di prendere parte all'attività amministrativa, nel corso del suo svolgimento (*iter* procedimentale), a chi potrebbe subire un nocumento dall'esito di tale attività (principio del **contraddittorio**) e a chi è comunque interessato (**partecipazione** procedimentale) (v. *infra*, Sez. IV);
9. il principio di **non aggravamento dei procedimenti**, in base al quale la p.a. non può aggravare il procedimento se non per straordinarie e motivate esigenze imposte dallo svolgimento dell'istruttoria (v. *infra*, al par. 3 della Sez. IV).

5. *Il "rapporto amministrativo"*

In molti casi nella vita si entra in contatto, volenti o nolenti, con una p.a.: ad esempio, quando si ha bisogno di un provvedimento amministrativo, come nell'ipotesi in cui un privato intenda costruire una villetta su un proprio terreno oppure un imprenditore voglia realizzare un capannone per incrementare la propria attività; oppure quando si lascia l'auto in un posto in cui non è consentito e il Comune attiva il procedimento volto a irrogare una sanzione.

In tutti questi casi e in altri simili si instaura una **relazione fra il privato e la p.a.**, che si può denominare rapporto amministrativo e che comporta (come si vedrà meglio nelle prossime pagine):

- **in** capo ai **privati** delle **posizioni giuridiche di vantaggio**, che possono essere soprattutto diritti soggettivi e interessi legittimi, a seconda dei casi (v. *supra*, Cap. XII, Sez. I, par. 1);
- **in** capo alle **p.a.** dei **poteri**, che possono essere vincolati oppure discrezionali o, ancora, improntati alla cosiddetta discrezionalità tecnica.

6. *Le posizioni giuridiche di vantaggio: i diritti soggettivi*

Diritti soggettivi

L'ordinamento giuridico italiano conosce e tutela i diritti o **diritti soggettivi**, dei quali si è già parlato (Cap. XII, Sez. I, par. 1), fra i quali si annoverano i diritti fondamentali, come quello alla salute e quello alla libertà personale, e i diritti che si studiano a diritto privato, in primo luogo il diritto di proprietà: chi è titolare di un diritto di proprietà su un bene può disporne in modo pieno e diretto nel modo in cui ritiene opportuno, ovviamente limitatamente a quanto è consentito dall'ordinamento giuridico, ad esempio godendo personalmente del bene, oppure dandolo in locazione o in affitto, oppure in comodato o, ancora, vendendolo o donandolo.

Definizione

Da questi esempi si può ricavare la **definizione** di diritto soggettivo, che è la posizione di vantaggio attribuita dall'ordinamento ad un soggetto in rapporto ad un bene della vita (come un immobile) e che consiste nell'attribuzione al medesimo soggetto della disponibilità di strumenti giuridici, quali **facoltà, pretese e poteri, idonei a realizzare in modo pieno e diretto l'interesse al bene**.

7. Segue. *Gli interessi legittimi*

Oltre ai diritti soggettivi la stessa Costituzione prevede altre posizioni giuridiche di vantaggio: gli interessi legittimi (*supra*, Cap. XII, Sez. I, par. 1). In effetti, gli artt. 103 e 113 Cost., come si studierà in prosieguo (al par. 2 della Sez. VI), si basano su tale distinzione per attribuire le controversie fra privati e p.a. alla giurisdizione dei giudici ordinari oppure a quella dei giudici amministrativi. Tuttavia, né in Costituzione né in altro testo normativo si trovano le definizioni di queste due posizioni giuridiche soggettive, che pertanto sono complesse e tuttora discusse.

Anche in questo caso è meglio partire da esempi.

Esempi

A) Il partecipante a un concorso volto a ricoprire un posto da pubblico impiegato (come funzionario contabile di un Comune) non è titolare di un diritto a ottenere il posto, ma ha un interesse legittimo a che la p.a. che ha adottato il bando di concorso e la commissione giudicatrice esercitino in modo corretto i poteri loro attribuiti al fine di individuare chi, fra i candidati, ricoprirà il posto. Analogamente, l'imprenditore che vorrebbe aggiudicarsi un appalto da parte di una p.a. (ad esempio, per la costruzione di un ponte) ha un interesse legittimo a che la p.a. la quale ha adottato il bando di gara e la commissione giudicatrice esercitino in modo corretto i poteri loro attribuiti al fine di aggiudicare l'appalto. Quindi il conseguimento del bene della vita (nella specie, il posto a tempo indeterminato nel Comune oppure l'aggiudicazione della gara, che darebbe lavoro all'impresa per parecchio tempo) si ottiene tramite l'esercizio di un potere della p.a. (su cui v. il par. seguente) e l'interesse legittimo del concorrente consiste nella **pretesa a che** tale **potere sia esercitato legittimamente**.
B) Il proprietario di un terreno può diventare destinatario di un provvedimento di espropriazione del terreno stesso, che sia ritenuto utile dalla p.a. per la realizzazione di un'opera pubblica (come un ospedale). In tal caso il proprietario ha un interesse legittimo a che la p.a., dotata di un potere (di esproprio) idoneo a privarlo di un bene della vita (la proprietà del terreno), eserciti legittimamente il potere stesso.

Definizione

Sulla base di tali esempi si può evincere che l'interesse legittimo è la posizione di vantaggio attribuita a un soggetto dall'ordinamento in rapporto a un bene oggetto di potere amministrativo e consistente nell'attribuzione al medesimo di poteri atti a influire sul corretto esercizio del potere, in maniera da:

A) realizzare la pretesa all'utilità (allora, come negli esempi *sub* A, l'**interesse legittimo** sarà **pretensivo**), oppure
B) opporsi alle iniziative che lo priverebbero dell'utilità (in questo caso, come nell'esempio *sub* B, l'**interesse legittimo** sarà **oppositivo**).

Si noti che, come si ricava dalle stesse disposizioni costituzionali summenzionate, gli interessi legittimi si collocano, rispetto ai diritti soggettivi, su un piano di assoluta parità e sono tutelati dall'ordinamento in una maniera ugualmente intensa, sebbene con modalità diverse. In particolare, come è risarcibile la lesione del diritto soggettivo, così lo è la lesione dell'interesse legittimo (v. *infra*, al par. 3 della Sez. VI).

8. *I pubblici poteri: vincolati, discrezionali, improntati a discrezionalità tecnica*

Nel rapporto amministrativo in capo alle p.a. si configurano poteri pubblicistici, che possono essere di varie specie.

Se la legge, in quanto atto di organi costituiti sulla base di votazioni del popolo e quindi espressione della volontà popolare, è il fondamento dell'attività amministrativa, **la disposizione legislativa attributiva del potere alla p.a.** può essere, in concreto, **formulata in varie maniere**.

1. In certi casi tale **disposizione** è **molto dettagliata**, imponendo alla p.a. se agire (l'*an* dell'azione amministrativa), il momento dell'azione (il *quando*), il contenuto dell'agire (il *quid*) e le modalità dell'azione stessa (il *quomodo*): di conseguenza il **potere della p.a.** (e correlativamente l'attività amministrativa) che si fondi su questa disposizione sarà **strettamente vincolato**.
2. Al contrario, in altri casi la **disposizione legislativa** attributiva del potere alla p.a. è assai **generica**, non ponendo vincoli a esso in ordine all'*an*, al *quid*, al *quando* e al *quomodo* dell'azione amministrativa: quindi il **potere della p.a.** sarà **ampiamente discrezionale**, come nel caso di avanzamento a scelta degli ufficiali delle forze armate. Però la discrezionalità, anche nei casi in cui è ampia, non coincide affatto con la libertà nei rapporti fra privati, poiché l'attività amministrativa, pure quando si caratterizza per tale discrezionalità, è sempre funzionalizzata al perseguimento dell'interesse pubblico, ossia a quell'interesse pubblico per conseguire il quale la legge ha attribuito il potere all'autorità amministrativa: nell'esempio, l'interesse pubblico a che i posti apicali nelle forze armate siano ricoperti dagli ufficiali più meritevoli.
3. Sussistono poi **ipotesi intermedie** fra attività amministrativa vincolata e attività amministrativa ampiamente discrezionale: il potere della p.a. è per certi versi vincolato e per altri discrezionale a seconda del carattere più o meno dettagliato della disposizione attributiva del potere.

Più nei dettagli, il **nucleo della discrezionalità** consiste nella **ponderazione** (quindi nel bilanciamento) **dell'interesse pubblico primario** Discrezionalità (quello per il conseguimento del quale il potere è stato attribuito dalla legge alla p.a.) **con** gli altri interessi rilevanti nel caso concreto: ossia gli **interessi pubblici secondari** (rispetto a quello primario) **e** gli specifici **interessi privati** coinvolti, che potrebbero essere di vario tipo ed eventualmente contrastare fra di loro e rispetto agli interessi pubblici. Ad esempio, nel caso di un edificio pericolante, ma di rilievo artistico e situato in una piazza molto trafficata di una città, l'interesse primario da perseguire sarà costituito dall'incolumità delle persone; tuttavia, esso dovrà essere ponderato con gli altri interessi pubblici rilevanti nella specie, quali la tutela dell'immobile di pregio artistico e la gestione ordinata del traffico; inoltre, non si dovranno trascurare gli interessi privati presenti in concreto, ad esempio, quello dei proprietari dell'edificio e quello di chi vi gestisce un bar.

Discrezionalità tecnica

4. Oltre alla vincolatezza e alla discrezionalità, più o meno ampia, sussiste in alcuni casi la cosiddetta **discrezionalità tecnica**, che in realtà non è discrezionalità, ma piuttosto **potere di valutazione tecnica** e che è ravvisabile quando la p.a., nel decidere, applica criteri e regole proprie di conoscenze tecniche e quindi estranee al diritto, ma comunque suscettibili di esiti differenti nella loro applicazione: ad esempio, qualora valuta se un immobile presenti un pregio di tipo artistico oppure decide il vincitore fra i candidati a un concorso a pubblico impiego.

Mero accertamento tecnico

5. Si noti che in alcune ipotesi la p.a., nel decidere, deve applicare regole tecniche, che però conducono a esiti univoci: ad esempio, quando la polizia stradale utilizza l'etilometro per misurare il tasso di alcol in un automobilista, l'uso di tale apparecchiatura dà un esito univoco e allora la p.a. non esercita discrezionalità tecnica, ma effettua un **mero accertamento tecnico**.

SEZIONE II
ORGANIZZAZIONE AMMINISTRATIVA

SOMMARIO: 1. Il concetto di p.a. e l'approccio "macro": le figure organizzatorie. – 2. L'approccio "micro": organi e uffici degli enti pubblici. – 3. Il rapporto organico o di immedesimazione organica. – 4. Relazioni fra figure organizzatorie, uffici, organi e rispettive attività. – 5. Relazioni intersoggettive e relazioni interorganiche. – 6. Gli enti pubblici. – 7. Tipologia degli enti pubblici. – 8. Tipi di uffici e di organi. – 9. Le vicende degli enti pubblici. – 10. La struttura organizzativa statale: la Presidenza del Consiglio e i ministeri. – 11. Le autorità amministrative indipendenti. – 12. Le p.a. in forma privata.

1. *Il concetto di p.a. e l'approccio "macro": le figure organizzatorie*

Uno dei primi quesiti che si possono porre in materia di diritto amministrativo è che cosa si intenda per pubblica amministrazione. La risposta non è univoca perché più leggi o atti aventi forza di legge dettano **diverse definizioni** di pubblica amministrazione, ai fini di delimitare la propria portata applicativa: ad esempio, quella della disciplina dei contratti pubblici, quella del codice del processo amministrativo, o quella della disciplina sul lavoro alle dipendenze delle p.a. In particolare, a proposito di quest'ultima il d.lgs. n. 165/2001 prescrive, con una disposizione richiamata in varie leggi: per amministrazioni pubbliche si intendono tutte le amministrazioni dello Stato, ivi compresi gli istituti e scuole di ogni ordine e grado e le istituzioni educative, le aziende e amministrazioni dello Stato a ordinamento autonomo, le Regioni, le Province, i Comuni, le Comunità montane e loro consorzi e associazioni, le istituzioni universitarie, gli Istituti autonomi case popolari, le Camere di commercio, industria, artigianato e agricoltura e loro associazioni, tutti gli enti pubblici non economici nazionali, regionali e locali, le amministrazioni, le aziende e gli enti del Servizio sanitario nazionale, l'Agenzia per la rappresentanza negoziale delle pubbliche amministrazioni (ARAN) e le Agenzie di cui al d.lgs. n. 300/1999 (quali le agenzie fiscali); inoltre, fino alla revisione organica della disciplina di settore, anche il CONI.

Si può ritenere che **non** sussista un **concetto unitario di p.a.**, ma un **pluralismo di amministrazioni pubbliche**: anche perché pubbliche funzioni possono essere esercitate, oltre che dallo Stato e dagli altri enti pubblici, anche da soggetti formalmente privati: ad esempio, un concessionario di un servizio pubblico oppure un notaio, relativamente a una parte delle sue attività. Precisamente si possono distinguere:

a) la **p.a. in senso soggettivo**, che include **soggetti di diritto pubblico** che esercitano funzioni amministrative, come un Comune o una Camera di commercio, e
b) quella **in senso oggettivo**, che comprende **figure soggettive che hanno natura di diritto privato**, ma svolgono pure attività amministrative, come un concessionario di lavori pubblici che può anche provvedere a espropriare terreni necessari alla realizzazione dell'opera pubblica.

Modelli

Più nei dettagli, i **modelli** di figure organizzatorie presenti nel diritto amministrativo, in un approccio (per così dire) "macro", sono sostanzialmente quattro: gli **enti pubblici**; la **presidenza del Consiglio dei ministri e i ministeri**; le **autorità amministrative indipendenti**; le **p.a. in forma privata**.

L'esame delle prime tre di queste figure organizzatorie, e soprattutto dell'ente pubblico, va completata con lo studio del modo in cui esse sono articolate al loro interno e quindi sono in grado di funzionare: così dall'approccio "macro" si passa a un approccio "micro".

2. *L'approccio "micro": organi e uffici degli enti pubblici*

Come le persone giuridiche private, così pure quelle pubbliche, e quindi le figure organizzatorie del diritto amministrativo, operano grazie a persone fisiche che agiscano per loro, come si evince dall'organigramma di ciascuna di esse (di regola reperibile sul rispettivo sito *web*).

Uffici

Organi

Precisamente, gli enti pubblici, al pari delle altre figure organizzatorie, per agire hanno bisogno di **uffici** pubblici, che costituiscono il loro modulo organizzativo di base. Gli uffici più rilevanti sono gli **organi**, che sono gli **uffici idonei a esprimere la volontà dell'ente verso l'esterno**. Così, sono organi del Comune il Sindaco, il consiglio comunale, i singoli dirigenti.

Nell'ambito degli uffici, oltre agli organi, ci sono i meri uffici, che non sono in grado di esprimere la volontà dell'ente verso l'esterno, bensì hanno un ruolo strumentale, di supporto nei confronti degli organi. Ad esempio, un mero ufficio è quello che gestisce la manutenzione della strumentazione informatica di un Comune.

In sintesi, nell'ambito degli uffici pubblici si riscontrano organi e meri uffici: tutti gli organi sono uffici, ma non tutti gli uffici sono organi.

A loro volta, ciascuno degli organi amministrativi consta di:

a) una persona fisica **titolare** dell'organo (o di una pluralità di persone fisiche, se l'organo è collegiale),
b) una **competenza** (v. *infra*, al par. 4 di questa Sez.) e
c) una serie di **dotazioni materiali** (come i mezzi, fra i quali una stanza o porzione di stanza, del denaro e gli arredi dell'ufficio).

3. *Il rapporto organico o di immedesimazione organica*

Visto che l'ente pubblico opera verso l'esterno (e quindi nei confronti dei soggetti "amministrati") attraverso organi, come si imputa all'ente pubblico ciò che fa l'organo?

Tale importante problema dell'organizzazione pubblica, che è il problema dell'**imputazione**, si potrebbe risolvere, in teoria, in due modi differenti: la rappresentanza, che non risulta però uno strumento soddisfacente nel diritto amministrativo, e l'**immedesimazione organica**, che è il meccanismo idoneo e pertanto utilizzato. La differenza è la seguente.

Rappresentanza

In base alla *rappresentanza*, istituto diffuso nel diritto privato, il rappresentante agisce in nome e per conto del rappresentato, in capo al quale sono imputati gli effetti dell'atto del rappresentante, ma non l'atto in sé. Quindi se Tizio (che diventa rappresentato) si fa rappresentare da Caio (rappresentante), attraverso una procura, per vendere un immobile, il rogito di compravendita sarà sottoscritto da Caio e gli effetti si produrranno in capo a Tizio. Tuttavia, l'atto resta di Caio e pertanto potranno essere rilevanti alcuni vizi della volontà di lui, come nel caso in cui qualcuno lo minacci a firmare l'atto di compravendita per un prezzo particolarmente basso: quindi il terzo (nel caso, l'acquirente dell'immobile) dovrà accertarsi se in capo al rappresentante non sussistano vizi della volontà. L'istituto della **rappresentanza**, quindi, **presenterebbe inconvenienti** nel caso del rapporto fra un ente pubblico e il suo rappresentante, visto che qui i terzi sono i cittadini "amministrati".

Rapporto organico

In tal caso si usa invece l'istituto dell'**immedesimazione organica o rapporto organico**, in base al quale non solo gli effetti degli atti posti in essere dall'organo, ma gli stessi atti vengono imputati direttamente all'ente. Ad esempio, i provvedimenti di un dirigente comunale (le cosiddette "determine") oppure le delibere del consiglio comunale sono, direttamente, atti del relativo Comune. Quindi i soggetti che vengono in rapporto con tali organi amministrativi non dovranno indagare se la persona fisica titolare dell'organo sia priva di vizi della volontà.

4. *Relazioni fra figure organizzatorie, uffici, organi e rispettive attività*

Funzioni

Quanto al collegamento fra le attività amministrative e le figure organizzatorie (ossia gli apparati), i loro organi e uffici, **a ogni apparato** spettano delle **attribuzioni o funzioni**, ossia ampie aree di attività: in base alla riserva di legge prevista dall'art. 97 Cost. (secondo cui «*i pubblici uffici sono organizzati secondo disposizioni di legge*»), le attribuzioni sono previste dalla legge. Per anticipare quanto sarà illustrato meglio (*infra*, al par. 11 della Sez. IV), se un atto rientrante nelle attribuzioni di un apparato è adottato dall'organo di un altro apparato, tale atto sarebbe affetto da incompetenza assoluta: di conseguenza, sarebbe radicalmente nullo.

Competenza

Invece **a ciascun organo**, rientrante in una figura organizzatoria, pertiene una **competenza**, che è una partizione (una porzione) di un'attribuzione. Infatti, occorre operare una divisione del "lavoro" nell'ambito dei vari organi di un apparato. In questo caso, non soltanto le leggi, ma anche i regolamenti (o gli atti amministrativi generali) possono stabilire quali sono le competenze degli organi. Se un atto di un organo viene assunto da altro organo dello stesso apparato, esso sarà un atto viziato, ma solo per incompetenza relativa e, di conseguenza, sarà solo annullabile.

Mansioni

Quanto **ai meri uffici**, a ciascuno di essi spettano semplici **mansioni**, cioè compiti che non sono funzioni e che quindi non impegnano l'apparato verso l'esterno: le mansioni sono attribuibili attraverso atti dirigenziali, cioè di quegli organi che sono i dirigenti.

5. *Relazioni intersoggettive e relazioni interorganiche*

Le relazioni configurabili tra organi sono chiamate interorganiche. Alcune di queste relazioni possono essere anche intersoggettive, ossia instaurarsi anche fra differenti figure soggettive pubbliche: evidentemente, quindi, le relazioni intersoggettive sono meno numerose di quelle interorganiche.

a) Alcune relazioni sono **di subordinazione e sovraordinazione** e sono soltanto interorganiche: sono caratterizzate dal fatto che un ufficio è collocato in posizione sottordinata rispetto a un ufficio sovraordinato. L'esempio più rilevante è la **gerarchia** propriamente detta (o gerarchia in senso stretto), grazie alla quale si ha una relazione piramidale tra uffici, di modo che quello superiore esercita, verso l'inferiore gerarchico, poteri di:
   - comando (cioè ordine o divieto);
   - controllo;
   - coordinamento, direzione, indirizzo, vigilanza;
   - annullamento e riforma di atti, decisione di ricorsi gerarchici;
   - sostituzione (in tal caso un organo, che di regola è il superiore gerarchico, pone in essere atti obbligatori per legge, che vengono omessi da altro organo, come l'inferiore gerarchico) e
   - avocazione, istituto in forza del quale, in determinati casi, il superiore gerarchico, per motivi di interesse pubblico, esercita una competenza spettante all'inferiore gerarchico senza che quest'ultimo sia rimasto inadempiente: l'avocazione presuppone una competenza non esclusiva dell'organo subordinato, ossia presuppone un'indistinzione di competenze fra organo superiore e organo inferiore.
b) Altre relazioni sono **di equiordinazione** e intercorrono fra uffici che si trovano in reciproca posizione paritaria oppure tra figure organizzatorie. Nel loro ambito si annoverano:
   b1) il coordinamento;
   b2) la **direzione**, che comporta il potere di un ufficio di impartire, nei confronti di un altro ufficio, direttive, che si distinguono dagli ordini perché fissano soltanto i fini da perseguire, mentre mezzi e modalità sono stabiliti dall'ufficio diretto (invece gli ordini stabiliscono non solo fini, ma anche mezzi e modalità);
   b3) la **delega** di funzioni, che è un rapporto interorganico o intersoggettivo in virtù del quale l'organo o ente delegante, con un atto di delega, incarica un altro organo o ente, detto delegato, di esercitare un suo potere: il delegante, che nella delega di funzioni può vincolare il delegato circa durata della delega, istruzioni e obiettivi da perseguire, conserva poteri di direzione e di controllo e può sempre revocare la delega; inoltre l'attività posta in essere dal delegato si imputa a lui, che pertanto ne risponde verso i terzi, mentre ciò non avviene in altra figura di delega, la delega della firma, con cui il delegante consente al titolare di altro organo soltanto di sottoscrivere atti e l'atto continua a essere imputato al delegante, il quale ne risponderà verso terzi;

b4) l'**avvalimento**, grazie al quale un organo utilizza personale oppure strutture, quali locali o altri beni, di un altro organo;
b5) l'**autonomia** è una relazione intersoggettiva fra enti equiordinati e comporta l'idoneità degli enti autonomi di autodeterminarsi sotto vari profili, che corrispondono ad altrettanti tipi di autonomia: ad esempio, normativa (che consente di dotarsi di atti normativi, ad esempio regolamenti); statutaria (che permette all'ente di munirsi di uno statuto con cui precisare, entro i limiti consentiti da altre fonti, la propria organizzazione e il proprio funzionamento); amministrativa (in modo da fissare un proprio indirizzo politico-amministrativo).

6. *Gli enti pubblici*

Soggetti del diritto e quindi centri di imputazioni di diritti, doveri, pretese, ecc. sono non soltanto le persone fisiche e le persone giuridiche private (es. le società per azioni), che si studiano soprattutto nel diritto privato, ma anche le **persone giuridiche pubbliche o enti pubblici**, che costituiscono oggetto del diritto pubblico e, in particolare, amministrativo.

Numerosi sono gli enti pubblici ulteriori rispetto allo Stato. Esistono

Criteri distintivi

vari **criteri distintivi dell'ente pubblico**, nessuno dei quali però è dirimente. In particolare, si è ritenuto, a seconda dei casi, che un ente è pubblico se: è **creato da** un altro **ente** che sia sicuramente **pubblico**; oppure è **finanziato da** un **ente pubblico**; **o** è **sottoposto a controllo pubblicistico**.

A livello legislativo, nessuna legge detta tali criteri, qualche legge definisce come pubblico un determinato ente, ma l'art. 4 della legge n. 70/1975, in tema di riordinamento degli enti pubblici, stabilisce che «***nessun nuovo ente pubblico può essere istituito o riconosciuto se non per legge***»: tale disposizione vale solo per il futuro – non impedendo l'esistenza di enti pubblici precedentemente istituiti non per legge – e, comunque, non richiede che l'istituzione o il riconoscimento di nuovi enti pubblici avvenga per espressa disposizione di legge.

7. *Tipologia degli enti pubblici*

Gli enti pubblici sono molto numerosi e parecchi fra essi presentano profonde differenze dagli altri. Alcuni fra i principali enti pubblici sono i seguenti.

A) Gli **enti-istituzioni** (o enti a struttura istituzionale) sono enti gli **organi** dei quali sono **nominati da** soggetti appartenenti ad **altri enti**. Ad esempio, l'INPS (Istituto Nazionale Previdenza Sociale) svolge la sua azione a favore dei lavoratori subordinati, ai quali non spetta la nomina dei titolari dei suoi vertici, che invece compete allo Stato.

B) Invece gli **enti-associazioni** (o enti a struttura associativa) sono enti **autoamministrati**: nel senso che i soggetti che ne costituiscono il substrato sociale (come gli appartenenti a un ordine professionale, come quello degli avvocati, oppure a un collegio professionale, come quello dei geometri) assumono le decisioni più rilevanti per l'ente attraverso rappresentanti eletti oppure delegati da essi.

C) Gli enti **territoriali**, ossia lo Stato, le Regioni, le Città metropolitane, le Province e i Comuni, hanno il **territorio come elemento costitutivo**. Correlativamente sono esponenziali rispetto alla popolazione residente sul loro territorio, svolgono attività funzionali al soddisfacimento degli interessi di tale popolazione e possono essere titolari di beni demaniali. I Comuni sono gli enti amministrativi per eccellenza, visto che le funzioni amministrative sono attribuite a essi, salve le eccezioni previste dall'art. 118 Cost. (v. *supra*, al Cap. IX, par. 6), mentre le Regioni sono, in base all'attuale testo costituzionale, enti legislativi per eccellenza: tuttavia, gli apparati burocratici regionali, così come quelli statali, sono tuttora rilevanti.

D) Al contrario, negli enti **non territoriali** (come le Camere di commercio) il **territorio** è semplicemente l'**ambito nel quale l'ente può svolgere**, di regola, **la sua azione**.

E) Gli enti **autonomi** presentano particolari autonomie. Autonomia, di per sé, significa **capacità di autoregolamentarsi**, in particolare dotandosi di propri statuti e di propri regolamenti. Sono enti autonomi, ad esempio: i Comuni, le Province, le Città metropolitane e le Regioni, definiti dalla Costituzione «*enti autonomi con propri statuti, poteri e funzioni secondo i principi fissati dalla Costituzione*» (art. 114); le Università (pubbliche), le quali, come le istituzioni di alta cultura e le accademie, «*hanno il diritto di darsi ordinamenti autonomi nei limiti stabiliti dalle leggi dello Stato*» (art. 33 Cost.).

Enti pubblici economici

F) In contrapposizione con gli enti **non economici**, che sono quelli finora presi in esame, si annoverano gli enti pubblici **economici**, che sono quegli enti operanti nell'ambito dell'economia. A proposito di questi ultimi, il codice civile stabilisce che «*Gli enti pubblici che hanno per oggetto esclusivo o principale un'attività commerciale sono soggetti all'obbligo dell'iscrizione nel registro delle imprese*» (art. 2201).

G) Alcuni enti costituiscono una **federazione** di altri enti e svolgono attività di coordinamento fra le azioni degli enti federati: così il CONI rispetto alle federazioni sportive.

8. *Tipi di uffici e di organi*

Altre distinzioni attengono o a tutti gli uffici, oppure soltanto agli organi o, ancora, solo ai meri uffici.

A) Da un lato, ci sono gli uffici **necessari**, che devono esistere necessariamente in quanto previsti da una norma; dall'altro, gli uffici **non necessari**, costituiti dalla p.a. per varie esigenze, come quella di valutare portata ed effetti di una normativa o di una situazione (a tal fine può essere istituito un organo chiamato commissione di studio).

B) Sussiste poi la contrapposizione fra uffici **ordinari**, previsti in modo permanente e quindi operanti in via continuativa (ad esempio, il sindaco, organo comunale), e gli uffici **straordinari**, istituiti al fine di svolgere compiti temporanei, come i commissari nominati per sostituire organi ordinari che non svolgano le loro funzioni.

C) Un'importante tripartizione, basata sul **ruolo** è quella fra:
   C1) gli organi **di amministrazione attiva** (o attivi), che sono quelli competenti ad agire allo scopo di conseguire i fini di interesse pubblico per il perseguimento dei quali il potere è stato conferito loro;
   C2) gli organi **consultivi**, che sono competenti ad "illuminare", tramite atti denominati pareri (sui quali v. *infra*, al par. 3 della Sez. IV), gli organi di amministrazione attiva in ordine a profili che interessano l'azione di questi ultimi;
   C3) gli organi **di controllo**, che verificano l'azione dell'amministrazione attiva. Gli organi di controllo sono molteplici e sono differenziati per la loro struttura e per la loro attività: infatti i **controlli** sono di vari tipi.
   - Ci sono controlli **esterni**, esercitati da parte di organismi estranei all'amministrazione controllata (come la Corte dei conti), e controlli **interni** (o autocontrolli), esercitati da un organo interno alla compagine da controllare, come da un superiore gerarchico o come dall'organismo indipendente di valutazione (OIV): nella legislazione più recente i controlli interni divengono sempre più diffusi, presentando il vantaggio di far sì che gli organi sottoposti a controllo operino un'efficace autocorrezione.

- I controlli interni possono essere controlli **gerarchici**, controlli **di bilancio** e controlli **di gestione**.
- I controlli possono avere ad **oggetto**: persone fisiche titolari di uffici; organi, cioè le condotte di essi; intere attività degli organi; singoli atti posti in essere dall'organo, oppure (sempre più frequentemente in base all'evoluzione legislativa) un'attività complessiva; cose, come beni pubblici; servizi pubblici. Particolari tipi di controllo sono quello strategico e quello di gestione: quest'ultimo serve per accertare il rispetto, da parte di atti e attività amministrative, non solo della legalità, ma anche di ulteriori parametri, eventualmente non giuridici, correlati a efficacia, economicità ed efficienza.
- I controlli aventi a oggetto gli atti, in base al momento in cui i controlli si verificano, possono essere **preventivi**, se operano prima della formazione dell'atto o comunque prima che esso divenga efficace, oppure **successivi**, se hanno luogo quando ormai l'atto ha esplicato, almeno parzialmente, i suoi effetti: mentre nel passato i controlli preventivi erano numerosi, la tendenza della normativa più recente è nel senso dell'incremento dei controlli successivi.
- Sempre i controlli sugli atti si distinguono, sulla base del parametro in riferimento al quale si esplicano, in controlli **di legittimità**, se fondati sulla normativa, e controlli **di merito**, se considerano anche l'opportunità dell'atto.
- Gli organi di controllo, a seconda dei casi, possiedono poteri di carattere istruttorio più o meno ampi e incisivi: in generale, sono poteri di accesso, ispezione, richiesta di documenti e informazioni. A seconda di tali poteri, i controlli saranno più o meno pregnanti.
- In base all'esito del controllo, cioè delle eventuali conseguenze dell'esercizio dell'attività di controllo, i controlli possono dar luogo: alla rimozione o alla sostituzione di un organo; all'invalidità di un atto; alla mancata acquisizione di efficacia di un atto.

D) Una rilevante distinzione fra organi avviene sulla base della natura giuridica delle persone fisiche titolari dell'organo. Da questo punto di vista si annoverano:

D1) **organi monocratici** (come un sindaco o un dirigente comunale), aventi come titolare solo una persona fisica, e

D2) **organi collegiali** (o collegi), nei quali il substrato personale è costituito da un certo numero di persone fisiche (come la giunta comunale o il consiglio comunale). Ovviamente gli organi collegiali hanno modalità di funzionamento più complesse rispetto agli organi monocratici: sebbene ogni organo collegiale sia in proposito soggetto a disposizioni specifiche, ci sono aspetti carenti di disciplina *ad hoc*, per i quali, sulla scorta di prassi e giurisprudenza, opera una sorta di **disciplina generale della collegialità**, i cui punti principali sono i seguenti:

- occorre convocare ogni seduta dell'organo collegiale con congruo anticipo e con l'invio a ciascun partecipante di un ordine del giorno dettagliato e supportato da documentazione specifica visibile in anticipo dai componenti il collegio;
- l'organo collegiale, perché sia validamente costituito in una seduta, deve avere un *quorum* strutturale, normalmente pari alla metà più uno dei membri dell'organo: però ci sono collegi, chiamati "perfetti" (come la commissione di un concorso), per i quali è necessaria la presenza di tutti i componenti, perché ciascuno di essi è dotato di specifiche competenze tecniche e quindi sono previsti membri supplenti, che possono partecipare alla seduta del collegio solo in caso di impedimento del membro sostituito;
- si prevede pure un *quorum* funzionale, nel senso che ciascuna proposta di deliberazione si intende approvata se ottiene un numero minimo di voti: normalmente è una maggioranza relativa o semplice (metà dei votanti più uno); a volte la maggioranza è qualificata, come quella assoluta, che è la metà dei componenti il collegio (anche se assenti) più uno;
- in occasione della votazione è consentita l'astensione: il membro astenuto è, di regola, considerato assente, sicché non è computato tra i votanti (ma è calcolato per il calcolo del *quorum* strutturale).
- qualora la votazione verta su singole persone, queste ultime devono allontanarsi dalla seduta e la votazione è segreta, poiché la loro presenza potrebbe influenzare i votanti.

9. *Le vicende degli enti pubblici*

Gli enti pubblici (ma il discorso potrebbe valere pure per altre figure organizzatorie) possono subire varie vicende e modifiche, anche incidenti sulla loro natura giuridica.

A) La prima vicenda è la **nascita**, che può avvenire «*per legge*» (art. 4 della legge n. 70/1975).

B) Sono altresì possibili **modifiche**: così, un ente pubblico non economico potrebbe essere trasformato in un ente pubblico economico.

C) Un'altra vicenda è l'**estinzione**: ci sono stati interventi legislativi che hanno previsto l'estinzione di enti pubblici, ritenuti inutili. In caso di estinzione, si può avere un fenomeno successorio, in base al quale nei rapporti attivi e passivi dell'ente estinto può succedere un altro ente. Estinzione

D) Una specifica vicenda che interessa enti pubblici è la loro **privatizzazione**, fenomeno ricorrente che si svolge normalmente in due fasi.
D1) La prima fase è la privatizzazione in senso **formale**, grazie alla quale un ente pubblico viene trasformato in una persona giuridica privata (come una società per azioni), ma il capitale di quest'ultima continua a essere detenuto da un ente pubblico (come lo Stato): ad esempio, nel 1992 (d.l. n. 333/1992, convertito in legge n. 359/1992) enti pubblici (economici), quali IRI (Istituto per la ricostruzione industriale), ENI (Ente nazionale idrocarburi), INA (Istituto nazionale assicurazioni) ed ENEL (Ente nazionale energia elettrica) sono stati trasformati in società per azioni (s.p.a.), le cui azioni erano detenute dal Ministero del tesoro. Così, in questa prima fase, al cambiamento della forma non ha fatto seguito quello della sostanza.
D2) Solo in un secondo luogo è avvenuta la privatizzazione in senso **sostanziale** con le dismissioni della partecipazione pubblica: di solito almeno una parte delle quote o azioni della società (ad esempio, dell'ENEL) viene collocata sul mercato (in modo che i privati possano acquisire le relative azioni). Così in luogo di un ente pubblico avremo una persona giuridica privata, **sebbene** delle forme di collegamento con un ente pubblico (come lo Stato) possano continuare a sussistere:
- o attraverso una ***golden share***, ossia il possesso, da parte dell'ente pubblico, di quote o azioni che gli conferiscano particolari poteri (ad esempio, di nomina di alcuni vertici della compagine societaria) e quindi una posizione di privilegio, oppure
- attraverso ***golden powers***, ossia poteri esercitabili a prescindere dalla quota di partecipazione dello Stato nelle società medesime: ciò è avvenuto nel 2012, quando sono stati, appunto, rafforzati in tal modo i poteri governativi di intervento sulle società frutto di privatizzazione (d.l. n. 21/2012, convertito in legge n. 56/2012).

Si noti che una medesima struttura può essere oggetto di plurime trasformazioni: ad esempio, l'amministrazione delle Poste e delle Telecomunicazioni, facente capo allo Stato, fu trasformata dalla legge prima in un ente pubblico economico, le «Poste Italiane», e poi in società per azioni.

10. *La struttura organizzativa statale: la Presidenza del Consiglio e i ministeri*

Lo Stato è un ente pubblico che, dal punto di vista dell'organizzazione amministrativa, è articolato in una serie di ministeri, nella Presidenza del Consiglio dei ministri ed in una serie di strutture quali alcune agenzie e aziende.

Si noti che **ogni ministero** e la **Presidenza del Consiglio** costituiscono un'autonoma figura organizzativa (o branca di amministrazione) con proprie attribuzioni e sono articolati in organi.

Come si è già avuto modo di vedere (*supra*, al Cap. VII), ai sensi dell'art. 95 Cost., il Presidente del Consiglio dei ministri dirige la politica generale del Governo e ne è responsabile. Mantiene l'unità di indirizzo politico ed amministrativo, promuovendo e coordinando l'attività dei ministri.

I ministri sono responsabili collegialmente degli atti del Consiglio dei ministri, e individualmente degli atti dei loro dicasteri.

La legge provvede all'ordinamento della Presidenza del Consiglio e determina il numero, le attribuzioni e l'organizzazione dei ministeri.

Ministeri

Quanto ai **ministeri** (la disciplina dei quali è stata dettata dal d.lgs. 30 luglio 1999, n. 300), alcuni di essi presentano un **modello dipartimentale**, cioè si articolano in dipartimenti, che sono ampie strutture organizzative, a loro volte formate da uffici dirigenziali generali: ciò accade qualora i ministeri si occupino di vari settori di amministrazione molto differenziati fra loro, come accade nel caso del ministero dell'economia e delle finanze.

Altri ministeri sono articolati direttamente in uffici dirigenziali generali, ossia in **direzioni generali**, come il ministero degli affari esteri.

Quanto all'organizzazione ministeriale occorre considerare pure **agenzie** e **aziende**.

Agenzie

Le **agenzie** sono strutture che (ai sensi del d.lgs. n. 300/1999) svolgono attività a carattere tecnico-operativo di interesse nazionale, in precedenza esercitate da ministeri ed enti pubblici. Esse operano al servizio delle p.a., comprese anche quelle regionali e locali, e hanno piena autonomia nei limiti stabiliti dalla legge.

Particolari e rilevanti tipi di agenzie sono le **agenzie fiscali**, ossia l'agenzia delle entrate, l'agenzia delle dogane e dei monopoli e l'agenzia del demanio: le agenzie fiscali hanno personalità giuridica di diritto pubblico; l'Agenzia del demanio è ente pubblico economico.

Organizzazione periferica

Ogni ministero, oltre a un'organizzazione centrale, presenta un'**organizzazione periferica**. Ad esempio, rientrano fra gli organi periferici del Ministero della cultura: le Soprintendenze archeologia, belle arti e paesaggio; i Poli museali regionali; i Musei; le Soprintendenze archivistiche e bibliografiche; gli Archivi di Stato; le Biblioteche (d.p.c.m. n. 169/2019, recante il regolamento di organizzazione di tale Ministero).

Nell'ambito dell'amministrazione periferica dello Stato, un ruolo rilevante riveste ciascuna **Prefettura-Ufficio Territoriale del Governo**, la quale, ferme restando le proprie funzioni, assicura l'esercizio coordinato dell'attività amministrativa degli uffici periferici dello Stato e garantisce la leale collaborazione di detti uffici con gli enti locali (art. 11 del d.lgs. n. 300/1999).

11. *Le autorità amministrative indipendenti*

Nascono nell'ultimo decennio del secolo scorso **in seguito alla privatizzazione** di rilevanti settori – come quello dell'energia –, all'apertura di essi ai mercati, alla conseguente **necessità di vigilare sulla costituzione di posizioni private dominanti**, che potrebbero ledere gli interessi degli operatori deboli e soprattutto quelli di utenti e consumatori. I settori in questione sono quelli nei quali molto rilevante è il diritto dell'Unione europea e nei quali l'Italia viene a confrontarsi con altri ordinamenti, nei quali erano già diffuse strutture quali agenzie: si sentì pertanto l'esigenza di creare anche in Italia degli organismi scissi dagli apparati governativi e, appunto, indipendenti. Tali autorità saranno trattate più diffusamente nel Cap. XVI. Qui si può anticipare che esse sono numerose, ognuna con una sua disciplina e proprie caratteristiche peculiari.

Una parte di queste autorità si occupa di regolare i mercati finanziari: nel loro ambito, un'autorità presenta una competenza generale, l'**Autorità garante per la concorrenza e il mercato** (**AGCM**); altre autorità hanno un ruolo settoriale, come **Banca d'Italia**, **Commissione nazionale per le società e per la borsa** (**CONSOB**) e **Istituto per la vigilanza sulle assicurazioni** (**IVASS**).

Ci sono poi autorità amministrative indipendenti che vigilano su specifici settori economici, come l'Autorità per l'energia elettrica e il gas e l'Autorità per le garanzie nelle comunicazioni.

Su un piano differente si collocano due autorità amministrative indipendenti, volte a tutelare diritti garantiti in sede costituzionale: il **Garan-**

te per la tutela dei dati personali (o **Garante privacy**) e la Commissione di garanzia sul diritto di sciopero nei servizi pubblici essenziali.

Una posizione a parte è ricoperta dall'**ANAC**, che è l'**Autorità nazionale anticorruzione** e ha per scopo, con interventi in sede consultiva e di regolazione, la prevenzione della corruzione nell'ambito non solo delle p.a., ma anche delle società partecipate e controllate, pure attraverso il conseguimento della trasparenza in tutti gli aspetti gestionali, nonché mediante l'attività di vigilanza in ogni settore della p.a. che possano costituire terreno fertile per fenomeni corruttivi, in particolare nell'ambito dei contratti pubblici: in effetti l'ANAC presenta pure competenze in materia di vigilanza dei contratti pubblici, che prima spettavano alla soppressa AVCP (Autorità di vigilanza sui contratti pubblici).

A prescindere dall'organizzazione propria di ognuna delle autorità indipendenti, il tratto peculiare di esse è l'indipendenza, fra l'altro, rispetto agli apparati governativi.

12. *Le p.a. in forma privata*

Lo studio delle p.a. in forma privata deve partire dal presupposto che non esiste soltanto una p.a. in senso soggettivo, in ordine alla quale sono specifiche persone giuridiche pubbliche e organi pubblici a esercitare funzioni pubbliche per il soddisfacimento di interessi pubblici (quali la sicurezza, l'ordinata viabilità, l'istruzione, e così via). Accanto a una p.a. in senso soggettivo esiste una **p.a. in senso oggettivo**, formata da soggetti che svolgono funzioni pubbliche pur non avendo la forma pubblicistica.

P.a. in senso oggettivo

Si tratta di soggetti molto differenziati fra loro.

A) In primo luogo, si può trattare di **persone fisiche**, ordinariamente deputate a svolgere alcune funzioni pubbliche, accanto alla maggior parte dei loro compiti che non sono pubblicistici. Si pensi al notaio; oppure al comandante delle navi, che in certi casi esercita le funzioni di ufficiale di stato civile e riceve testamenti (art. 296 del codice della navigazione). Con riguardo alle attività pubblicistiche di tali soggetti si parla di **munera privati**.

B) In secondo luogo, le persone fisiche svolgenti funzioni pubblicistiche potrebbero essere soggetti che non ne hanno ricevuto l'incarico e si trovano a dover svolgere, per necessità, una funzione urgente e indifferibile, di competenza di un soggetto pubblico, ma che quest'ultimo non sarebbe in grado di svolgere tempestivamente: sono le figure dei **funzionari di fatto**, peraltro molto discusse.

C) Oltre a persone fisiche, le figure di p.a. in forma privata possono essere persone giuridiche, fra le quali spiccano le **società partecipate da una p.a.** o società private in mano pubblica: si pensi al gruppo ANAS. Esse sovente sono costituite a seguito di un fenomeno di privatizzazione di un ente pubblico. Il problema più rilevante rispetto a tali società è quello legato alla disciplina applicabile sotto vari profili. Una risposta a tale problema viene data, di recente, dal *testo unico* in materia di società a partecipazione pubblica (d.lgs. n. 175/2016 e s.m.i.), il quale presenta tre contenuti principali:

- per un verso, consente la partecipazione pubblica di p.a. esclusivamente a società per azioni o società a responsabilità limitata (art. 3), ma non a quelle che abbiano per oggetto attività di produzione di beni e servizi non strettamente necessarie per il perseguimento delle proprie finalità istituzionali (art. 4, comma 1) e comunque esclusivamente per lo svolgimento di attività espressamente indicate, quali la produzione di un servizio di interesse generale (art. 4, comma 2);
- per un altro verso, vede con disfavore la costituzione di nuove società per azioni a partecipazione pubblica e tende a ridurre quelle esistenti, disponendo (art. 20) che le p.a. effettuano annualmente, con proprio provvedimento, un'analisi dell'assetto complessivo delle società in cui detengono partecipazioni e predispongono un piano di riassetto per la loro razionalizzazione, fusione o soppressione (anche mediante messa in liquidazione o cessione), qualora le p.a. rilevino alcune evenienze, quali: partecipazioni societarie che non rientrino in alcuna delle categorie di cui all'art. 4; società che risultino prive di dipendenti o abbiano un numero di amministratori superiore a quello dei dipendenti; partecipazioni in società che, nel triennio precedente, abbiano conseguito un fatturato medio non superiore a una cifra indicata;
- per un altro, verso ancora, prevede che, relativamente a tutto quanto non derogato dalle disposizioni del decreto legislativo, si applicano alle società a partecipazione pubblica le norme sulle società contenute nel codice civile e le norme generali di diritto privato.

Le società in esame sono di varie specie, prese in esame dal testo unico del 2016:

C1) «società **a controllo pubblico**»: le società in cui una o più amministrazioni pubbliche esercitano poteri di controllo nel senso della situazione descritta nell'art. 2359 cod. civ. (ossia un'influenza dominante);

C2) «società **a partecipazione pubblica**»: le società a controllo pubblico e le altre società partecipate direttamente da amministrazioni pubbliche o da società a controllo pubblico;
C3) «società **in house**»: le società sulle quali un'amministrazione esercita il controllo analogo o più amministrazioni esercitano il controllo analogo congiunto. Per comprendere la definizione occorre introdurre quelle su cui essa si fonda: «controllo analogo» è la situazione in cui l'amministrazione effettua su una società un controllo analogo a quello esercitato sui propri servizi, esercitando un'influenza determinante sia sugli obiettivi strategici che sulle decisioni significative della società controllata; «controllo analogo congiunto» è la situazione in cui l'amministrazione esercita, congiuntamente con altre amministrazioni, su una società un controllo analogo a quello esercitato sui propri servizi.

D) **Organismo di diritto pubblico** (art. 3, lett. *d*), d.lgs. n. 50/2016) è qualsiasi organismo, anche in forma societaria, il cui elenco non tassativo è contenuto in apposito allegato:
1. istituito per soddisfare specificatamente esigenze di interesse generale, aventi carattere non industriale o commerciale;
2. dotato di personalità giuridica;
3. la cui attività sia finanziata in modo maggioritario dallo Stato, dagli enti pubblici territoriali o da altri organismi di diritto pubblico oppure la cui gestione sia soggetta al controllo di questi ultimi oppure il cui organo d'amministrazione, di direzione o di vigilanza sia costituito da membri dei quali più della metà è designata dallo Stato, dagli enti pubblici territoriali o da altri organismi di diritto pubblico.

E) «**Imprese pubbliche**» (art. 3, lett. t), d.lgs. n. 50/2016) sono le imprese sulle quali le amministrazioni aggiudicatrici (su cui v. *infra*, al par. 10 della Sez. V) possono esercitare, direttamente o indirettamente, un'influenza dominante perché ne sono proprietarie, o perché vi hanno una partecipazione finanziaria, o in virtù delle norme che disciplinano dette imprese. L'influenza dominante è presunta quando le p.a. aggiudicatrici, direttamente o indirettamente, riguardo all'impresa, alternativamente o cumulativamente:
1. detengono la maggioranza del capitale sottoscritto;
2. controllano la maggioranza dei voti cui danno diritto le azioni emesse dall'impresa;
3. possono designare più della metà dei membri del consiglio di amministrazione, di direzione o di vigilanza dell'impresa.

SEZIONE III

CENNI ALL'IMPIEGO PRESSO AMMINISTRAZIONI PUBBLICHE

1. *Il rapporto di servizio*

L'ufficio amministrativo e, in particolare, l'organo consta di un titolare, di alcune mansioni (o competenze, se l'ufficio è un organo) e di mezzi attraverso i quali il titolare può agire (una porzione di edificio, come una stanza, degli arredi, un computer, e così via).

Se si esamina più nei dettagli la figura del titolare dell'ufficio, emerge il concetto di **rapporto di servizio**: esso **lega il titolare di un ufficio** o organo e **l'amministrazione di appartenenza**. Ovviamente **si distingue dal rapporto organico**, che lega l'organo pubblico e la corrispondente amministrazione.

2. *La privatizzazione della disciplina del rapporto di impiego presso p.a.*

Dopo un periodo di assimilazione alla disciplina presso soggetti privati, il rapporto di lavoro presso p.a. è stato assoggettato, nel **secolo scorso**, a un regime speciale (il **pubblico impiego**), con regole speciali – raccolte nel Testo unico delle leggi sugli impiegati civili dello Stato del 1957 –, fra le quali la sottoposizione delle relative controversie al giudice amministrativo, in via esclusiva (dal 1923).

Successivamente, anche a seguito dell'introduzione di significative garanzie a favore del lavoratore privato, si è assistito alla **privatizzazione dell'impiego pubblico**, successivamente sancita dal **d.lgs. n. 165/2001**, recante norme generali sull'ordinamento del lavoro alle dipendenze delle p.a. e soggetto a numerose riforme.

Sono devolute al giudice ordinario, in funzione di giudice del lavoro, tutte le controversie relative ai rapporti di lavoro "privatizzati" alle dipendenze delle p.a. Restano devolute alla giurisdizione del giudice amministrativo le controversie in materia di procedure concorsuali per l'assunzione dei dipendenti delle pubbliche amministrazioni, nonché, in sede di giurisdizione esclusiva, le controversie relative ai rapporti di lavoro sottratti alla privatizzazione (sottrazione in base all'art. 3), ivi comprese quelle attinenti ai diritti patrimoniali connessi (art. 63, d.lgs. n. 165/2001).

3. *La disciplina del rapporto di impiego presso p.a.*

Il rapporto di lavoro alle dipendenze delle p.a. è regolato da una pluralità di fonti o di atti.

- Innanzitutto, da alcune disposizioni della Costituzione, fra le quali l'art. 28, secondo cui i funzionari e i **dipendenti** dello Stato e **degli enti pubblici** sono direttamente **responsabili**, secondo le leggi penali, civili e amministrative, degli atti compiuti in violazione di diritti: in tali casi la responsabilità civile si estende allo Stato e agli enti pubblici.
- Inoltre, sussistono non poche disposizioni di **leggi o altri atti aventi forza di legge**, fra i quali il d.lgs. n. 165/2001, oggetto di più riforme. A livello legislativo la normativa principale del rapporto di lavoro privatizzato dei dipendenti della p.a. è quella civilistica: i rapporti di lavoro dei dipendenti delle amministrazioni pubbliche sono disciplinati dalle disposizioni del codice civile e delle leggi sui rapporti di lavoro subordinato nell'impresa, fatte salve le diverse disposizioni contenute nel d.lgs. n. 165/2001, che costituiscono disposizioni a carattere imperativo.
- Sussistono poi **atti delle p.a.**: esse, infatti, definiscono, secondo principi generali fissati da disposizioni di legge e, sulla base dei medesimi, mediante atti organizzativi ai sensi dei rispettivi ordinamenti, le linee fondamentali di organizzazione degli uffici; individuano gli uffici di maggiore rilevanza e i modi di conferimento della titolarità dei

medesimi; determinano le dotazioni organiche complessive (art. 2 d.lgs. n. 165/2001).

- Altri **atti spettano ai dirigenti**: rientrano nell'esercizio dei poteri dei dirigenti le misure inerenti alla gestione delle risorse umane nel rispetto del principio di pari opportunità, nonché la direzione, l'organizzazione del lavoro nell'ambito degli uffici (art. 5, comma 2, d.lgs. n. 165/2001).
- Un ruolo rilevante nella disciplina in esame compete pure alla **contrattazione collettiva**, della quale si tratterà più diffusamente in prosieguo.

4. *I settori sottratti alla privatizzazione*

Nonostante la privatizzazione, esistono eccezioni a essa dal punto di vista soggettivo, ossia rapporti di lavoro alle dipendenze delle p.a., che ne sono sottratti: quindi categorie di «***personale*** *in regime di diritto pubblico*» (art. 3 del d.lgs. n. 165/2001), ossia di personale **non contrattualizzato**.

In particolare:

- rimangono disciplinati dai rispettivi ordinamenti: i magistrati ordinari, amministrativi e contabili, gli avvocati e procuratori dello Stato, il personale militare e delle Forze di polizia di Stato, il personale della carriera diplomatica e della carriera prefettizia;
- il rapporto di impiego dei professori e dei ricercatori universitari resta regolato dalle disposizioni rispettivamente vigenti, in attesa della specifica disciplina che la regolamenti in modo organico e in conformità ai *principi* della autonomia universitaria di cui all'art. 33 Cost.

5. *I profili del rapporto di impiego sottratti al diritto privato*

Per quanto riguarda i rapporti di lavoro alle dipendenze delle p.a. che sono privatizzati, le **regole** applicabili sono quelle **previste per i rapporti di lavoro alle dipendenze di soggetti privati**. Esistono tuttavia alcune significative **eccezioni**, dal punto di vista oggettivo.

A) In primo luogo, il personale che le p.a. possono assumere è sovente determinato dalla legge (che non di rado prevede limiti all'assunzione a causa della necessità di contenere la spesa pubblica) o comunque da atti amministrativi generali.

B) In secondo luogo, l'esercizio di fatto di mansioni non corrispondenti alla qualifica di appartenenza (quindi mansioni superiori) non ha effetto ai fini dell'inquadramento del lavoratore o dell'assegnazione di incarichi di direzione (art. 52 del d.lgs. n. 165/2001).

C) Parallelamente, come, salve eccezioni, per le esigenze connesse con il proprio fabbisogno ordinario, le p.a. assumono esclusivamente con contratti di **lavoro subordinato a tempo indeterminato** (art. 36, comma 1, d.lgs. n. 165/2001), la violazione di disposizioni imperative riguardanti l'assunzione o l'impiego di lavoratori, da parte delle p.a., non può comportare la costituzione di rapporti di lavoro a tempo indeterminato con le medesime p.a., ferma restando ogni responsabilità e sanzione.

D) Esiste poi una **disciplina** peculiare in materia di **incompatibilità**, cumulo di impieghi e incarichi. Si prescrive, infatti, che i dipendenti pubblici non possono svolgere incarichi retribuiti che non siano stati conferiti o previamente autorizzati dalla p.a. di appartenenza.
Ai fini dell'autorizzazione, la p.a. verifica l'insussistenza di situazioni, anche potenziali, di conflitto di interessi. In caso di inosservanza del divieto, salve le più gravi sanzioni e ferma restando la responsabilità disciplinare, il compenso dovuto per le prestazioni eventualmente svolte deve essere versato, a cura dell'erogante o, in difetto, del percettore, nel conto dell'entrata del bilancio della p.a. di appartenenza del dipendente. L'omissione del versamento del compenso da parte del dipendente pubblico indebito percettore costituisce ipotesi di responsabilità erariale soggetta alla giurisdizione della Corte dei conti.
Le p.a. non possono conferire incarichi retribuiti a dipendenti di altre p.a. senza la previa autorizzazione dell'amministrazione di appartenenza dei dipendenti stessi. Salve le più gravi sanzioni, il conferimento dei predetti incarichi, senza la previa autorizzazione, costituisce in ogni caso infrazione disciplinare per il funzionario responsabile del procedimento; il relativo provvedimento è nullo di diritto. In tal caso l'importo previsto come corrispettivo dell'incarico, ove gravi su fondi in disponibilità della p.a. conferente, è trasferito alla p.a. di appartenenza del dipendente.

E) Un'altra peculiarità del rapporto di impiego alle dipendenze delle p.a. è data dai **codici di comportamento**. Il Governo definisce un codice di comportamento dei dipendenti delle pubbliche amministrazioni al fine di assicurare la qualità dei servizi, la prevenzione dei fenomeni di corruzione, il rispetto dei doveri costituzionali di diligenza, lealtà, imparzialità e servizio esclusivo alla cura dell'interesse pubblico (art.

54, comma 1, d.lgs. n. 165/2001). La violazione dei doveri contenuti nel codice di comportamento, compresi quelli relativi all'attuazione del Piano di prevenzione della corruzione, è fonte di responsabilità disciplinare. Da una parte esiste il codice di comportamento approvato con decreto del Presidente della Repubblica, previa deliberazione del Consiglio dci Ministri: è il d.P.R. n. 62/2013. Dall'altra parte ciascuna pubblica amministrazione definisce, con procedura aperta alla partecipazione e previo parere obbligatorio del proprio organismo indipendente di valutazione, un proprio codice di comportamento che integra e specifica il codice di comportamento dettato dal Governo.

F) Infine, un ulteriore profilo di specialità della disciplina dell'impiego presso p.a. è dato dal concorso per l'accesso all'impiego. Sul punto è opportuna una trattazione di dettaglio.

6. Segue. *Il concorso per l'accesso all'impiego presso p.a.*

Il concorso

La Costituzione prevede che «***agli impieghi*** *nelle pubbliche amministrazioni* ***si accede mediante concorso****, salvo i casi stabiliti dalla legge*» (art. 97, ultimo comma, Cost.). Più nei dettagli, le procedure di reclutamento nelle pubbliche amministrazioni si conformano ai seguenti **principi**: *a*) adeguata pubblicità della selezione e modalità di svolgimento che garantiscano l'imparzialità e assicurino economicità e celerità di espletamento, ricorrendo, ove è opportuno, all'ausilio di sistemi automatizzati, diretti anche a realizzare forme di preselezione; *b*) adozione di meccanismi oggettivi e trasparenti, idonei a verificare il possesso dei requisiti attitudinali e professionali richiesti in riferimento alla posizione da ricoprire; *c*) rispetto delle pari opportunità tra lavoratrici e lavoratori; *d*) decentramento delle procedure di reclutamento; *e*) composizione delle commissioni esclusivamente con esperti di provata competenza nelle materie di concorso, scelti tra funzionari delle amministrazioni, docenti ed estranei alle medesime, che non siano componenti dell'organo di direzione politica dell'amministrazione, che non ricoprano cariche politiche e che non siano rappresentanti sindacali o designati dalle confederazioni ed organizzazioni sindacali o dalle associazioni professionali (art. 35 del d.lgs. n. 165/2001).

Per la costituzione del rapporto di impiego l'*iter* è il seguente:

1. Innanzitutto, viene adottato un **bando** di concorso, che indica di quali professionalità la p.a. ha bisogno, con quali qualifiche e con quali requisiti. Il bando, tuttavia, non potrebbe essere un bando fotografia,

ossia un bando volto a favorire un solo candidato o pochissimi candidati, perché contenente prescrizioni talmente dettagliate da essere adatte solo a lui o a loro.
Del bando va data idonea pubblicità: fermi restando gli altri obblighi di pubblicità legale, le p.a. pubblicano sui rispettivi siti istituzionali i bandi di concorso per il reclutamento, a qualsiasi titolo, di personale presso l'amministrazione (nonché i criteri di valutazione della Commissione e le tracce delle prove scritte) (art. 19 del d.lgs. n. 33/2013).
Chi intende partecipare fa **domanda**, da presentarsi entro il termine e con le modalità indicati nel bando.
Successivamente ha luogo l'**ammissione dei candidati** a svolgere le prove concorsuali: la mancata ammissione di un candidato può comportare il ricorso di costui. Il giudice amministrativo o eventualmente la stessa p.a. potrebbero disporre l'ammissione con riserva al concorso stesso, in base alla quale il candidato è ammesso a sostenere le prove, ma in attesa della decisione del giudice amministrativo sulla legittimità o meno della mancata ammissione (o in attesa della decisione della p.a. nel caso in cui l'ammissione con riserva sia stata stabilita da quest'ultima).
2. Avviene poi la **selezione** degli aspiranti, a opera di una commissione giudicatrice, la quale, innanzi tutto, elabora i **criteri di valutazione** dei candidati, più dettagliati di quelli indicati nel bando: le p.a. pubblicano tali criteri (art. 19 del d.lgs. n. 33/2013). La commissione procede alla valutazione dei titoli dei partecipanti e quindi si svolgono le **prove** di esame, di regola scritte e poi orali.
3. Infine, viene stilata, a cura della commissione, una **graduatoria**, recante l'elenco degli idonei (o dell'idoneo), che dev'essere approvata dagli organi della p.a. che aveva bandito il concorso. Della graduatoria va data idonea pubblicità: dalla sua pubblicazione decorre un termine per eventuali impugnazioni. Successivamente ha luogo l'assunzione nelle p.a., che avviene con contratto individuale di lavoro. Esiste, di regola, l'**utilizzabilità della graduatoria** per un determinato periodo.

7. *La contrattualizzazione dell'impiego presso p.a.*

Il contratto collettivo

I rapporti individuali di lavoro privatizzati alle dipendenze delle p.a. sono regolati contrattualmente.

La **contrattazione collettiva** determina i diritti e gli obblighi direttamente pertinenti al rapporto di lavoro, nonché le materie relative alle relazioni sindacali. Sono, in particolare, escluse dalla contrattazione collettiva le materie attinenti all'organizzazione degli uffici.

Come sono stipulati i contratti collettivi?

Innanzitutto, tramite appositi accordi **tra l'ARAN e le Confederazioni sindacali rappresentative** sono definiti fino a un massimo di quattro comparti di contrattazione collettiva nazionale. Pertanto, si contratta per comparti.

La contrattazione collettiva disciplina, in coerenza con il settore privato, la struttura contrattuale, i rapporti tra i diversi livelli e la durata dei contratti collettivi nazionali e integrativi.

Le p.a. attivano, in aggiunta, autonomi livelli di contrattazione collettiva integrativa.

I soggetti della contrattazione collettiva sono due.

- Da una parte, l'Agenzia per la rappresentanza negoziale delle pubbliche amministrazioni (ARAN), che rappresenta legalmente le p.a. agli effetti della contrattazione collettiva nazionale; della sua assistenza possono avvalersi le p.a. ai fini della contrattazione integrativa.
  L'ARAN esercita a livello nazionale ogni attività relativa alle relazioni sindacali, alla negoziazione dei contratti collettivi, in base agli indirizzi ricevuti. Il potere di indirizzo nei confronti dell'ARAN e le altre competenze relative alle procedure di contrattazione collettiva nazionale sono esercitati dalle pubbliche amministrazioni attraverso le proprie istanze associative o rappresentative, le quali costituiscono comitati di settore che regolano autonomamente le proprie modalità di funzionamento e di deliberazione. In ogni caso, le deliberazioni assunte in materia di indirizzo all'ARAN si considerano definitive e non richiedono ratifica da parte delle istanze associative o rappresentative delle pubbliche amministrazioni del comparto.
- Dall'altra parte, alla contrattazione collettiva nazionale partecipano le organizzazioni sindacali che abbiano nel comparto o nell'area una rappresentatività non inferiore al 5 per cento, considerando a tal fine la media tra il dato associativo e il dato elettorale.
  Rilevanti sono i rapporti fra atti normativi e contratti adottati a seguito di contrattazione collettiva: innanzitutto, le disposizioni del d.lgs. n. 165/2001 costituiscono disposizioni a carattere imperativo; inoltre eventuali disposizioni di legge, regolamento o statuto, che introducano discipline dei rapporti di lavoro la cui applicabilità sia limitata ai dipendenti delle amministrazioni pubbliche, o a categorie di essi, possono essere derogate da successivi contratti o accordi collettivi e, per la parte derogata, non sono ulteriormente applicabili, solo qualora ciò sia espressamente previsto dalla legge (art. 2, comma 2, d.lgs. n. 165/2001).

Quindi la normativa speciale successiva al d.lgs. n. 165/2001 è inderogabile, salvo che la legge espressamente ne disponga la derogabilità.

8. *I diritti e i doveri dei dipendenti: illeciti e sanzioni disciplinari*

Diritti

I **diritti** spettanti ai dipendenti delle p.a. sono sanciti sia in leggi, sia nei contratti collettivi di lavoro. Da parte sua la Costituzione accenna a uno di questi diritti, prevedendo (art. 51, comma 3) che chi è chiamato a funzioni pubbliche elettive ha diritto di disporre del tempo necessario al loro adempimento e di conservare il suo posto di lavoro.

Fra gli ulteriori diritti, si possono menzionare: il «*diritto* ***alle funzioni***», ossia a esercitare le funzioni inerenti alla sua qualifica, con divieto di demansionamento; il diritto è **al trattamento economico**, anche a quelli accessori collegati alla *performance* individuale, ossia al raggiungimento da parte sua dei risultati che si era prefissato, e alla *performance* organizzativa, attinente alla p.a. nel suo complesso; il diritto, **al trattamento di quiescenza e di previdenza**, quando avviene cessazione dal servizio; il diritto **a un giorno di riposo settimanale e** quello **al congedo ordinario** retribuito di un mese all'anno, diritto considerato irrinunciabile e indisponibile, perché espressione del più generale principio di cui all'art. 36 Cost.; diritto **al congedo straordinario** per determinati motivi (come il matrimonio o gli esami); diritto ad assentarsi dal lavoro in caso di malattia; diritti e prerogative sindacali nei luoghi di lavoro; diritto a non essere oggetto di comportamenti vessatori, ossia di condotte costituenti il cosiddetto mobbing.

Doveri

Quanto ai **doveri** dei dipendenti, l'art. 98 Cost. prevede che i pubblici impiegati sono **al servizio esclusivo della Nazione** e che, se sono membri del Parlamento, non possono conseguire promozioni se non per anzianità. Doveri emergono altresì dai contratti collettivi e dai codici di comportamento, che sono quello generale (di cui al d.P.R. n. 62/2013) e quelli propri di ogni p.a., che integrano e specificano il regolamento generale. Fra i principali doveri: l'obbligo della **residenza** nel luogo ove ha sede l'ufficio cui è destinato, salva l'autorizzazione a risiedere altrove; dovere di **diligenza**; assidua e solerte **collaborazione** nei rapporti **con i superiori e con i colleghi**, in modo da assicurare il più efficace rendimento del servizio; **nei rapporti con il pubblico**, il comportamento dell'impiegato deve essere tale da stabilire completa **fiducia** e sincera **collaborazione** fra i cittadini e la p.a.; dovere di trattare gli affari attribuiti alla sua competenza tempestivamente e secondo il loro ordine cronologico, a meno che sussistano particolari ragioni da sottoporre al capo dell'ufficio; dovere di mantenere **fuori dell'ufficio** una **condotta conforme alla dignità delle proprie funzioni**; rispetto dell'orario di servizio; dovere di mantenere il **segreto d'ufficio**.

9. *Illeciti disciplinari e sanzioni disciplinari*

I dipendenti delle p.a. possono porre in essere comportamenti costituenti illeciti disciplinari ai quali conseguono sanzioni disciplinari, irrogate a seguito di un procedimento disciplinare.

Illeciti disciplinari

Quanto agli **illeciti disciplinari** – per i quali opera il principio di **tassatività** – ai sensi del d.lgs. n. 165/2001, la contrattazione collettiva è consentita nei limiti previsti dalle norme di legge (art. 40, comma 1). La tipologia delle infrazioni e delle relative sanzioni è definita dai contratti collettivi. Il codice disciplinare, che contiene l'indicazione delle infrazioni e delle relative sanzioni, è pubblicato sul sito istituzionale dell'amministrazione.

Sanzioni disciplinari

Le **sanzioni disciplinari** sono: il **rimprovero verbale** (quella meno grave); la **censura**, che è scritta; la **riduzione dello stipendio**; la **sospensione dalla qualifica**, consistente nell'allontanamento dal servizio con la privazione dello stipendio per periodi fissati; il **licenziamento** disciplinare (che è la sanzione più grave).

Il d.lgs. n. 165/2001 prevede una serie di illeciti disciplinari l'accertamento dei quali comporta il licenziamento: ad esempio, l'assenza, priva di valida giustificazione, per un determinato numero di giorni; le falsità commesse ai fini o in occasione dell'instaurazione del rapporto di lavoro ovvero di progressioni di carriera; la falsa attestazione della presenza in servizio, mediante l'alterazione dei sistemi di rilevamento della presenza o con altre modalità fraudolente, ovvero la giustificazione dell'assenza dal servizio mediante una certificazione medica falsa o che attesta falsamente uno stato di malattia (questo è il licenziamento dei «*furbetti del cartellino*»).

Procedimento disciplinare

Quanto al **procedimento disciplinare** il d.lgs. n. 165/2001 (art. 55-*bis*) distingue:

- per le infrazioni di minore gravità, per le quali è prevista l'irrogazione della sanzione del rimprovero verbale, il procedimento disciplinare è di competenza del responsabile della struttura presso cui presta servizio il dipendente: la disciplina è quella prevista dal contratto collettivo;
- per le altre infrazioni opera un apposito ufficio per i procedimenti disciplinari, individuato nell'ambito della propria organizzazione di ogni p.a.

10. *La dirigenza*

Una categoria del personale al servizio delle p.a. è costituita dai **dirigenti**, che sono i funzionari di vertice. In proposito è fondamentale **distinguere politica e amministrazione**. Gli organi di governo esercitano le funzioni di indirizzo politico-amministrativo, definendo gli obiettivi e i programmi da attuare e adottando gli altri atti rientranti nello svolgimento di tali funzioni, e verificano la rispondenza dei risultati dell'attività amministrativa e della gestione agli indirizzi impartiti. Invece ai dirigenti spetta l'adozione degli atti e provvedimenti amministrativi, compresi tutti gli atti che impegnano l'amministrazione verso l'esterno, nonché la gestione finanziaria, tecnica e amministrativa mediante autonomi poteri di spesa, di organizzazione delle risorse umane, strumentali e di controllo. Essi sono responsabili in via esclusiva dell'attività amministrativa, della gestione e dei relativi risultati (art. 4 del d.lgs. n. 165/2001).

In particolare, ai dirigenti degli enti locali spettano tutti i compiti, inclusa l'adozione degli atti e provvedimenti amministrativi che impegnano l'amministrazione verso l'esterno, non ricompresi espressamente dalla legge o dallo statuto tra le funzioni di indirizzo e controllo politico-amministrativo degli organi di governo dell'ente o non rientranti tra le funzioni del segretario o del direttore generale (art. 107 del d.lgs. n. 267/2001, noto come Testo unico degli enti locali, più semplicemente "Tuel").

I dirigenti

I dirigenti sono legati alla p.a.:

- da un **rapporto d'ufficio**, di carattere pubblicistico, instaurato a seguito del conferimento dell'incarico dirigenziale, che non può essere inferiore a tre anni né eccedere il termine di cinque anni;
- da un **rapporto di servizio**, regolato dal diritto civile: l'accesso alla qualifica di dirigente nelle amministrazioni statali avviene per concorso indetto dalle singole p.a. ovvero per corso-concorso selettivo di formazione bandito dalla Scuola superiore della pubblica amministrazione.

I dirigenti rivestono un duplice ruolo:

- per un verso, sono **organi della p.a.** e quindi adottano anche i provvedimenti che impegnano la p.a. verso l'esterno, ossia nei confronti di terzi;
- per un altro verso, essi sono **manager**: infatti assumono in via esclusiva, nell'ambito delle leggi e degli atti organizzativi delle p.a., le determinazioni per l'organizzazione degli uffici e le misure inerenti alla gestione dei rapporti di lavoro; in ciò agiscono con la capacità e i poteri del privato datore di lavoro (art. 5, comma 2, d.lgs. n. 152/2001).

Responsabilità dirigenziale

Quanto alla **responsabilità dirigenziale**, essa – che si aggiunge alla responsabilità propria di tutti i funzionari pubblici – attiene ai risultati.

Il mancato raggiungimento degli obiettivi, accertato attraverso le risultanze dell'apposito sistema di valutazione delle *performance* di cui al d.lgs. n. 150/2009 (c.d. decreto Brunetta) ovvero l'inosservanza delle direttive imputabili al dirigente comportano, previa contestazione e ferma restando l'eventuale responsabilità disciplinare secondo la disciplina contenuta nel contratto collettivo: l'impossibilità di rinnovo dello stesso incarico dirigenziale; in relazione alla gravità dei casi, l'amministrazione può inoltre, previa contestazione e nel rispetto del principio del contraddittorio, revocare l'incarico ovvero recedere dal rapporto di lavoro secondo le disposizioni del contratto collettivo. Al di fuori dei casi suddetti, al dirigente nei confronti del quale sia stata accertata, previa contestazione e nel rispetto del principio del contraddittorio secondo le procedure previste dalla legge e dai contratti collettivi nazionali, la colpevole violazione del dovere di vigilanza sul rispetto, da parte del personale assegnato ai propri uffici, degli standard quantitativi e qualitativi fissati dall'amministrazione, la retribuzione di risultato è decurtata, in relazione alla gravità della violazione (art. 21 del d.lgs. n. 165/2001).

Quanto alla retribuzione, infatti, la retribuzione del personale con qualifica di dirigente è determinata dai contratti collettivi per le aree dirigenziali, prevedendo che il trattamento economico accessorio sia correlato alle funzioni attribuite, alle connesse responsabilità e ai risultati conseguiti (art. 24 del d.lgs. n. 165/2001).

SEZIONE IV
L'ATTIVITÀ AMMINISTRATIVA

1. *Atto, provvedimento, procedimento*

Se prendiamo in esame le pubbliche amministrazioni non dal punto di vista statico (come nell'esame della loro organizzazione), ma dinamico, ci rendiamo conto che esse agiscono, anche se non sempre (v. *infra*, al par. 9 ss. della Sez. V), attraverso atti unilaterali, ossia atti e provvedimenti, questi ultimi adottati a seguito di procedimenti amministrativi. Occorre precisare queste tre nozioni, che sono disciplinate sinteticamente e in maniera non esaustiva dalla legge 7 agosto 1990, n. 241, che è una legge generale perché applicabile tendenzialmente a tutti i procedimenti, gli atti e i provvedimenti amministrativi, salve le discipline specifiche per alcuni di essi.

Gli atti amministrativi

Gli **atti amministrativi** sono atti di p.a. posti in essere nell'esercizio di una funzione amministrativa.

I provvedimenti

Gli atti amministrativi comprendono meri atti e provvedimenti amministrativi. I **provvedimenti amministrativi** sono gli atti amministrativi aventi rilevanza esterna e quindi idonei a incidere nella sfera giuridica dei loro destinatari, ampliandola o restringendola: ad esempio, è un provvedimento amministrativo il permesso di costruire.

Meri atti amministrativi

I **meri atti amministrativi** non hanno rilevanza esterna e innovativa: ad esempio, i certificati oppure i pareri. Quindi tutti i provvedimenti amministrativi sono anche atti amministrativi, mentre non è vero il contrario, perché ci sono atti amministrativi che non sono provvedimenti, come quelli appena menzionati.

I pareri sono atti amministrativi preliminari (rispetto al provvedimento finale) o intermedi del procedimento oppure strumentali o infraprocedimentali (endoprocedimentali), ossia atti che sono utili per la formazione del provvedimento finale e che si inseriscono nel procedimento amministrativo.

Il procedimento

Il **procedimento amministrativo** è, al pari di altri procedimenti giuridici, una *sequenza ordinata di atti e fatti che ha come esito un risultato*: si è già visto che il procedimento legislativo produce, come risultato, una legge (*supra*, al Cap. IV, Sez. II, par. 2); così il procedimento amministrativo è *la sequenza di atti e fatti, privati (ad esempio, l'istanza di un privato) e pubblici (atti infraprocedimentali come pareri e valutazioni tecniche), finalizzata all'adozione del provvedimento, che è idoneo ad avere effetti esterni e quindi a incidere nella sfera giuridica dei suoi destinatari*: in sintesi, il procedimento amministrativo è l'***iter*** **di atti e fatti che è volto all'adozione di un provvedimento amministrativo**.

Perché si prevede che il provvedimento amministrativo sia di regola l'esito di un procedimento amministrativo? La risposta sta nel fatto che attraverso quest'ultimo si pondera meglio il contenuto del provvedimento finale, ad esempio, attraverso pareri; inoltre nel procedimento possono intervenire soggetti privati, che potrebbero essere i destinatari del provvedimento finale o comunque essere incisi da esso, e quindi, tramite la partecipazione al procedimento (sulla quale v. *supra* al par. 4 della Sez. I), manifestare i loro interessi e punti di vista.

2. *Le fasi del procedimento amministrativo: A) iniziativa*

Il procedimento amministrativo si articola in una serie di fasi, la prima delle quali è quella dell'**iniziativa procedimentale** e consta di atti di uno o più soggetti, privati o pubblici, che comportano l'apertura del procedimento. L'iniziativa può essere:

- **d'ufficio**, quando spetta alla stessa p.a. avente il potere di adottare il provvedimento (ad esempio, l'autorità compente a irrogare sanzioni amministrative); oppure
- **di parte**, se compete alle parti cui tale iniziativa è attribuita, ossia a privati (che pongono "domande" o "istanze") oppure a una p.a. diversa da quella competente a provvedere (che adotta "richieste" o "proposte"). Si noti che tali atti di iniziativa determinano, per la p.a., un

obbligo di procedere, ossia di iniziare il procedimento (che magari si potrebbe concludere, ad esempio, con il diniego del provvedimento chiesto dal privato). Invece denunce o segnalazioni, che non sono atti di iniziativa del procedimento, ma mere dichiarazioni con le quàli si sollecita l'intervento di una p.a. in ordine a una situazione, non comportano l'obbligo della p.a. di procedere.

Dell'avvenuta presentazione di un'istanza è rilasciata immediatamente, anche in via telematica, una ricevuta, che attesta la presentazione stessa (art. 18 *bis* della legge n. 241/1990).

Per ogni procedimento esiste un **responsabile del procedimento**, che è anche il referente a cui rivolgersi per informazioni relative all'*iter* procedimentale: infatti, il dirigente di ciascuna unità organizzativa provvede ad assegnare a sé o ad altro dipendente addetto all'unità la responsabilità dell'istruttoria e di ogni altro adempimento inerente al singolo procedimento nonché, eventualmente, dell'adozione del provvedimento finale.

È prevista la **comunicazione di avvio del procedimento**, a opera dell'amministrazione (e a favore dei destinatari degli effetti del successivo provvedimento), che contiene l'indicazione: della p.a. competente; dell'oggetto del procedimento; dell'ufficio e della persona responsabile del procedimento, nonché del domicilio digitale dell'amministrazione; della data entro la quale deve concludersi il procedimento e dei rimedi esperibili in caso di inerzia della p.a.; delle modalità telematiche con cui è possibile prendere visione degli atti, accedere al fascicolo informatico ed esercitare in via telematica i diritti previsti dalla legge n. 241/1990; dell'ufficio dove è possibile prendere visione degli atti che non sono disponibili o accessibili in via telematica. La comunicazione è personale: però, qualora essa non sia possibile o risulti particolarmente gravosa per il numero dei destinatari, la p.a. utilizza forme di pubblicità idonee.

3. Segue. *B) istruttoria*

Nella seconda fase del procedimento amministrativo, l'istruttoria procedimentale, la p.a. acquisisce i fatti, gli interessi da valutare e gli elementi utili alla valutazione. In sede istruttoria rilevano:

- i **documenti**;
- gli **acclaramenti tecnici**, che attengono a rilevazioni di carattere oggettivo, come le attribuzioni della classe catastale degli immobili;
- le **ispezioni**, ad esempio quelle dello stato dei luoghi, dirette ad accertare se una situazione sia conforme o no a disposizioni normative;

- le **inchieste**, che sono svolte da organi straordinari dotati di specifiche competenze;
- i pareri e le valutazioni tecniche, che meritano qualche approfondimento.

I **pareri** sono atti di organi consultivi, volti a «illuminare» la p.a. decidente (ossia un organo di amministrazione attiva) circa il contenuto di un provvedimento da adottare. I pareri, che non possono essere rilasciati dopo l'esercizio del potere di amministrazione attiva, sono di varie specie: Pareri

a) «**facoltativi**», ossia che possono essere richiesti; oppure
b) «obbligatori», che devono essere necessariamente richiesti e che, loro volta, si distinguono in:
   b1) «**vincolanti**», ai quali la p.a. attiva deve conformarsi se vuole o deve adottare il provvedimento,
   b2) «**non vincolanti**», quando l'amministrazione attiva possa decidere se conformarvisi o no, e
   b3) «**relativamente vincolanti**», che possono essere disattesi attraverso una procedura rinforzata, come con una determinata delibera.

I pareri devono essere resi dagli organi consultivi di regola entro venti giorni dal ricevimento della richiesta. In caso di decorrenza del termine senza che sia stato comunicato il parere o senza che l'organo adito abbia rappresentato esigenze istruttorie, la p.a. richiedente procede indipendentemente dall'espressione del parere: tuttavia, ciò non si applica – e quindi non si può prescindere dal parere – in caso di pareri che debbano essere rilasciati da p.a. preposte a determinati interessi sensibili, cioè particolarmente delicati (nella specie, tutela ambientale, paesaggistica, territoriale e della salute dei cittadini) (art. 16 della legge n. 241/1990).

Le **valutazioni tecniche** sono atti istruttori che si fondano su conoscenze tecniche: il ruolo tecnicamente qualificato di chi le rende ha indotto il legislatore a disporre che, qualora, per disposizione espressa di una legge o di un regolamento, debbano essere preventivamente acquisite le valutazioni tecniche di organi o enti appositi e tali organi ed enti non provvedano o non rappresentino esigenze istruttorie di competenza dell'amministrazione procedente nei termini prefissati dalla disposizione stessa (o, in mancanza, entro novanta giorni dal ricevimento della richiesta), il responsabile del procedimento deve chiedere le suddette valutazioni tecniche ad altri organi della p.a. o ad enti pubblici dotati di qualificazione e capacità tecnica equipollenti, ovvero a istituti universitari. Ciò significa che non è consentito fare a meno della valutazione tecnica (mentre lo è quanto al parere).

4. Segue. *Le ulteriori fasi del procedimento: C) decisoria e D) integrativa dell'efficacia*

Fase decisoria

C) Dopo la conclusione della fase istruttoria si ha la terza fase del procedimento amministrativo, che è quella **costitutiva** o **decisoria**: essa consiste, normalmente, nell'**adozione di un provvedimento** amministrativo. Tra la fase istruttoria e quella decisoria può inserirsi il **preavviso di rigetto**, ossia la comunicazione dei motivi ostativi all'accoglimento dell'istanza. Infatti, la legge n. 241/1990 (all'art. 10-*bis*) prevede che, nei procedimenti a istanza di parte la p.a., prima della formale adozione di un provvedimento negativo, comunica tempestivamente a chi aveva chiesto il provvedimento positivo i motivi che ostano all'accoglimento della domanda. Costui, entro dieci giorni dal ricevimento della comunicazione, può presentare per iscritto le sue osservazioni: del loro eventuale mancato accoglimento la p.a. deve dare ragione nella motivazione del provvedimento finale di diniego. Quindi il preavviso di rigetto e le conseguenti, eventuali, osservazioni di chi voleva un provvedimento positivo servono per ottenere un possibile ripensamento della p.a. determinata ad adottare un provvedimento negativo e quindi per evitare contenziosi futuri.

D) Alla fase decisoria può eventualmente seguire una fase di **integrazione dell'efficacia**, grazie alla quale il provvedimento, già perfetto all'esito della fase decisoria, diventerà efficace, tramite:
- approvazioni, visti, registrazioni o simili atti positivi di controllo, da parte di autorità di controllo;
- il pagamento di una tassa da parte del destinatario del provvedimento;
- forme di comunicazione al destinatario o all'interessato oppure strumenti di conoscenza per il pubblico (come la pubblicazione in Gazzetta ufficiale).

5. *La durata dei procedimenti amministrativi*

Quando si chiede un provvedimento (ad esempio, per costruire un capannone industriale che consenta l'ampliamento dell'attività di un'impresa), è meglio ottenere, piuttosto che un provvedimento, magari di assenso, dopo molto tempo, un diniego tempestivo (perché così l'imprenditore può domandare un analogo provvedimento in un altro Comune o comunque in altra zona).

Pertanto, la legge (art. 2 della legge n. 241/1990) prevede che la p.a. debba:

- **concludere il procedimento con un provvedimento espresso** (obbligo non solo di procedere, ma anche di provvedere);
- **entro i termini previsti dalla legge** o in base alla legge: salva diversa disposizione i procedimenti amministrativi di competenza delle amministrazioni statali e degli enti pubblici nazionali devono concludersi, come regola generale, entro trenta giorni.

A volte i termini di conclusione dei procedimenti non vengono rispettati e quindi si ha:

a) o un **provvedimento tardivo**, che intervenga dopo la scadenza dei termini, oppure;
b) il **silenzio-inadempimento** (o silenzio-rifiuto), che si ha quando l'*iter* procedimentale non viene concluso e quindi non è adottato alcun provvedimento finale. Il silenzio-inadempimento si forma quando la p.a., tenuta ad adottare un provvedimento entro un determinato termine, resta inerte e manca una qualificazione giuridica di questo silenzio come assenso o come diniego.

Invece **non si ha silenzio-inadempimento quando** la legge qualifica una determinata inerzia della p.a. o come assenso, ossia come accoglimento della domanda del privato (**silenzio-assenso**, su cui v. *infra*, al par. 15 della Sez. IV), oppure, all'opposto, come diniego di provvedimento, cioè come reiezione della domanda: **silenzio diniego** o **silenzio-rigetto**. Ad esempio, il testo unico delle disposizioni legislative e regolamentari in materia edilizia (d.lgs. n. 380/2001, all'art. 36, comma 3) prevede che sulla richiesta di permesso in sanatoria il Comune si pronuncia entro sessanta giorni, decorsi i quali la richiesta s'intende rifiutata.

6. *Le conseguenze del silenzio-inadempimento e del provvedimento tardivo*

L'inerzia o i ritardi della p.a. nell'adozione del provvedimento hanno varie conseguenze.

1. Intanto il codice penale prevede il **reato** di **rifiuto e omissione di atti d'ufficio** (art. 328, comma 2, c.p.).
2. Inoltre, il codice del processo amministrativo consente il ricorso **al giudice amministrativo** con un'azione "**avverso il silenzio**".

3. Si prevedono altresì **responsabilità** in capo a dirigenti o funzionari da cui dipendano il ritardo o l'inerzia: la mancata o la tardiva emanazione del provvedimento costituiscono elemento di valutazione della *performance* individuale (v. *supra* al par. 8 della Sez. III), nonché di responsabilità disciplinare e amministrativo-contabile del dirigente e del funzionario inadempiente (v. al par. 9 s della Sez. III).

4. Una rilevante conseguenza è costituita dal **meccanismo sostitutivo**, piuttosto articolato, ma idoneo a ottenere il provvedimento senza il costoso ricorso a un giudice amministrativo (commi 9 *bis* e ss. Dell'art. 2 della legge n. 241):
   - a monte, con un atto generale, viene individuato, fra le figure apicali della p.a., il soggetto cui attribuire il potere sostitutivo in caso di inerzia: in assenza di individuazione, il potere sostitutivo si considera attribuito al dirigente apicale o, in mancanza, al funzionario di più elevato livello presente nella p.a.;
   - in seguito, quando in un caso concreto sia decorso inutilmente il termine per la conclusione del procedimento, il privato può rivolgersi al responsabile dotato di potere sostitutivo affinché, entro un termine pari alla metà di quello originariamente previsto, concluda il procedimento attraverso le strutture competenti o con la nomina di un commissario.

5. Si prevede pure che le p.a. sono tenute a **risarcire il danno ingiusto** cagionato in conseguenza dell'inosservanza dolosa o colposa del termine di conclusione del procedimento.

6. È stato altresì introdotto l'istituto dell'**indennizzo da ritardo**: nel caso di inosservanza del termine di conclusione del procedimento a istanza di parte, per il quale sussiste l'obbligo di pronunziarsi, chi ha proposto l'istanza ha diritto di ottenere un indennizzo per il mero ritardo (art. 2 *bis* della legge n. 241/1990).

7. *L'atto amministrativo*

L'atto amministrativo, per essere tale, dev'essere, al contempo, adottato:

a) **da una p.a.** o da un soggetto equiparato e
b) nell'esercizio di una funzione amministrativa.

Di conseguenza, non sono atti amministrativi per difetto del requisito *sub a*) gli atti che hanno contenuto assimilabile a quello degli atti amministrativi, ma non sono adottati da una p.a., come le leggi-provvedimento (*supra*, al Cap. IV, Sez. II, par. 2.1) statali o regionali (ad es. quelle che approvano i calendari venatori), e gli atti di volontaria giurisdizione dei giudici civili, che non risolvono controversie, ma le prevengono, amministrando interessi privati particolarmente delicati (ad es., l'autorizzazione al rilascio del passaporto al genitore con figlio minore in mancanza dell'assenso dell'altro genitore).

Non sono atti amministrativi per mancanza del requisito *sub b*), ad esempio, i regolamenti del potere esecutivo, che sono fonti del diritto costituenti esercizio della potestà normativa.

Gli atti amministrativi presentano alcuni **caratteri**, essendo: Caratteri

- **tipici**, in quanto è la legge che predetermina le vicende giuridiche che essi sono in grado di produrre, sicché non sono configurabili atti amministrativi atipici;
- **unilaterali**, perché gli effetti dell'atto sono imputabili solo alla p.a. che ne è l'autrice;
- **autoritativi**, nel senso che sono idonei a produrre effetti anche a prescindere dal consenso dei loro destinatari o di terzi;
- **suscettibili di divenire inoppugnabili**, siccome tali atti sono impugnabili davanti al giudice amministrativo entro termini di decadenza brevi, decorsi i quali il ricorso contro gli stessi sarebbe inammissibile e si determina una presunzione di legittimità.

Alcuni tipi di provvedimenti amministrativi presentano pure il carattere dell'**esecutorità**: ossia, se il destinatario non vi si conformi, le p.a. possono, previa diffida, eseguirli coattivamente, anche contro la volontà del destinatario e senza necessità di rivolgersi a un giudice.

Per l'atto amministrativo, come per ogni altro atto giuridico, si devono distinguere **perfezione, efficacia e validità**: esso quindi è

1. perfetto se presenta tutti gli elementi costitutivi propri di un atto di quel tipo;
2. efficace se è l'idoneo a produrre effetti giuridici, attraverso la sua esecuzione;
3. valido se è immune da vizi, ossia non presenta vizi che ne inficino la validità, ossia che ne comportino l'invalidità (v. *infra*, al par. 11 di questa Sez.).

Un provvedimento potrebbe essere perfetto, ma non efficace (perché la sua efficacia è sospesa) oppure non ancora efficace (perché non è ancora intervenuta la fase di integrazione dell'efficacia). Oppure, come accade di frequente, un provvedimento perfetto potrebbe continuare a essere efficace sebbene presenti vizi: infatti, esso può essere rimosso soltanto in certi casi, come con l'annullamento d'ufficio (*infra*, par. 13 di questa Sez.) oppure l'annullamento da parte del giudice amministrativo (*infra*, par. 5 della Sez. VI).

8. *Gli elementi essenziali dell'atto amministrativo*

L'atto amministrativo, che è stato studiato assumendo come modello il negozio giuridico e il contratto, presenta elementi abbastanza simili, che non sono elencati dalla legge e possono essere essenziali o accidentali.

Gli **elementi essenziali**, la mancanza dei quali comporta la nullità dell'atto amministrativo (art. 21 *septies* della legge n. 241/1990), sono i seguenti.

1. Il **soggetto** è la figura soggettiva avente il potere di adottare l'atto: normalmente è l'organo di un ente pubblico, ma in certi casi può essere un privato.
2. L'**oggetto** dell'atto amministrativo è il termine passivo, ossia la cosa, la situazione o la persona su cui incidono gli effetti dell'atto (ad esempio, un terreno oggetto di esproprio o una persona per il provvedimento di nomina come magistrato). L'oggetto dev'essere possibile, lecito, determinato o almeno determinabile.
3. La **causa** dell'atto amministrativo è la funzione dell'atto, cioè quell'interesse pubblico primario per il perseguimento del quale il potere è stato attribuito alla p.a. dalla legge. Mentre la causa del contratto può essere atipica e quindi si ammettono contratti atipici, la causa dell'atto amministrativo è tipica. I motivi dell'atto amministrativo sono, invece, interessi pubblici ulteriori rispetto a quello primario.
4. La **volontà** è non la volontà psicologica dell'agente, ma il potere di scelta, entro i limiti previsti dalla norma attributiva del potere.
5. La **forma** degli atti amministrativi può essere varia, stante il principio generale della libertà delle forme: orale; gestuale (come l'ordine da parte del vigile urbano che tramite un gesto della mano o un fischio regolamenta il traffico); oppure scritta e in questo caso l'atto presenta:
   a) **intestazione**, ossia menzione dell'autorità che lo adotta (es. il Sindaco);
   b) **preambolo**, che richiama le disposizioni che si applicano, le fasi del procedimento e gli eventuali atti infraprocedimentali intervenuti, ad es. i pareri;

c) **motivazione**, che è l'indicazione dei presupposti di fatto (componente fattuale) e delle ragioni giuridiche (componente giuridica) che hanno determinato la decisione dell'amministrazione, in relazione alle risultanze dell'istruttoria procedimentale: «*ogni provvedimento amministrativo, compresi quelli concernenti l'organizzazione amministrativa, lo svolgimento dei pubblici concorsi ed il personale, deve essere motivato*» (art. 3 della legge n. 241/1990), ma «*la motivazione non è richiesta per gli atti normativi e per quelli a contenuto generale*»; si prevede inoltre un caso di "motivazione abbreviata", cioè consistente in un sintetico riferimento al punto di fatto o di diritto ritenuto risolutivo, qualora la p.a. ravvisi la manifesta irricevibilità, inammissibilità, improcedibilità o infondatezza della domanda; la motivazione può essere anche per relazione (*ob relationem* o *per relationem*), ossia il provvedimento potrebbe essere motivato sulla base delle ragioni risultanti da altro atto amministrativo (come un parere) da esso richiamato, che dev'essere indicato e reso disponibile;
d) **dispositivo**, che è la parte prescrittiva dell'atto e quindi, ad es., il rilascio di un permesso di costruire;
e) il **luogo** del rilascio e la **data**;
f) la **sottoscrizione** della persona fisica titolare dell'organo.
g) infine, **termine** e **autorità cui è possibile ricorrere**, che devono essere indicati in ogni atto notificato al destinatario (art. 3, comma 4, legge n. 241/1990).

6. Il **contenuto** è l'esito dell'esercizio del potere, ossia la disciplina di fatti, rapporti, ecc., risultante dall'atto, e può essere:
   - necessario, che è quello indispensabile a identificare un determinato tipo di atto (così l'espropriazione consiste in un passaggio coattivo di proprietà da un privato a una p.a.);
   - implicito o naturale, che include le clausole operanti in base alla legge, anche se non espressamente enunciate nell'atto;
   - eventuale o accidentale o facoltativo, consistente negli elementi accidentali dell'atto.

9. *Gli elementi accidentali dell'atto amministrativo*

Gli **elementi accidentali** sono le clausole non necessarie all'identificazione di un atto di un certo tipo, ma inseribili nello stesso in modo che sia più adeguato al caso sul quale interviene. Sono:

a) la **condizione**, evento futuro e incerto all'avverarsi del quale, secondo una clausola dell'atto medesimo, iniziano gli effetti dell'atto (se la condizione è "sospensiva") cessano tali effetti (se la condizione è "risolutiva");
b) il **termine**, data futura e certa, risultante dall'atto, a partire dalla quale i suoi effetti iniziano a prodursi (termine "iniziale") o cessano di prodursi (termine "finale");
c) se condizione e termine si riscontrano pure nel contratto, il modo, clausola accidentale propria dei negozi a titolo gratuito e volta a ridurre il vantaggio economico derivante da esso per il beneficiario, non è apponibile all'atto amministrativo, che non può essere a titolo gratuito. All'atto amministrativo attributivo di vantaggi, è invece inseribile una clausola idonea a restringere tali vantaggi, ossia l'**onere** (come, nella concessione di un servizio pubblico, l'onere che impone al concessionario la gratuità del servizio per determinati soggetti).

10. *L'efficacia dell'atto amministrativo*

Il provvedimento che limiti la sfera giuridica dei privati – ad esempio, un provvedimento sanzionatorio – acquista efficacia nei confronti di ciascun destinatario con la **comunicazione** allo stesso (art. 21 *bis* della legge n. 241): però, se per il numero dei destinatari la comunicazione personale non è possibile o risulta particolarmente gravosa, la p.a. provvede mediante forme di pubblicità idonee, di volta in volta stabilite dalla p.a. medesima. In sintesi, i **provvedimenti limitativi** della sfera giuridica dei privati hanno **carattere recettizio**.

Tutti i provvedimenti amministrativi efficaci sono eseguiti immediatamente, salvo che sia diversamente stabilito dalla legge o dal provvedimento medesimo: quindi di regola i provvedimenti sono esecutivi.

Tuttavia, la **sospensione dell'efficacia o dell'esecuzione** del provvedimento amministrativo può essere disposta, per gravi ragioni e per il tempo strettamente necessario, dallo stesso organo che lo ha emanato ovvero da altro organo previsto dalla legge: il termine della sospensione è esplicitamente indicato nell'atto che la dispone e può essere prorogato o differito per una sola volta oppure ridotto per sopravvenute esigenze. Comunque, la legge prevede un termine massimo della sospensione provvedimentale, che non può essere disposta o perdurare oltre i termini per l'esercizio del potere di annullamento d'ufficio (ossia dodici mesi) (art. 21 *quater* della legge n. 241/1990).

Alcuni provvedimenti sono pure dotati di esecutorietà (v. *supra*, al par. 7 di questa Sez.).

11. *I vizi e le altre "anormalità" dell'atto amministrativo*

Nei casi in cui l'atto amministrativo non sia conforme al modello previsto, esso presenta vizi e, più in generale, anormalità, che sono di vario tipo.

I. Le più gravi sono le **cause di nullità** dell'atto, consistenti in gravi divergenze rispetto al modello legale. La nullità dell'atto ha conseguenze più radicali dell'annullabilità: la nullità è insanabile, sicché non è suscettibile di convalida (che conserva in vita l'atto annullabile, dopo averne eliminato i vizi) (v. *infra*, al par. 13 di questa Sez.). Nullità

L'atto è nullo se:

- **privo degli elementi essenziali**; oppure
- viziato da **difetto assoluto di attribuzione** ("incompetenza assoluta" o "straripamento di potere"), cioè quando l'organo che lo ha posto in essere sia del tutto estraneo all'organizzazione cui spetterebbe di adottare l'atto (ad es., è nullo il diploma di laurea rilasciato dal sindaco); oppure
- adottato in **violazione o elusione del giudicato**, ossia delle sentenze passate in giudicato (non più assoggettabili ai mezzi ordinari di impugnazione, quali l'appello); o, ancora,
- negli **altri casi espressamente previsti dalla legge**: ad esempio, secondo lo "statuto" dei diritti del contribuente (art. 11 della legge n. 212/2000 e s.m.i.), sono nulli gli atti, anche a contenuto impositivo o sanzionatorio, dell'amministrazione finanziaria che siano difformi dalla risposta, espressa o tacita, della stessa dopo che sia stata interpellata dal medesimo contribuente su una questione concreta e personale (sull'applicazione di disposizioni tributarie).

II. Al contrario, le divergenze meno rilevanti rispetto al modello legale dell'atto sono le **cause di mera irregolarità** dell'atto, che sono, ad esempio: l'indicazione di una norma sbagliata e la mancata indicazione, nell'atto amministrativo notificato o nella sua comunicazione, del termine per ricorrere e dell'autorità a cui è possibile far ricorso. Irregolarità

Conseguenze dell'irregolarità non sono né l'annullabilità né la nullità, ma ad esempio, nell'ultimo caso, la rimessione in termini del ricorrente per proporre il ricorso; oppure, più frequentemente, la regolarizzazione, che è l'eliminazione dell'irregolarità con la nuova formulazione dell'atto senza l'irregolarità.

III. Molto rilevanti sono le **cause di invalidità**, ossia di **annullabilità**: sono i **vizi di legittimità** dell'atto, cioè incompetenza (relativa), eccesso di potere e violazione di legge. Annullabilità

A) L'atto è viziato da **incompetenza relativa** se è adottato da un organo di un ente pubblico (il Sindaco di un Comune) al posto di altro organo del medesimo ente pubblico (un dirigente del medesimo Comune). Invece, come si è appena visto, l'incompetenza assoluta comporta la nullità dell'atto.

B) È viziato da **violazione di legge** l'atto amministrativo che contrasti con norme giuridiche, anche dell'Unione europea se direttamente vincolanti nell'ordinamento interno italiano, come quelle dei regolamenti dell'Unione.

C) L'**eccesso di potere** è un vizio individuato dalla giurisprudenza e menzionato da varie disposizioni di legge, che però non ne danno una definizione. Si tratta di una violazione non della lettera della legge, ma del suo "spirito", ossia dei limiti non scritti della discrezionalità: infatti il potere amministrativo, anche quando discrezionale, non è mai libero, ma funzionalizzato al perseguimento dell'interesse pubblico (v. *supra*, al par. 8 della Sez. I) e qualora tale interesse non sia perseguito si realizza l'eccesso di potere.

C1) Una prima figura di eccesso di potere è costituita dallo **sviamento** di potere, che si configura quando un atto è emanato per perseguire un fine diverso da quello per il conseguimento del quale quel potere era stato conferito dalla legge alla p.a. Questo fine potrebbe essere addirittura illecito, come in uno dei primi casi in cui, dal Consiglio di Stato francese nell'800, fu individuato l'eccesso di potere: nella specie un sindaco aveva vietato lo stazionamento delle carrozze a cavallo (mezzo di trasporto pubblico dell'epoca) nelle principali vie e piazze della città per motivi igienici e quindi aveva utilizzato il suo potere di tutela della salute pubblica; in realtà il suo provvedimento era illegittimo perché adottato per favorire persone a lui vicine che stavano iniziando le prime forme di trasporto pubblico meccanizzato.

C2) Sussistono poi le **figure sintomatiche di eccesso di potere**, che sono sintomi del vizio di eccesso di potere, apprezzabili quando si dubiti che sussiste una divergenza fra l'atto e le sue finalità. Tra esse, che non sono un numero chiuso (sicché sovente la giurisprudenza ne configura delle nuove):
- la disparità di trattamento, che ricorre qualora siano trattate in modo diverso situazioni identiche o analoghe oppure siano trattate in modo uguale situazioni differenziate;
- l'insufficienza, l'approssimazione, l'illogicità, la contraddittorietà, l'incongruenza, la perplessità e gli altri difetti della motivazione;

- il travisamento dei fatti, che si ha quando la p.a. adotti un atto amministrativo sulla base dell'esistenza di fatti o di circostanze che sono insussistenti, oppure sulla base dell'inesistenza di fatti o circostanze che invece emergono esistenti;
- il difetto di istruttoria o di ponderazione, che si configura quando emerge che la p.a. è giunta alla decisione in maniera superficiale e sbrigativa (ad es. attribuzione, da parte della commissione giudicatrice di un concorso, del medesimo punteggio ai titoli di tutti i concorrenti);
- la contraddittorietà estrinseca, cioè fra atti di un medesimo titolare di organo;
- la contraddittorietà intrinseca (o interna), ossia fra diverse parti del medesimo atto, ad es. fra motivazione e dispositivo, oppure fra il corpo del provvedimento e un suo allegato;
- l'ingiustizia (grave e) manifesta, che consiste in un'irragionevole sproporzione tra la persecuzione dell'interesse perseguito dall'atto e quello (magari privato) che viene sacrificato, come quando si ordina la demolizione di un edificio che superi di un solo centimetro il limite massimo di altezza previsto dal regolamento edilizio;
- la violazione di circolari, che sono atti interni con cui un organo precisa come vada interpretata una disposizione;
- la violazione di prassi amministrativa, che è un comportamento tenuto in via ricorrente da una p.a. (e quindi si distingue dalla consuetudine, che è invece una fonte del diritto ed è posta in essere dal popolo).

D) Vizi diversi da quelli, appena considerati, di legittimità sono i **vizi di merito** dell'atto amministrativo, che risultano da violazioni alle regole non scritte di buon andamento della p.a.: l'atto viziato da vizi di merito può essere annullato a opera del giudice amministrativo solo nei casi in cui lo preveda la legge. Vizi di merito

12. *I tipi di atti amministrativi: i provvedimenti di primo grado*

Molte sono le tipologie delineabili nell'ambito sia degli atti amministrativi, sia dei provvedimenti. Una bipartizione di base nell'ambito di questi ultimi è fra i provvedimenti di primo grado, che curano immediatamente interessi pubblici, e provvedimenti di secondo grado, aventi a oggetto altri provvedimenti amministrativi.

I **provvedimenti di primo grado** possono essere: ampliativi della sfera giuridica del – ossia favorevoli al – destinatario o, al contrario, restrittivi di tale sfera e quindi sfavorevoli a lui.

Provvedimenti ampliativi

A) **Fra i provvedimenti ampliativi** della sfera giuridica del destinatario si annoverano i seguenti.

A1) Le **autorizzazioni** (come la patente di guida) rimuovono un limite all'esercizio di una facoltà di un privato oppure all'esercizio di una potestà di un'altra amministrazione: verificano che l'attività che il soggetto ha in astratto facoltà di svolgere sia, in concreto, rispondente all'interesse pubblico.

A2) Le **abilitazioni** consentono, a seguito di una valutazione tecnica dei requisiti occorrenti, l'esercizio legittimo di professioni (es. di commercialista) per il quale essi sono necessari e quindi rimuovono un limite all'esercizio della facoltà di esercitare quella professione.

A3) Le **concessioni** di regola attribuiscono al destinatario facoltà, che egli in precedenza non aveva: come l'uso di beni demaniali, come un tratto di spiaggia (v. *infra*, al par. 5 della Sez. V).

A4) Le **sovvenzioni** conferiscono al destinatario un beneficio pecuniario, che il soggetto sovvenzionato non deve restituire, ma riguardo al quale ha soltanto un obbligo di rendiconto. La concessione di sovvenzioni, contributi, sussidi e ausili finanziari e l'attribuzione di vantaggi economici di qualunque genere a persone ed enti pubblici e privati sono subordinate alla predeterminazione, da parte delle amministrazioni procedenti, nelle forme previste dai rispettivi ordinamenti, dei criteri e delle modalità cui le amministrazioni stesse devono attenersi: l'effettiva osservanza di tali criteri e modalità deve risultare dai singoli provvedimenti (art. 12 della legge n. 241/1990).

Provvedimenti restrittivi

B) **Fra i provvedimenti restrittivi** della sfera giuridica del destinatario, ossia quelli che lo privano di vantaggi oppure gli impongono obblighi si riscontrano i seguenti.

B1) Gli **ordini** sono o comandi, che impongono ai privati obblighi di fare, come quello di presentarsi all'autorità di polizia, oppure divieti, ossia obblighi di non fare, ad esempio di non accedere agli stadi (daspo).

B2) Le **ordinanze contingibili e urgenti** fanno fronte a situazioni d'emergenza non preventivabili, presentano un contenuto non predefinito e hanno come presupposti l'urgenza e la contingibilità, ossia l'attualità o l'imminenza di un fatto eccezionale (come le conseguenze di un terremoto). Così, in caso di emergenze sanitarie o di igiene pubblica a carattere esclusivamente locale le ordinanze contingibili e urgenti sono adottate dal sindaco, quale rappresentante della comunità locale, oppure dallo Stato o dalle Regioni in base alla dimensione dell'emergenza e dell'eventuale interessamento di più ambiti territoriali regionali; in caso di emergenza che interessi il territorio di più comuni, ogni sindaco adotta le misure necessarie fino a quando non intervengano Stato o Regioni (art. 50 TUEL). Inoltre, il sindaco, quale ufficiale del Governo, adotta con atto motivato provvedimenti, contingibili e urgenti nel rispetto dei principi generali dell'ordinamento, al fine di prevenire e di eliminare gravi pericoli che minacciano l'incolumità pubblica e la sicurezza urbana (art. 54, comma 4, TUEL).

B3) L'**espropriazione per pubblica utilità** (o esproprio) comporta il trasferimento, salvo indennizzo, di un diritto reale su un bene immobile dal suo titolare a un altro soggetto per la realizzazione di un'opera di interesse pubblico (come un ospedale o una scuola). Infatti, l'art. 42 Cost. prevede che la proprietà privata può essere, nei casi previsti dalla legge e salvo indennizzo, espropriata per motivi d'interesse generale. L'istituto è disciplinato più nei dettagli dal d.P.R. n. 327/2001, recante il Testo unico delle disposizioni legislative e regolamentari in materia di espropriazione per pubblica utilità, in base al quale il decreto di esproprio può essere emanato qualora vi sia stata la dichiarazione di pubblica utilità, che è una sorta di marchio impresso sul bene e finalizzato all'esproprio e si intende disposta in una serie di casi, indicati dal testo unico (art. 12), quali l'approvazione, da parte dell'autorità espropriante, del progetto definitivo dell'opera pubblica.

B4) Le **occupazioni** privano i destinatari del godimento di un bene immobile, dietro indennizzo. Esse si classificano in: **strumentali**, che sono temporanee e attinenti ad aree non destinate a esproprio, ma da occupare per agevolare i lavori su aree vicine; in caso di urgenza nell'avvio dei lavori, **occupazioni d'urgenza**, preordinate all'espropriazione, e destinate a perdere efficacia se il decreto di esproprio non è emanato entro il termine previsto; **occupazioni definitive** (o provvedimentali o acquisizioni sananti), ai sensi dell'art. 42 *bis* del d.P.R. n. 327/2001, secondo cui l'autorità che utilizza per scopi di interesse pubblico un bene immobile, il quale sia modificato senza un valido ed efficace provvedimento di esproprio (o dichiarativo della pubblica utilità), può disporre che esso sia acquisito, non retroattivamente, al suo patrimonio indisponibile e che al proprietario sia corrisposto un indennizzo per il pregiudizio patrimoniale e non patrimoniale, forfetariamente liquidato nella misura del dieci per cento del valore venale (ossia di mercato) del bene.

B5) Le **requisizioni** sono provvedimenti ablatori grazie ai quali, in circostanze eccezionali e imprevedibili e dietro versamento di un'indennità, la p.a. utilizza immobili, come alloggi da destinare a persone colpite da calamità naturali (requisizioni in uso) oppure si appropria di cose mobili, come derrate alimentari (requisizioni in proprietà).

B6) Le **confische** sono conseguenze di illeciti amministrativi e quindi hanno carattere sanzionatorio, come quelle di costruzioni abusive.

13. Segue. *I provvedimenti di secondo grado*

I provvedimenti di secondo grado, incidendo su altri provvedimenti amministrativi, sono espressione del potere della p.a. di autotutela decisoria, cioè di tutelare sé stessa, ponendo rimedio a provvedimenti illegittimi o contrari all'interesse pubblico.

A) Alcuni provvedimenti di secondo grado sono **a esito conservativo**, ossia tendono a conservare l'atto, e sono:

A1) la **convalida**, con cui la p.a. rimuove il vizio che inficia il provvedimento, confermandolo per il resto;

A2) la **ratifica impropria**, che è una specie di convalida con cui l'organo competente fa proprio il provvedimento già adottato da organo incompetente e quindi viziato per incompetenza e così sana la sua illegittimità. **Diversa è la ratifica propria**, con cui l'organo competente in via ordinaria (ad esempio, il consiglio di un dipartimento universitario) fa proprio l'atto emanato in via di urgenza da un organo dotato di una competenza straordinaria (il direttore del dipartimento): in questo caso manca un vizio dell'atto.

Provvedimenti confermativi

B) Altri provvedimenti di secondo grado sono **a esito confermativo**, ossia confermano quello precedente:

B1) il provvedimento di **proroga dei termini** previsti da altro atto, che va adottato quando quest'ultimo sta ancora producendo effetti;

B2) il provvedimento di **rinnovazione** di altro atto, gli effetti del quale sono ormai cessati, con il medesimo contenuto dell'atto rinnovato.

C) Alcuni provvedimenti di secondo grado sono **a esito eliminatorio**: annullamento d'ufficio e revoca.

C1) Presupposti dell'**annullamento d'ufficio** (art. 21 *nonies* della legge n. 241/1990) sono: Annullamento d'ufficio

a) l'illegittimità di un atto amministrativo per uno dei tre vizi di legittimità (violazione di legge, incompetenza ed eccesso di potere);

b) l'interesse pubblico all'annullamento, che dev'essere concreto e specifico (pertanto non coincidente con il mero ripristino della legalità violata con il provvedimento illegittimo) e attuale (ossia da valutare in riferimento alla situazione presente al momento dell'annullamento). Inoltre, il provvedimento di annullamento d'ufficio deve tener presenti gli "interessi dei destinatari", ossia di chi ha interesse all'annullamento, e degli interessi "dei controinteressati", cioè dei soggetti che hanno ottenuto un vantaggio dal provvedimento da annullare.

Competente ad adottare il provvedimento è l'organo che ha emanato l'atto oggetto di annullamento oppure «*altro organo previsto dalla legge*» (come un superiore gerarchico).

Per l'adozione dell'annullamento d'ufficio occorre seguire tutte le regole procedimentali proprie del procedimento dell'atto che si annulla (principio del *contrarius actus*): così, se era previsto, per l'adozione di un provvedimento, il parere obbligatorio di un organo consultivo, esso dev'essere acquisito anche per l'annullamento d'ufficio del provvedimento stesso.

L'annullamento d'ufficio può essere disposto entro un **termine ragionevole**, comunque **non superiore a dodici mesi** dalla data dell'adozione dei provvedimenti di autorizzazione o di attribuzione di vantaggi economici: però i provvedimenti amministrativi conseguiti sulla base di false rappresentazioni dei fatti o di dichiarazioni sostitutive di certificazione e dell'atto di notorietà false o mendaci per effetto di condotte costituenti reato, accertate con sentenza passata in giudicato, sono annullabili dalla p.a. anche dopo la scadenza del termine di dodici mesi.

C2) Il provvedimento può essere oggetto di **revoca**, da parte dell'organo che lo ha emanato o da altro previsto dalla legge: Revoca

a) per sopravvenuti motivi di pubblico interesse o

b) nel caso di mutamento della situazione di fatto non prevedibile al momento dell'adozione del provvedimento oppure

c) salvo che per i provvedimenti di autorizzazione o di attribuzione di vantaggi economici, nell'ipotesi di nuova valutazione dell'interesse pubblico originario.

Revoca e annullamento d'ufficio si distinguono: per i presupposti (la presenza di un vizio di legittimità è presupposto dell'annullamento d'ufficio, ma non della revoca); per l'efficacia del provvedimento, perché l'annullamento d'ufficio è retroattivo, mentre la revoca non lo è; perché la revoca, diversamente dall'annullamento d'ufficio, dà luogo a un indennizzo a favore del soggetto cui il provvedimento revocato attribuiva un vantaggio; per l'assenza di termini entro i quali la revoca può intervenire.

14. *Multiformità dell'azione amministrativa: i regimi non amministrativi diversi dal provvedimento espresso*

Non sempre la p.a. agisce tramite atti e provvedimenti amministrativi (ossia con le modalità appena viste), ma l'azione amministrativa è multiforme.

I. Frequentemente le p.a. agiscono con **atti consensuali**, come i contratti (v. *infra*, al par. 9 e ss. della Sez. V).
II. Altre volte pongono in essere **accordi**, che sono assoggettati a regole in parte identiche – ossia devono essere motivati e stipulati, a pena di nullità, per atto scritto, salvo che la legge disponga altrimenti, e sono assoggettati, se non diversamente previsto, ai principi del codice civile in materia di obbligazioni e contratti, in quanto compatibili – e sono di due tipi.
   A) Da un lato, gli **accordi fra p.a. e privati**, che sono verticali, **integrativi o sostitutivi del provvedimento**. Infatti, la legge n. 241/1990 (art. 11) stabilisce che la p.a. procedente, in accoglimento di osservazioni e proposte presentate dai privati, può concludere, senza pregiudizio dei diritti dei terzi, e in ogni caso nel perseguimento del pubblico interesse, accordi con gli interessati al fine di determinare il contenuto discrezionale del provvedimento finale ovvero in sostituzione di questo. Gli accordi sostitutivi di provvedimento, diversamente da quelli integrativi, tengono luogo del provvedimento.
   B2) Dall'altro lato, sono previsti gli **accordi fra pubbliche amministrazioni** o accordi orizzontali possono essere conclusi dalle p.a. per disciplinare lo svolgimento in collaborazione di attività di interesse comune (art. 15 della legge n. 241).

15. Segue. *I regimi amministrativi diversi dal provvedimento espresso*

Ci sono poi casi in cui il regime che disciplina un caso non è un provvedimento espresso, ma è pur sempre un regime autoritativo, in cui la p.a. opera, appunto, come autorità.

III. Intanto ci sono istituti inquadrabili nella **semplificazione procedimentale**, come il **silenzio-assenso**, che è una delle ipotesi di inerzia della p.a., precisamente l'inerzia della p.a. sull'istanza di un privato, alla quale una norma giuridica attribuisce il significato di accoglimento dell'istanza. In sintesi, il procedimento amministrativo inizia normalmente, ma si conclude non con un provvedimento espresso, bensì appunto con un'inerzia avente tale significato: così la p.a. evita di scrivere il provvedimento e, in particolare, di motivarlo e il procedimento risulta privato di una cospicua porzione, e quindi diviene semplificato e più breve.

In base alla disposizione che prevede il silenzio-assenso (l'art. 20 della legge n. 241), salve le eccezioni ivi previste e fatta salva l'applicazione della SCIA (di cui *infra*, che quindi prevale qualora ne ricorrano i presupposti e requisiti), nei procedimenti a istanza di parte per il rilascio di provvedimenti amministrativi il silenzio della p.a. competente equivale a provvedimento di accoglimento della domanda, senza necessità di ulteriori istanze o diffide, se la medesima p.a.: Silenzio-assenso

- non comunica all'interessato il provvedimento di diniego, nel termine in cui il procedimento va concluso (ossia nel termine di cui all'articolo 2, commi 2 o 3, su cui v. *supra*, al par. 5 di questa Sez.), ovvero
- non procede indicendo, entro trenta giorni, una conferenza di servizi, anche tenendo conto delle situazioni giuridiche soggettive dei controinteressati.

Tali termini decorrono dalla data di ricevimento della domanda del privato.

La legge prescrive che il silenzio-assenso non opera in varie ipotesi: in particolare, se si tratti di atti e procedimenti che coinvolgono determinati interessi sensibili (perché riguardano il patrimonio culturale e paesaggistico, l'ambiente, la tutela dal rischio idrogeologico, la difesa nazionale, la pubblica sicurezza, l'immigrazione, l'asilo e la cittadinanza, la salute e la pubblica incolumità).

Si noti che il silenzio assenso rientra fra i silenzi qualificati (o significativi), al pari del silenzio-diniego (di cui v. *supra*, al par. 5 di questa Sez.).

IV. Rientrano tra gli istituti riconducibili ai regimi amministrativi anche quelli di **liberalizzazione** di talune attività private.
La liberalizzazione consiste nel liberare talune attività dei privati dall'assoggettamento al potere di assenso preventivo delle p.a.: la liberalizzazione è **temperata** quando la liberazione dal potere amministrativo non è assoluta, perché l'attività privata liberalizzata è soggetta a poteri pubblicistici di controllo da parte di determinate p.a.
Rilevante istituto di liberalizzazione temperata (sebbene incluso fra i casi di semplificazione dalla legge n. 241/1990) è la **segnalazione**
SCIA **certificata di inizio attività** (o **SCIA**), che consiste in un atto del privato, il quale segnala alla p.a. l'intenzione di iniziare un'attività e concretamente la inizia, salvi i poteri di tale autorità di inibire l'attività iniziata, ove non sussistano i presupposti e i requisiti necessari per il suo esercizio. In base alla legge (in particolare, art. 19 della legge n. 241/1990), è sostituito da una SCIA dell'interessato ogni atto di autorizzazione, licenza, concessione non costitutiva, permesso o nulla osta comunque denominato (comprese le domande per le iscrizioni in albi o ruoli richieste per l'esercizio di attività imprenditoriale, commerciale o artigianale):
- il cui rilascio dipenda esclusivamente dall'accertamento di requisiti e presupposti richiesti dalla legge o da atti amministrativi a contenuto generale, e
- non sia previsto alcun limite o contingente complessivo o specifici strumenti di programmazione settoriale per il rilascio degli atti stessi (come prescritto per i taxisti).

Alla segnalazione occorre che il privato alleghi alcuni documenti, se espressamente previsto dalla normativa vigente, quali le attestazioni e asseverazioni di tecnici abilitati.
L'istituto della SCIA non opera nei casi in cui sussistano determinati interessi sensibili (ossia vincoli ambientali, paesaggistici o culturali e degli atti rilasciati dalle p.a. preposte alla difesa nazionale, alla pubblica sicurezza, all'immigrazione, all'asilo, alla cittadinanza, all'amministrazione della giustizia, all'amministrazione delle finanze e in quelli previsti dalla normativa per le costruzioni in zone sismiche e di quelli imposti dalla normativa dell'Unione europea).
Circa i **poteri amministrativi successivi alla presentazione della SCIA** e all'inizio dell'attività, la p.a., in caso di accertata carenza dei requisiti e dei presupposti di cui alla legge, la p.a. esercita due ordini di poteri:
a) entro sessanta giorni dal ricevimento della segnalazione (trenta giorni in caso di SCIA in materia edilizia):

a1) adotta motivati provvedimenti di divieto di prosecuzione dell'attività e di rimozione degli eventuali effetti dannosi di essa, ossia poteri di tipo inibitorio (art. 19, comma 3),

a2) esercita il proprio potere conformativo, che dovrebbe essere utilizzato dalla p.a. in luogo del proprio potere inibitorio: cioè, qualora sia possibile conformare l'attività intrapresa e i suoi effetti alla normativa in vigore, la p.a. competente, con atto motivato, invita il privato a provvedere, prescrivendo le misure necessarie con la fissazione di un termine, non inferiore a trenta giorni, per l'adozione di queste ultime: in difetto di adozione delle misure stesse da parte del privato, decorso il suddetto termine, l'attività s'intende vietata (art. 19, comma 3). Qualora la SCIA sia stata utilizzata in casi in cui non era consentita, la p.a. avrà poteri sanzionatori.

b) Una volta decorso il termine di sessanta giorni (ovvero di trenta, in caso di SCIA in materia edilizia), la p.a. esercita i poteri inibitori qualora sussistano le condizioni per annullare d'ufficio un provvedimento amministrativo (cioè in presenza delle condizioni previste dall'art. 21 *nonies*).

V. Simile alla SCIA è la **comunicazione** inizio lavori o comunicazione preventiva (**di inizio attività**) o CIA, che è un istituto simile alla SCIA: per lo svolgimento di determinate attività per le quali la normativa indica tale regime, la comunicazione consente tale svolgimento.

VI. Un altro possibile regime è la **determinazione di conclusione positiva di una conferenza decisoria**: per comprendere tale istituto occorre parlare delle conferenze di servizi in generale.

16. *Le conferenze di servizi*

Le conferenze di servizi, che servono a realizzare la semplificazione amministrativa e il coordinamento fra p.a., consistono in una sorta di riunione, eventualmente virtuale, ossia per via telematica, di persone, di regola titolari di organi di p.a. idonee a prendere in esame la fattispecie concreta (ad esempio, la volontà di un privato di realizzare un centro commerciale) ed esprimere congiuntamente, su di essa, le decisioni delle rispettive p.a. competenti alla cura di vari interessi pubblici (nel caso, quello all'ordinato sviluppo del commercio, quello urbanistico, quello alla tutela ambientale, e così via).

Conferenze di più tipi

Le **conferenze** – la disciplina delle quali è stata modificata di frequente – sono **di più tipi**.

a) Sulla base delle modalità di funzionamento, si distinguono:
   a1) conferenza **semplificata**, che si svolge in forma semplificata e **in modalità asincrona**, senza riunioni: è la modalità ordinaria di svolgimento della conferenza, che dovrebbe iniziare così, ma poi potrebbe trasformarsi nella conferenza dell'altro tipo;
   a2) conferenza in forma **simultanea e in modalità sincrona**, che avviene mediante riunioni.

b) Quanto alle funzioni delle conferenze, ci sono conferenze: istruttorie, decisorie e preliminari.
   b1) La conferenza **istruttoria** può essere indetta per effettuare un esame contestuale degli interessi pubblici coinvolti in un procedimento amministrativo, ovvero in più procedimenti amministrativi connessi, riguardanti medesime attività o risultati. Essa, perciò, serve a permettere l'apporto soprattutto consultivo delle p.a. deputate a curare tali interessi.
   b2) La conferenza **preliminare o predecisoria** è indetta per progetti di particolare complessità e di insediamenti produttivi di beni e servizi e serve a indicare al richiedente, prima che presenti un'istanza o un progetto definitivo, le condizioni per ottenere, alla loro presentazione, i necessari pareri, intese, concerti, nulla osta, autorizzazioni, concessioni o altri atti di assenso, comunque denominati: pertanto, questa conferenza è finalizzata a indicare in anticipo quali sono le condizioni – ossia gli adempimenti amministrativi necessari – per conseguire gli atti di consenso necessari per realizzare il progetto.
   b3) La conferenza **decisoria** è sempre indetta quando la conclusione positiva di un procedimento o di più procedimenti è subordinata all'acquisizione di più atti di assenso, comunque denominati, resi da diverse p.a. Costituisce (v. al par. precedente) uno dei regimi amministrativi delle attività private diversi dal provvedimento amministrativo espresso.

Il funzionamento della conferenza potrebbe essere minato dalla mancata partecipazione di uno o più rappresentanti di p.a. alla conferenza o dal fatto che essi non esprimano la propria determinazione o esprimano una determinazione divergente da quella di altri: pertanto, la legge prevede dei meccanismi per superare i silenzi (o le assenze) e per ovviare ai dissensi.

17. *Il silenzio-assenso fra le pubbliche amministrazioni*

Diverso dal silenzio assenso di cui si trattava prima è un istituto introdotto solo nel 2015 nell'ambito della legge n. 241/1990: il silenzio-assenso fra le pubbliche amministrazioni (art. 17 *bis*): opera in casi in cui, per l'adozione di provvedimenti normativi e amministrativi di competenza di altre p.a., occorra l'acquisizione di assensi, concerti o nulla osta, comunque denominati, di p.a. e di gestori di beni o servizi pubblici.

Meccanismi di semplificazione

Si prevedono **due** diversi **meccanismi di semplificazione** correlati fra loro.

- Per un verso, si stabilisce che, di regola e salvo il caso di interruzione, **la p.a. co-decidente deve rendere l'assenso entro trenta giorni** (novanta se si tratta dell'acquisizione di assensi, concerti o nulla osta di amministrazioni preposte alla tutela ambientale, paesaggistico-territoriale, dei beni culturali e della salute dei cittadini).
- Per un altro verso, si aggiunge che, **decorso il termine** senza che sia stato comunicato l'assenso, il concerto o il nulla osta, questo s'intende acquisito: di conseguenza, **il silenzio viene equiparato all'assenso**.

18. *Trasparenza, pubblicità e forme di accesso a documenti o informazioni*

La trasparenza dell'azione amministrativa è lo strumento per rendere la **p.a.** simile a un edificio **con le pareti di vetro** e, quindi, controllare che l'azione risponda alle disposizioni e agli interessi pubblici. Essa presenta più scopi rilevanti, cui corrispondono più forme di accesso.

Accesso ai documenti

A) Da un lato, permette agli interessati di conoscere, nel corso del procedimento amministrativo, i documenti e gli atti infraprocedimentali in modo da evitare, ad esempio con memorie, l'adozione di un provvedimento a loro sfavorevole oppure permette di conoscere documenti e atti infraprocedimentali di un procedimento conclusosi con un provvedimento sfavorevole, in modo da decidere se impugnare o no quest'ultimo. A tali finalità risponde l'**accesso ai documenti amministrativi**, che corrisponde al diritto degli interessati di prendere visione e di estrarre copia di documenti amministrativi ed è previsto dalla legge n. 241/1990. Per **documento amministrativo** s'intende ogni rappresentazione – grafica, fotocinematografica, elettromagnetica o di

qualunque altra specie – del contenuto di atti, anche interni o non relativi a uno specifico procedimento, detenuti da una p.a. e concernenti attività di pubblico interesse.
Tale accesso può essere chiesto dagli "interessati", ossia dai soggetti privati che abbiano un interesse diretto, concreto e attuale, corrispondente a una situazione giuridicamente tutelata e collegata al documento al quale è chiesto l'accesso.
Il diritto di accesso ai documenti amministrativi è assoggettato a **limiti**, perché, fra l'altro, occorre coordinare l'esercizio del diritto di accesso e la tutela della riservatezza.

1) In relazione ai **dati personali** – consistenti in informazioni relative a persone fisiche, giuridiche, enti o associazioni (come i dati afferenti alla vita lavorativa) – occorre garantire ai richiedenti l'accesso ai documenti amministrativi la cui conoscenza sia necessaria per curare o per difendere i propri interessi giuridici.
2) Quanto ai **dati sensibili** (ossia quelli idonei a rilevare l'origine razziale ed etnica, le convinzioni religiose, filosofiche o di altro genere, le opinioni politiche, l'adesione a partiti, sindacati, associazioni od organizzazioni di carattere religioso, filosofico, politico o sindacale) e ai dati giudiziari (quelli in grado di rivelare i provvedimenti in materia di casellario giudiziale, di anagrafe delle sanzioni amministrative dipendenti da reato e dei relativi carichi pendenti, o la qualità di imputato o indagato in sede penale), l'accesso è consentito nei limiti in cui sia strettamente indispensabile per curare o per difendere i propri interessi giuridici.
3) Circa i **dati sensibilissimi** – cioè idonei a rivelare lo stato di salute e la vita sessuale di una persona – l'accesso è consentito se la situazione giuridicamente rilevante che si intende tutelare con la richiesta di accesso è di rango almeno pari ai diritti dell'interessato, ovvero consiste in un diritto della personalità o in un altro diritto o libertà fondamentale e inviolabile: ad esempio, una persona potrebbe accedere alla cartella clinica del coniuge per dimostrare in un processo i disturbi psichici, da questi taciuti e in grado di determinare l'annullamento del matrimonio.

B) Alla finalità di consentire un controllo diffuso sull'operato della p.a., in un'ottica democratica, in modo da prevenire fenomeni di corruzione e, più in generale, reati contro la pubblica amministrazione ed episodi di cattiva amministrazione rispondono due altri tipi di accesso: entrambi sotto il nome di **accesso civico**, perché spettanti a chiunque (e non solo a chi ha un particolare interesse).

Accesso civico

B1) Da un lato, si tratta dell'**accesso civico "semplice", rimedio alla mancata pubblicazione di informazioni**. Infatti, il d.lgs. n. 33/2013 (detto "decreto trasparenza") ha previsto l'obbligo, per le p.a., di provvedere alla pubblicazione di una serie di informazioni, indicate dal medesimo decreto, sul "sito istituzionale" di ogni amministrazione (nella *home page*, all'interno della sezione "Amministrazione trasparente"): a tale sito qualsiasi utente può accedere, senza la necessità di autenticarsi, e ricercare le informazioni riguardanti ciò che quella p.a. fa o com'è organizzata. Tale obbligo in capo alle p.a. comporta il diritto di chiunque di richiedere documenti, informazioni o dati nei casi in cui sia stata omessa la loro pubblicazione (art 5, comma 1, d.lgs. n. 33/2013): tale accesso civico è una sorta di sanzione per la mancata pubblicazione, da parte della p.a., dei dati previsti. Accesso civico "semplice"

B2) L'altro tipo di **accesso civico** è quello **generalizzato**, che – sul **modello** previsto in altri Stati (come il "Freedom of information act" o **FOIA** statunitense) – verte su informazioni ulteriori rispetto a quelli oggetto dell'obbligo di pubblicazione da parte della p.a. (art. 5, comma 2, d.lgs. n. 33/2013). FOIA

Anche per i due tipi di accesso civico (come per quello di accesso ai documenti amministrativi di cui alla legge n. 241/1990) esistono esclusioni e limitazioni all'accesso, anche legate alla necessità di tutelare la *privacy*.

Sezione V

I MEZZI

1. *I singoli mezzi*

Le amministrazioni pubbliche, per essere organizzate in modo efficiente e per agire in modo da perseguire gli interessi pubblici affidati loro, hanno bisogno di una serie di strumenti, di varia natura, che si possono denominare mezzi.

In particolare, si tratta del denaro e dei **mezzi finanziari** in genere, dei **beni pubblici** e dei **contratti** attraverso i quali è possibile acquisire forniture di cose, servizi e lavori.

2. *I beni pubblici: la loro classificazione*

Come si è visto (*supra*, Cap. XII, Sez. IV, par. 8), la **Costituzione** prevede che la proprietà è pubblica o privata; che i beni economici appartengono allo Stato, a enti o a privati (**art. 42**); che, ai fini di utilità generale, la legge può riservare originariamente o trasferire, mediante espropriazione e salvo indennizzo, allo Stato, a enti pubblici o a comunità di lavoratori o di utenti determinate imprese o categorie di imprese, che si riferiscano a servizi pubblici essenziali o a fonti di energia o a situazioni di monopolio e abbiano carattere di preminente interesse generale (**art. 43**).

Oltre che dalla Costituzione, i beni pubblici sono disciplinati dal codice civile, da una parte del codice della navigazione e da normative speciali.

Ai sensi del **codice civile** (r.d. 16 marzo 1942, n. 262), i beni si distinguono in demaniali e patrimoniali.

Demanio

A) I **beni demaniali**, che possono appartenere allo Stato o a enti pubblici territoriali, possono essere beni del demanio necessario e beni del demanio eventuale.

A1) Appartengono allo Stato e fanno parte del demanio pubblico il lido del mare, la spiaggia, le rade e i porti (demanio marittimo); i fiumi, i torrenti, i laghi e le altre acque definite pubbliche dalle leggi in materia (demanio idrico); le opere destinate alla difesa nazionale (demanio militare) (art. 822, comma 1, cod. civ.). Questi beni fanno parte del cosiddetto **demanio necessario**.

A2) Fanno parimenti parte del demanio pubblico, se appartengono allo Stato, le strade, le autostrade e le strade ferrate; gli aerodromi; gli acquedotti; gli immobili riconosciuti d'interesse storico, archeologico e artistico a norma delle leggi in materia; le raccolte dei musei, delle pinacoteche, degli archivi, delle biblioteche; e infine gli altri beni che sono dalla legge assoggettati al regime demaniale (art. 822, comma 2, cod. civ.). Si tratta dei beni del **demanio accidentale**, perché sono tali soltanto se appartengono allo Stato, ma potrebbero appartenere anche ad altri soggetti. I beni della specie di quelli indicati dal comma 2 dell'art. 822, se appartengono alle province o ai comuni, sono soggetti al regime del demanio pubblico (art. 824 cod. civ.), così come se appartengono alle regioni (demanio regionale ai sensi dell'art. 11 della legge n. 281/1970).

Sono anche soggetti al regime del demanio pubblico i diritti reali (come il diritto di servitù) spettanti allo Stato e agli altri enti pubblici territoriali su beni appartenenti ad altri soggetti, quando i diritti stessi sono costituiti per l'utilità di un bene demaniale o per il conseguimento di fini di pubblico interesse (art. 825 cod. civ.).

Beni patrimoniali

B) I **beni patrimoniali** sono i beni appartenenti allo Stato, alle province e ai comuni, o ad altri enti territoriali, diversi da quelli demaniali (artt. 826 e 830 c.c.). I beni patrimoniali si distinguono in beni del patrimonio indisponibile e beni del patrimonio disponibile.

Patrimonio indisponibile

B1) Fanno parte del **patrimonio indisponibile** dello Stato le foreste che a norma delle leggi in materia costituiscono il c.d. "demanio forestale" dello Stato, le miniere e le cave, quando la disponibilità ne è sottratta al proprietario del fondo, le cose d'interesse storico, archeologico, paletnologico, paleontologico e artistico, da chiunque e in qualunque modo ritrovate nel sottosuolo, le caserme, gli armamenti, gli aeromobili militari e le navi da guerra. Inoltre, fanno parte del patrimonio indisponibile dello Stato o degli altri enti pubblici territoriali, secondo la loro appartenenza, gli edifici destinati a sede di uffici pubblici, con i loro arredi, e gli altri beni destinati a un pubblico servizio.

Patrimonio disponibile

B2) Gli ulteriori beni di appartenenza di un ente pubblico sono beni del **patrimonio disponibile**.

3. Segue. *Il regime dei beni pubblici*

A) I **beni demaniali** presentano caratteristiche menzionate dal codice civile, secondo cui essi «*sono inalienabili e non possono formare oggetto di diritti a favore di terzi, se non nei modi e nei limiti stabiliti dalle leggi che li riguardano*» (art. 823 cod. civ.). Questa è la caratteristica della **incommerciabilità**, che include di regola (quindi salve specifiche disposizioni di legge):

- l'inalienabilità;
- l'insuscettibilità di costituire diritti a favore di terzi, sia diritti reali (come l'usufrutto), sia personali di godimento (come la locazione);
- l'impignorabilità, cioè l'insuscettibilità di essere oggetto di espropriazione forzata o a esecuzione in forma specifica a favore dei creditori dell'ente;
- l'imprescrittibilità, ossia l'impossibilità che il bene, a causa del decorso del tempo, sia acquisito da parte di terzi: ad esempio, usucapito.

Inoltre, i beni demaniali sono **suscettibili di autotutela esecutiva**: infatti la tutela dei beni facenti parte del demanio pubblico spetta all'autorità amministrativa, la quale ha facoltà, oltre che di avvalersi dei mezzi ordinari a difesa della proprietà e del possesso regolati dal codice civile, di procedere in via amministrativa (art. 823, comma 2, cod. civ., dettato per i beni demaniali, ma applicabile pure ai beni patrimoniali indisponibili). Che cosa significa che la p.a. procede in via amministrativa? La p.a., in caso di una lesione dell'integrità del suo bene, come nell'ipotesi dell'occupazione di un edificio pubblico da parte di un privato, ordina la rimozione o la messa in pristino entro un termine, decorso il quale procede all'esecuzione in danno, a spese del privato.

B) Circa la condizione giuridica dei beni patrimoniali, bisogna distinguere a seconda della natura giuridica di essi.
   B1) I beni che fanno parte del **patrimonio indisponibile non possono essere sottratti alla loro destinazione, se non nei modi stabiliti dalle leggi** che li riguardano.
   B2) Quanto ai beni del **patrimonio disponibile**, essi sono soggetti alle **regole particolari** che li concernono e, in quanto non è diversamente disposto, alle regole del **codice civile**.

In sintesi, anche se il codice civile delinea la descritta tripartizione, ai fini del regime giuridico dei beni rileva la bipartizione fra beni pubblici (comprendenti beni demaniali e beni del patrimonio indisponibile) e beni patrimoniali (ossia del patrimonio disponibile). Mentre questi ultimi sono assoggettati, di regola, alla disciplina di cui al codice civile, ossia alla medesima disciplina dei beni appartenenti ai soggetti privati, i beni pubblici sono disciplinati da un regime speciale, diverso da quello dettato dal codice civile.

4. Segue. *Le vicende dei beni pubblici*

L'appartenenza di un bene della p.a. a una delle categorie che si sono prese in esame non è necessariamente permanente: infatti, sono ammessi taluni **passaggi da una categoria all'altra**, ossia vicende aventi a oggetto i beni pubblici.

Una di esse è il passaggio dei beni dal demanio pubblico al patrimonio dello Stato: tale passaggio dev'essere dichiarato dall'autorità amministrativa (art. 829 c.c.).

Sdemanializzazione

Altra vicenda oggetto di una riforma abbastanza recente è stata la **sdemanializzazione** di beni, che è avvenuta attraverso il cosiddetto federalismo demaniale: la normativa che lo prevede, ossia il d.lgs. n. 85/2010, precisa che lo Stato, previa intesa conclusa in sede di Conferenza unificata, individua i beni da attribuire a titolo non oneroso a Comuni, Province, Città metropolitane e Regioni, secondo criteri di territorialità, sussidiarietà, adeguatezza, semplificazione, capacità finanziaria, correlazione con competenze e funzioni, nonché valorizzazione ambientale. Infatti, si è ritenuto che gli enti territoriali ad area meno vasta siano tendenzialmente in grado di utilizzare meglio i beni pubblici.

Privatizzazione

Un'altra esigenza che in taluni casi si può percepire è la necessità, per gli enti pubblici in genere, di dismettere beni, che essi non sono più in grado di gestire: a tale esigenza si è fatto fronte con altra vicenda prevista di recente, la **privatizzazione** dei beni pubblici, ossia la cessione di essi a privati.

Le vicende che subiscono i beni pubblici sono sovente funzionali a una migliore tutela e valorizzazione di essi. Ad esempio, gli stadi possono essere beni privati o (più frequentemente) beni pubblici: in quest'ultimo caso farebbero parte del patrimonio comunale indisponibile. Però, il Comune, specie se non ha i mezzi finanziari per ristrutturarli e adeguarli alla normativa, li può trasferire dal patrimonio indisponibile a quello disponibile, in modo da rendere più semplice la collaborazione di privati a tal fine.

5. Segue. *Le concessioni sui beni pubblici*

Le concessioni

Di regola i beni pubblici sono oggetto di usi da parte di chiunque (si pensi a una spiaggia libera) o da parte della stessa p.a. (un ufficio comunale). Tuttavia, su alcuni di essi, come sulle aree demaniali, può essere istituito un **uso particolare a favore di un singolo** tramite un provvedimento amministrativo che si chiama concessione: ad esempio, sulle spiagge situate sulle coste marittime o sulle rive lacustri possono essere rilasciate concessioni grazie alle quali la p.a. (concedente) consente a un privato (che diviene così **concessionario**), verso il pagamento di un canone di concessione, di esercitarvi un'attività economica, come la gestione di uno stabilimento balneare.

A proposito di queste ultime concessioni, ossia delle **concessioni demaniali marittime a uso turistico ricreativo**, tema molto rilevante economicamente e discusso, sussistono: da una parte, l'interesse di chi è già concessionario, ha magari realizzato investimenti sullo stabilimento e quindi mira a una lunga durata della concessione, anche attraverso rinnovi e proroghe automatiche; dall'altra parte, l'interesse di chi aspira a diventare concessionario.

In proposito, in Italia il codice della navigazione (art. 37) in passato prevedeva il "diritto di insistenza", stabilendo che, nel caso di più domande di concessione, fosse preferito il richiedente che offriva maggiori garanzie di proficua utilizzazione della concessione e si proponesse di avvalersi di questa per un uso che, a giudizio della p.a., rispondesse a un più rilevante interesse pubblico e che, quando non ricorressero tali ragioni di preferenza, per le concessioni di durata superiore al biennio o che importassero impianti di difficile sgombero, si procedeva a pubblica **gara**, mentre, per altre concessioni, la preferenza era accordata al precedente concessionario.

La normativa successiva ha scelto la via della **proroga** del termine di durata delle concessioni in essere. Peraltro, in materia occorre tener presente la tutela della concorrenza perché, in base alla normativa dell'Unione europea (art. 12 della direttiva 2006/123/CE del Parlamento europeo e del Consiglio, relativa ai servizi nel mercato interno, nota come "*direttiva Bolkestein*") il rilascio di autorizzazioni, qualora il loro numero sia limitato per via della scarsità delle risorse naturali, è soggetto a una procedura di selezione tra i candidati potenziali che deve presentare tutte le garanzie di imparzialità e di trasparenza, in particolare un'adeguata pubblicità.

La Corte di giustizia dell'Unione Europea (V Sezione, sent. 14 luglio 2016) ha ritenuto che tale direttiva 2006/123/CE dev'essere interpretata nel senso che osta a una misura nazionale che prevede la proroga automatica delle concessioni demaniali marittime e lacuali in essere per attività turistico-ricreative, in assenza di qualsiasi procedura di selezione tra i potenziali candidati. Ad avviso della Corte, una normativa nazionale, come quella italiana, che prevede una proroga *ex lege* della data di scadenza delle concessioni equivale a un loro rinnovo automatico, che è escluso dalla direttiva 2006/123/CE. Peraltro, si è aggiunto che gli Stati membri dell'Unione europea possono tener conto, nello stabilire le regole della procedura di selezione, di considerazioni legate a motivi imperativi d'interesse generale: in tal modo, sarà possibile tutelare il legittimo affidamento dei concessionari.

Tuttavia, anche la legislazione più recente, pur prefigurando complessi meccanismi per individuare il concessionario basati su gare pubbliche, continua a essere incentrata sul sistema delle proroghe legali.

6. *I mezzi finanziari: la gestione del bilancio e l'*iter *per la gestione delle entrate*

Una volta avvenuti gli stanziamenti dei mezzi finanziari, attraverso gli strumenti della programmazione finanziaria e di bilancio, possono aver luogo le singole procedure di spesa. Agli organi tecnico-amministrativi compete la gestione del bilancio. Nel corso dell'esercizio hanno luogo sia le entrate (di cui si occupa prevalentemente il diritto tributario), sia le spese, che sono oggetto di procedimenti previsti già dal regolamento di contabilità generale dello Stato, ossia dal r.d. n. 827/1924.

L'***iter* procedurale per la gestione dell'entrata** è composto da accertamento, riscossione e versamento. Entrate

A) Circa l'**accertamento** (art. 222), l'entrata è accertata quando la p.a. appura la ragione del credito dello Stato e il debitore e inscrive come competenza dell'anno finanziario l'ammontare del credito che viene a scadenza entro l'anno medesimo. I modi in cui si compie l'accertamento sono vari: ad esempio, mediante ruoli quanto alle imposte dirette e alle altre entrate a scadenze determinate.
B) La **riscossione** delle entrate autorizzate con la legge del bilancio va effettuata attraverso gli agenti designati dalla normativa e nei modi e con le forme ivi previsti (art. 223).
C) Quanto al **versamento**, le somme spettanti allo Stato, che siano introitate a qualsiasi titolo dagli incaricati della riscossione, devono essere integralmente versate nelle casse dello Stato, nei termini stabiliti dalle leggi e dai regolamenti (art. 226).

7. Segue. *L'*iter *contabile di spesa*

Spese

In base alle disposizioni relative ai vari enti (ad esempio, art. 270 r.d. 827/1924 e art. 182 TUEL) tutte le spese dello Stato o dell'ente locale devono avvenire secondo un **procedimento di spesa** articolato in impegno, liquidazione, ordinazione e pagamento.

A) La prima fase del procedimento è l'**impegno di spesa** con il quale, a seguito di un'obbligazione giuridicamente perfezionata, sono indicati la somma da pagare, il creditore, la ragione e la relativa scadenza e viene costituito il vincolo sulle previsioni di bilancio, nell'ambito della disponibilità finanziaria. I dirigenti, nell'ambito delle loro competenze, impegnano le spese nei limiti delle risorse assegnate in bilancio.
B) La seconda fase del procedimento di spesa è la **liquidazione** attraverso cui, sulla base dei documenti e dei titoli idonei a comprovare il diritto acquisito del creditore, si determina la somma certa e liquida da pagare, nei limiti dell'ammontare dell'impegno definitivo assunto.
C) Quanto all'**ordinazione**, gli ordinativi di pagamento sono disposti nei limiti degli stanziamenti di cassa, salvo i pagamenti riguardanti il rimborso delle anticipazioni di tesoreria, i servizi per conto terzi e le partite di giro.
D) Infine, avviene il **pagamento**: il tesoriere effettua i pagamenti derivanti da obblighi tributari, da somme iscritte a ruolo, da delegazioni di pagamento e da altri obblighi di legge, anche in mancanza della preventiva emissione del relativo mandato di pagamento.

8. Segue. *La resa dei conti e il giudizio di conto*

Nel sistema della contabilità pubblica l'obbligo per cui chi gestisce denaro, valori o beni altrui deve rendere il conto del proprio operato è previsto: sia per la gestione complessiva della p.a. (rendiconti amministrativi, conti o bilanci consuntivi), sia per quella dei singoli agenti contabili operanti in ciascun ente, i quali devono presentare il conto della gestione contabile svolta. La Costituzione (art. 103, comma 2) prevede che la Corte dei conti ha giurisdizione nelle materie di contabilità pubblica, esercitata attraverso il giudizio di conto: infatti l'accertamento del diritto patrimoniale della p.a. alla corretta gestione e alla restituzione del denaro o dei beni non è soggetto solo a un controllo amministrativo, ma deve aver luogo in sede giurisdizionale, davanti alla Corte dei conti, il cui giudizio ha ad oggetto l'accertamento della correttezza e della regolarità della gestione di denaro o di beni pubblici da parte di ciascun agente contabile.

Ogni **agente contabile** ha **l'obbligo della resa annuale del conto** della gestione. Il giudizio di conto è necessario e ora disciplinato dal d.lgs. n. 174/2016, recante il codice di giustizia contabile.

Si prevede un'anagrafe degli agenti contabili: presso la Corte dei conti è istituita un'anagrafe degli agenti contabili, nella quale si conservano i dati costantemente comunicati dalle p.a.

Il giudizio di conto, che verte sulla verifica della regolarità del conto cui sono tenuti gli agenti contabili, inizia con la **presentazione del conto**, alla quale gli agenti sono tenuti, entro un determinato termine dalla chiusura dell'esercizio finanziario, o comunque dalla cessazione della gestione; il conto giudiziale si presenta all'amministrazione di appartenenza.

La p.a. individua un responsabile del procedimento, il quale, espletata la fase di verifica o di controllo amministrativo previsti dalla normativa, entro un determinato termine dall'approvazione, previa **parificazione del conto**, lo deposita, insieme alla relazione degli organi di controllo interno, presso la sezione giurisdizionale della Corte dei conti competente (art. 139). Il **deposito** del conto costituisce l'agente dell'amministrazione in giudizio (art. 140).

Però il giudizio può anche essere iniziato su istanza del pubblico ministero presso la Corte dei conti, il quale, di sua iniziativa o su richiesta della Corte dei conti nell'esercizio delle sue attribuzioni contenziose o di controllo, o su segnalazione dei competenti uffici o degli organi di controllo interno dell'amministrazione interessata, promuove il giudizio per la resa del conto nei casi in cui:

a) l'agente contabile sia cessato dal proprio ufficio senza aver presentato il conto della sua gestione;
b) la p.a. abbia accertato deficienze in corso di gestione o comunque prima della scadenza del termine di presentazione del conto;
c) avvenga un ritardo nella presentazione dei conti, oppure non sia stato compilato il conto o esso non sia stato depositato.

Il **giudizio per la resa del conto** è proposto con ricorso al giudice monocratico, designato previamente dal Presidente della sezione della Corte dei conti. Il giudice monocratico decide con decreto motivato, avverso il quale si può proporre opposizione al collegio. Il giudizio per la resa del conto è definito con sentenza non appellabile, immediatamente esecutiva. L'esito può essere duplice.

- **Se** il **conto** chiude **in pareggio e risulti regolare**, il giudice designato deposita la relazione in cui propone il **discarico del contabile**: il Presidente, ove non dissenta, ordina la trasmissione della relazione al pubblico ministero e, se quest'ultimo non esprime entro un determinato termine il proprio avviso contrario, l'approvazione del conto è data dal Presidente, con decreto di discarico: così termina la fase necessaria, priva di carattere contenzioso.
- **Se non** si conclude per il **discarico** inizia la **fase, eventuale, avente carattere contenzioso**: il Presidente fissa l'udienza per la discussione del giudizio, a seguito della quale il collegio: se riconosce che i conti furono saldati o si bilanciano in favore dell'agente dell'amministrazione, pronuncia il discarico del medesimo; se non pronuncia discarico, liquida il debito a carico dell'agente.

9. *I contratti: disciplina e principi*

Tramite i contratti le p.a. ottengono beni, servizi o lavori che esse non vorrebbero o non potrebbero (rispettivamente) acquisire, svolgere o gestire in via diretta: quindi i contratti servono alle p.a. a ottenere mezzi.

Infatti, la p.a. può agire anche contrattando: il **diritto privato** è il **diritto dei pubblici e dei privati operatori**. Però la stipula di contratti che hanno come parte una p.a. è preceduta da una fase pubblicistica finalizzata soprattutto alla scelta del contraente.

In effetti, l'autonomia privata della p.a. non è piena, perché essa, anche nell'ambito di tale autonomia, esercita poteri pubblicistici funzionalizzati al perseguimento degli interessi pubblici, specie mediante la scelta del contraente migliore: di conseguenza tali contratti sono denominati **contratti a evidenza pubblica**.

Contratti a evidenza pubblica

La regolamentazione dei contratti della p.a., assai complessa e articolata, si trova soprattutto nel **codice dei contratti pubblici**, ossia nel d.lgs. n. 50/2016, recante attuazione di tre direttive dell'Unione europea del 2014. A valle di tale decreto è prevista l'adozione di una serie di decreti attuativi, o decreti del Presidente del Consiglio dei Ministri e decreti ministeriali, oltre che atti dell'ANAC (sulla quale v. *supra*, par. 11 della Sez. II): questi ultimi, in particolare le sue linee-guida, hanno una natura giuridica non chiara e sono definiti talvolta *soft law*, ma parecchie di esse sono vincolanti.

Principi

In materia di contratti hanno un ruolo rilevante alcuni **principi**: in particolare, quelli, previsti dal diritto dell'Unione europea, di **concorrenza e libera circolazione di persone e cose** nell'ambito dell'Unione. Altri principi sono: quello di **trasparenza**, che comporta l'obbligo delle p.a. di pubblicare le informazioni in materia di contratti nella sezione «Amministrazione trasparente»; i criteri di **sostenibilità energetica e ambientale**; la promozione della stabilità occupazionale del personale delle imprese contraenti delle p.a.; la **tutela delle piccole e medie imprese**, a favore delle quali si prevede, ad esempio, la suddivisione in lotti, ossia in parti, di un lavoro o di un servizio generale, in modo che un contratto, di per sé non aggiudicabile a una piccola o media impresa, lo diventa poiché scisso in lotti, ciascuno dei quali è aggiudicabile a una di esse.

10. Segue. *I tipi di contratti*

I contratti intercorrono fra «stazioni appaltanti», ossia (ad esempio) amministrazioni aggiudicatrici (che intendono aggiudicare lavori, opere, forniture di prodotti o servizi di cui necessitano), e «operatori economici», ossia soggetti che offrono la realizzazione di lavori o opere, la fornitura di prodotti o la prestazione di servizi.

A) I «contratti pubblici» possono essere contratti di **appalto** o di **concessione** aventi per oggetto l'acquisizione di servizi o di forniture, ovvero l'esecuzione di opere o lavori. Pertanto, i contratti comprendono appalti e concessioni: caratteristica della concessione, rispetto agli appalti, è che il "rischio operativo" – ossia quello legato alla gestione dei lavori o dei servizi – grava sul concessionario, cioè sull'operatore economico.

Sono previsti anche contratti peculiari, come il «partenariato pubblico privato» (o PPP), che è il contratto a titolo oneroso con cui una o più stazioni appaltanti conferiscono a uno o più operatori economici, per un periodo determinato in funzione della durata dell'ammortamento dell'investimento o delle modalità di finanziamento fissate, un complesso di attività consistenti nella realizzazione, trasformazione, manutenzione e gestione operativa di un'opera in cambio della sua disponibilità, o del suo sfruttamento economico, o della fornitura di un servizio connesso all'utilizzo dell'opera stessa, con assunzione di rischio secondo modalità individuate nel contratto, da parte dell'operatore. Nei contratti di PPP i ricavi di gestione dell'operatore economico provengono dal canone riconosciuto dall'ente concedente e/o da qualsiasi altra forma di contropartita economica ricevuta dal medesimo operatore economico, anche sotto forma di introito diretto della gestione del servizio a utenza esterna (art. 180).
Una particolare specie di contratti di PPP, riguardante i lavori pubblici, è la finanza di progetto (o *project financing*), in cui i soggetti (privati) proponenti predispongono offerte che contemplino l'utilizzo di risorse totalmente o parzialmente a carico loro.

B) Nell'ambito dei contratti, una contrapposizione rilevante è quella fra **contratti passivi**, nei quali una stazione appaltante effettua un esborso di denaro per ottenere un'opera o un servizio, e **contratti attivi**, mediante i quali la p.a. consegue un introito. La regola del procedimento di evidenza pubblica vale anche nel caso di contratti attivi. Il codice dei contratti si occupa in modo quasi esclusivo dei contratti passivi.

C) A seconda dell'oggetto, i contratti attengono a: **lavori**, **servizi** o **forniture**, che sono quelli aventi per oggetto l'acquisto o la locazione di prodotti.

D) In base ai settori in cui operano, i contratti hanno a oggetto:
- i «**settori speciali**», che sono i settori dei contratti pubblici relativi a gas, energia termica, elettricità, acqua, trasporti, servizi postali;
- i «**settori ordinari**», ossia i settori dei contratti pubblici, diversi da quelli oggetto dei settori speciali.

E) A seconda dell'importo si distinguono:
- i contratti «**sopra soglia**» o di **rilevanza europea**», vale a dire i contratti pubblici il cui valore stimato, al netto dell'imposta sul valore aggiunto, è pari o superiore a determinate soglie previste dal codice e dipendenti dall'oggetto del contratto, dal settore e dal livello dell'amministrazione aggiudicatrice;

– i contratti «**sotto soglia**», ossia i contratti pubblici il cui valore stimato, al netto dell'imposta sul valore aggiunto, è inferiore a tali soglie.

11. Segue. *L'affidamento dei contratti sotto soglia*

Principio di rotazione

Per l'affidamento dei contratti sotto soglia occorre rispettare, oltre che una serie di altri principi in materia di contratti pubblici, il **principio di rotazione** degli inviti e degli affidamenti e in modo da assicurare l'effettiva possibilità di partecipazione delle microimprese, piccole e medie imprese. Il principio di rotazione è finalizzato a evitare la creazione di rendite di posizione, cioè a impedire che la stazione appaltante affidi la commessa sempre allo stesso affidatario.

Le stazioni appaltanti procedono all'affidamento di lavori, servizi e forniture di **importo inferiore a 40.000 euro**, mediante **affidamento diretto** anche senza previa consultazione di due o più operatori economici. Per affidamenti di **importo pari o superiore a 40.000 euro e inferiore a determinate soglie** occorre una **procedura negoziata previa consultazione**, ove esistenti, di almeno dieci operatori economici per i lavori, e, per i servizi e le forniture, di almeno cinque operatori economici, individuati sulla base di indagini di mercato o tramite elenchi di operatori economici, nel rispetto di un criterio di rotazione degli inviti.

Il Ministero dell'Economia e delle Finanze, avvalendosi di Consip S.p.A., mette a disposizione delle stazioni appaltanti il mercato elettronico delle p.a.

12. Segue. *I contratti «sopra soglia» e le procedure ad evidenza pubblica*

Per l'affidamento dei contratti sopra soglia valgono le dettagliate regole stabilite dal codice dei contratti pubblici sulla base delle direttive eurounitarie: ossia **procedure dirette a consentire la massima partecipazione di concorrenti**, a seguito di forme di pubblicità delle gare a livello europeo. Tali procedure sono quelle che saranno descritte nelle pagine seguenti.

Per la formazione di un contratto bisogna seguire una complessa procedura, formata da una fase pubblicistica e da una privatistica.

Fase pubblicistica

La **fase pubblicistica**, molto articolata, culmina con l'aggiudicazione ed è improntata al perseguimento dell'interesse pubblico alla selezione della migliore offerta: tuttavia il codice dei contratti pubblici precisa che l'aggiudicazione non equivale ad accettazione dell'offerta. Fanno parte di questa fase:

A1) la **determinazione a contrarre**, che è preceduta dal programma degli acquisti o dalla programmazione dei lavori pubblici ed è un atto unilaterale con cui la stazione appaltante decide di contrarre, individuando gli elementi essenziali del contratto e i criteri di selezione degli operatori economici e delle offerte.

A2) il conseguente **bando o** (a seconda dei casi) **invito**. Quanto a quest'ultimo, se ne parlerà a breve. Quanto al bando, che indice la procedura di scelta del contraente, esso è la *lex specialis* della gara, nel senso che può dettare disposizioni ulteriori rispetto a quelle di cui alle norme, dev'essere pubblicato a livello di Unione europea, nella Gazzetta ufficiale della Repubblica italiana (serie speciale relativa ai contratti pubblici), sul profilo del committente della stazione appaltante e sulla piattaforma digitale dei bandi di gara presso l'ANAC.
L'ANAC, per agevolare e omogeneizzare l'attività delle stazioni appaltanti, redige "bandi-tipo": a essi le p.a. si conformano, ma nella delibera a contrarre motivano espressamente le deroghe al bando-tipo. Il codice stabilisce che le procedure di scelta del contraente sono indette mediante bandi di gara, ma in alcuni casi (come per le procedure ristrette) la gara è indetta mediante un avviso di preinformazione, seguito dall'invito degli operatori economici che hanno manifestato interesse all'avviso stesso.

A3) **Selezione dei partecipanti e delle offerte**, mediante uno dei sistemi e secondo i criteri previsti dal codice. Le stazioni appaltanti utilizzano uno dei seguenti tre tipi di procedure: aperte, ristrette e negoziate.
   1. Le «**procedure aperte**» sono le procedure di affidamento per le quali ogni operatore economico interessato può presentare un'offerta.
   2. Le «**procedure ristrette**» sono le procedure di affidamento alle quali ogni operatore economico può chiedere di partecipare e in cui possono presentare un'offerta soltanto gli operatori economici invitati dalle stazioni appaltanti, con le modalità stabilite dal codice: pertanto, nella procedura ristretta, la gara si svolge soltanto fra gli operatori economici già selezionati dalla p.a., attraverso un atto chiamato **invito**.
   3. Le «**procedure negoziate**» – ammesse solo nei casi previsti dalla legge – sono le procedure di affidamento in cui le stazioni appaltanti consultano gli operatori economici da loro scelti e negoziano con uno o più di essi le condizioni dell'appalto.

I criteri di selezione riguardano esclusivamente: i requisiti di idoneità professionale; la capacità economica e finanziaria; le capacità tecniche e professionali. Tali requisiti e capacità summenzionate sono attinenti e proporzionati all'oggetto dell'appalto, tenendo presente l'interesse pubblico ad avere il più ampio numero di potenziali partecipanti:

A4) **valutazione delle offerte**: dopo la fase della selezione dei partecipanti è prevista la fase in cui si valutano le offerte, in maniera da individuare il soggetto con cui sarà stipulato il contratto. L'aggiudicazione avviene sulla base del criterio dell'offerta economicamente più vantaggiosa, che è individuata sulla base del miglior rapporto qualità/prezzo o sulla base dell'elemento prezzo (art. 95, comma 2).
La valutazione delle offerte dal punto di vista tecnico ed economico è affidata a una commissione giudicatrice, dotata di discrezionalità tecnica;

A5) segue l'**aggiudicazione**, che tuttavia non è necessaria, perché le stazioni appaltanti possono decidere di non procedere all'aggiudicazione se nessuna offerta risulti conveniente o idonea in relazione all'oggetto del contratto: tale facoltà è indicata espressamente nel bando di gara o nella lettera di invito;

A6) può poi intervenire l'eventuale **approvazione**: la proposta di aggiudicazione è soggetta ad approvazione dell'organo competente secondo l'ordinamento della stazione appaltante e nel rispetto dei termini dallo stesso previsti, decorsi i quali la proposta di aggiudicazione si intende approvata.
L'aggiudicazione diventa efficace dopo la verifica del possesso dei prescritti requisiti (comma 7);

A7) un momento **eventuale** attiene alla **verifica delle offerte anomale**, che si può inserire nella fase di aggiudicazione ed è effettuata se la p.a. appaltante dubiti della serietà di offerte che appaiono economicamente non sostenibili per l'operatore economico perché «*anormalmente basse*». Il codice consente di comprendere se l'offerta è troppo bassa, attraverso l'applicazione di parametri matematici.
Gli operatori economici forniscono, su richiesta della stazione appaltante, spiegazioni sul prezzo o sui costi proposti nelle offerte se queste appaiono anormalmente basse: spiegazioni basate, ad esempio, sull'economia del processo di fabbricazione dei prodotti, dei servizi prestati o del metodo di costruzione. Per alcune cause di anormalità (come i trattamenti salariali minimi inderogabili stabiliti dalla legge o da fonti autorizzate dalla legge) non è consentita alcuna giustificazione.

Fase privatistica

La **fase** successiva è quella, **privatistica**, della stipulazione e della conseguente esecuzione del contratto: è una fase disciplinata dalle norme civilistiche, nella quale i contraenti si collocano in un rapporto paritetico.

B1) La **stipulazione del contratto** ha luogo una volta divenuta efficace l'aggiudicazione: se la stipulazione del contratto non avviene nel termine fissato, l'aggiudicatario può, mediante atto notificato alla stazione appaltante, sciogliersi da ogni vincolo o recedere dal contratto.
Comunque, fra l'aggiudicazione definitiva e la stipula del contratto si applica un termine dilatorio: è previsto pertanto un impedimento temporaneo alla stipula ("*stand still* sostanziale"). Precisamente, il contratto non può comunque essere stipulato, di regola, prima di trentacinque giorni dall'invio dell'ultima delle comunicazioni del provvedimento di aggiudicazione: occorre infatti consentire all'operatore economico non aggiudicatario (ossia non vincitore della gara) di rendersi conto di eventuali vizi dell'aggiudicazione e di reagire prima della stipula del contratto con l'aggiudicatario.

B2) Una volta stipulato, avrà luogo l'**esecuzione del contratto**, che può avere inizio soltanto dopo che esso ha acquistato efficacia, a meno che, stante l'urgenza, la stazione appaltante ne chieda l'esecuzione anticipata (nei modi e alle condizioni previsti dalla legge). La disciplina dell'esecuzione del contratto è quella dettata dal codice civile, salve le deroghe previste dal codice dei contratti pubblici.

Il responsabile unico del procedimento, nella fase dell'esecuzione, si avvale di altre figure: in particolare, il direttore dell'esecuzione del contratto o del direttore dei lavori, il coordinatore in materia di salute e di sicurezza durante l'esecuzione e il collaudatore o la commissione di collaudo.

Una volta stipulato, il contratto può subire modifiche: ad esempio, quelle all'oggetto del contratto sono le **varianti in corso d'opera**, che discendono da circostanze impreviste e imprevedibili per l'amministrazione aggiudicatrice o per l'ente aggiudicatore: fra tali circostanze può rientrare anche la sopravvenienza di nuove disposizioni legislative o regolamentari o dei provvedimenti di autorità o enti preposti alla tutela di interessi rilevanti.

Le modifiche, anziché oggettive, potrebbero essere soggettive: ciò accade quando ha luogo il **subappalto**. Il subappalto di regola è vietato, ma tale regola subisce eccezioni: il codice ammette il subappalto, che è il contratto con il quale l'appaltatore affida a terzi l'esecuzione di parte delle prestazioni o lavorazioni oggetto del contratto di appalto; di regola, l'eventuale subappalto non può superare la quota del 30 per cento dell'importo complessivo del contratto di lavori, servizi o forniture.

13. Segue. *L'eventuale esclusione di partecipanti*

Nella procedura in esame, precisamente nella fase pubblicistica, bisogna considerare che gli operatori economici, per partecipare, devono possedere alcuni requisiti, in mancanza di uno dei quali saranno esclusi. Il codice prevede disposizioni dettagliate sulle **cause di esclusione di un operatore economico** dalla partecipazione a una procedura d'appalto o concessione, le principali delle quali sono le seguenti:

Cause di esclusione di un operatore economico

- innanzitutto, la **condanna** con sentenza definitiva o decreto penale di condanna divenuto irrevocabile o sentenza di applicazione della pena su richiesta (patteggiamento) **per uno di una serie di reati**, incluso ogni altro delitto da cui derivi, quale pena accessoria, l'incapacità di contrattare con la p.a.;
- la sussistenza di un tentativo di **infiltrazione mafiosa**, accertato in capo al titolare o direttore tecnico dell'impresa individuale o di determinati soggetti, indicati dal codice, se si tratta di società;
- la commissione, da parte dell'operatore economico, di **violazioni gravi**, definitivamente accertate, rispetto **agli obblighi relativi al pagamento delle imposte** e tasse o dei contributi previdenziali: in base al codice, sono gravi alcune violazioni ivi espressamente indicate, come quelle ostative al rilascio del documento unico di regolarità contributiva (DURC). Però tali disposizioni non si applicano quando l'operatore economico ha assolto ai suoi obblighi pagando o impegnandosi in modo vincolante a pagare le imposte o i contributi previdenziali dovuti, compresi eventuali interessi o multe, purché il pagamento o l'impegno siano stati formalizzati prima della scadenza del termine per la presentazione delle domande;
- l'operatore economico si trovi in stato di **fallimento**, di liquidazione coatta o di concordato preventivo;
- l'operatore economico si sia reso colpevole di **gravi illeciti professionali**, tali da rendere dubbia la sua integrità o affidabilità.

Rispetto alle cause di esclusione bisogna ricordare la disposizione del codice in base alla quale i bandi e le lettere di invito non possono contenere ulteriori prescrizioni a pena di esclusione rispetto a quelle previste dal codice stesso e da altre disposizioni di legge vigenti: tali prescrizioni sono comunque nulle. Pertanto, le cause di esclusione previste dal codice sono tassative e determinano sempre l'esclusione dalla procedura, salvi i casi in cui opera l'istituto del soccorso istruttorio.

14. Segue. *Il soccorso istruttorio*

Il codice dei contratti pubblici prevede, per tale settore, l'istituto del soccorso istruttorio, che comunque pare applicabile anche per procedimenti amministrativi diversi da quello volto all'affidamento dei contratti.

Procedura di soccorso istruttorio

In base al codice, **attraverso la procedura di soccorso istruttorio le carenze di qualsiasi elemento formale della domanda possono essere sanate**: pertanto, il soccorso istruttorio serve a ovviare alle carenze di carattere formale.

Precisamente, in caso di mancanza, incompletezza e di ogni altra irregolarità essenziale degli elementi e del documento di gara unico europeo (di cui all'art. 85), con esclusione di quelle afferenti all'offerta economica e all'offerta tecnica, la stazione appaltante assegna **al concorrente** un **termine**, non superiore a dieci giorni, **perché siano rese, integrate o regolarizzate le dichiarazioni necessarie**, indicandone il contenuto e i soggetti che le devono rendere: in caso di inutile decorso del termine di regolarizzazione, il concorrente è escluso dalla gara.

Invece costituiscono irregolarità essenziali non sanabili le carenze della documentazione che non consentono l'individuazione del contenuto o del soggetto responsabile della stessa.

SEZIONE VI

LA GIUSTIZIA AMMINISTRATIVA

SOMMARIO: 1. Il concetto di giustizia amministrativa. – 2. Giudici ordinari e giudici amministrativi: il riparto fra le giurisdizioni. – 3. La giurisdizione su interessi legittimi e la giurisdizione esclusiva del giudice amministrativo. – 4. La giurisdizione per vizi di legittimità e la giurisdizione estesa al merito dei giudici amministrativi. – 5. I giudici amministrativi: cenni al processo davanti a essi. – 6. I giudici ordinari nei processi che coinvolgono p.a. o atti amministrativi. – 7. Il contenzioso davanti a ulteriori autorità: in particolare, i ricorsi amministrativi. – 8. *Segue.* I tipi di ricorsi amministrativi.

1. *Il concetto di giustizia amministrativa*

Il discorso (su cui v. *supra* al Cap. VIII) sulla magistratura e i suoi principi va ora completato con riferimento alla giustizia amministrativa, che è un tipo di contenzioso che coinvolge la p.a. e comprende una serie di rimedi che la legge riconosce ai titolari di interessi protetti, contro atti e comportamenti della p.a. La finalità è quella di rispondere alle esigenze di giustizia manifestate da chi reputa di essere stato svantaggiato dall'azione dei soggetti pubblici che non si è conformata a requisiti di legittimità e (in alcuni casi) di opportunità.

Il **sistema di giustizia amministrativa** comprende:

– **sia mezzi di tutela giurisdizionali** (assicurati da un giudice terzo e indipendente); Mezzi giurisdizionali
– **sia mezzi di tutela giustiziali** (di natura amministrativa e interni alla p.a.). Mezzi giustiziali

2. *Giudici ordinari e giudici amministrativi: il riparto fra le giurisdizioni*

Per la tutela contro atti amministrativi e comportamenti illegittimi delle p.a. l'ordinamento italiano prevede un sistema di giustizia amministrativa molto articolato: il suo nucleo è dato da un **sistema binario, ripartito fra due giurisdizioni**, ossia complessi di giudici, generali, sulla base della natura della situazione giuridica soggettiva coinvolta.

Ciò emerge direttamente dalla Costituzione, ai sensi della quale: **contro gli atti della p.a.** è sempre ammessa la **tutela giurisdizionale dei diritti e degli interessi legittimi dinanzi agli organi di giurisdizione ordinaria o amministrativa** (art. 113, comma 1); tale tutela giurisdizionale non può essere esclusa o limitata a particolari mezzi di impugnazione o per determinate categorie di atti (art. 113, comma 2); la legge determina quali organi di giurisdizione possono annullare gli atti della p.a. nei casi e con gli effetti previsti dalla legge stessa (art. 113, comma 3).

I **due plessi giurisdizionali** sono:

Giudici ordinari

a) da un lato, quello dei **giudici ordinari** (ad esempio, Giudice di pace, Tribunale, Corte d'appello, Corte di cassazione), **per la tutela di diritti soggettivi**: la disciplina si trova principalmente nel codice di procedura civile (cod. proc. civ.), quanto ai giudici civili, e nel codice di procedura penale (cod. proc. pen.), quanto ai giudici penali;

Giudici amministrativi

b) dall'altro lato, quello dei **giudici amministrativi** (fondamentalmente, Tribunali amministrativi regionali e Consiglio di Stato), **per la tutela di interessi legittimi**: il principale testo in materia è il codice del processo amministrativo (cod. proc. amm.), di cui al d.lgs. n. 104/2010, e successive modificazioni e integrazioni.

Il riparto fra le giurisdizioni dei due plessi giurisdizionali (quello ordinario e quello amministrativo) sovente non è agevole: esso viene deciso, in ultima istanza, dalla Corte di Cassazione a Sezioni unite.

3. *La giurisdizione su interessi legittimi e la giurisdizione esclusiva del giudice amministrativo*

La Costituzione (art. 103) stabilisce un'importante distinzione all'interno della giurisdizione dei giudici amministrativi: il Consiglio di Stato e gli altri organi di giustizia amministrativa hanno giurisdizione per la tutela nei confronti della p.a.:

a) degli **interessi legittimi** (questa è la regola, per la quale il giudice amministrativo è il giudice degli interessi legittimi) e
b) **in particolari materie indicate dalla legge**, **anche** dei **diritti soggettivi**: in tali materie (come nell'edilizia e urbanistica) c'è

giurisdizione esclusiva del giudice amministrativo, che è quel determinato ambito della competenza giurisdizionale di tali giudici in cui essi, con tendenziale esclusione degli altri giudici, conoscono, in via principale, di controversie riguardanti sia interessi legittimi sia diritti soggettivi. Giurisdizione esclusiva

Nei casi di giurisdizione esclusiva del giudice amministrativo

- non occorre verificare, almeno ai fini del riparto fra le giurisdizioni, se venga in rilievo un diritto soggettivo o un interesse legittimo;
- la diversità di posizioni giuridiche soggettive rileva, invece, ad altri fini, come per individuare il termine entro cui rivolgersi al giudice: termine di decadenza di sessanta giorni per la tutela di interessi legittimi; termine di prescrizione (quinquiennale) per la tutela di diritti soggettivi.

4. *La giurisdizione per vizi di legittimità e la giurisdizione estesa al merito dei giudici amministrativi*

I giudici amministrativi di regola conoscono delle controversie riguardanti i vizi di legittimità degli atti amministrativi (incompetenza relativa, violazione di legge ed eccesso di potere) e non si sostituiscono alle p.a.

Ci sono dei casi in cui i giudici amministrativi hanno **giurisdizione estesa al merito**; precisamente, essi esercitano giurisdizione con cognizione estesa al merito nelle controversie indicate dalla legge: ad esempio, in quelle riguardanti la cosiddetta censura cinematografica oppure nell'ambito del giudizio di ottemperanza (v. il par. seguente). Nell'esercizio di tale giurisdizione **il giudice amministrativo può sostituirsi alla p.a.**: ad esempio, il giudice amministrativo, in sede di giurisdizione estesa al merito, può adottare autonomamente un provvedimento in luogo di quello annullato.

5. *I giudici amministrativi: cenni al processo davanti a essi*

La giurisdizione amministrativa è esercitata:

A) **in primo grado**, dai Tribunali amministrativi regionali (**T.A.R.**) e dal Tribunale regionale di giustizia amministrativa del Trentino-Alto Adige (T.R.G.A.); T.A.R.

B) **in grado di appello** contro le sentenze di un T.A.R. o del T.R.G.A.,

Consiglio di Stato

dal **Consiglio di Stato** e (quanto alle sentenze del T.A.R. Sicilia) dal Consiglio di Giustizia amministrativa per la Regione siciliana (C.G.A.).

Per i giudici amministrativi la legge ordinaria (e non la Costituzione) prevede un organo di autogoverno: il Consiglio di Presidenza della giustizia amministrativa, che ha funzioni simili a quelle che il Consiglio superiore della magistratura esercita come organo di autogoverno della magistratura ordinaria (v. *supra*, al Cap. VIII, par. 4).

Contro le sentenze del Consiglio di Stato (o del Consiglio di Giustizia amministrativa per la Regione siciliana) il **ricorso per Cassazione** è esperibile soltanto **per motivi inerenti alla giurisdizione** (art. 111, ultimo comma, Cost.): ad esempio, adducendo che si è pronunciato il giudice amministrativo, mentre avrebbe dovuto farlo il giudice ordinario.

Le **parti del processo amministrativo** sono: il **ricorrente** (normalmente, un privato), che mira, ad esempio, all'annullamento del provvedimento che impugna; la **p.a.** autrice del provvedimento impugnato; i **controinteressati**, che sono i soggetti aventi un interesse di segno opposto a quello del ricorrente. Ad esempio, in un concorso a un posto di impiego presso una p.a., il secondo classificato (che non ottiene il posto) ha un interesse a ricorrere contro l'atto di nomina del vincitore e quindi può proporre ricorso: infatti è stato leso dal provvedimento e l'eventuale accoglimento del ricorso gli arrecherebbe un vantaggio (tale lesione e tale vantaggio concretano proprio il suo **interesse a ricorrere**). Invece il vincitore del concorso ha un interesse (opposto) al mantenimento in vita dell'atto: egli è controinteressato.

Ci si può rivolgere al T.A.R. con un **ricorso** (giurisdizionale amministrativo), che va notificato alla p.a. autrice dell'atto impugnato e ad almeno un controinteressato **entro il termine di decadenza di sessanta giorni** (di regola) decorrenti dal giorno in cui il ricorrente ha ricevuto la notificazione o comunicazione dell'atto che intende impugnare o ne ha avuta piena conoscenza (ossia conoscenza del contenuto dell'atto e della sua idoneità a ledere il ricorrente) oppure dal giorno della pubblicazione dell'atto (se soggetto a pubblicazione).

Il ricorso non sospende l'efficacia del provvedimento amministrativo, ma è possibile chiedere al medesimo giudice amministrativo la sospensione in sede giurisdizionale dell'efficacia del provvedimento impugnato (ad esempio, un ordine di demolizione di un edificio abusivo, che dovrebbe essere eseguito se non sospeso). In conseguenza di tale istanza cautelare (che sovente si propone nel medesimo ricorso) il T.A.R., di regola con ordinanza, può concedere la **misura cautelare** – consistente, ad esempio, nella sospensione dell'efficacia del provvedimento impugnato (la cosiddetta sospensiva) oppure nell'ammissione con riserva a un concorso o a una gara – se riscontra la presenza di due presupposti:

a) la **non manifesta inammissibilità o infondatezza del ricorso**, ossia occorre che il giudice preveda di non dichiarare inammissibile né rigettare il ricorso;
b) un **pregiudizio grave e irreparabile** (o difficilmente riparabile) che deriverebbe dall'esecuzione dell'atto (nell'esempio di cui sopra, dalla demolizione dell'edificio).

Il giudice amministrativo definisce il giudizio con **sentenze**, che possono essere di rigetto o di accoglimento del ricorso: in quest'ultimo caso, egli ha il potere di annullare atti amministrativi, ma anche altri poteri, a seconda della domanda delle parti, come quello di condannare la p.a. al risarcimento del danno subito dal ricorrente.

Qualora la sentenza sia di **accoglimento**, essa ha, di regola, **effetti eliminatori** (nel senso che il provvedimento impugnato risulta annullato retroattivamente), **ripristinatori** (perché viene ripristinata la situazione precedente all'intervento del provvedimento) e **conformativi** (dato che la sentenza sovente contiene, nella sua motivazione, indicazioni alla p.a. su come dovrà rinnovare il procedimento amministrativo per l'adozione di un provvedimento non illegittimo).

Se la p.a. non si conforma alla sentenza del giudice amministrativo – anche quella del T.A.R., che è immediatamente esecutiva – è possibile esperire il cosiddetto **ricorso in ottemperanza**: ossia chiedere al giudice amministrativo di sostituirsi o direttamente oppure attraverso un commissario (detto "commissario *ad acta*", quale un prefetto) alla p.a. che non ha ottemperato e quindi di adottare il provvedimento che il privato aveva richiesto e la p.a. negato (con atto di diniego annullato dal giudice amministrativo). Infatti, in sede di giudizio di ottemperanza il giudice amministrativo ha giurisdizione estesa al merito.

Il giudice dell'ottemperanza è di regola il medesimo giudice amministrativo autore della sentenza della cui ottemperanza si tratta: così il T.A.R, se tale sentenza era dello stesso T.A.R., oppure il Consiglio di Stato, se la sentenza era del Consiglio di Stato; tuttavia, se la sentenza di quest'ultimo è stata confermativa di una sentenza di un T.A.R., giudice dell'ottemperanza sarà lo stesso T.A.R.

6. *I giudici ordinari nei processi che coinvolgono p.a. o atti amministrativi*

Qualora, ove sia in questione un diritto soggettivo, la giurisdizione spetti al giudice ordinario, tale processo è assoggettato alla disciplina di ogni processo davanti a tale giudice, con talune eccezioni, fra le quali il tipo di potere del giudice ordinario: nei casi in esame al giudice ordinario di regola non spetta il potere di annullare l'atto amministrativo, ma quello di **disapplicazione**. Quindi il giudice ordinario, disapplicando l'atto, deciderà la controversia **come se l'atto non esistesse nel caso concreto**: però l'atto non può essere annullato dal giudice ordinario e resterà efficace per tutti gli altri casi.

Tale potere di disapplicazione degli atti amministrativi da parte del giudice ordinario è previsto, in generale, in una legge assai risalente (legge n. 2248/1865, allegato E) e, in modo specifico, da altri atti aventi forza di legge. Così la disposizione che attribuisce alla giurisdizione del giudice ordinario, in funzione di giudice del lavoro, tutte le controversie relative ai rapporti di lavoro privatizzati alle dipendenze delle p.a., con alcune esclusioni (le controversie in materia di concorsi, sulle quali giudica il giudice amministrativo), prevede che, quando atti amministrativi presupposti siano rilevanti ai fini della decisione, il giudice ordinario del lavoro li disapplica, se illegittimi (art. 63, comma 1, d.lgs. n. 165/2001).

7. *Il contenzioso davanti a ulteriori autorità: in particolare, i ricorsi amministrativi*

A parte i processi davanti ai giudici amministrativi e a quelli dinanzi ai giudici ordinari, già presi in considerazione, sussiste un contenzioso davanti ad altri giudici oppure dinanzi ad autorità diverse dai giudici.

Ad esempio, un giudice diverso da quelli ordinari e da quelli amministrativi è la **Corte dei conti**, la quale, oltre a essere un organo di controllo (art. 100, comma 2, Cost.: v. *supra*, al par. 8 della Sez. II), è organo giurisdizionale che (art. 103, comma 2, Cost.) ha **giurisdizione nelle materie di contabilità pubblica e nelle altre specificate dalla legge**, come in materia di pensioni.

Corte dei Conti

Autorità diverse da giudici sono le p.a. che decidono i **ricorsi amministrativi** (non giurisdizionali).

Questi ultimi **si distinguono dai ricorsi giurisdizionali amministrativi** perché:

- sono previsti non dalla Costituzione, ma solo da atti aventi forza di legge ordinaria (soprattutto il d.P.R. n. 1199/1971);
- si propongono non davanti a un giudice terzo e indipendente, bensì davanti a p.a. (che svolgono una funzione giustiziale, ossia perseguono l'interesse pubblico di risolvere in via amministrativa controversie fra p.a. e cittadini);
- sono decisi, appunto, da tali p.a., a seguito di un procedimento ammi-

nistrativo, anche se avente natura contenziosa, e non a seguito di un processo (il quale soltanto è caratterizzato dalla piena applicazione del principio del contraddittorio, che garantisce la possibilità che tutte le parti siano ascoltate e quindi siano "pari");
- sono volti a conseguire una decisione che ha la natura di atto amministrativo, anche se adottato in sede contenziosa, e non di sentenza idonea a passare in giudicato.

Sono ricorsi che presentano meno garanzie di quelli giurisdizionali, ma utili perché:

- per proporli non occorre il patrocinio di un difensore e quindi non comportano spese legali (sono infatti chiamati i "ricorsi dei poveri");
- uno di tali ricorsi, quello straordinario, è proponibile entro un termine doppio (centoventi giorni) rispetto a quello previsto per la proposizione del ricorso al giudice amministrativo, sicché è utilizzabile qualora si sia verificata la decadenza dalla proposizione di quest'ultimo ricorso.

8. Segue. *I tipi di ricorsi amministrativi*

I ricorsi amministrativi sono quattro.

1) Il ricorso **gerarchico** si può proporre in unica istanza **all'organo gerarchicamente sovraordinato, entro trenta giorni**, decorrenti dalla data della notificazione o comunicazione dell'atto da impugnare oppure dalla pubblicazione di esso, qualora prevista, ovvero da quando l'interessato abbia avuto piena conoscenza dell'atto (quindi il giorno da cui decorre il termine coincide con il giorno da cui decorre il termine per proporre ricorso al T.A.R.).
   Il ricorso gerarchico è ammissibile contro gli atti non definitivi, nel senso che si vedrà a breve.
   Qualora l'organo competente per la decisione (ossia il superiore gerarchico) non abbia comunicato la decisione del ricorso decorso il termine di novanta giorni dalla data di presentazione del ricorso stesso, questo si intende respinto a tutti gli effetti, cioè si forma il silenzio rigetto: contro il provvedimento che è stato infruttuosamente impugnato con il ricorso gerarchico è esperibile il ricorso all'autorità giurisdizionale competente o quello straordinario al Presidente della Repubblica.
   Qualora invece il ricorso gerarchico sia deciso, contro la decisione

sono ammessi il ricorso straordinario oppure, alternativamente, il ricorso al T.A.R. o azioni davanti ai giudici civili, per la tutela di diritti soggettivi.

2) Il ricorso **gerarchico improprio** non è un rimedio generale, ma è esperibile soltanto nei casi, nei limiti e con le modalità previsti dalla legge o dagli ordinamenti dei singoli enti, contro gli atti amministrativi dei ministri, di enti pubblici o di organi collegiali: pertanto, contro gli atti di organi rispetto ai quali non è configurabile un superiore gerarchico. I ricorsi gerarchici impropri sono previsti, ad esempio nei settori del commercio, dei dipendenti della scuola e degli ordinamenti professionali.
3) Il ricorso **in opposizione** è proponibile, anch'esso (come il ricorso gerarchico improprio) solo nei casi previsti dalla legge, davanti **allo stesso organo** che ha emanato l'atto impugnato: quindi, è scarsamente utilizzato.
4) Il ricorso **straordinario al Presidente della Repubblica** o al Presidente della Regione siciliana è proponibile, solo per le controversie che sarebbero devolute alla giurisdizione amministrativa, contro gli atti amministrativi definitivi.

Che cosa significa **atto definitivo**, quindi impugnabile con il ricorso straordinario (mentre gli atti non definitivi sono impugnabili con gli altri ricorsi amministrativi e il ricorso al T.A.R. è esperibile contro atti definitivi o non definitivi)?

a) Alcuni atti sono definitivi dall'origine, come: gli atti di organi delle p.a. statali posti al vertice delle gerarchie presenti nei vari settori; gli atti di organi di enti pubblici differenti dallo Stato; gli atti di un organo che, pur avendo un superiore gerarchico, ha una competenza esclusiva all'adozione di tale atto; le decisioni di ricorsi gerarchici o di ricorsi gerarchici impropri.
b) Altri atti, non definitivi al momento dell'emanazione, lo diventano successivamente: così gli atti già impugnati con un ricorso gerarchico (o gerarchico improprio o in opposizione) che non sia stato deciso entro il termine previsto (dall'art. 6 del d.P.R. n. 1199/1971).
c) Ci sono poi casi di definitività in base alla legge: così, il codice della strada, ossia il d.lgs. n. 285/1992 (all'art. 119, comma 6), prevede che sono atti definitivi i provvedimenti di sospensione e revoca della patente di guida nei casi in cui sia accertato il difetto, temporaneo o permanente, dei requisiti fisici e psichici prescritti.

Il ricorso straordinario è esperibile, solo per motivi di legittimità, entro centoventi giorni dalla data della notificazione o della comunicazione dell'atto impugnato o (anche se il d.P.R. n. 1199/1971 non lo prevede espressamente) dalla sua pubblicazione oppure da quando l'interessato ne abbia avuto piena conoscenza. Entro tale termine, il ricorso va notificato nei modi e con le forme prescritti per i ricorsi giurisdizionali ad almeno uno dei controinteressati e presentato, con la prova dell'eseguita notificazione, all'organo che ha emanato l'atto o al ministero competente.

Il ricorso straordinario è alternativo rispetto a quello giurisdizionale amministrativo: quindi, o si propone l'uno o l'altro. Peraltro, non sarebbe corretto imporre alle altre parti la scelta, da parte del ricorrente, del ricorso straordinario, meno garantista rispetto a quello giurisdizionale: pertanto, le altre parti hanno la facoltà di opposizione, cioè, entro sessanta giorni dalla notificazione del ricorso, possono richiedere, con atto notificato al ricorrente e all'organo che ha emanato l'atto impugnato, che il ricorso sia deciso in sede giurisdizionale.

Il ricorso straordinario è deciso con **decreto del Presidente della Repubblica**, su proposta del ministero competente, **conforme al parere del Consiglio di Stato**: nella sostanza, è quest'ultimo il vero decisore.

I decreti decisori dei ricorsi straordinari sono impugnabili con ricorso al giudice amministrativo. Tuttavia, il mancato esercizio della facoltà di opposizione impedisce a chi ha ricevuto la notifica del ricorso straordinario e avrebbe potuto proporre l'opposizione di impugnare davanti al T.A.R. la decisione di accoglimento del Presidente della Repubblica, salvo che per vizi di forma o di procedimento propri del medesimo. Ciò discende dal principio di alternatività: quindi, secondo la giurisprudenza, la disposizione va intesa nel senso che tali vizi possono attenere solo alla fase successiva al parere del Consiglio di Stato.

CAPITOLO XV

LA DISCIPLINA DELLA RESPONSABILITÀ DELLA P.A.

Marco Tiberii

1. *Il problema della responsabilità della pubblica amministrazione*

In passato vi era la convinzione che non si potesse sottoporre la p.a. alla disciplina della responsabilità civile, si affermava, infatti, che l'esercizio dei pubblici poteri non sfociava mai nella lesione di un diritto.

Il cittadino, pertanto, poteva subire le conseguenze dannose provocate dall'azione amministrativa, senza ricevere **alcuna forma di risarcimento**, considerato che le finalità d'interesse generale, che lo Stato persegue, giustificavano sempre il sacrificio del privato.

La dicotomia lecito/illecito per gli atti amministrativi

In tale contesto, dunque, la categoria dell'atto amministrativo illecito risultava del tutto **inammissibile**, si affermava infatti che il nostro ordinamento «*ha respinto la categoria del lecito-illecito per gli atti amministrativi*», evidenziando del resto che tale categoria avrebbe esposto l'amministrazione a un controllo giurisdizionale generale.

In assenza, dunque, nella teoria generale della dicotomia tra illiceità e illegittimità, quest'ultima tendeva a inglobare la prima, al punto da ritenere che essa rappresentasse il parametro di controllo giuridico valido per ogni tipo di attività amministrativa, sia quando questa si manifestava, formalmente, attraverso degli atti amministrativi, sia quando essa si traduceva, soltanto, in fatti e/o attività materiali.

Si deve poi alla giurisprudenza il merito di aver evidenziato che la responsabilità della p.a. per le condotte poste in essere nell'ambito della sua attività materiale e/o di diritto privato non presenta le peculiarità che, invece, s'incontrano quando si affronta la questione dell'ammissibilità della responsabilità civile nell'ambito dell'attività amministrativa provvedimentale. Sul punto, ad esempio, si può richiamare una delle prime decisioni con cui si risarcì il danno subito da un paziente, ricoverato presso un ospedale pubblico, per effetto di una trasfusione di sangue, effettuata senza le cautele preventive comunemente adottate.

La differenza tra attività *iure imperii* e *iure gestionis*

In sostanza, lentamente, si fece strada l'idea che l'amministrazione non potesse essere sottratta alla disciplina della responsabilità civile, prevista dal diritto comune, quando non agisce con l'esercizio dei suoi poteri pubblici autoritativi (e/o *iure imperii*), ma pone in essere, alla pari degli altri soggetti privati, delle semplici condotte materiali o utilizza le sue capacità di diritto privato (*iure gestionis*).

Rimase, tuttavia, per lungo tempo la convinzione che non vi potesse essere alcuno spazio per la responsabilità derivante dall'attività provvedimentale della p.a.

Nella letteratura in argomento era, infatti, frequente il riferimento se non a una sostanziale *irresponsabilità/immunità*, a un regime di responsabilità limitata o speciale della p.a., la quale in ogni caso si sottraeva alla disciplina generale della responsabilità civile di diritto comune.

2. *La disciplina costituzionale*

Nella Carta costituzionale si è, dunque, avvertita l'esigenza di sgomberare il campo dall'incertezza per affermare con **l'art. 28** che «*i funzionari e i dipendenti dello Stato e degli enti pubblici sono direttamente responsabili, secondo le leggi penali, civili e amministrative, degli atti compiuti in violazione dei diritti. In tali casi la responsabilità civile si estende allo Stato e agli enti pubblici*».

Si tratta di una norma fondamentale, la quale elimina ogni dubbio residuo in merito all'applicazione anche nei confronti dei dipendenti pubblici e/o delle amministrazioni della disciplina della responsabilità prevista dalle leggi penali, civili e amministrative.

Le diverse forme di responsabilità

Ne deriva, pertanto, che anche nei confronti della p.a. è possibile configurare le varie forme di responsabilità previste dal codice civile, tra le quali la responsabilità precontrattuale, contrattuale ed extracontrattuale.

3. *La questione della risarcibilità degli interessi legittimi*

Da quanto sopra illustrato emerge che, nell'ambito della responsabilità della p.a., il vero problema è rappresentato dall'originaria difficoltà di ammettere la risarcibilità degli interessi legittimi dovuta ad un'interpretazione restrittiva della nozione del danno ingiusto di cui all'art. **2043 cod. civ.**

Nozione di danno ingiusto *ex* art. 2043 cod. civ.

Secondo, infatti, un indirizzo granitico della giurisprudenza per danno ingiusto doveva intendersi soltanto il danno arrecato ***sine iure*** (ovvero in violazione di una norma di condotta) e ***contra ius***, ossia inferto a una posizione di diritto soggettivo perfetto, categoria nella quale si ricomprendevano soltanto i diritti assoluti e non, invece, i diritti relativi, né tanto meno i diritti di credito.

Per effetto, dunque, delle tesi sopra esposte la giurisprudenza del giudice ordinario negava in ogni caso la risarcibilità degli interessi legittimi o perché declinava la propria giurisdizione, o perché respingeva nel merito la domanda risarcitoria, atteso che la lesione di meri interessi legittimi non integrava gli estremi del *danno ingiusto* di cui all'art. 2043 cod. civ.

In tale contesto, si distinguevano soltanto due ipotesi in cui trattandosi, invece, di diritti originari e/o derivati, suscettibili di affievolimento per effetto dell'esercizio del potere amministrativo, la giurisprudenza ammetteva la risarcibilità dei danni, eventualmente, arrecati dalla p.a.

La prima fattispecie riguardava l'ipotesi **dell'atto ablatorio** che incideva illegittimamente il *diritto originario* di proprietà del privato, comportandone **l'affievolimento e/o la degradazione** a mero interesse legittimo.

In questo caso, il soggetto danneggiato doveva prima impugnare l'atto innanzi al giudice amministrativo e poi, ottenuto l'annullamento, richiedere il risarcimento del diritto ingiustamente affievolito, che era riemerso in seguito all'eliminazione retroattiva dell'atto, innanzi al giudice ordinario.

La seconda ipotesi, invece, concerneva la diversa categoria dei cd. ***diritti derivati***, ossia dei diritti che il privato acquistava sulla base del rilascio di un provvedimento ampliativo, la quale veniva ammessa al risarcimento soltanto con la nota pronunzia n. **5145/1979 della Cassazione**.

Le Sezioni Unite, infatti, nell'ambito di una vicenda relativa a una licenza di commercio, evidenziavano che con il rilascio del provvedimento favorevole la posizione del privato si evolveva dall'iniziale titolarità di un diritto in attesa di espansione a un diritto soggettivo perfetto. Tale che ove un atto di secondo grado lo incidesse illegittimamente, il privato poteva, una volta ottenuto l'annullamento innanzi al g.a., adire il g.o. per ottenere il risarcimento del danno.

L'irrisarcibilità degli interessi legittimi

Di converso, nessuna apertura vi era nei confronti della risarcibilità degli interessi legittimi, anche quando essi risultavano correlati alla titolarità dei cd. *diritti in attesa di espansione*, come ad es. nell'ipotesi di richiesta di concessione edilizia (oggi permesso di costruire).

Nella materia urbanistico-edilizia, infatti, nonostante il carattere attuativo degli atti di rilascio dei titoli edificatori i quali, come noto, devono rispettare le scelte già effettuate in sede di pianificazione, la giurisprudenza continuava a negare la risarcibilità degli interessi legittimi lesi da un diniego illegittimo di una concessione edilizia.

La tesi suindicata si fondava sulla circostanza che prima del rilascio dell'atto amministrativo non vi sarebbero diritti soggettivi da risarcire, anche perché la presenza di un potere amministrativo vincolato, quando esso è istituito dalla legge per la cura dell'interesse generale e non di un singolo soggetto, non si correla a una posizione di diritto.

La dottrina contestava la tesi dell'irrisarcibilità, evidenziando il carattere sostanziale e non formale/processuale delle situazioni giuridiche d'interesse legittimo, che risultano, comunque, correlate a un bene della vita, e rivendicava parità di tutela per i diritti e gli interessi legittimi.

La giurisprudenza, tuttavia, non ascoltava le voci di dissenso, confermando l'impostazione tradizionalmente contraria al riconoscimento delle situazioni d'interesse legittimo.

4. *La pronunzia della Cassazione a S.U. del 22 luglio 1999, n. 500 e l'assegnazione al g.a. del potere di risarcire i danni*

La ricostruzione della disciplina in esame non può prescindere dall'esame della storica decisione **n. 500/1999**, con la quale le **Sez. Un. della Cassazione**, accogliendo dopo alcuni decenni il dissenso espresso dall'unanime dottrina, ha finalmente infranto l'orientamento tradizionale che negava la risarcibilità degli interessi legittimi.

Tale nuovo approdo è stato raggiunto sulla base di un'attenta analisi dell'evoluzione del quadro giurisprudenziale e normativo.

In primo luogo, infatti, nella pronunzia citata si afferma che il *dogma dell'irrisarcibilità degli interessi legittimi* è stato sottoposto negli anni a un lento processo di erosione sia nell'ambito dei rapporti tra privati, sia nei rapporti con la p.a.

In tal senso, si deve ricordare che è ormai acquisito il principio che la risarcibilità di cui all'art. 2043 cod. civ. riguardi non più soltanto i diritti assoluti, ma anche i diritti relativi, nonché altre posizioni giuridiche che, pur non avendo la consistenza dei diritti, sono state a essi equiparati.

Nell'ambito di quest'ultima categoria, in particolare, si include il diritto all'integrità del patrimonio o alla libera determinazione negoziale, in relazione ai quali è stata riconosciuta la risarcibilità dei danni da perdita di *chance*, nonché le legittime aspettative patrimoniali nei rapporti familiari anche di fatto.

Un percorso analogo è stato, inoltre, compiuto nel diverso ambito dei rapporti con la p.a., considerato che per consentire l'accesso alla tutela risarcitoria, alcune posizioni d'interesse legittimo sono state equiparate nella categoria dei diritti soggettivi.

La dimensione sostanziale e/o processuale dell'interesse legittimo

Naturalmente, tale processo di omogeneizzazione del grado e delle tecniche di tutela delle diverse situazioni giuridiche si è reso possibile evidenziando la vera natura dell'interesse legittimo, ovvero riconoscendo che non si tratta di una situazione di carattere meramente processuale cioè che rileva solo al fine di verificare la legittimazione alla proposizione del ricorso giurisdizionale. L'interesse legittimo possiede, infatti, anche una dimensione sostanziale, atteso che esso risulta correlato all'esercizio di un potere amministrativo da cui può derivare il conseguimento di un bene della vita.

Ponendo, dunque, l'accento sul collegamento tra l'interesse legittimo e l'interesse al bene della vita (a esso sotteso) è possibile ipotizzare la risarcibilità dei danni causati dall'illegittimo/illecito esercizio della funzione amministrativa.

In tal senso, dunque, si evidenzia che anche le tesi che hanno riconosciuto la risarcibilità dei c.d. *diritti condizionati originari e/o derivati* incisi dalla p.a. a ben vedere nascondono delle ipotesi in cui si risarciscono degli interessi legittimi oppositivi, ovvero finalizzati alla conservazione di un bene della vita che già rientra nella sfera giuridica del privato.

Appaiono, pertanto, maturi i tempi anche per effettuare una rivisitazione critica della tesi tradizionale, la quale per effetto delle evoluzioni sopra individuate, risulta superata. Si tratta di una svolta innovatrice importante, poiché è espressione della necessità di garantire a tutte le posizioni lese dall'esercizio illegittimo della funzione pubblica la medesima tutela, a prescindere dalla dicotomia diritti/interessi legittimi, come del resto richiesto dalla Corte costituzionale, la quale ha in alcune circostanze segnalato i problemi che derivavano dalla mancata risarcibilità degli interessi legittimi, considerato che gli artt. 24 e 113 riconoscono a tali situazioni giuridiche la stessa dignità dei diritti.

Sulla base, dunque, di tale quadro normativo e giurisprudenziale la Corte di Cassazione afferma che dal tenore letterale dell'art. 2043 cod. civ. non si desume che oggetto della tutela risarcitoria sia esclusivamente il diritto soggettivo, e che il perimetro della risarcibilità è circoscritto: «*da una clausola generale, espressa dalla formula danno ingiusto, in virtù della quale è risarcibile il danno che presenta le caratteristiche dell'ingiustizia*», ossia che risulti meritevole di tutela per l'ordinamento.

Atipicità del fatto illecito

Al riguardo, si precisa che non è possibile individuare gli interessi suddetti a priori, considerato che: «*caratteristica del fatto illecito delineato dall'art. 2043 c.c., inteso nei sensi suindicati come norma primaria di protezione, è infatti la sua atipicità*», dovrà dunque il giudice, chiamato ad attuare la tutela *ex* art. 2043 c.c., procedere a una selezione degli interessi giuridicamente rilevanti, comparando gli interessi in conflitto.

Sotto la spinta della pronunzia della Cassazione n. 500/1999, inoltre, si è sollecitato un intervento del legislatore che ha esteso la competenza del giudice amministrativo a pronunziarsi sulle richieste di risarcimento dei danni, inizialmente introdotta soltanto nell'àmbito della giurisdizione esclusiva, in tutta la sfera della giurisdizione generale di legittimità.

5. *La natura giuridica della responsabilità derivante dall'esercizio illegittimo della funzione amministrativa*

La teoria, ancóra oggi, dominante sembra ricondurre la fattispecie in questione nell'àmbito della responsabilità per attività illecita extracontrattuale e/o aquiliana.

Responsabilità aquiliana

Tale conclusione sarebbe stata avallata dal legislatore, il quale sia nelle disposizioni previgenti, sia nel testo vigente dell'art. 30 cod. proc. amm. ha richiamato la nozione di «*danno ingiusto*», la quale non potrebbe che essere interpretata come un riferimento alla disciplina dettata dall'art. 2043 cod. civ.

Del resto, anche nella pronunzia n. 500 si era inquadrata la fattispecie nell'ambito della responsabilità aquiliana, considerando l'art. 2043 cod. civ. una clausola generale volta a sanzionare, con l'obbligazione risarcitoria, ogni caso di violazione del principio del *neminem laedere*.

Responsabilità da contatto

Successivamente, tuttavia, si è sostenuto che il modello della «*responsabilità da contatto*» appare più rispondente alla nuova configurazione della relazione giuridica tra soggetti pubblici e privati.

Una dottrina minoritaria, pertanto, non ha escluso che l'illecito della p.a. possa essere inquadrato nell'àmbito della responsabilità contrattuale o più correttamente nella «*responsabilità da contatto*», invece che nella disciplina dell'illecito extracontrattuale.

In merito si è osservato che il codice civile prevede che «*le obbliga-*

zioni derivano da contratto, da fatto illecito, o da ogni altro atto o fatto idoneo a produrle in conformità dell'ordinamento giuridico» (cfr. art. 1173). Sì che sarebbe possibile rinvenire nel contatto che si verifica tra p.a. e cittadino, all'interno della procedura amministrativa, un *fatto* idoneo a produrre per entrambe le parti degli obblighi di correttezza reciproci.

In tal senso, si è evidenziato che la legge n. 241/1990, come modificata dalla legge 11 febbraio 2005, n. 15, ha incrementato gli istituti previsti in favore del cittadino per garantire la **partecipazione** e il diritto alla difesa, nel procedimento, tra i quali ad es.: la comunicazione dell'avvio della procedura, il termine di conclusione (artt. 2, 6,7-8); la comunicazione dei motivi ostativi (art. 10 *bis*); il diritto di prendere visione degli atti, e di presentare memorie scritte e documenti, «*che l'amministrazione ha l'obbligo di valutare*» (art. 10).

Tali vincoli all'esercizio della funzione rappresenterebbero, dunque, dei limiti o contrappesi volti a bilanciare l'esercizio del potere autoritativo al fine di rendere più paritario il rapporto con il cittadino.

Obblighi che non nascono sulla base di un contratto ma in séguito a un fatto (il contatto procedimentale) che, mettendo in relazione la p.a. e il privato, non consentirebbe più di applicare lo schema della responsabilità aquiliana la quale, come noto, presuppone un comportamento illecito tra soggetti che risultano completamente estranei.

Gli obblighi suddetti si potrebbero, dunque, definire di protezione considerato che gravano sul soggetto, la p.a., che si trova in una posizione di forza nei confronti del cittadino, che rappresenta la parte più debole del rapporto giuridico procedimentale.

5.1. *La responsabilità in materia di procedure di gara*

In particolare, occorre anche evidenziare la presenza di un orientamento che ha riconosciuto che nella materia delle procedure di gara si rinvengono delle regole peculiari rispetto al tema della responsabilità amministrativa.

Responsabilità oggettiva

Al riguardo, da tempo si sostiene che per i danni causati dall'illegittima aggiudicazione di appalti pubblici non sia necessario provare la colpa dell'amministrazione, poiché per la disciplina comunitaria la responsabilità è improntata: «*a un modello di tipo oggettivo, disancorato dall'elemento soggettivo, coerente con l'esigenza di assicurare l'effettività del rimedio risarcitorio*».

Inoltre, nell'ambìto delle procedure a evidenza pubblica, ci si chiede se nella fase anteriore alla scelta del contraente possa configurarsi un'ipotesi di responsabilità precontrattuale della p.a., quale forma di responsabilità derivante dalla violazione dei principi di buona fede e correttezza nelle trattative di cui all'art. 1337 cod. civ.

Sul tema in giurisprudenza si sono contrapposte diverse posizioni.

Un primo indirizzo escludeva tale forma di responsabilità, sul presupposto che la responsabilità precontrattuale è connessa alla violazione di regole di condotta tipiche della formazione del contratto. Pertanto, i partecipanti a una gara pubblica non avevano alcuna possibilità di sollevare pretese risarcitorie anteriormente alla scelta del contraente.

Responsabilità precontrattuale

Altra parte della giurisprudenza, invece, riconosceva la responsabilità precontrattuale nell'ambito delle gare a prescindere dall'aggiudicazione sulla base della qualificazione del bando come proposta di contratto in *incertam personam*.

Di recente è intervenuta l'**Adunanza Plenaria** del Consiglio di Stato che ha confermato la configurabilità della responsabilità precontrattuale in capo all'amministrazione a prescindere dall'eventuale aggiudicazione.

In particolare, con quest'ultima pronunzia tale conclusione è stata avallata dal rinvio agli obblighi di correttezza e buona fede, attraverso una lettura costituzionalmente orientata del codice civile, ossia ai doveri solidaristici ai sensi dell'art. 2 Cost.

Sotto questo profilo, l'ordinamento tutela la libertà di **autodeterminazione negoziale** del privato al fine di evitare trattative inutili nel rispetto del legittimo affidamento, tale per cui ricade sull'amministrazione l'obbligo di rispettare i principi di correttezza e buona fede lungo tutto il procedimento di gara.

Principi di correttezza e buona fede

Sul punto è stato altresì sostenuto che: «*nello svolgimento dell'attività autoritativa, l'amministrazione è tenuta a rispettare non soltanto le norme di diritto pubblico (la cui violazione implica, di regola, l'invalidità del provvedimento e l'eventuale responsabilità da provvedimento per lesione dell'interesse legittimo), ma anche le norme generali dell'ordinamento civile che impongono di agire con lealtà e correttezza, la violazione delle quali può far nascere una responsabilità da comportamento scorretto che non incide sull'interesse legittimo, ma sul diritto soggettivo di autodeterminarsi liberamente nei rapporti negoziali*».

Occorre, dunque, non tanto concentrarsi sul provvedimento conclusivo del procedimento, il quale potrebbe essere del tutto legittimo, quanto sul «*comportamento complessivamente tenuto dalla stazione appaltante*», tale da non pregiudicare le libertà dei concorrenti.

In tal senso, infatti, si è giustamente rimarcato che «*la funzione del dovere di correttezza non è più tanto (o solo) quella di favorire la conclusione di un contratto valido e socialmente utile. Nel disegno costituzionale, che pone al centro l'individuo (art. 2 Cost.), l'attenzione si spo-*

sta dal perseguimento dell'utilità sociale alla tutela della persona e delle sue libertà».

6. *La struttura dell'illecito extracontrattuale della pubblica amministrazione*

Responsabilità aquiliana

La disciplina introdotta dall'art. 30 cod. proc. amm., tuttavia, sembra aver inquadrato la responsabilità della p.a., per l'esercizio (o il mancato esercizio) illegittimo/illecito della funzione amministrativa, nell'ambito della responsabilità aquiliana e/o extracontrattuale di cui all'art. 2043 cod. civ., secondo cui «*qualunque fatto doloso o colposo che cagiona ad altri un danno ingiusto, obbliga colui che ha commesso il fatto a risarcire il danno ingiusto*».

In tal senso, il legislatore ha mostrato di condividere l'impostazione dettata dalla pronuncia n. 500, nella quale si affermava che al fine di identificare la sussistenza di un illecito della p.a., il giudice dovrà verificare se nella fattispecie vi è:

a) un elemento oggettivo, corrispondente a un evento dannoso che ha determinato un danno ingiusto;
b) il nesso di causalità ossia se l'evento dannoso sia riferibile a una condotta (positiva o omissiva) della p.a.;
c) infine, un elemento soggettivo, ovvero se l'evento dannoso sia imputabile a dolo o colpa della p.a.

7. *L'elemento oggettivo*

L'applicazione dello schema di base dell'art. 2043 cod. civ. nei confronti della p.a. ha posto naturalmente diverse questioni problematiche, sulle quali dottrina e giurisprudenza si sono a lungo interrogate.

La lesione del diritto e/o dell'interesse legittimo

In particolare, con riferimento alla sussistenza della nozione del danno ingiusto, si è già rilevato che la pronunzia n. 500 ha riconosciuto che la *qualificazione formale della posizione giuridica*, ossia la circostanza che il soggetto danneggiato vanti la titolarità di un diritto o di un interesse legittimo, non è più dirimente al fine della concessione del risarcimento del danno.

L'art. 2043 cod. civ. contiene, infatti, una clausola generale e atipica (*neminem laedere*), la quale è volta a proteggere tutti gli interessi giuridici meritevoli di tutela per l'ordinamento, spettando, dunque, al giudice, alla luce del diritto positivo, comparare i diversi interessi in conflitto nella medesima fattispecie, tra i quali, soprattutto, l'interesse del soggetto danneggiato e l'interesse dell'autore del danno.

In tal senso, pertanto, risulta superato il mito secondo cui l'interesse pubblico prevarrebbe sempre sull'interesse privato, considerato che il sacrificio dell'interesse individuale non può essere giustificato, aprioristicamente, quando la p.a. agisce senza rispettare il principio di legalità.

La lesione dell'interesse del bene della vita

Se, dunque, per la presenza dell'elemento di carattere oggettivo è necessario che vi sia una violazione della legge, occorre tuttavia evidenziare che secondo la nota pronunzia n. 500 la lesione dell'interesse legittimo «*è condizione necessaria, ma non sufficiente, per accedere alla tutela risarcitoria* ex *art. 2043 c.c., poiché occorre altresì che risulti leso, per effetto dell'attività illegittima (e colpevole) della p.a.,* ***l'interesse al bene della vita*** *al quale l'interesse legittimo si correla, e che il detto interesse al bene risulti* ***meritevole di tutela*** *alla luce dell'ordinamento positivo*».

In tale decisione, inoltre, si afferma che l'esercizio illegittimo della funzione amministrativa inciderebbe in modo diverso nel rapporto con il bene della vita a seconda del diverso tipo d'interesse legittimo.

Lesione degli interessi legittimi oppositivi e/o pretensivi

Mentre, infatti, la lesione degli interessi legittimi oppositivi si tradurrebbe automaticamente in un danno ingiusto, derivante dal pregiudizio inferto a un bene della vita, che è già ricompreso nella sfera giuridica del privato.

Nei confronti, invece, degli interessi legittimi pretensivi occorrerebbe operare *un* ***giudizio prognostico***, sulla fondatezza dell'istanza volta a conseguire un bene della vita, che non è già ricompreso nella sfera giuridica del privato.

Si tratterebbe, in altri termini, di comprendere se l'aspirazione del privato al soddisfacimento di un bene della vita, che dipende dall'esercizio del potere amministrativo, corrisponde non a una mera aspettativa, in quanto tale non tutelabile, ma a una situazione «*suscettiva di determinare un oggettivo affidamento circa la sua conclusione positiva, e cioè di una situazione che, secondo la disciplina applicabile, era destinata, secondo un criterio di normalità, ad un esito favorevole, e risultava quindi giuridicamente protetta*».

Tale impostazione è stata, tuttavia, criticata per numerose ragioni.

Rischio di eccesso di protezione degli interessi legittimi oppositivi

In primo luogo, si è giustamente osservato che non sempre la presenza di un vizio di legittimità nell'atto è causa di una violazione dell'interesse alla conservazione del bene della vita, già contenuto nella sfera giuridica del soggetto titolare di un interesse legittimo oppositivo.

Quando, infatti, l'atto è inficiato da un vizio di legittimità formale e/o procedurale l'amministrazione ben potrebbe adottare la medesima decisione sulla base di un secondo atto sempre sfavorevole, ma emendato dal profilo d'invalidità di carattere formale.

Si pensi, ad esempio, all'annullamento di un permesso di costruire, sostanzialmente corretto perché l'atto era stato rilasciato illegittimamente, ovvero in contrasto con la disciplina urbanistica, ma che è stato adottato in violazione dell'obbligo di comunicazione.

Non a caso, in proposito, autorevole dottrina ha parlato di rischio di eccesso di protezione per la tutela risarcitoria nei confronti degli interessi legittimi oppositivi (cfr. A. Romano Tassone).

Giudizio prognostico sulla fondatezza della domanda

Similmente, di difficile applicazione è risultata la regola, dettata dalla Cassazione, secondo la quale al fine di decidere sulla risarcibilità degli interessi legittimi pretensivi, occorrerebbe effettuare un *giudizio prognostico* in merito alla fondatezza della domanda, volta a conseguire il bene della vita al quale si correlano i corrispondenti interessi legittimi pretensivi.

Con riferimento, infatti, a tale regola si è parlato in dottrina dell'introduzione da parte della Cassazione di *una rete di contenimento*, la quale servirebbe a limitare gli effetti economico-finanziari che il superamento del dogma dell'inammissibilità del risarcimento per lesioni di interessi legittimi avrebbe, altrimenti, prodotto sulle casse dello Stato.

L'attività vincolata

Inoltre, con riguardo all'esperimento del giudizio *prognostico*, si è osservato che nessun problema dovrebbe incontrare il giudice amministrativo nell'effettuare tale tipo di valutazione nell'ambito dell'attività amministrativa vincolata, nella quale, infatti, tutte le scelte sono predeterminate dalle norme.

La discrezionalità tecnica

Di converso, si dubita della possibilità di svolgere tale forma di giudizio nelle ipotesi in cui l'amministrazione esercita una discrezionalità tecnica, poiché anche chi riconosce che in questi casi vi possa essere un sindacato c.d. intrinseco, nega poi che in questa sede si possa effettuare un giudizio sulla fondatezza della pretesa al conseguimento del bene della vita.

Tale tipo di sindacato sarebbe, infatti, precluso dalla necessità di rispettare il *principio della separazione dei poteri*, tale che l'organo titolare del potere giudiziario non potrebbe sostituirsi nelle valutazioni tecniche compiute dalla p.a.

Sul punto, tuttavia, si è replicato che, invece, il giudice amministrativo potrebbe compiere questo tipo di giudizio, anche nell'ambito della sfera della discrezionalità tecnica, sia perché può servirsi dello strumento della consulenza tecnica, previsto dagli artt. 63 e ss. del cod. proc. amm., sia perché quando si pronuncia sulla domanda risarcitoria per equivalente non si verifica alcuna commistione e/o sovrapposizione con l'attività amministrativa provvedimentale, ma si limita soltanto ad accertare la presenza del *danno ingiusto* (cfr. F. Caringella).

L'attività discrezionale pura

Infine, ancor più complessa sembra la possibilità di esperire questo tipo di sindacato, che è stato giustamente definito sulla *spettanza del bene della vita* (cfr. G. Falcon) quando l'amministrazione esercita una forma di *discrezionalità* pura, ovvero quando la legge assegna agli enti un potere *riservato* di scelta degli interessi pubblici da perseguire.

Non a caso proprio in quest'ambito s'incontrano le maggiori resistenze volte a escludere l'esercizio del giudizio sulla fondatezza della pretesa, considerato che in questo tipo di situazioni, ancor di più sembra impossibile garantire il rispetto dovuto al principio della separazione dei poteri.

La tesi che esclude che il giudice amministrativo possa sostituirsi alle scelte discrezionali al fine di verificare la fondatezza della pretesa, ha il limite, tuttavia, di far dipendere l'esito del giudizio risarcitorio dalla successiva decisione della p.a.

Soltanto, infatti, quando essa, in seguito al successivo riesercizio del suo potere discrezionale, riconoscerà il bene della vita al privato si potrà richiedere un eventuale risarcimento del danno da ritardo, ma è evidente che in questo caso l'amministrazione non sarà certamente incentivata a concedere il bene in questione, considerato che in questo modo essa ammetterebbe la sua colpa (il mancato tempestivo rilascio del provvedimento).

Anche nell'ipotesi della discrezionalità pura, dunque, si dovrebbe consentire al giudice amministrativo di espletare il giudizio sulla c.d. spettanza almeno con riferimento alla domanda rivolta a ottenere il risarcimento del danno pecuniario, ammettendo che l'amministrazione possa integrare la motivazione degli atti, anche in pendenza del giudizio, al fine di dimostrare quali sono le ragioni che impediscono di riconoscere il bene della vita in favore del privato.

Del resto, anche nell'ambito del giudizio di annullamento sembra essere stato introdotto un sindacato che impone al giudice amministrativo di verificare, attraverso un giudizio ipotetico, quale sarebbe stato il contenuto dell'atto, considerato che l'art. 21-*octies* introdotto nella legge 7 agosto 1990, n. 241, dispone che «*non è annullabile il provvedimento amministrativo adottato in violazione di norme sul procedimento o sulla forma degli atti qualora, per la natura vincolata del provvedimento, sia palese che il suo contenuto dispositivo non avrebbe potuto essere diverso da quello in concreto adottato. Il provvedimento amministrativo non è comunque annullabile per mancata comunicazione dell'avvio del procedimento qualora l'amministrazione dimostri in giudizio che il contenuto del provvedimento non avrebbe potuto essere diverso da quello in concreto adottato*».

Si tratta, com'è evidente, di una disciplina, la quale ha depotenziato i vizi di carattere formale e/o procedurale, i quali nelle ipotesi di esercizio di un potere amministrativo vincolato, oppure nel caso specifico dell'omissione della comunicazione anche quando il potere è discrezionale, non sono più considerati possibile causa di annullamento dell'atto ove quest'ultimo non avrebbe potuto essere diverso da quello in concreto adottato.

In dottrina, tuttavia, si è osservato che nell'ambito dell'esercizio di un potere discrezionale non è sempre possibile apprezzare quali sarebbero state le decisioni adottate, tra le diverse ipotesi ammesse nel rispetto delle norme, ove l'amministrazione non avesse compiuto degli errori.

Danno da perdita di *chance*

Pertanto, non potendosi spesso in questi casi affermare con certezza quale sarebbe stato l'esito del procedimento, né escludere che questo, ove correttamente espletato, si sarebbe tradotto in un provvedimento più favorevole per il privato, si è sostenuta, anche al fine di evitare che la difficoltà di allegare la prova si trasformi in un sostanziale diniego di giustizia, la possibilità di risarcire il **danno da *chance*.**

La discrezionalità, dunque, pur ostacolando la possibilità di accertare, con il suindicato giudizio prognostico, la fondatezza della pretesa sostanziale, non preclude completamente la risarcibilità del danno ove si ammetta il ricorso alla categoria della perdita di *chance*.

8. *L'elemento soggettivo*

Il riconoscimento della possibilità d'includere nella nozione del *danno ingiusto* di cui all'art. 2043 cod. civ. anche le situazioni di interesse legittimo, ovvero l'adesione a un'impostazione che amplia notevolmente il perimetro dell'area della risarcibilità, è stata per certi versi bilanciata da una restrizione delle regole che, invece, consentono d'individuare l'ambito dell'elemento soggettivo.

La colpa come mera violazione delle norme

In passato, infatti, era generalmente condivisa la tesi secondo la quale «*per quanto concerne gli atti illegittimi la colpa è di per sé ravvisabile nella violazione delle norme, operata con l'emissione dell'atto, e con la sua esecuzione*».

La Cassazione n. 500, invece, ribaltando il precedente orientamento, ha escluso che il presupposto soggettivo della colpa possa essere considerato assorbito dall'illegittimità dell'atto e/o dalla sua esecuzione.

La colpa come violazione dei principi d'imparzialità, correttezza e buon andamento

La tesi tradizionale non sembra più compatibile con la nuova interpretazione estensiva della nozione di *danno ingiusto* contenuta nell'art. 2043 cod. civ., che risulta ormai svincolata dalla lesione di un diritto soggettivo. Pertanto, si afferma che, al fine di verificare l'imputabilità dell'illecito, il giudice dovrà svolgere un'indagine «*estesa anche alla valutazione della colpa, non del funzionario agente (da riferire ai parametri della negligenza o imperizia), ma della p.a. intesa come **apparato**, che sarà configurabile nel caso in cui l'adozione e l'esecuzione* *dell'atto illegittimo (lesivo dell'interesse del danneggiato) sia avvenuta in violazione delle regole di imparzialità, di correttezza e di buona amministrazione alle quali l'esercizio della funzione amministrazione deve ispirarsi... in quanto si pongono come limiti esterni alla discrezionalità*».

Il criterio, indicato dalle Sezioni Unite, desta tuttavia non poche perplessità considerato che la violazione del principio dell'imparzialità, come noto, si realizza anche nell'ambito delle figure sintomatiche del vizio dell'eccesso di potere (si pensi ad es. alla disparità di trattamento), e dunque la nozione di colpa introdotta non sembra distinguersi dalla mera illegittimità dell'atto amministrativo.

Inoltre, il rinvio alla violazione delle regole della buona amministrazione non sembra corretto, poiché questa corrisponde all'area extragiuridica della p.a. ovvero al c.d. merito nei confronti del quale il privato non vanta un interesse giuridicamente tutelato.

Infine, neppure il richiamo alla nozione di apparato amministrativo sembra cogliere nel segno, atteso che come è stato evidenziato da illustre dottrina, «*se per apparato s'intende il solo organismo agente, si possono determinare casi di violazione dei suddetti principi ma senza colpa; se per apparato s'intende, al di là anche (ove necessario) delle separazioni organizzative determinate dalla distinzione delle persone giuridiche, l'insieme degli organismi pubblici comunque coinvolti dalla condotta illecita, ogni violazione dà luogo a colpa*» (cfr. F.G. Scoca).

L'esame della giurisprudenza amministrativa conferma la difficoltà d'individuare le coordinate della nozione di colpa nell'attività della p.a.

Su tale punto, si sono, infatti, confrontate diverse impostazioni.

Secondo un **primo orientamento** l'elemento psicologico dell'illecito della p.a. ricorre quando, oltre al profilo dell'illegittimità degli atti, si rinviene una **violazione dei principi costituzionali d'imparzialità e buon andamento** e/o delle «*norme di legge ordinaria in materia di celerità, efficienza, efficacia e trasparenza*» nonché degli altri principi generali dell'ordinamento, tra i quali si citano la «*ragionevolezza, proporzionalità ed adeguatezza*».

In tale contesto, si colloca, dunque, un interessante indirizzo secondo cui la responsabilità della p.a., pur non essendo del tutto equiparabile alla responsabilità contrattuale, in ragione del rapporto che s'instaura con il privato ricomprende in capo all'amministrazione «*uno specifico dovere di comportamento ispirato al rispetto dei principi generali di affidamento, non aggravamento, economicità ed efficacia che sono parametri normativi dell'azione amministrativa*», cui in sintesi corrisponde quello che si definisce «*l'interesse giuridicamente protetto al giusto procedimento*» (cfr. Cons. st., sez. VI, 4 aprile 2011, n. 2102).

In tal senso, si è pertanto affermato, ad es., che la violazione dell'obbligo di comunicazione di cui all'art. 7 della legge n. 241/1990 impedendo il contraddittorio in un procedimento di autotutela, anche alla luce del principio di diritto comunitario del legittimo affidamento, integra gli estremi della colpa.

Colpa come violazione del giusto procedimento

La violazione del principio del legittimo affidamento è spesso rinvenuta anche nelle procedure di evidenza pubblica equiparate alla fase precontrattuale, nelle quali si riscontra il presupposto della colpa quando ad es. l'amministrazione, pur portando a compimento la procedura di gara, non perviene alla stipulazione del contratto «*a causa dell'omessa verifica e vigilanza sulla sussistenza della relativa copertura finanziaria*» (cfr. Cons. st., sez. VI, 10 settembre 2008, n. 4309).

Secondo, invece, un **ulteriore orientamento giurisprudenziale** ciò che contraddistinguerebbe la nozione di colpa dalla mera illegittimità dell'atto sarebbe la **gravità della violazione**.

In particolare, si afferma che la violazione risulta grave quando si è in presenza di un quadro fattuale e normativo chiaro e univoco, tale da rendere manifesta l'imperizia o la negligenza dell'organo che ha adottato l'atto, e si esclude, invece, la colpa quando si riconosce *l'errore scusabile*, perché la giurisprudenza sul punto è divisa, o la disciplina giuridica di riferimento è di difficile interpretazione, oppure la vicenda risulta molto complessa anche in punto di fatto.

Onere della prova

La giurisprudenza, inoltre, richiamando il principio di cui all'art. 2697 cod. civ., secondo cui «*chi vuol far valere un diritto in giudizio deve provare i fatti che ne costituiscono il fondamento*», ha evidenziato che l'onere della prova spetta al privato.

Il ricorrente dovrà, dunque, allegare tutti i fatti e gli elementi costitutivi della domanda di risarcimento (danno ingiusto, nesso causale e colpa), e dimostrare, secondo un giudizio prognostico *ex ante*, la fondatezza della pretesa al bene della vita, operazione quest'ultima la quale potrebbe risultare preclusa dalla discrezionalità dell'attività amministrativa.

L'illegittimità è una presunzione semplice di colpevolezza

Tuttavia, un ulteriore orientamento giurisprudenziale ha, per così dire, stemperato o meglio ridotto il peso dell'onere probatorio gravante in capo al privato, avendo qualificato *l'illegittimità del provvedimento*, pur in mancanza di un'espressa previsione normativa, volta a introdurre una presunzione relativa, come *presunzione semplice* ai sensi degli artt. 2727 e 2729 cod. civ., secondo cui «*le presunzioni non stabilite dalla legge sono lasciate alla prudenza del giudice*».

Secondo quest'ultimo indirizzo, pertanto, una volta accertata l'illegittimità dell'atto, che è considerato un indizio grave, preciso e concordante della colpa della p.a., attraverso il regime della presunzione semplice viene automaticamente dimostrata la presenza dell'elemento soggettivo dell'illecito, sicché spetterà, eventualmente, all'amministrazione, in questi casi, l'onere di provare la scusabilità dell'errore per la complessità del quadro giuridico e giurisprudenziale di riferimento.

Si tratta, dunque, a ben vedere, di un'impostazione la quale di fatto comporta quasi un'inversione dell'onere della prova, come si riconosce in una pronuncia nella quale si afferma che vi è «*una sostanziale analogia con quanto prescritto in tema di responsabilità contrattuale*».

CAPITOLO XVI
LE AUTORITÀ AMMINISTRATIVE INDIPENDENTI

Marco Tiberii

1. *Cenni sulle autorità amministrative indipendenti*

Le autorità amministrative indipendenti rappresentano la risposta che di recente gli ordinamenti giuridici hanno fornito per la tutela di alcuni **diritti fondamentali e/o dei c.d. interessi sensibili**, al fine di porre tali situazioni al riparo dalla pressione dei gruppi di potere e dalle *lobbies.*

Le istituzioni tradizionali sono state, infatti, in virtù della legittimazione politico-democratica, considerate troppo esposte ai condizionamenti esterni, ovvero inadeguate per tale scopo; pertanto, in una logica anche di modernizzazione della pubblica amministrazione sono stati introdotti questi nuovi **organismi indipendenti.**

Tali enti sono stati istituiti al fine di presidiare nell'ambito dei settori economico-finanziari e sociali più importanti i diritti di libertà, riconosciuti dalle democrazie moderne anche in sede costituzionale, dalle limitazioni e/o lesioni che possono provenire dal potere politico-partitico, nonché dalle forze economico-finanziarie presenti nei diversi mercati.

2. *L'Autorità Garante della Concorrenza e del Mercato e gli illeciti anticoncorrenziali: intese restrittive della concorrenza, abuso di posizione dominante e concentrazioni vietate*

Un ruolo centrale per la sua vocazione generale è ricoperto in questo panorama dall'Autorità Garante della concorrenza e del mercato, preposta alla tutela della **libertà d'iniziativa economica e di concorrenza di cui all'art. 41 Cost**. (o Antitrust, c.d. AGCM), dotata di personalità giuridica di diritto pubblico.

È stata istituita dalla legge n. 287/1990, recante «*Norme per la tutela della concorrenza e del mercato*», al fine, da un lato, di assicurare le condizioni per la libertà d'impresa, che consentano agli operatori economici di poter accedere al mercato e di competere con pari opportunità, e, dall'altro, di tutelare i consumatori, favorendo il contenimento dei prezzi e la qualità dei prodotti.

In altri termini, il suo scopo principale è la tutela del principio di rilevanza comunitaria della libertà della **concorrenza**, da interpretare nelle due forme della libertà degli imprenditori di accesso al mercato, e della libertà dei consumatori di scelta all'interno del mercato.

Tale ente si occupa anche del **conflitto d'interessi** dei titolari di cariche del Governo affinché, nell'esercizio di tali funzioni, perseguano la cura degli interessi pubblici senza interferenze.

Quest'organismo è dotato, oltre che di poteri regolamentari, nell'ambito dell'attività di vigilanza d'ampi poteri di indagine, ispettivi e sanzionatori.

In particolare, questi poteri sono assegnati al fine di accertare e sanzionare eventuali condotte anticoncorrenziali, tra le quali si devono annoverare le seguenti fattispecie vietate:

Intese restrittive della concorrenza

– le **intese restrittive della concorrenza**, ovvero accordi rivolti a ostacolare con clausole o cartelli tra le imprese del settore – attraverso le delibere, i patti associativi o le pratiche concordate – l'ingresso nel mercato di nuovi imprenditori (ad es., accordi per ripartire i mercati o le fonti di approvvigionamento, nonché per determinare condizioni contrattuali diverse per le medesime prestazioni, al fine di sfavorire la concorrenza).

In merito, la normativa vieta le intese che fissano congiuntamente i prezzi o si spartiscono i mercati, riducendo gli incentivi a operare in modo efficiente e ad offrire prodotti con prezzi competitivi e determinando il pericolo di una consistente restrizione della concorrenza all'interno del mercato nazionale in una sua parte rilevante (cfr. art. 2, legge n. 287/1990).

L'Autorità ha il potere di autorizzare, per un periodo limitato, intese che riducono la concorrenza (art. 4, legge n. 287/1990), ma ciò è consentito solo se le imprese dimostrano che le restrizioni sono necessarie per conseguire effetti positivi e arrecano un sostanziale beneficio per i consumatori (es. riduzione dei prezzi);

Abuso di posizione dominante

– l'**abuso di posizione dominante**, ovvero quando un operatore economico sfrutti la posizione di leadership all'interno del mercato per impedire illecitamente ad altri di entrare in concorrenza nello stesso settore (cfr. art. 3, legge n. 287/1990).

Un'impresa può crescere grazie al suo comportamento virtuoso sul mercato, offrendo prodotti che meglio di altri, per il prezzo e/o per la qualità, riescano a soddisfare le esigenze dei consumatori.

L'operatore acquisisce una "*posizione dominante*" quando, a causa delle caratteristiche economiche di quel mercato, nonché di vincoli istituzionali, le possibilità di reazione degli altri concorrenti risultino limitate, tanto da potersi egli comportare in modo indipendente dai concorrenti e dai consumatori.

Ciò che è vietato, tuttavia, non è la posizione dominante, ma "*l'abuso*" da parte di una o più imprese di tale posizione all'interno di un settore economico attraverso la pratica di prezzi o condizioni ingiustificatamente gravosi, nonché comportamenti volti a ostacolare l'accesso di altri concorrenti o indurre quelli già presenti ad abbandonare il mercato (ad es., limitando la produzione, gli sbocchi o gli accessi al mercato, nonché lo sviluppo tecnico o il progresso tecnologico);

Le concentrazioni vietate

– le **operazioni di concentrazioni** che superano una determinata soglia massima (cfr. art. 5).

Tale ipotesi si può verificare, ad es., quando un'impresa acquisisce il controllo di un'altra, esercitando un'influenza determinante, oppure due imprese mettono insieme le proprie attività attraverso la creazione di una nuova società comune, controllata da entrambe, nonché nell'ipotesi in cui due o più imprese procedono a fusione.

L'Autorità quando ritiene che una concentrazione comporti la costituzione o il rafforzamento di una posizione dominante, così da ridurre la concorrenza, ne vieta la realizzazione (art. 6, legge n. 287/1990).

Per tali ragioni, la legge richiede che tutte le operazioni di concentrazione, in cui il fatturato delle imprese interessate superi determinate soglie, prima di essere realizzate, siano comunicate all'Autorità (cfr. art. 16, legge n. 287/1990).

2.1. *I nuovi poteri dell'Autorità garante della concorrenza e del mercato*

La legittimazione dell'AGCM ad impugnare gli atti

Più di recente, il legislatore ha introdotto dei **nuovi poteri** prevedendo che, quando una p.a. adotti un regolamento o un provvedimento in contrasto con le regole della concorrenza e del mercato, l'AGCM può emettere un **parere contenente le violazioni riscontrate** e ove l'ente non si conformi all'indicazione entro sessanta giorni, apportando le opportune modifiche, **l'autorità può proporre ricorso** entro il termine successivo di trenta giorni, mediante l'Avvocatura di Stato (cfr. art. 21-*bis*, legge n. 287/1990).

Inoltre, come completamento della competenza sulla **pubblicità ingannevole e comparativa**, introdotta al fine di contrastare le pratiche pubblicitarie che possano indurre in errore il cliente, l'autorità in oggetto è stata investita della tutela dei consumatori nei confronti delle pratiche commerciali scorrette.

La tutela del consumatore e del viaggiatore

In particolare, la legge assegna all'AGCM il compito di verificare e **dichiarare la "*vessatorietà*" delle clausole** inserite nei modelli e nei formulari delle condizioni generali di contratto, stipulate tra professionisti e consumatori, con la connessa potestà di sanzionare economicamente le condotte non veritiere (art. 37-*bis*, commi 1 e 2, d.lgs. n. 206/2005 Cod. cons.).

Inoltre, la disciplina in esame consente anche alle imprese di consultare, preventivamente, l'Autorità al fine di verificare l'eventuale vessatorietà delle clausole.

L'esito favorevole di tale valutazione comporta l'effetto di escludere il successivo esercizio dei poteri di accertamento e di tipo sanzionatorio in relazione alle clausole già approvate dall'AGCM; tuttavia, resta ferma la responsabilità dei professionisti nei confronti dei consumatori.

Con una successiva modifica al Codice del Turismo (art. 51-*octies*, d.lgs. n. 79/2011), introdotta dal d.lgs. n. 62/2018, all'autorità è stata affidata **la tutela del viaggiatore** per garantire il rispetto delle regole nei pacchetti dei contratti turistici e dei servizi collegati.

In caso di condotte scorrette, l'AGCM ne inibisce la continuazione, ne rimuove gli effetti e applica le eventuali sanzioni secondo le regole procedurali dettate dalla legge n. 241/1990.

Il rating di legalità delle imprese

Un ulteriore ambito d'intervento riguarda il riconoscimento in capo alle imprese richiedenti del c.d. "***rating di legalità***".

Si tratta di un indicatore del rispetto di elevati standard di legalità da parte delle imprese sia in forma individuale, sia societaria, che soddisfino cumulativamente i seguenti requisiti:

- sede operativa in Italia;
- fatturato minimo dell'anno precedente di due milioni di euro;
- iscrizione nel registro delle imprese da almeno due anni;
- rispetto degli altri requisiti sostanziali richiesti dal Regolamento AGCM del 12 novembre 2012, come modif. dalla delibera n. 28361/2020.

L'accoglimento della richiesta comporta il riconoscimento di un punteggio minimo o massimo in caso di possesso dei requisiti aggiuntivi, che consentono di conseguire **una migliore valutazione nella partecipazione alle procedure di gara** per l'aggiudicazione degli appalti pubblici.

In tal senso, infatti, il Codice degli appalti prevede che le amministrazioni individuino nei bandi di gara i criteri premiali, che intendono assegnare alle imprese in possesso del *rating* citato (cfr. art. 95, comma 13).

3. *La Commissione nazionale per la società e la borsa, la Banca d'Italia e l'Istituto per la vigilanza sulle assicurazioni*

La Consob ed i suoi compiti principali

Alla **Commissione nazionale per la società e la borsa (Consob)**, autorità con personalità giuridica di diritto pubblico, è affidata la tutela degli investitori e, dunque, **la vigilanza sulla trasparenza del mercato finanziario e delle borse valori**, in virtù dell'art. 47 Cost., secondo cui «*la Repubblica incoraggia e tutela il risparmio in tutte le sue forme; disciplina, coordina e controlla l'esercizio del credito*», nei confronti delle società di gestione dei mercati, dei broker, degli intermediari finanziari ecc.

Tra i principali compiti assegnati alla Consob si prevedono: *a*) la salvaguardia della fiducia nel sistema finanziario; *b*) la tutela degli investitori; *c*) la stabilità e il funzionamento del sistema finanziario; *d*) la competitività del sistema finanziario; *e*) l'osservanza delle disposizioni in materia finanziaria (cfr. art. 5 TUF).

Nell'ambito della regolazione dei mercati, l'autorità si occupa di stabilire quali siano i requisiti necessari per la quotazione in borsa delle società, le diverse tipologie di contratti ammissibili, la connessa attività di vigilanza su tutti gli aspetti.

Il raggio di azione della Consob, tuttavia, si estende altresì anche nei confronti di tutti i soggetti che si rivolgono al risparmio diffuso al di fuori dei mercati ufficiali, con particolare riferimento al rispetto degli **obblighi informativi**.

La Banca d'Italia

La **Banca d'Italia**, Istituto di diritto pubblico, concorre con la Consob al raggiungimento degli scopi sopraelencati, con un ambito di competenza finalizzato al contenimento del rischio, alla stabilità patrimoniale e, infine, alla sana e prudente gestione delle banche e degli intermediari.

Per garantire il coordinamento tra la Consob e la Banca d'Italia questi enti ricorrono anche a dei **protocolli d'intesa**; inoltre, la legge prevede che ciascun organismo debba comunicare all'altro i provvedimenti assunti e le irregolarità riscontrate nell'esercizio della propria attività di vigilanza.

La funzione monetaria tipica delle Banche centrali, invece, è espletata ormai mediante la federazione con **la Banca centrale europea**, la quale emette moneta, determina il tasso di sconto, disciplina e controlla il sistema dei pagamenti.

L'Istituto per la vigilanza sulle assicurazioni

Infine, all'**Istituto per la vigilanza sulle Assicurazioni** (IVASS, ex Isvap), ente con personalità giuridica di diritto pubblico, è demandata la vigilanza nei confronti delle imprese che operano all'interno del mercato assicurativo, collaborando a tal fine con la vigilanza bancaria (*ex* art. 47 Cost.), con particolare attenzione ai profili della gestione tecnico-finanziaria e patrimoniale delle imprese assicurative.

Per realizzare tali fini anche questo ente è dotato di penetranti poteri d'indagine, ispettivi e d'informazione, nonché di tipo regolamentare rivolti, ad es., alla definizione dei criteri ai quali le imprese suddette devono conformarsi nella redazione dei rispettivi bilanci.

4. *La ricerca del fondamento costituzionale*

Le autorità indipendenti rappresentano un modello organizzativo nuovo, che ha sollevato numerosi interrogativi perfino sulla relativa natura giuridica.

La tesi di un quarto potere

Il carattere dell'indipendenza, infatti, ha impedito di collocare questi soggetti nell'ambito dello schema classico della tripartizione dei poteri, secondo il quale, come noto, al Parlamento spetta l'esercizio del potere legislativo (ossia l'indirizzo politico espressione della sovranità popolare), al Governo del potere esecutivo (ovvero l'indirizzo politico/amministrativo mediante l'applicazione della legge), alla Magistratura del potere giurisdizionale (ossia la verifica del rispetto delle leggi), al punto che si è ipotizzata l'introduzione di un quarto potere.

In effetti, queste autorità, pur occupando uno spazio sempre più grande nel vasto panorama degli enti pubblici, si pongono al di fuori del quadro tradizionale dell'organizzazione amministrativa.

La natura indipendente, infatti, si è tradotta nell'impossibilità di ricondurle nella cornice delineata dall'**art. 95 della Cost.**, che come noto è espressione di un tradizionale modello accentrato e gerarchico della p.a., nell'ambito del quale si richiama la responsabilità politica dei singoli ministri per gli atti dei rispettivi dicasteri, e collegiale per gli atti adottati dal Consiglio, nonché la responsabilità del Presidente del Consiglio, che ha il compito di coordinare l'indirizzo politico e amministrativo.

Similmente, gli organismi in esame, pur avendo numerosi aspetti in comune, non sono ricompresi nel novero degli enti autonomi di cui agli **artt. 5, 114 e ss. della Cost**. (Regioni, Province, Città Metropolitane, Comuni e Stato).

L'autonomia finanziaria, contabile ed organizzativo-gestionale

In tal senso, infatti, le autorità godono di alcune prerogative tipiche degli enti autonomi, tra le quali, ad esempio, anche se in forme diverse, sono spesso dotate di autonomia finanziaria e contabile (l'AGCM e la Banca d'Italia sono autonome, la Consob si finanzia parzialmente con i servizi che eroga al mercato, l'Ivass dal gettito del contributo di vigilanza versato dalle imprese assicurative), nonché di autonomia gestionale e organizzativa.

Quest'ultima forma di autonomia, che comprende la facoltà di dettare con propri regolamenti le norme relative all'organizzazione, al funzionamento dell'ente, nonché al trattamento giuridico ed economico del personale, rappresenta un tratto unificante delle diverse discipline delle singole autorità indipendenti.

L'impossibilità di ricondurre questi nuovi organismi nell'ambito del modello accentrato di cui all'art. 95 o delle pp.aa. previste dall'art. 114 e ss. della Cost., dalle quali si distinguono per il carattere dell'indipendenza, li pone al di fuori del circuito degli enti che, pur essendo autonomi, sono sottoposti alla supremazia dello Stato.

L'art. 97 Cost.

In dottrina, pertanto, si è ricondotto tale modello ai principi della separazione tra politica e amministrazione di cui **all'art. 97 Cost.**, secondo cui i pubblici uffici sono organizzati «*secondo disposizioni di legge, in modo che siano assicurati il buon andamento e l'imparzialità dell'amministrazione*».

5. *La natura giuridica: quasi giurisdizionale o amministrativa?*

L'assenza di una esplicita norma di copertura costituzionale, che consentisse di ricondurre gli enti in esame nell'ambito dei diversi modelli di pubblica amministrazione, ha indotto parte della dottrina a giustificare tale possibilità in ragione della diversità dei poteri conferiti a questi organismi.

Si è, infatti, evidenziato che essi esercitano poteri di regolazione, di vigilanza e di tipo sanzionatorio in settori che implicano notevoli **competenze tecniche**, ma che non appartiene a tali autorità l'esercizio di un potere amministrativo discrezionale puro (ovvero rivolto ad esprimere delle scelte in merito alla prevalenza degli interessi pubblici da perseguire).

Per altro verso, sulla base di queste premesse, si è anche ipotizzato che non si tratterebbe di autorità amministrative, ma di organismi di natura "**giurisdizionale e/o quasi giurisdizionale**", atteso il carattere d'indipendenza ovvero di terzietà e neutralità di tali soggetti, ai quali spetta, principalmente, il ruolo per cd. di **arbitro**, che deve far rispettare le regole all'interno dei diversi mercati.

La tesi della natura giurisdizionale e/o quasi giurisdizionale

Tale tesi sottende la convinzione che sia sufficiente garantire il rispetto delle regole della concorrenza, perché la legge dell'incontro della domanda e dell'offerta sarebbe da sola idonea a garantire tutti gli interessi, ovvero sia la libertà delle imprese (ad es. la libertà di accesso degli imprenditori al mercato), sia la libertà dei consumatori (ad es. la libertà di scelta dei prodotti).

Tuttavia, come noto, le norme prevedono che gli atti di queste autorità siano sottoposte al controllo giurisdizionale.

In particolare, l'art. 133 del c.p.a. dispone che sono affidate alla **giurisdizione amministrativa esclusiva** tutte le controversie aventi ad oggetto i provvedimenti delle Autorità Amministrative Indipendenti, compresi quelli sanzionatori, esclusi quelli adottati dalla Consob (cfr. Corte cost. n. 162/2012) e dalla Banca d'Italia (cfr. Corte cost. 15 aprile 2014, n. 94).

La tesi della Corte cost. n. 13/2019

Del resto, la tesi della natura quasi-giurisdizionale è stata di recente respinta direttamente dalla Corte cost., la quale, con la pronunzia n. 13 del 2019, ha dichiarato l'inammissibilità di una questione di legittimità costituzionale sollevata dall'AGCM per difetto di legittimazione in capo a tale soggetto, che si **è escluso possa essere equiparato ad un organo giurisdizionale**, considerato che, perseguendo l'interesse alla concorrenzialità del mercato, non potrebbe vantare il necessario carattere della neutralità.

In altri termini, sembra confermata, sotto diverso profilo, **la natura amministrativa di questi organismi**, il cui fondamento costituzionale può essere rinvenuto, al di fuori del principio gerarchico di cui all'art. 95 Cost., nella cornice dettata dai principi contenuti negli artt. 97 e 98 della Cost. (riserva di legge in materia di organizzazione amministrativa e rispetto dei canoni fondamentali dell'imparzialità e del buon andamento), che delineano un modello di amministrazione basato sulla legge e separato dal circuito delle maggioranze politico-governative.

6. *L'applicabilità dei principi e delle regole della legge n. 241 del 1990 nelle autorità indipendenti*

In merito, occorre evidenziare che il rispetto del **principio di legalità** nei confronti delle autorità indipendenti **è stato declinato in modo particolarmente elastico**, considerandosi sufficiente l'indicazione dello scopo che l'Autorità amministrativa deve perseguire nell'esercizio in concreto dell'attività di regolazione.

In quest'ambito, la conformità all'art. 97 Cost. si basa sulla semplice predeterminazione legale degli obiettivi e dei limiti all'esercizio dell'attività di regolazione; l'applicazione rigida del principio di legalità rappresenterebbe, infatti, un ostacolo per le diverse autorità, che devono, costantemente, adeguare la disciplina alla continua evoluzione tecnica del settore.

È noto, altresì, che la parziale dequotazione del principio di legalità in senso sostanziale sia stata bilanciata dalla giurisprudenza mediante il **rafforzamento delle garanzie di legalità in senso procedimentale** (cfr. sul punto il paragrafo n. 7).

Il potenziamento delle garanzie procedimentali

Tale bilanciamento si è tradotto, da un lato, nella previsione di rafforzate forme di partecipazione degli operatori del settore al procedimento di formazione degli atti regolamentari e, dall'altro, nell'inderogabilità delle regole procedimentali tradizionali.

La legge n. 241 del 1990, del resto, estende diverse regole ivi contenute nei confronti delle Autorità indipendenti, impostazione questa coerente con l'inquadramento di tali organismi nell'ambito delle autorità amministrative.

In tal senso, occorre ricordare che appare ormai superata la questione dell'applicabilità della **disciplina dell'accesso**, prevista dalla legge n. 241 del 1990, alle autorità amministrative indipendenti.

L'accesso agli atti delle autorità di vigilanza

La versione attuale dell'art. 23 ha, infatti, esteso il novero dei soggetti nei cui confronti è esperibile l'accesso, includendo espressamente nella categoria, da un lato, i gestori di pubblici servizi, anche in assenza di un titolo concessorio e, dall'altro, le «*Autorità di garanzia e di vigilanza*».

Tuttavia, l'istituto in esame si può applicare nei confronti delle Autorità indipendenti «*nell'ambito dei rispettivi ordinamenti, secondo quanto previsto dall'art. 24*».

L'estensione in via di principio della disciplina suddetta nei confronti degli enti in esame, dunque, deve essere coordinata con la regolamentazione specifica dei diversi settori in cui tali autorità operano.

Quest'ultima, pertanto, si presenta non come uno schema rigido da applicare automaticamente e in modo uniforme nei confronti dei diversi enti, ma come un modello di riferimento la cui tenuta deve essere poi verificata sulla base delle peculiarità dei diversi ordinamenti delle singole autorità.

In tal senso, l'art. 2 della legge n. 241/1990, in tema d'individuazione del **termine entro cui le amministrazioni devono concludere il procedimento** con un provvedimento espresso, esplicitamente afferma che: «*fatto salvo quanto previsto da specifiche disposizioni normative, le autorità di garanzia e di vigilanza disciplinano, in conformità ai propri ordinamenti, i termini di conclusione dei procedimenti di rispettiva competenza*».

7. *L'applicabilità dei principi e delle regole della legge n. 241 del 1990 con particolare riferimento alla Banca d'Italia, Consob e IVASS*

Sul tema in esame occorre anche richiamare la legge 28 dicembre 2005, n. 262, la quale contiene una disciplina uniforme per la Banca d'Italia, la Consob, l'IVASS ecc.

In primo luogo, si deve rilevare che l'art. 24 della normativa citata non estende direttamente la disciplina dettata dalla legge n. 241 del 1990 nei confronti di queste autorità, ma si limita a effettuare un rinvio ai suoi «**principi sull'individuazione e sulle funzioni del responsabile del procedimento, sulla partecipazione e sull'accesso agli atti amministrativi**», sempre che l'applicazione di tali istituti risulti "**compatibile**".

In tal senso, dall'esame della normativa citata è possibile notare una differenza importante in tema di motivazione.

Mentre, infatti, su un piano generale, la legge n. 241/1990 prevede che ogni provvedimento, tranne «*gli atti normativi e per quelli a contenuto generale*», debba essere motivato (art. 3), di converso l'art. 23 della legge n. 262 dispone che **i provvedimenti degli enti suindicati aventi natura regolamentare o di contenuto generale debbano essere motivati** «*con riferimento alle scelte di regolazione e di vigilanza del settore ovvero della materia su cui vertono*».

Gli atti normativi e di contenuto generale

In questi settori, l'onere della motivazione degli atti generali si fonda sulla base di un procedimento complesso, in cui l'attività della regolazione è preceduta dalla consultazione dei soggetti che appartengono al mercato regolato.

Così, ad esempio, il regolamento adottato dalla Banca d'Italia, contenente la disciplina dell'adozione degli atti di natura regolamentare nell'attività di vigilanza bancaria e finanziaria (di risoluzione e di contrasto al riciclaggio e al finanziamento al terrorismo), prevede di sottoporre lo schema della disciplina a una forma di **consultazione pubblica**, al fine di consentire ai soggetti che operano in quel settore di far pervenire all'ente le proprie osservazioni.

In questo modo, l'autorità può esperire quella che è stata definita un'analisi di impatto della regolazione (A.I.R.), cui seguirà una seconda fase detta di verifica di impatto della regolamentazione (V.I.R.), anche sulla base delle eventuali criticità che emergeranno in sede d'attuazione.

L'inderogabilità delle forme della partecipazione

La centralità delle forme della partecipazione è, del resto, confermata dall'orientamento che considera tale omissione come causa automatica d'annullamento degli atti (cfr., ad es., Cons. St., sez. VI, 20 marzo 2015, n. 1532).

Infatti, in ragione del carattere fondante che il rispetto della legalità procedimentale riveste nell'ambito delle Autorità indipendenti, non è ammesso lo svolgimento *ex post* di un giudizio di prognosi postuma (o controfattuale) circa gli esiti che la partecipazione avrebbe prodotto laddove fosse stata espletata.

Un siffatto approccio che, coniugandosi con il principio di strumentalità delle forme, dequota il vizio procedimentale a mero vizio di forma e/o d'irregolarità, quando il contenuto del provvedimento finale non sarebbe, comunque, potuto essere diverso, si addice agli atti delle amministrazioni tradizionali.

Viceversa, nel caso dell'attività di regolazione delle Autorità indipendenti, **il doveroso e diligente esercizio della partecipazione procedimentale *ex ante* costituisce una delle condizioni inderogabili di conformità a Costituzione dello stesso modello regolatorio**, prima ancora che di conformità a legge del suo concreto esercizio.

Inoltre, la regola della motivazione degli atti, volta a individuare le ragioni giuridiche e i presupposti di fatto, emerse durante la fase istruttoria, che hanno determinato la decisione, sembra riguardare tutti gli atti delle autorità di vigilanza, di natura regolamentare, provvedimentale, nonché sanzionatoria.

8. *I procedimenti sanzionatori nel settore dei mercati finanziari*

La normativa prescrive che la conclusione del procedimento sanzionatorio debba essere preceduta dalla **contestazione degli addebiti** da effettuarsi entro centottanta giorni dall'accertamento (trecentosessanta se il destinatario risiede all'estero).

Il rispetto del principio del contraddittorio

Sul punto si riconosce la facoltà dei soggetti destinatari di presentare in sede istruttoria delle deduzioni e anche di chiedere l'audizione personale con l'assistenza di un avvocato (così l'art. 195, comma 1, TUF).

In tal senso, la disciplina prevede che tale procedura sia improntata al rispetto dei principi del contraddittorio, della conoscenza degli atti istruttori, nonché della distinzione tra funzioni istruttorie e decisorie.

Si tratta, dunque, di un impianto connotato dall'esigenza di garantire all'accusato la facoltà di espletare il diritto alla difesa in modo pieno e nei confronti di un soggetto "**terzo**", che realmente garantisca un giudizio neutrale frutto della dialettica tra parti contrapposte.

In particolare, si distinguono le seguenti attività:

- la prima può essere denominata "**preistruttoria**" e sorge con la notizia di eventuali illeciti, acquisiti dall'autorità nel corso dell'attività d'indagine, oppure da un'informativa della Procura della Repubblica e/o da privati mediante esposti-denunce.

Le diverse fasi del procedimento sanzionatorio

In questo caso, l'autorità deve procedere a una sommaria delibazione, rivolta a decidere se occorre o no procedere ad aprire l'istruttoria, senza che si riconosca, tuttavia, un onere di risposta al denunciante;

- la seconda, c.d. fase di "**accertamento in senso stretto**", comincia con la contestazione della condotta considerata illecita.

Dopo l'eventuale contestazione della condotta, che si presume illecita e trascorso il termine per l'esperimento del diritto alla difesa, **l'Ufficio Sanzioni Amministrative (della Consob)**, previa acquisizione di tutto il materiale procedimentale, **redige una relazione contenente una proposta motivata** in merito all'applicazione di una sanzione oppure all'archiviazione della procedura.

La fase decisoria, infine, è di competenza della Commissione, la quale deve decidere se archiviare definitivamente il procedimento, vista l'assenza di un illecito, oppure se, riconosciuta la presenza di una condotta illecita, applicare una determinata sanzione.

Quest'ultima ha efficacia di titolo esecutivo e può essere oggetto di opposizione, mediante ricorso alla Corte di Appello, che in caso ricorrano gravi motivi può anche sospenderne l'esecuzione.

In dottrina si è evidenziato che tale disciplina non garantisce pienamente il diritto al contraddittorio, atteso che esso è circoscritto soltanto nei confronti dell'espletamento della fase istruttoria e non ricomprende, invece, anche la più importante fase decisoria.

Tale omissione sembra ancor più rilevante ove si consideri che il TUF imporrebbe il rispetto del principio della separazione tra le funzioni istruttorie e decisorie (cfr. artt. 187-*septies* e 195).

Queste carenze sono state anche considerate come una violazione delle regole dettate dall'art. 6 della Convenzione Europea dei diritti dell'uomo, nella parte in cui prescrive le garanzie minime, che devono essere rispettate da tutti gli Stati firmatari nell'esercizio della funzione giurisdizionale.

Il rispetto dell'art. 6 della Convenzione Europea dei diritti dell'Uomo

In merito, la Corte Edu nel **caso Grande Stevens** contro Italia ha rilevato che il regolamento contiene numerosi aspetti critici: la mancata comunicazione al privato del rapporto finale del responsabile; l'impossibilità del soggetto accusato di partecipare alla riunione della Consob; l'assenza di un'udienza pubblica; nonché l'appartenenza dell'Ufficio Sanzioni e della Commissione alla medesima autorità in contrasto con il principio di imparzialità (cfr. Corte Edu 4 marzo 2014, Grande Stevens e altri contro Italia Ric. 18640/10).

Tuttavia, sulla base di tali premesse la Corte ha escluso la natura giurisdizionale dell'ente, riconoscendo invece, da un lato, la natura amministrativa e, dall'altro, la possibilità di adottare sanzioni di tipo penale in senso lato, precisando che non tutte le garanzie di cui all'art. 6, par. 1, CEDU devono essere necessariamente realizzate nella fase procedimentale amministrativa.

Pertanto, l'art. 6, par. 1, della Convenzione non precluderebbe che le sanzioni siano imposte mediante una procedura amministrativa priva di carattere quasi giudiziale o *quasi-judicial* – ossia che non offra garanzie procedurali piene di effettività del contraddittorio – purché sia assicurata una possibilità di ricorso dinnanzi ad un giudice munito di poteri di «*piena giurisdizione, e, quindi, le garanzie previste dalla disposizione in questione possano attuarsi compiutamente quanto meno in sede giurisdizionale*».

Tale condizione, dunque, si realizza quando il giudice adito ha il potere di decidere su tutte le questioni di fatto e di diritto rilevanti per la risoluzione del giudizio, nonché di modificare in ogni modo il provvedimento sanzionatorio (giurisdizione di merito).

Finito di stampare nel mese di ottobre 2021
nella Stampatre s.r.l. di Torino
Via Bologna, 220